КНИГА ЗОАР

с комментарием «Сулам»

Глава Бешалах

Глава Итро

Под редакцией М. Лайтмана,
основателя и руководителя
Международной академии каббалы

Под редакцией М. Лайтмана
Книга Зоар, Бешалах, Итро
Laitman Kabbalah Publishers, 2017. – 368 с.
Напечатано в Израиле.

Edited by M. Laitman
The Book of Zohar, Beshalach, Ytro
Laitman Kabbalah Publishers, 2017. – 368 pages.
Printed in Israel.

ISBN 978-965-7577-77-6

DANACODE 760-122

До середины двадцатого века понять или просто прочесть книгу Зоар могли лишь единицы. И это не случайно – ведь эта древняя книга была изначально предназначена для нашего поколения.

В середине прошлого века, величайший каббалист 20-го столетия Йегуда Ашлаг (Бааль Сулам) проделал колоссальную работу. Он написал комментарий «Сулам» (лестница) и одновременно перевел арамейский язык Зоара на иврит.

Но сегодня наш современник разительно отличается от человека прошлого века. Институт ARI под руководством всемирно известного ученого-исследователя в области классической каббалы М. Лайтмана, желая облегчить восприятие книги современному русскоязычному читателю, провел грандиозную работу – впервые вся Книга Зоар была обработана и переведена на русский язык в соответствии с правилами современной орфографии.

Copyright © 2017 by Laitman Kabbalah Publishers
1057 Steeles Avenue West, Suite 532
Toronto, ON M2R 3X1, Canada
All rights reserved

Содержание

ГЛАВА БЕШАЛАХ

И пришел Элиша в Шунем 8
Было три смерти 17
И Всесильный повернул народ 18
И Творец шел перед ними днем 22
И взял он шестьсот колесниц отборных 27
И Фараон приблизил 29
Творец будет сражаться за вас, а вы молчите 31
Что ты вопиешь ко Мне 35
Подними посох свой 38
И устранил колесо колесниц его 39
И двинулся ангел Всесильного 55
Она подобна купеческим кораблям 64
«И двинулся», «и вошел», «и простер» 70
И увидел Исраэль силу великую 81
Тогда воспел Моше 87
Моя сила и ликование – Всевышний 97
Творец – муж битвы 103
Колесницы Фараона и войско его 106
Десница Твоя, Творец, величественна силой 112
Когда вошел Моше в облако 120
Мощью величия Своего разгромишь
поднявшихся против Тебя 126
Сказал враг: «Погонюсь» 128
Кто как Ты среди сильных 129
Ты простер десницу Свою – поглотила их земля 133
Возвести нижний Храм 135
И не находили воды 138
И сказал: «Если будешь слушаться голоса Творца» 140
Учение о мане 145

Творец отстаивает честь праведников	160
Скала и уступ	162
Так есть Творец среди нас?	165
И пришел Амалек	166
И увидели они Всесильного Исраэля	177
И построил Моше жертвенник	180

ГЛАВА ИТРО

И услышал Итро	182
И двух ее сыновей	196
И пришел Итро, тесть Моше	198
Это книга	200
А ты высмотри по типу волос	202
А ты высмотри по чертам лба	209
А ты высмотри по тайне глаз	212
А ты высмотри по тайне лица	214
А ты высмотри по тайне губ	220
А ты высмотри по тайне ушей	221
А ты высмотри по тайне линий руки	222
А ты высмотри по тайне тайн	235
В третьем месяце	250
А Моше поднялся к Всесильному	253
Так скажи дому Яакова	258
На крыльях орлиных	263
И было на третий день	265
Были громы и молнии	267
И весь народ, видят они голоса	270
И произносил Всесильный	282
А скрижали те – деяние Всесильного они	294
Я – Творец Всесильный твой	300
Да не будет у тебя	307
Не делай себе	314
Не поклоняйся им	316
Не произноси	318
Помни день субботний, чтобы освящать его	320

Почитай отца своего 331
Не делайте при Мне 337
Я – Творец Всесильный твой..................................... 339
Не произноси имени Творца напрасно....................... 344
Помни день субботний, чтобы освящать его 347
Две жемчужины 349
Почитай отца своего и мать свою 359
Не убей, не прелюбодействуй и т.д. 363

    Видеопортал Zoar.tv 368

    Курсы обучения 368

    Книжный магазин.. 368

Глава Бешалах

И пришел Элиша в Шунем

1) «"И было, когда отослал (бешалах) Фараон народ, не повел их Всесильный через землю плиштим"[1]. Первым заговорил рабби Шимон: "Молитва для пророка Хавакука о заблуждениях (шигйонот)"[2]. В чем его особенность, из-за которой написано: "Молитва для пророка Хавакука", – более, чем у всех остальных пророков мира, о которых не написано: молитва для пророка Йешаяу, или Йермияу, или Йехезкеля, или Ошеа, или для остальных пророков мира?"»

2) «"Мы изучали, что Элиша удостоился в этом мире того, чего не удостоился ни один другой пророк, кроме Моше. Смотри, что сказано: "И было однажды, пришел Элиша в Шунем, а там была женщина знатная"[3]. Что значит: "Женщина знатная"? То есть она прославлена делами, так что все домочадцы превозносят её, и она – хозяйка дома. А поскольку муж ее не находился в доме, чтобы быть хозяином дома, упомянут не он, а она"».

3) «"И еще одно объяснение: "А там была женщина знатная"[3], – т.е. она превосходила своими достоинствами всех остальных женщин мира. Ведь все остальные женщины, завидев в доме гостя, сожалеют о нем и (стараются) отделаться от него, в особенности, если надо тратить на него деньги. А эта радуется гостю и тратит на него деньги. И тем более, увидев Элишу, она очень обрадовалась ему. И потому вся похвала относится к женщине, ведь гость дома – гость женщины. И поэтому написано: "А там была женщина знатная"[3], – ибо она превосходила своими достоинствами всех остальных женщин"».

---

[1] Тора, Шмот, 13:17. «И было, когда отослал Фараон народ, не повел их Всесильный через землю плиштим, потому что близка она – ибо сказал Всесильный: "Не передумал бы народ при виде войны и не возвратился бы в Египет"».

[2] пророки, Хавакук, 3:1. «Молитва Хавакука, пророка, на шигйонот». Слово «шигйонот» имеет два значения: заблуждения и древний музыкальный инструмент или вид песнопения.

[3] Пророки, Мелахим 2, 4:8. «И было однажды, пришел Элиша в Шунем, а там была женщина знатная, и упросила она его (к себе) есть хлеб; и когда бы он ни проходил, всегда заходил туда поесть».

4) «"И сказала она мужу своему: "Вот, теперь знаю я, что это святой человек Всесильного"[4]. Как узнала она, что Элиша – святой человек? Но объясняли товарищи, что она стелила на его ложе белую простыню и ни разу не видела на ней излияния семени. Даже муха не пролетала над его столом"».

5) «"Эти слова непонятны. Если ты говоришь, что не видела она у него излияния семени – ведь в мире много таких людей", – которые не видят излияния семени, "что здесь особенного? И если ты говоришь, что муха не пролетала над его столом, почему сказано: "Вот, теперь я знаю"[4]? Ведь все видевшие, как он ест за своим столом, знали это так же"», как и она.

6) «"Но она правильно сказала: "Вот, теперь я знаю"[4], – она знала, и никто другой, ведь она убирала его ложе к тому времени, когда он ложился на него ночью и когда вставал поутру. И то, что сказано, что она стелила на его ложе белую простыню, – так и было, и по ней она знала, – ведь, как правило, когда человек встает с постели, простыня на которой он спал, источает скверный запах. Но эта, когда она снимала простыню с его ложа, источала запахи, подобные Эденским ароматам. Сказала она: "Если бы не был он свят, и святость Господина его не пребывала бы на нем, не исходил бы аромат святости"» от простыни.

7) «"Поэтому он должен покинуть дом, ведь в доме человек не может настолько оберечь себя. Но она сказала: "Давай сделаем небольшую верхнюю комнату (досл. возведем стену) и поставим ему там постель, и стол, и стул, и светильник"[5]. Зачем эти четыре? Но поскольку они являются исправлением Кнессет Исраэль", – т.е. Малхут, "называемой возведением стены. И так она называется, как сказано: "И обратил Хизкияу лицо свое к стене"[6]».

---

[4] Пророки, Мелахим 2, 4:9. «И сказала она мужу своему: "Вот, теперь я знаю, что это святой человек Всесильного, который постоянно проходит мимо нас"».

[5] Пророки, Мелахим 2, 4:10. «Давай сделаем небольшую верхнюю комнату и поставим ему там постель, и стол, и стул, и светильник; и будет, когда он придет к нам, то будет заходить туда».

[6] Пророки, Йешаю, 38:2. «И обратил Хизкияу лицо свое к стене, и молился Творцу».

8) «"Постель и стол, и стул, и светильник"[5]. Они перечислены не в том порядке, в каком используются. Ведь сначала нужен стул, а потом – стол, а потом – светильник, а потом – постель. Почему же прежде всего назвала постель? Потому что постель для нее милее всего, а человек говорит прежде о том, что ему милее. Ведь в постели она видела высшую святость, более чем во всем остальном"».

9) «"И было однажды (досл. в один из дней), пришел он туда"[7]. Что это за день? Смотри, этот день был праздником Начала года (Рош а-шана), в который поминались бездетные женщины мира и в который поминались жители мира. Позвал он шунамитянку и сказал: "Вот, ты приняла на себя все эти заботы о нас"[8], – поэтому я должен в этот день изучить суды мира (диним), ведь в этот день Творец судит мир, но из-за того, что я находился в уединении в этом месте", – т.е. в верхней комнате, которую ты для меня устроила, я должен всмотреться в суды мира"». То есть, как сказано дальше, – тот, кто обособляется в день суда, даже если он невиновен, понесет вину первым.

10) «"А "что сделать для тебя? Не нужно ли поговорить о тебе с царем или с военачальником?"[8]. Разве подобное нужно женщине, которая (никуда) не выходит и не ходит в царские чертоги? А дело в том, что этот день был причиной того, что все жители мира находились под судом, и в этот день Творец называется Царем – Царем суда. Сказал он ей: "Если тебе нужно к высшему Царю", чтобы Он помиловал тебя "за дела твои, я поговорю с Ним"» и попрошу за тебя.

11) «"Но она сказала: "Среди народа своего я живу"[8]. Что она говорит? Но дело в том, что когда над миром нависает суд, человек не должен обособляться от общества, и не должен быть отмечен свыше, и не должны о нем знать отдельно. Ибо когда суд нависает над миром, тех, кто известен и записан отдельно, даже если они праведники, они первыми понесут вину. И поэтому человек никогда не должен отделяться от (своего) народа,

---

[7] Пророки, Мелахим 2, 4:11. «И было однажды, пришел он туда и поднялся в верхнюю комнату, и лег там».

[8] Пророки, Мелахим 2, 4:12-13. «И сказал он Гэйхази, отроку своему: "Позови эту шунамитянку". И позвал тот ее, и она стала пред ним. И сказал он ему: "Скажи ей, прошу: "Вот, ты приняла на себя все эти заботы о нас, что сделать для тебя? Не нужно ли поговорить о тебе с царем или с военачальником?" Но она сказала: "Среди своего народа я живу"».

ведь милосердие Творца всегда пребывает над всем народом вместе. И поэтому сказала она: "Среди народа своего я живу"[8], и не хочу обособляться от них, как делала я до этого дня"».

12) «"И сказал Гэйхази: "Воистину, нет у нее сына"[9]. Сказал ей Элиша: "Ясно, что время благоприятствует тебе" найти избавление в сыне, "ибо этот день вызывает это", – ведь в Рош а-шана поминаются бездетные женщины, как мы уже сказали. "И сказал он: "Через год, в это же время, ты будешь обнимать сына"[10]. "И женщина зачала, и через год родила сына, в то самое время, как сказал ей Элиша"[11]. А потом он умер. Почему же он умер? Потому что сын был дан ей, а не ее мужу, и был соединен с местом некевы, а тому, кто соединен с местом некевы, суждена смерть. И откуда мы знаем, что он был дан ей? Ибо сказано: "Ты будешь обнимать сына"[10]».

13) «"Смотри, об Аврааме сказано: "Я еще вернусь к тебе"[12], – а не к ней. "К тебе" конечно, с тобой соединен он, а не с некевой. Ибо впереди того, кто происходит со стороны некевы, идет смерть. "И поднялась она, и положила его на постель человека Всесильного"[13], – поскольку там она видела высшую святость, более чем во всем остальном"».

14) «"И сказал ей (слуга): "Все ли благополучно у тебя, у мужа твоего, у ребенка?"[14]. Отсюда нам ясно, что она – хозяйка дома, ибо он спросил о ее благополучии, прежде чем о благополучии ее мужа. И мало того: она пошла за ним, т.е. за

---

[9] Пророки, Мелахим 2, 4:14. «И сказал он: "Что же сделать для нее?" И сказал Гэйхази: "Воистину, нет у нее сына, а муж ее стар"».
[10] Пророки, Мелахим 2, 4:16. «И сказал он: "Через год, в это же время, ты будешь обнимать сына. И сказала она: "Нет, господин мой, человек Всесильного, не разочаровывай рабы твоей"».
[11] Пророки, Мелахим 2, 4:17. «И женщина зачала, и через год родила сына, в то самое время, как сказал ей Элиша».
[12] Тора, Берешит, 18:10. «И сказал: "Я еще вернусь к тебе в это же время, и будет сын у Сары, жены твоей". А Сара слышит у входа в шатер, который позади него».
[13] Пророки, Мелахим 2, 4:21. «И поднялась она, и положила его на постель человека Всесильного, и закрыла за ним, и вышла».
[14] Пророки, Мелахим 2, 4:26. «Беги же, прошу, ей навстречу и скажи ей: "Все ли благополучно у тебя, у мужа твоего, у ребенка?" И она сказала: "Благополучно"».

пророком, а не ее муж. "И подошел Гэйхази, чтобы оттолкнуть ее"¹⁵, и это уже объяснялось"».

15) «"Но человек Всесильного сказал: "Оставь ее, ибо душа ее горестна"¹⁵. В чем разница: почему Писание называет его здесь человеком Всесильного, а когда он был в городе – Элишей? Дело в том, что здесь он, без сомнения, человек Всесильного, ведь место его здесь, а не в городе, и не когда пред ним были "сыны пророков"¹⁶». И поэтому там он называется не человеком Всесильного, а Элишей.

16) «"И Творец скрыл (это) от меня и не рассказал мне"¹⁵. Это как сказано: "И Творец обрушил на Сдом и на Амору потоки"¹⁷», где «И Творец» означает – Он и суд Его. «"И это нижний суд", т.е. Малхут. "И не рассказал мне"¹⁵, – почему Элиша не знал этого? Потому что Творец сказал: "И как же я умерщвлю его? Если Я скажу ему, он не умрет, ведь он – дар его", и он будет молиться за него, и не даст ему умереть. Но он, безусловно, должен умереть, ведь мы учили, что написано: "Ты будешь обнимать сына"¹⁰, – и он соединен с местом некевы, "а от места некевы исходит смерть. И поэтому не рассказал ему"».

17) «"И сказал он Гэйхази: "Опояшь чресла свои и возьми посох мой в руку свою, и пойди... И положи посох мой на лицо отрока"¹⁸. И объяснили (мудрецы), что чудесное действие ушло от него", так как он не был достоин его. "И сказала мать отрока: "Как жив Творец и жива душа твоя, так и я не отстану от тебя"¹⁹. Почему" она так уговаривала его пойти самому, "после того как

---

¹⁵ Пророки, Мелахим 2, 4:27. «И пришла к человеку Всесильного на гору, и ухватилась за ноги его. И подошел Гэйхази, чтобы оттолкнуть ее, но человек Всесильного сказал: "Оставь ее, потому что душа ее горестна, и Творец скрыл (это) от меня и не рассказал мне"».

¹⁶ Пророки, Мелахим 2, 4:38. «Элиша же возвратился в Гилгал. И был голод в стране той; и сыны (ученики) пророков сидели пред ним. И сказал он отроку своему: "Поставь большой котел и свари похлебку для сынов (учеников) пророков"».

¹⁷ Тора, Берешит, 19:24. «И Творец обрушил на Сдом и на Амору потоки серы и огня, от Творца, с небес».

¹⁸ Пророки, Мелахим 2, 4:29. «И сказал он Гэйхази: "Опояшь чресла свои и возьми посох мой в руку свою, и пойди. Если встретишь кого, не приветствуй его, и если кто будет тебя приветствовать, не отвечай ему. И положи посох мой на лицо отрока"».

¹⁹ Пророки, Мелахим 2, 4:30. «И сказала мать отрока: "Как жив Творец и жива душа твоя, так и я не отстану от тебя". И встал он, и пошел за нею».

ходил Гэйхази? Однако она знала пути того грешника Гэйхази, и что он не достоин того, чтобы чудо было совершено им"».

18) «"И приложил уста свои к его устам, и глаза свои к его глазам, и ладони свои к его ладоням, и простерся на нем. И потеплело тело мальчика"[20]. Почему" Элиша сделал это? Однако всмотрелся Элиша и узнал, что место это", – место некевы, "с которым он сейчас связан, и явилось причиной его смерти. Поэтому: "И приложил уста свои к его устам, и глаза свои к его глазам"[20], – чтобы связать его с другим высшим местом", – т.е. с местом захара, "тем местом, где пребывает жизнь"».

19) «"Но он не мог вырвать его из того места" некевы, "с которым он был изначально связан, пока не пробудился дух (руах) свыше и не соединился с этим высшим местом, и не вернул ему душу (нефеш). И если бы не" сделал "это, тот не восстал бы" к жизни "никогда. "И чихнул отрок семь раз (досл. до семи раз)"[21], но не более" семи, что соответствует его семидесяти годам жизни, как написано: "Дни лет наших – семьдесят лет"[22]».

20) «"И это пророк Хавакук (חבקוק), как сказано: "Ты будешь обнимать (ховéкет חובקת) сына"[10]». Ведь Хавакук – от слова «объятие (хибýк חיבוק)». «"В таком случае он должен был зваться находящимся в объятии (хавýк חבוק), почему же" он был назван "Хавакук, что указывает на два" объятия? "Потому что одно" объятие – "его матери, а другое" объятие – "Элиши, ведь он обнимал его", в момент воскрешения. "Другое объяснение: два объятия было у него, как с одной стороны", – со стороны матери, "так и с другой", – со стороны пророка. "Одно объятие – от того места, с которым он был связан изначально", т.е. от места некевы. "Другое объятие – которое подняло его на более высокие ступени", т.е. на место захара. И оба этих объятия включаются как в объятие матери, так и в объятие

---

[20] Пророки, Мелахим 2, 4:34. «И поднялся, и лег на мальчика, и приложил уста свои к его устам, и глаза свои к его глазам, и ладони свои к его ладоням, и простерся на нем. И потеплело тело мальчика».

[21] Пророки, Мелахим 2, 4:35. «И сошел он, и прошелся по дому раз туда и раз сюда, и поднялся, и простерся на нем. И чихнул отрок семь раз, и открыл отрок глаза свои».

[22] Писания, Псалмы, 90:10. «Дни лет наших – семьдесят лет, а если сильны – восемьдесят лет, и высокомерие их – суета и ничтожность, ибо быстро мелькают они, и умираем мы».

пророка. "И поэтому он был назван Хавакук (חבקוק)"», что означает «два объятия».

21) «"Молитва для пророка Хавакука о заблуждениях (шигйонот)"². Что это за молитва (тфила)", о которой здесь говорится? "Это то место, с которым он был связан вначале", со стороны матери. "И это ручные тфилин", т.е. Нуква Зеир Анпина, называемая молитвой (тфила). "О заблуждениях" – потому что в тот день, с которым он был связан, заблуждения мира нависли перед Творцом", – и это было Начало года (Рош а-шана), как мы уже сказали. "И господствовала суровость (гвура)", т.е. Нуква. "И поэтому была связана с ним эта молитва"», т.е. Нуква.

22) «Другое объяснение: "Молитва для пророка Хавакука"². Для Хавакука означает – ради Хавакука", т.е. ради двух объятий, "которые пророк сделал для него. Как сказано: "Творец, слышал я весть Твою, испугался я"²³. Смотри, когда сошел на него дух пророка", т.е. захар, во время его объятия, "на это место", на дух некевы, "т.е. на молитву", которое было у него от материнского объятия, "он испугался и задрожал"», – как бы не вернулись к нему суды Нуквы, и поэтому сказал: «Творец, слышал я весть Твою, испугался я!»²³ "Подобно тому, как укушенный собакой дрожит, слыша голос ее"».

23) «"Творец, деяние Свое, – среди лет оживи его"²³. Что такое "деяние Твое"? Но это он о себе сказал, что он – деяние Его. "Среди лет оживи его"²³ – т.е. дай ему жизнь, чтобы служить Тебе среди высших лет", – т.е. сфирот. "Другое объяснение: "Оживи его"²³, чтобы он не умер, как вначале"».

24) «"На шигйонот"². Что значит "на шигйонот" – ведь следовало сказать: "За ошибки (шгийот)"? Как сказано: "Ошибки – кто поймет?"²⁴ Однако "шигйонот" – это как сказано: "Шигайон Давида"²⁵, – т.е. это песнопение и восхваление. "Ибо разные виды восхвалений были у пророков, чтобы сошел на них дух пророчества. Как сказано: "Встретишь сонм пророков,

---

[23] Пророки, Хавакук, 3:2. «Творец, слышал я весть Твою, испугался я! Творец, деяние Твое, – среди лет оживи его, среди лет извести; в гневе о милосердии вспомни!»

[24] Писания, Псалмы, 19:13. «Ошибки – кто поймет? От скрытых (неумышленных грехов) очисти меня».

[25] Писания, Псалмы, 7:1. «Шигайон Давида, который он пел Творцу о Куше, (что из колена) Бинямина».

сходящих с высоты, и впереди них... тимпан, и свирель"[26]. И сказано: "А теперь приведите мне музыканта"[27]. И уж тем более Хавакук, который более всех нуждался в нисхождении духа и подслащении того места", т.е. Нуквы, с которой он был изначально связан, "чтобы привлечь к нему дух пророчества. И то же самое относительно всех остальных пророков, кроме Моше, который превзошел всех пророков мира, счастлив удел его"».

25) «"Смотри, когда Исраэль вышли из Египта, был сломлен в них дух их, и они слушали восхваления" ангелов, "но не могли радоваться. А когда все станы ангелов и колесницы вышли со Шхиной, все они возвысили голос свой в восхвалениях и песнопениях пред Творцом, и Творец пробудил дух Исраэля, и услышали они восхваления ангелов, и дух их пребывал в них, не исчезая"».

26) «"Когда какой-то человек оставляет работу, он чувствует ломоту в костях и сокрушение духа. Так и Исраэль, когда они вышли из Египта, то ощутили вкус смерти, но Творец исцелил их, как сказано: "И Творец шел перед ними днем"[28]. И все дороги источали запахи исцеления, которые входили в их тела, и они исцелились. А от звуков восхвалений, которые слышали, они испытывали радость и душевное спокойствие"».

27) «"А Фараон и все его люди шли за Исраэлем, сопровождая их, пока не вышли они из земли египетской. И также все" высшие "правители, поставленные над ними и над другими народами, сопровождали Шхину и Исраэль все вместе, пока они (Исраэль) не разбили стан "в Этаме на краю пустыни"[29]. Как сказано: "И было, когда отослал Фараон народ, не повел их Всесильный через землю плиштим, потому что близка она"[1]. "Потому что близка она", – означает: "Потому что близка она",

---

[26] Пророки, Шмуэль 1, 10:5. «После этого дойдешь до холма Всесильного, где станоначальники плиштимские; и будет, когда войдешь ты в город, встретишь сонм пророков, сходящих с высоты, и впереди них арфа, и тимпан, и свирель, и кинор; и они пророчествуют».

[27] Пророки, Мелахим 2, 3:15. «А теперь приведите ко мне музыканта. И когда заиграл музыкант, была на нем (на Элише) рука Творца (дух пророческий)».

[28] Тора, Шмот, 13:21. «И Творец шел перед ними днем в столпе облачном, чтобы указывать им дорогу, и ночью – в столпе огненном, чтобы светить им, и чтобы шли они днем и ночью».

[29] Тора, Шмот, 13:20. «И отправились они из Суккот, и расположились станом в Этаме, на краю пустыни».

та клятва, которую по настоянию Авимелеха дали праотцы за то добро, которое сделали праотцам плиштим. Как написано: "Согласно милости (хеседу), которую я сделал тебе, сделай ты мне и стране, в которой ты проживал"[30]».

---

[30] Тора, Берешит, 21:23. «Теперь же поклянись мне здесь Всесильным, что не изменишь ни мне, ни сыну моему, ни внуку моему; по добру, которое я сделал тебе, сделай ты мне и стране, в которой ты проживал».

Было три смерти

28) «"И было, когда отослал Фараон народ"[31]. Что сказано выше? "И встал Фараон той ночью, и все слуги его, и все египтяне, и был вопль великий в Египте, ибо не было дома, где не было бы мертвеца"[32]. Это – высшее возмездие, которое Творец совершил над Египтом. Было три смерти. Одна, которую учинили первенцы в Египте, убив всех, кого нашли. Еще одна, когда Творец убивал в полночь. И еще одна, когда увидел Фараон смерть в доме своем, среди сыновей своих и слуг своих, встал он и поторопился, и убил он сановников и наместников, и всех, кто советовал ему отказаться отпускать народ, – так что Тора свидетельствует о нем, что он встал именно ночью", – т.е. во время действия судов Нуквы, называемой ночью. "Подобно тому как ночь", т.е. Нуква, "убила первенцев и совершила возмездие, так и Фараон встал в земле египетской и убивал, и вершил возмездие над своими правителями и министрами, и чиновниками, и над разного рода сановниками. Как написано: "И встал Фараон той ночью"[32], – т.е. он встал, чтобы убивать и уничтожать"».

29) «"Когда в собаку кидают камнем, она подходит и кусает других. Так сделал и Фараон. Потом он ходил по рыночным площадям, возглашая: "Встаньте и выйдите из народа моего"[33], – вы убили всех жителей города, вы убили правителей и сановников, и всех моих домочадцев". Как написано: "И призвал он Моше и Аарона ночью"[33]. "Ведь из-за вас было всё это. "И благословите также меня"[34], – т.е. не убивайте меня. А после этого он сам сопровождал их и вывел из страны. Как написано: "И было, когда Фараон отослал народ"[31]».

---

[31] Тора, Шмот, 13:17. «И было, когда Фараон отослал народ, не повел их Всесильный через землю плиштим, потому что близка она – ибо сказал Всесильный: "Не передумал бы народ при виде войны и не возвратился бы в Египет"».

[32] Тора, Шмот, 12:30. «И встал Фараон той ночью, и все слуги его, и все египтяне, и был вопль великий в Египте, ибо не было дома, где не было бы мертвеца».

[33] Тора, Шмот 12:31. «И призвал он Моше и Аарона ночью, и сказал: "Встаньте и выйдите из среды народа моего – и вы, и сыны Исраэля, и идите служить Творцу, как вы говорили"».

[34] Тора, Шмот, 12:32. «И мелкий, и крупный ваш скот берите, как вы говорили, и идите – и благословите также меня».

ГЛАВА БЕШАЛАХ

И Всесильный повернул народ

30) «"И Всесильный повернул народ на дорогу пустыни к морю Суф"[35], – чтобы исправить путь к месту Его"». Другими словами, чтобы произвести рассечение Конечного моря (Ям Суф). Ведь иначе было бы достаточно провести их только через пустыню, и не через Конечное море.

«Сказал рабби Йегуда: "В чем различие? Когда Исраэль были в Египте, сказано: "Отпусти народ Мой"[36]. "Ибо, если откажешься отпустить Мой народ"[37], "сына Моего, первенца Моего, – Исраэль"[38], хотя в этот момент они не были обрезаны и не были соединены с Творцом, как подобает. А здесь, когда они были обрезаны, и принесли пасхальную жертву, и соединились с Ним, Он называет их "народ", а не «народ Мой»?

31) «"Но это из-за великого сброда, который пристал к ним и смешался с ними, Он называет их просто "народ"», а не «народ Мой». «"Как сказано: "И поразил Творец народ за то, что сделали они тельца"[39]. "И собрался народ против Аарона"[40]. "И увидел народ, что медлит Моше"[40]. И так – всех их"», – в то время, когда Исраэль находятся в низком состоянии, Он называет их просто «народ», а не «народ Мой».

32) «Рабби Ицхак и рабби Йегуда шли из Уши в Луд, и был с ними Йоси-торговец с верблюдами, связанными" друг с другом

---

[35] Тора, Шмот, 13:18. «И Всесильный повернул народ на дорогу пустыни к морю Суф; и вооруженными вышли сыны Исраэля из страны египетской».

[36] Тора, Шмот, 5:1. «А затем пришли Моше с Аароном и сказали Фараону: "Так сказал Творец, Всесильный Исраэля: "Отпусти народ Мой, чтобы они совершили Мне празднество в пустыне!"»

[37] Тора, Шмот, 10:4. «Ибо, если откажешься отпустить Мой народ, вот Я наведу завтра саранчу в твои пределы».

[38] Тора, Шмот, 4:22-23. «И передай Фараону, что так сказал Творец: "Сын Мой, первенец Мой, – Исраэль. Говорю Я тебе: отпусти сына Моего, дабы служил он Мне, но ты отказываешься его отпустить, и вот Я убиваю сына твоего, твоего первенца!"»

[39] Тора, Шмот, 32:35. «И поразил Творец народ за то, что сделали они тельца, которого сделал Аарон».

[40] Тора, Шмот, 32:1. «И увидел народ, что медлит Моше спуститься с горы, и собрался народ против Аарона, и сказали ему: "Встань, сделай нам божества, которые пойдут пред нами. Ибо этот муж, Моше, который вывел нас из земли Египта, – не знаем мы, что стало с ним"».

в караван, "и на спине у них поклажа. Пока они шли, заметил торговец Йоси одну женщину из других народов, собиравшую полевую траву. Отворотился он от них, взял ее силой и лег с ней. Поразились рабби Ицхак и рабби Йегуда, сказали: "Воротимся с этого пути – ведь Творец хотел показать нам, чтобы мы не связывались с ним". Воротились с того пути. Разузнали о нем, и обнаружили, что он сын идолопоклонницы, и семя отца его было порочным. Сказали: "Благословен Милосердный, спасший нас!"»

33) «Рабби Ицхак провозгласил и сказал: "Не соревнуйся со злоумышленниками"[41]. Кто они – "злоумышленники", ведь не сказано "с нечестивцами" или "с грешниками"? Это те, кто несет зло самим себе и тем, кто с ними соединяется". Рабби Йегуда сказал: "Не соревнуйся со злоумышленниками"[41] означает – отдались от злоумышленников, чтобы не быть их товарищами и друзьями, (не быть) заодно с ними, дабы не навредили тебе дела их и не понес ты вины за их грехи"».

34) «"Смотри, если бы не было этого великого сброда, увязавшегося с Исраэлем, не было бы совершено это действие", (грех золотого) тельца, "и не умерли бы в Исраэле те, кто умер, и не причинили бы они Исраэлю всего, что причинили. Смотри, это действие и этот грех привели к изгнанию Исраэля"».

35) «"Мы учили, что Творец желал, чтобы в тот час", – получения Торы, "Исраэль были подобны высшим ангелам, (желал) сделать их свободными от всего, свободными от смерти, и чтобы они были свободны от порабощения других народов. Как сказано: "Начертано на скрижалях"[42], – читай не "начертано (хару́т (חָרוּת)", а "свобода (херу́т (חֵרוּת)"»[43].

36) «"Из-за того, что это действие было совершено, они вызвали всё – вызвали смерть, вызвали порабощение царств, привели к разбиению первых скрижалей, привели к тому, что умерли многие тысячи из Исраэля. И всё это – из-за присоединения великого сброда, который увязался с ними"».

---

[41] Писания, Псалмы, 37:1. «(Псалом) Давида. Не соревнуйся со злоумышленниками, не завидуй творящим несправедливость».
[42] Тора, Шмот, 32:16. «А скрижали, деяние Всесильного они; и письмо, письмо Всесильного оно, начертано на скрижалях».
[43] Вавилонский Талмуд, трактат Эрувин, лист 54:1.

37) «"И здесь тоже, из-за них", – из-за великого сброда, "они были названы не "сыны Исраэля", и не "Исраэль", и не "народ Мой", а просто "народ". И если ты возразишь, что ведь сказано: "И вооруженными вышли сыны Исраэля"[35], – то это, когда они вышли из Египта и великий сброд еще не увязался с ними, называет Он их сынами Исраэля. Когда же великий сброд увязался с ними, Он называет их народом"».

38) «Возразил рабби Йоси: "Но ведь сказано: "Ибо египтян, которых вы видите сегодня, вы не увидите более вовеки"[44]. Как же, в таком случае, они каждый день видели великий сброд?"» – т.е. были египтяне. «Сказал рабби Йегуда: "Сказано: "Великий сброд", а не "египтяне", потому что в Египте было много народов", и великий сброд состоял из них. "И, кроме того, все они были обрезаны, и поскольку были обрезаны, не назывались египтянами"».

39) «"И по слову Моше они приняли их. Как сказано: "Отправляйся вниз, ибо развратился твой народ... Быстро сошли они с пути, "который указал Я им (цивитим צִוִּיתִם)"[45]. Написано: "Цивитáм (צִוִּיתָם) – указал ты им", – т.е. Моше указал им принять великий сброд. "И вооруженными (ва-хамушим וַחֲמֻשִׁים) вышли сыны Исраэля из страны египетской"[35] означает, что были один из пяти"», Исраэль. «А рабби Йоси говорит: "Пятеро было из Исраэля, и один из них"», – из великого сброда. «Рабби Йегуда говорит: "И вооруженными (ва-хамушим וַחֲמֻשִׁים)"[35] – один из пятидесяти"» был великий сброд.

40) «Сказал рабби Шимон: "Потому что йовель[46]", т.е. Бина, "вывела их из страны египетской, поэтому написано: "И вооруженными (ва-хамушим וַחֲמֻשִׁים) вышли сыны Исраэля из страны египетской"[35], и это Бина, называемая йовель, в которой есть пятьдесят (хамишим חֲמִשִּׁים) ворот. "А иначе", если бы не йовель, "не вышли бы. И поэтому задержались с получением Торы на пятьдесят дней. И из этого места", из йовеля,

---

[44] Тора, Шмот, 14:13. «И сказал Моше народу: "Не бойтесь, стойте и смотрите на спасение, которое Творец совершит для вас ныне! Ибо египтян, которых вы видите сегодня, не увидите более вовеки"».

[45] Тора, Шмот, 32:7-8. «И говорил Творец Моше: "Отправляйся вниз, ибо развратился твой народ, который вывел ты из страны египетской. Быстро сошли они с пути, который указал Я им, – сделали себе литого тельца, и пали ниц перед ним, и принесли ему жертвы, и сказали: вот божество твое, Исраэль, которое вывело тебя из страны египетской!"».

[46] Йовель – юбилей, срок в 50 лет.

"вышла Тора и была дана (им). И поэтому: "И вооруженными (ва-хамушим וַחֲמֻשִׁים)"³⁵ написано без буквы "вав ו"». Другими словами, если бы это означало «вооруженные», следовало бы написать «хамушим (חֲמוּשִׁים)» с буквой «вав ו». Но это указывает на число пятьдесят (хамишим חֲמִשִׁים), т.е. йовель. «"И благодаря этому сыны Исраэля вышли из Египта"».

41) «"И взял Моше кости Йосефа с собою"⁴⁷. Почему вынес" Моше "кости его? Потому что он был первым сошедшим в изгнание. И, кроме того, был у него знак избавления"», то есть: «Вспомнив, помянет»⁴⁸, «"и он клятвенно наказал это Исраэлю, как сказано: "Ибо (Йосеф) клятвенно наказал сынам Исраэля"⁴⁷. И это уже выяснялось"».

42) «"Счастлива доля Моше, ведь Исраэль были заняты тем, что заимствовали серебро у египтян, а Моше был занят клятвой Йосефа. А есть мнение, что ковчег его был в Ниле, и при помощи святого имени он поднял его. И еще сказал Моше: "Йосеф, пришло время избавления Исраэля". И сказал: "Поднимайся, бык", – и он поднялся"». Ведь Йосеф называется быком, как сказано: «Первенец быков его – великолепие его»⁴⁹. «"А некоторые говорили, что он был среди царей египетских, и оттуда поднялся он. А некоторые говорят, что для того чтобы не поклонялись ему, его поместили в Нил, и Серах, дочь Ашера", при жизни которой произошло это событие, "показала Моше"» его место.

---

[47] Тора, Шмот, 13:19. «И взял Моше кости Йосефа с собою, ибо (Йосеф) клятвенно наказал сынам Исраэля, говоря: "Вспомнив, помянет вас Всесильный, и вы вынесите мои кости отсюда с собою"».

[48] См. Тора, Шмот, 3:18. Комментарий Раши. «"И послушают они твоего голоса" – как только ты скажешь им так, они послушают твоего голоса, ибо уже Яаковом и Йосефом им передан знак, что при их избавлении будут произнесены эти слова. Яаков (через Йосефа) сказал им: "И Всесильный вспомнив, помянет вас" (Берешит, 50:24). Йосеф сказал им: "Вспомнив, помянет вас Всесильный" (там же 50:25)».

[49] Тора, Дварим, 33:17. «Первенец быков его – великолепие его, а рога дикого быка – рога его; ими будет бодать он все народы вместе, до края земли – это десятки тысяч Эфраима, и это тысячи Менаше».

И Творец шел перед ними днем

43) «"И Творец шел перед ними днем"[50]. Провозгласил рабби Йоси: "Руководителю: на айелет а-шахар (рассветную лань); псалом Давида"[51]. Тора любима Творцом настолько, что всякий, занимающийся Торой, любим наверху, любим внизу, и Творец внемлет его речам и не покидает его в этом мире, и не покидает его в мире будущем"».

44) «"И заниматься Торой нужно днем и ночью, как сказано: "И размышляй о ней днем и ночью"[52], и также сказано: "Если бы не Мой союз днем и ночью"[53]. Днем – понятно", так как это время работы для всех, "но ночью", которая является временем отдыха, "зачем" нужно заниматься Торой? "Для того, чтобы было у него полное имя. Ибо так же, как день не бывает без ночи, и друг без друга они не совершенны, так же и Тора должна пребывать с человеком днем и ночью, и тогда у этого человека будет совершенство днем и ночью"». Объяснение. День – это Зеир Анпин, а ночь – это Нуква, и когда человек занимается Торой днем и ночью, получается, что он объединяет Зеир Анпина и Нукву, а это и является всем совершенством, как сказано: «И был вечер, и было утро, – день один»[54].

45) «"Мы ведь учили, что основная часть ночи – это время с полуночи. И хотя первая половина ночи, в общем, и считается ночью, все-таки в полночь Творец входит в Эденский сад, чтобы наслаждаться с праведниками", которые пребывают там, "и тогда человек должен встать и заниматься Торой"».

46) «"И мы учили, что Творец и все праведники в Эденском саду внемлют голосу его. И это значение сказанного: "Живущая

---

[50] Тора, Шмот, 13:21. «И Творец шел перед ними днем в столпе облачном, чтобы указывать им дорогу, и ночью – в столпе огненном, чтобы светить им, и чтобы шли они днем и ночью».

[51] Писания, Псалмы, 22:1. «Руководителю: на айелет а-шахар; псалом Давида».

[52] Пророки, Йеошуа, 1:8. «Да не отходит эта книга Торы от уст твоих, и размышляй о ней днем и ночью, чтобы в точности исполнять все написанное в ней, тогда удачлив будешь на пути твоем и преуспеешь».

[53] Пророки, Йермияу, 33:25. «Если бы не Мой союз днем и ночью, законов неба и земли не установил бы Я».

[54] Тора, Берешит, 1:5. «И назвал Всесильный свет днем, а тьму назвал Он ночью. И был вечер, и было утро, – день один».

в садах! Внемлют товарищи голосу твоему; дай и мне услышать его!"[55], как мы выяснили. "Живущая в садах", – это Кнессет Исраэль", т.е. Малхут, "которая превозносит Творца прославлением Торы ночью. Благословенна доля того, кто вместе с ней превозносит Творца прославлением Торы"».

47) «"А когда наступает утро, Кнессет Исраэль", т.е. Малхут, "приходит и наслаждается Творцом. И Он протягивает ей жезл милости (хеседа). И не только ей одной, а ей и всем тем, кто присоединяется к ней. Ведь сказано: "Днем явит Творец милость Свою, а ночью – песнь Ему у меня"[56]». То есть, тому, кто ночью занимается Торой, Творец днем протягивает нить милости. И поэтому Малхут называется «рассветная лань»[51] – в знак того, что ночью она превозносит Творца прославлением Торы.

48) «Сказал рабби Шимон: "В час, когда должно наступить утро, свет меркнет и становится черным, и устанавливается предрассветная тьма. Тогда жена соединяется с мужем, как мы учили" – с началом третьей стражи, "жена сообщается с мужем", т.е. ЗОН, "чтобы слиться с ним, и входит в его чертог"».

49) «"Потом, когда должно зайти солнце, ночь светит и надвигается, и забирает солнце, и тогда все врата закрыты, и ослы ревут, и лают собаки. А когда ночь разделилась, Царь начинает подниматься, а Царица", Малхут, начинает "петь. И Царь", Зеир Анпин, "подходит и стучится во врата чертога, и произносит: "Отвори мне, сестра моя, подруга моя"[57]. И тогда Он наслаждается с душами праведников"».

50) «"Благословенна доля того, кто пробудился в это время с речениями Торы. Поэтому все обитатели чертога Царицы должны подняться в это время, чтобы превозносить Царя, и все они возносят пред Ним хвалу. И та хвала, которая восходит из этого мира, далекого" от Него, "желанна Ему больше всего"».

---

[55] Писания, Песнь песней, 8:13. «Живущая в садах! Внемлют товарищи голосу твоему; дай (и) мне услышать его!»

[56] Писания, Псалмы, 42:9. «Днем явит Творец милость Свою, а ночью – песнь Ему у меня, молитва Творцу жизни моей».

[57] Писания, Песнь песней, 5:2. «Я сплю, но бодрствует сердце мое. Голос! Стучится друг мой: "Отвори мне, сестра моя, подруга моя, голубка моя, чистая моя, ибо голова моя росою полна, кудри мои – каплями (росы) ночной"».

51) «"Когда ночь уходит и наступает утро, и устанавливается предрассветная тьма, Царь и Царица (пребывают) в радости", т.е. в зивуге. "И он дает подарки ей и всем обитателям чертога. Счастлива доля того, кто входит в их число"» – обитателей чертога.

52) «"И Творец шел перед ними днем"[50]. "И Творец" означает – "Творец и суд Его"», т.е. Малхут, потому что «вав ו» из сочетания «И Творец (ве-АВАЯ והויה)» включает Малхут. «Сказал рабби Ицхак: «И это как мы учили, что Шхина выступает в путь вместе с праотцами. Ибо: "Шел перед ними днем"[50], – это Авраам, "В столпе облачном"[50], – это Ицхак, "чтобы указывать им путь"[50], – это Яаков, "и ночью в столпе огненном, чтобы светить им"[50], – это царь Давид"».

53) «"И все они – это высшая святая колесница", потому что Авраам, Ицхак, Яаков – это ХАГАТ, три опоры престола, а царь Давид – четвертая опора, "чтобы Исраэль шли в совершенстве всего, и чтобы праотцы увидели их избавление. Как сказано: "И Я выведу тебя, также выведу"[58], – с колесницей. И сказано: "И Творец шел перед ними... чтобы шли они днем и ночью"[50] Почему они шли днем и ночью? Шли бы днем, а не ночью, словно беглые люди?! Ведь Творец оберегал их", и они не боялись. "Зачем же они шли днем и ночью", подобно беглецам? "Но это, чтобы было у них совершенство всего, ибо совершенство не может быть иначе, как днем и ночью"», потому что день – это свойство Зеир Анпина, а ночь – свойство Нуквы, а всё совершенство – в их соединении вместе, что и означает сказанное: «И был вечер, и было утро, – день один».[59]

54) «Сказал рабби Аба: "Мы выяснили это так: "И Творец шел перед ними днем в столпе облачном"[50], – это Авраам", т.е. Хесед, "и ночью – в столпе огненном"[50], – это Ицхак", Гвура. "Но где же, в таком случае, Яаков", Тиферет? "Однако, в первом слове он назван, и там он пребывает, как сказано: "И Творец"», и это Тиферет и Малхут, а Яаков – это Тиферет.

55) «"И ночью – в столпе огненном"[50] светил Он, чтобы светить в одной стороне" днем, в Хесед, "и в другой" ночью, в

---

[58] Тора, Берешит, 46:4. «Я сойду с тобой в Египет, и Я выведу тебя, также выведу, и Йосеф закроет глаза твои».

[59] См.Зоар, главу Берешит, часть 1, п. 126, со слов: «Зоар выясняет сказанное: "И был вечер, и было утро, – день один"...»

Гвуре. "Чтобы преследовали их египтяне... с колесницей его и всадниками его"[60], для прославления имени Творца", – чтобы утонули они, и не осталось ни одного из них. И поэтому требовалось свойство Гвуры. "Для того чтобы идти днем и ночью", означает – "светящее зеркало", т.е. Зеир Анпин, называемый днем, "и зеркало, которое не светит", т.е. Малхут, называемая ночью. "И еще, чтобы запутать египтян, чтобы они сказали, что это случай", а не Творец вывел их, ведь потому они и шли днем и ночью, подобно беглецам. "Как сказано: "Правители Цоана оплошали"[61], и сказано: "Поворачивает Он мудрецов вспять"[62]. И потому шли они днем и ночью"».

56) «Сказал рабби Аба: "Счастлива доля Исраэля, ибо Творец вывел их из Египта, чтобы они были долей Его и наделом Его. Смотри, со стороны йовеля", т.е. Бины, "у Исраэля есть свобода. Также и в будущем, как сказано: "В тот день вострубят в великий шофар"[63]».

57) «"И из-за йовеля они задержались на пятьдесят дней после выхода из Египта с получением Торы и приближением к горе Синай". Ведь в йовеле содержится пятьдесят ворот, и чтобы исправиться в них, им понадобилось пятьдесят дней. "И после того, как шли днем, они шли" также "ночью, чтобы всё было одним днем, и не было бы разрыва между днем и ночью"», представляющими собой ЗОН.

58) «"И кроме этого, все они шли добровольно, по собственному желанию", чтобы объединить день и ночь, т.е. ЗОН. "И в день, когда они получили Тору, миновало пятьдесят полных дней, (состоящих из) дня и ночи, как подобает. Ибо нет дня без ночи, и нет ночи без дня", т.е. нет совершенства Зеир Анпина

---

[60] Тора, Шмот, 14:23. «И преследовали (их) египтяне, и вошли за ними все кони Фараона, с колесницей его и всадниками его в середину моря».

[61] Пророки, Йешаяу, 19:13-14. «Правители Цоана оплошали, правители Нофа обманулись – ввел в заблуждение Египет краеугольный камень (главы) колен его. Творец влил в них дух превратный, и ввели они в заблуждение Египет во всех действиях его, подобно тому, как блуждает пьяный, одержимый рвотой».

[62] Пророки, Йешаяу, 44:25. «Расстраивает Он знамения обманщиков и обнаруживает безумие чародеев, поворачивает Он мудрецов вспять и знание их делает глупостью».

[63] Пророки, Йешаяу, 27:13. «И будет, в тот день вострубят в великий шофар, и придут пропавшие в земле ашшурской и заброшенные в землю египетскую, и будут они поклоняться Творцу на горе святой в Йерушалаиме».

без Малхут, и нет совершенства Малхут без Зеир Анпина. "И ночь вместе с днем называются одним днем"». Как сказано: «И был вечер, и было утро, – день один»[54]. «"И когда они шли пятьдесят полных дней, над ними пребывали пятьдесят дней йовеля", т.е. пятьдесят врат Бины, "и тогда была дана им Тора со стороны йовеля. И потому они шли днем и ночью"».

59) «Сказал рабби Аба: "Сказано: "И было, когда Ицхак состарился, и притупилось зрение его"[64]. А почему? Мы ведь уже выясняли, что так происходит с тем, кто любит грешника, – притупляется зрение его. Смотри, в Ицхака", Гвуру, "включается ночь", т.е. Малхут, "а в ночи – нет ясности. Поэтому: "И притупилось зрение его, и перестал видеть"[64]. И всё это – одно и то же"», так как включение ночи в Ицхака – это то же понятие, что и любовь Ицхака к Эсаву.

60) «Провозгласил рабби Ицхак: "И было сообщено царю Египта, что бежал народ"[65]. "И было сообщено" – кто сказал ему? Но мы выясняли, что мудрецы и волхвы его собрались к нему и сообщили ему, что бежал народ. И зачем сказали это? Однако они увидели с помощью мудрости своей, что шли они", Исраэль, "днем и ночью. Сказали: "Нет сомнения, что бегут они". И, кроме того, увидели они, что те не шли прямым путем. Как сказано: "Возвратились они и расположились перед Пи-Ахиротом"[66]». И они сообщили ему и об этом, и потому он стал преследовать их.

---

[64] Тора, Берешит, 27:1. «И было, когда Ицхак состарился, и притупилось зрение его, и перестал видеть, призвал он Эсава, старшего сына своего, и сказал ему: "Сын мой!" И тот ответил: "Вот я". И сказал он: "Вот я состарился, не знаю дня смерти моей"».

[65] Тора, Шмот, 14:5. «И было сообщено царю Египта, что бежал народ, и переменилось сердце Фараона и его слуг к народу, и сказали они: "Что это сделали мы, отпустив Исраэль от служения нам"».

[66] Тора, Шмот, 14:2. «Говори сынам Исраэля, чтобы возвратились они и расположились перед Пи-Ахиротом между Мигдолом и морем; перед Баал-Цефоном, против него расположитесь станом у моря».

И взял он шестьсот колесниц отборных

61) «"И взял он шестьсот колесниц отборных и все колесницы Египта, и начальников над всем"[67]. Почему шестьсот?" Сказал рабби Йоси: "Соответственно числу Исраэля, как сказано: "Порядка шестисот тысяч пеших мужчин, не считая детей"[68]. "Отборных" – соответственно мужчинам" в Исраэле, "которые являются основой всего Исраэля. "И все колесницы Египта" – это остальные колесницы, которые менее важны, позади" тех шестисот, "соответственно детям" в Исраэле, не входившим в число шестисот тысяч пеших, и они менее важны по сравнению с ними, как сказано: "Не считая детей"[68]. И все это он сделал по совету своих волхвов и мудрецов. "И начальников над всем"[67], – все это он сделал с мудростью, так как они соответствуют высшим ступеням, которые расположены так: две и одна" над ними. Рабби Ицхак сказал: "Как в Таргуме: "И торопящих", – так как расторопны они были во всем"».

62) «"И взял он шестьсот колесниц отборных"[67]. Сказал рабби Хия: "Сказано: "Накажет Творец воинство небесное в вышине и царей земных на земле"[69]. В то время, когда Творец дает власть правителям народов наверху, дает Он ее и их народам внизу. А когда Он опускает их с их ступени наверху, Он опускает и их народы внизу. "И взял он шестьсот колесниц отборных"[67], – это их правитель", который взял их. "И мы уже выяснили, что он правил колесницами народов", так как эти шестьсот колесниц были не из египтян, а из других народов. "И все они попали в лагерь Сисры, то есть отборные" шестьсот колесниц, "а затем "и все колесницы Египта"[67]. Ведь если сказано: "И все колесницы Египта», не нужно было говорить: "Шестьсот отборных колесниц"[67]? Но дело в том, что "шестьсот колесниц отборных", безусловно, – из других народов, и поэтому говорится после этого: "И все колесницы Египта"[67]».

---

[67] Тора, Шмот, 14:7. «И взял он шестьсот колесниц отборных и все колесницы Египта, и начальников над всем».

[68] Тора, Шмот, 12:37. «И отправились сыны Исраэля из Рамсеса в Суккот, порядка шестисот тысяч пеших мужчин, не считая детей».

[69] Пророки, Йешаяу, 24:21. «И будет в тот день: накажет Творец воинство небесное в вышине и царей земных на земле».

63) «"Кобылице в колесницах Фараона уподобил я тебя, подруга моя"[70]. Смотри, подобно кобылице представлялась она коням Фараона", и потому гнались они за ней до самого моря. "Но уже выяснилось сказанное: "Кобылице в колесницах Фараона". Что сделал Фараон, когда преследовал Исраэль? – Взял кобылиц и запряг их в колесницу впереди, а коней запряг позади них. И кони разгорячались, находясь против кобылиц, но кобылицы не соглашались и бежали быстрее. Когда же он приблизился к Исраэлю, то взял кобылиц и поставил их сзади, а коней – впереди, чтобы сделать зло Исраэлю и воевать с ними"», так как в бою кони сильнее кобылиц.

64) «"Подобно этому: "И Творец шел перед ними днем"[71]. А после этого Шхина снова становилась позади Исраэля, как сказано: "И переместился ангел Всесильного, шедший перед станом Исраэля, и пошел позади них"[72]. И потому: "Уподобил я тебя, подруга моя"[70]». Объяснение. Мы говорили выше, что «И Творец»[71] – это Тиферет и Малхут,[73] т.е. Он и суд Его.[74] А после этого написано: «И переместился ангел Всесильного, – т.е. Малхут, – и пошел позади них»[72]. А Тиферет продолжал идти перед ними, чтобы сражаться с египтянами. И об этом написано: «Уподобил я тебя (димити́х), подруга моя» – от слова «дмама́ (молчание)», ибо Он поставил ее позади Исраэля, чтобы одному сразиться с египтянами и уничтожить их, чтобы не осталось ни одного из них.

---

[70] Писания, Песнь песней, 1:9. «Кобылице в колесницах Фараона уподобил я тебя, подруга моя».
[71] Тора, Шмот, 13:21. «И Творец шел перед ними днем в столпе облачном, чтобы указывать им дорогу, и ночью – в столпе огненном, чтобы светить им, и чтобы шли они днем и ночью».
[72] Тора, Шмот, 14:19. «И двинулся ангел Всесильного, шедший перед станом Исраэля, и пошел позади них. И двинулся облачный столп, (шедший) перед ними, и встал позади них».
[73] См. выше, п. 54.
[74] См. выше, п. 52.

ГЛАВА БЕШАЛАХ

И Фараон приблизил

65) «"И Фараон приблизил"[75] – т.е. приблизил всё свое войско и колесницы, чтобы вести войну". И еще (одно объяснение): "И Фараон приблизил"[75]. Сказал рабби Йоси: "Мы ведь учили, что он приблизил их (Исраэль) к возвращению", и поэтому сказано: "И Фараон приблизил"[75]», а не «Фараон приблизился».

66) «"Сказано: "Творец, в бедствии вспоминали они о Тебе, изливали тихую мольбу, когда наказывал Ты их"[76]. "В бедствии вспоминали они о Тебе" – означает, что не вспоминают Исраэль Творца в часы спокойствия, но лишь когда находятся в бедствии, тогда все они вспоминают о Нем. "Изливали тихую мольбу" – т.е. все обращаются с молитвами и просьбами, изливая Ему свои молитвы. Когда? "Когда наказывал Ты их" – в час, когда вспоминал о них, наказывая их плетью Своей. Тогда Творец пребывает над ними в милосердии, и желанен Ему их голос, просящий избавить их от врагов, и Он переполняется милосердием к ним"».

67) «"Как мы изучали притчу о голубке с ястребом,[77] так же и Исраэль, приближаясь к морю, увидели перед собой бушующее море, волны которого всё выше взметались вверх, и устрашились. Подняли свои глаза, и вот: Фараон с войском его, баллистовые камни и стрелы. Тогда: "И устрашились они очень"[75]. Что сделали? "И возопили сыны Исраэля к Творцу"[75]. Кто стал причиной того, что приблизился Исраэль к их высшему Отцу? Фараон. Это означает сказанное: "И Фараон приблизил"[75]. И вот это выяснилось"».

---

[75] Тора, Шмот, 14:10. «И Фараон приблизил; и подняли сыны Исраэля свои глаза, и вот Египет движется за ними, и устрашились они очень, и возопили сыны Исраэля к Творцу».

[76] Пророки, Йешаяу, 26:16. «Творец! В бедствии вспоминали они о Тебе, изливали тихую мольбу, когда наказывал Ты их».

[77] См. Мидраш Раба, Песнь песней, глава 2, п. 2. «Учит рабби Ишмаэль: "В час, когда Исраэль вышли из Египта, на кого они были похожи? На голубку, которая, спасаясь от ястреба, залетает в расселины скал, и встречает там шипящую змею. Хочет проникнуть внутрь и не может – там шипит змея, и вернуться не может – снаружи ястреб поджидает ее..."»

68) «"И сказал Моше народу: "Не бойтесь"[78]. Благословен удел Исраэля, ибо такой предводитель, как Моше, идет среди них. Сказано: "И вспомнил прежние дни: Моше – народ Его"[79]. "И вспомнил прежние дни" – это Творец. "Моше – народ Его" – ибо Моше противопоставляется по важности всему Исраэлю. И отсюда мы учили, что предводитель народа – это и на самом деле весь народ. Если он удостоился, то весь народ – праведники, а если он не удостоился, то весь народ не удостаивается и наказывается из-за него. И мы уже выясняли это"».

69) «"Стойте и смотрите"[78] – вам не надо вести войну, ибо Творец будет вести войну для вас. Как сказано: "Творец будет сражаться за вас, а вы молчите!"[81] Этой ночью собрал Творец своих приближенных, и вершил суд Исраэля. И если бы праотцы ранее не просили" в своих молитвах "за Исраэль, то не спастись бы им от суда. Заслуга Яакова защитила Исраэль, как сказано: "Если бы не Творец, который был с нами, – пусть скажет Исраэль"[80] – это Исраэль Саба"», т.е. Яаков.

---

[78] Тора, Шмот, 14:13. «И сказал Моше народу: "Не бойтесь, стойте и смотрите на спасение, которое Творец совершит для вас ныне! Ибо египтян, которых вы видите сегодня, не увидите более вовеки"».

[79] Пророки, Йешаяу, 63:11. «И вспомнил древние дни Моше народ Его. Где Тот, который поднял их из моря вместе с пастырем стада Его? Где Тот, который вложил в него дух святой?»

[80] Писания, Псалмы, 124:1. «Песнь ступеней Давида. Если бы не Творец, который был с нами, – пусть скажет Исраэль».

ГЛАВА БЕШАЛАХ

Творец будет сражаться за вас, а вы молчите

70) «"Творец будет сражаться за вас, а вы молчите!"[81] Провозгласил рабби Аба: "Если отстранишься в субботу от исполнения дел твоих в святой день Мой"[82]. Счастливы Исраэль, ибо Творец возжелал их для слияния с Ним, избрав из всех остальных народов мира. И, испытывая любовь к ним, приблизил их к Себе и дал им Тору, и дал им субботу, являющуюся святым днем из всех остальных дней, и в ней – покой от всего, и радость всего. И суббота сравнивается со всей Торой, и тот, кто соблюдает субботу, словно соблюдает всю Тору"».

71) «"И назовешь субботу отрадой"[82] – отрадой всего, отрадой души и тела, отрадой высших и нижних. "И назовешь субботу", что значит: "И назовешь"? Означает, что призовешь ее, как сказано: "Священными собраниями"[83], что означает – призванные святостью, подобно тому, как зовут гостя в дом. И об этом сказано: "И назовешь субботу отрадой"[82], – что ее приглашают в дом, подобно гостю: к накрытому столу, в дом, приведенный в надлежащий порядок, с едой и питьем, как подобает, – более, чем во все остальные дни. "И назовешь субботу (отрадой)"[82] – т.е. (отрадой) еще от одного дня", который он добавит от будней к святости. "Святыню Творца – почитаемой"[82] – это День искупления", потому что День искупления и суббота – это одно целое. И поэтому сказано о них: "И почтишь ее, не занимаясь делами своими"[82], – т.е. в единственном числе, "как мы уже выясняли"».

72) «"Не отыскивая дело себе и не говоря ни слова"[82], и это уже выяснялось" – чтобы не была субботняя речь подобна будничной речи. "Ибо это слово" будничное, сказанное в субботу,

---

[81] Тора, Шмот, 14:14. «Творец будет сражаться за вас, а вы молчите!»

[82] Пророки, Йешаяу, 58:13. «Если отстранишься в субботу от исполнения дел твоих в святой день Мой, и назовешь субботу отрадой, святыню Творца – почитаемой, и почтишь ее, не занимаясь делами своими, не отыскивая дело себе и не говоря ни слова (об этом)».

[83] Тора, Ваикра, 23:1-3. «И сказал Творец Моше, говоря: "Обратись к сынам Исраэля и скажи им: "Праздники Творца, которые вы должны называть священными собраниями – это Мои праздники. Шесть дней можно работать, а в седьмой день суббота покоя, собрание священное, никакой работы не делайте – это суббота Творца во всех местах поселения вашего"».

"поднимается и пробуждает будничное слово наверху", – и нарушается суббота. "Тот, кто зовет гостя, должен заботиться о нем, а не о другом"».

73) «"Смотри, это слово, вылетевшее из уст человека, поднимаясь, вызывает высшее пробуждение, будь оно во благо или во зло. И тому, кто сидит и наслаждается субботой, запрещено пробуждать будничное слово, ибо он делает ущербным день святости. Тому, кто сидит, наполняясь радостью Царя, не подобает оставлять Царя и заниматься другим"».

74) «"И каждый день нужно показывать действие и совершать пробуждение" внизу "из того, что необходимо пробуждать. Но в субботу только речениями Творца и святостью дня надо пробуждаться, и ничем иным. Ибо в субботу не должны совершать пробуждение снизу"».

75) «"Смотри, когда здесь приблизился Фараон, чтобы начать войну с Исраэлем, в это время Творец не хотел, чтобы Исраэль совершали пробуждение снизу вообще, так как было пробуждение свыше, потому что праотцы первыми вызвали это пробуждение свыше, и Он помнил им эту заслугу, и не желал Творец, чтобы Исраэль вообще пробуждались снизу. И это означает сказанное: "Творец (АВАЯ) будет сражаться за вас, а вы молчите!"[81] – конечно же, молчите и не пробуждайте того, что не нужно вам.[84] Здесь включается святое имя в начертанные буквы"» – АВАЯ, и это милосердие, как сказано: «Творец (АВАЯ) будет вести битву за вас»[81] – несмотря на то, что АВАЯ – это милосердие, а война – это суд. «"И уже указывали на это товарищи"», как выяснится дальше.

76) «Рабби Йоси и рабби Йегуда находились в пути. Сказал рабби Йоси рабби Йегуде: "Конечно же, мы учили, что АВАЯ в любом месте – милосердие. И хотя Он ведет войны и вершит суд, этот суд вершится в милосердии. Но здесь мы видели, что сказано: "Творец (АВАЯ) будет сражаться за вас"[81] – и в этом суде совершенно не видно милосердия, ведь сказано: "Не осталось ни одного из них"[85]».

---

[84] См. ниже, п. 78.
[85] Тора, Шмот, 14:28. «И возвратились воды, и покрыли колесницы и всадников всего войска Фараона, вошедших в море за Исраэлем, – не осталось ни одного из них».

77) «Сказал ему: "Насчет этого я слышал от рабби Шимона, и он сказал, что даже здесь суд вершился в милосердии. Ибо покрыло их море, и умерли они, но затем вынесло их море. Творец не желал ронять их достоинство, и они были похоронены в земле, но земля не захотела принимать их, пока не простер к ней Творец десницу Свою, и приняла она их. И об этом сказано: "Ты простер десницу Свою – поглотила их земля"[86]. И поэтому вершился этот суд в милосердии"».

78) «"И поэтому не хотел Творец, чтобы Исраэль пробуждали что-либо в мире снизу. Ибо, если бы они пробудили что-либо снизу, не пробудилось бы имя милосердия, и суд не вершился бы в милосердии. Как сказано: "Творец (АВАЯ) будет сражаться за вас, а вы молчите"[81] – чтобы вы не пробуждали ничего, ибо имя милосердия должно пробудиться над вами, чтобы вести суд в милосердии. И потому нужно, чтобы вы не сделали ущерба и не пробудили ничего другого"» – т.е. суд без милосердия. Ибо пробуждение снизу вызвало бы один лишь только суд.

79) «Сказал ему: "Но ведь сказано: "И выйдет Творец (АВАЯ) и сразится с народами теми"[87]. Разве этот суд вершился в милосердии?" Сказал ему: "Да, этот суд вершился в милосердии, потому что смерть их не была похожа на смерть остальных, живущих в мире, но Творец смилостивился над ними, чтобы не погибли смертью, как остальные, живущие в мире. И умертвил Он их спокойно, без страданий"». Как сказано: «Сгниет плоть его, когда он стоит на ногах своих»[88]. «"Таким образом, этот суд вершился в милосердии"».

80) «"И в любом месте это имя означает суд, вершимый в милосердии, кроме одного места, где сказано: "Творец (АВАЯ), как всемогущий, выйдет"[89]. Разве Творец – "как всемогущий", а не всемогущий на самом деле? Однако, сменит Он облачение Свое, облачившись в другие одеяния"», – то есть сменит Свою

---

[86] Тора, Шмот, 15:12. «Ты простер десницу Свою – поглотила их земля».

[87] Пророки, Зехария, 14:3. «И выйдет Творец и сразится с народами теми, как в день, когда сражался Он, в день битвы».

[88] Пророки, Зехария, 14:12. «И это будет поражение, которым поразит Творец все народы, воевавшие против Йерушалаима: сгниет (у каждого) плоть его, когда стоит он на ногах своих, и глаза его (их) сгниют во впадинах их, и язык его (их) сгниет во ртах их».

[89] Пророки, Йешаяу, 42:13. «Творец как всемогущий выйдет, как муж сражений, пробудит ревность, возликует и поднимет клич, побеждая врагов Своих».

меру милосердия, облачив одеяния суда. "Как муж сражений"[89], сменяющий оружие Свое"», – с милосердия на суд. Ведь в этом месте сменилось это милосердие и стало судом.

81) «"И вместе с тем суда больше" здесь, чем милосердия, "однако в нем содержится милосердие, как сказано: "Как всемогущий", а не всемогущий" на самом деле, так как Он полностью суд. "Как муж сражений"[89], а не "муж сражений" на самом деле, так как Он полностью суд. "Ибо хотя Он, конечно, и вершит суд, но проявляет милосердие над Своими действиями. И поэтому: "Творец будет вести битву за вас" – это понятно, "а вы – молчите", для того чтобы вы не пробудили один лишь суд, как мы уже говорили. "Благословен удел Исраэля, потому что Творец выбрал их Своим уделом и наследием. Как сказано: "Ибо удел Творца – народ Его, Яаков – место наследия Его"[90]».

---

[90] Тора, Дварим, 32:9. «Ибо удел Творца – народ Его, Яаков – место наследия Его».

ГЛАВА БЕШАЛАХ

Что ты вопиешь ко Мне

82) «"И сказал Творец Моше: "Что ты вопиешь ко Мне?"⁹¹ Это изречение объяснено в Сифра ди-цниюта.⁹² И там раскрыт смысл слов: "И сказал Творец Моше: "Что ты вопиешь ко Мне?". Рабби Йегуда провозгласил и сказал: "И уготовил Творец рыбу большую, чтобы проглотила Иону... И взмолился Иона к Творцу Всесильному своему из чрева этой рыбины"⁹³. Что означает сказанное выше: "И уготовил Творец рыбу большую"? "И уготовил (ва-еман וַיְמַן)" – это как сказано: "И назначил (ва-еман וַיְמַן) им царь повседневно"⁹⁴. И также: "Который назначил вам пищу"⁹⁵», что означает – давать в пищу.

83) «"Однако, это изречение должно было быть сказано так: "И уготовил Творец Иону для рыбы", так как он является пищей, которую Творец послал рыбе. Однако эта рыба была, конечно же, "пищей" для Ионы, чтобы оберегать его от всех остальных рыб в море, и чтобы он был укрыт в ней. И когда Творец ввел его внутрь нее, увидел Иона в чреве ее, как просторно место чрева ее", что оно, "словно огромный дворец, и два глаза этой рыбы светили, подобно солнцу, и драгоценный камень был в чреве ее, который светил ему, и он видел всё, что содержится в море и его безднах"».

84) «"И если ты скажешь: "Что же, в таком случае, означает сказанное (Ионой): "Воззвал я в беде моей"⁹³ – ведь не видно" отсюда, "чтобы ему было предоставлено все это благоденствие? Но рыба, разумеется, после того как показала ему все,

---

⁹¹ Тора, Шмот, 14:15. «И сказал Творец Моше: "Что ты вопиешь ко Мне? Скажи сынам Исраэля, чтобы двинулись вперед!"»
⁹² См. Зоар, главу Трума, Сифра ди-цниюта, п. 55. «И сказал Творец Моше: "Что ты вопиешь ко Мне?"»
⁹³ Пророки, Иона, 2:1-3. «И уготовил Творец рыбу большую, чтобы проглотила Иону, и пробыл Иона в чреве этой рыбы три дня и три ночи. И взмолился Иона к Творцу Всесильному своему из чрева этой рыбины и сказал: "Воззвал я в беде моей к Творцу, и Он ответил мне. Из чрева преисподней возопил я, услышал Ты голос мой!"»
⁹⁴ Писания, Даниэль, 1:5. «И назначил им царь повседневно пищу с царского (стола) и вино из своих напитков, и (приказал) растить их три года, по истечении которых они должны будут предстать перед царем».
⁹⁵ Писания, Даниэль, 1:10. «И старший из придворных сказал Даниэлю: "Боюсь я господина моего, царя, который назначил вам пищу и питье, потому что если увидит он, (что) ваши лица хуже, чем у мальчиков-сверстников ваших, то я отвечу головой перед царем"».

что содержится в море и его безднах, скончалась, так как не могла вынести его в течение трех дней. И тогда Иона почувствовал себя в беде"».

85) «"Как сказал рабби Эльазар: "Когда увидел Иона все это благоденствие, обрадовался. Сказал Творец: "И что тебе еще нужно, – разве за этим Я привел тебя сюда?!" Что сделал?" – Творец. "Убил эту рыбу, и умерла она, и все остальные рыбы моря стали кружить вокруг этой рыбы и откусывать по куску, одна – с одной стороны, другая – с другой. Тогда лишь увидел Иона, в какой он оказался беде. Сразу же: "И взмолился Иона к Творцу"[93]».

86) «"Сначала Писание назвало ее рыбой, а сейчас называет рыбиной", поскольку она уже умерла. "Как сказано: "И рыба, которая в реке, вымерла"[96]. И тогда сказано: "Воззвал я в беде моей"[93]. И не сказано: "Был я в беде", или: "Оказался я в беде", а сказано: "Воззвал я в беде моей", которую принесли мне рыбы морские". И сказано: "Из чрева преисподней возопил я"[93], – поскольку мертва она. И не сказано: "Из чрева живого" или "из чрева рыбы", ибо ясно, что она была мертва"», и поэтому называется преисподней.

87) «"Когда вознес он молитву свою, Творец принял ее, и оживил эту рыбу, и вывел его на сушу на глазах у всех, как сказано: "И повелел Творец рыбе, и извергла она Иону"[97]. И увидели все деяние Творца"».

88) «"Что сказано? "И взмолился Иона к Творцу Всесильному своему"[93] – т.е. он молился, обращаясь "к тому месту, с которым был связан", – к свойству Малхут. "И это следует из сказанного: "К Творцу Всесильному своему". И не сказано, что взмолился только к Творцу, а сказано: "К Творцу Всесильному своему"[93]. Это указывает на свойство, с которым он был связан. "И так же здесь: "И сказал Творец Моше: " Что ты вопиешь ко Мне?"[91] "Ко Мне" – именно так"», к Моему свойству, т.е. Тиферет, с которым был связан Моше. Однако это зависит от

---

[96] Тора, Шмот, 7:21. «И рыба, которая в реке, вымерла, и воссмердела река, и не могли египтяне пить воду из реки. И была кровь по всей земле египетской».

[97] Пророки, Иона, 2:11. «И повелел Творец рыбе, и извергла она Иону на сушу».

«благоволения (мазаль)», как будет объясняться далее.[98] Ибо рассечение Конечного моря произошло с помощью «мазаль», называемой «святая дикна».

89) «"Скажи сынам Исраэля, чтобы двинулись вперед"[91] – ушли от многочисленных слов, ибо сейчас не время молитве. "Чтобы двинулись вперед"[91] – в какое место Он указал, чтобы они двигались, ведь они находились перед самым морем? Но это было указанием "вверх". Как сказано: "Что ты вопиешь ко Мне?"[91], что означает – к Тиферет. "Ибо все они находились в этом месте", – в Тиферет, т.е. весь Исраэль были связаны с Тиферет. И поэтому сказал: "Чтобы двинулись вперед"[91] – чтобы Исраэль двигались вперед отсюда"», из Тиферет, и пришли к тому, чтобы связать себя с «мазаль», т.е. с дикной, что сейчас не время Тиферет, а всё зависит от благоволения (мазаль), как мы уже говорили.

---

[98] См.Зоар, главу Трума, Сифра ди-цниюта, п. 56. «И это зависело от благоволения (мазаль), так как он желал возвеличить "дикну"...»

Подними посох свой

90) «"А ты подними посох свой и направь руку свою на море"[99]. "Подними посох свой"[99], – на котором записано святое имя, "и направь руку свою"[99] – в сторону святого имени, и когда воды увидят святое имя, побегут от него. Поэтому: "И направь руку свою"[99] – к одной стороне" посоха, "потому что другие стороны посоха будут нужны тебе для других вещей, – т.е. для рассечения скалы"».

91) «Сказал рабби Эльазар: "Я вижу, что иногда этот посох называется посохом Всесильного, а иногда – посохом Моше". Сказал рабби Шимон: "В книге рава Амнуна Савы хорошо сказано, что это всего лишь один посох, как его ни называй, – посохом Творца или посохом Моше. И посох этот служит для пробуждения стороны Гвуры. И поэтому сказано: "Направь руку свою"[99] – то есть левую руку, находящуюся на стороне Гвуры"».

92) «Сказал рабби Шимон: "Горе тем, кто не интересуется Торой и не изучает ее. И Тора возглашает перед ними каждый день, но не внимают они. Смотри, со стороны Гвуры пробуждаются воды в мире, и появляются воды. Но сейчас Творец пожелал осушить эти воды. Почему же говорит Писание: "И направь руку свою" – т.е. левую руку?"», Гвуру.

93) «"Однако: "И подними посох свой"[99] – это чтобы осушить воды, "направь руку свою"[99] – чтобы возвратить воды, пробудить сторону Гвуры и обратить эти воды на египтян. И поэтому здесь два этих указания, как сказано: "Подними посох свой и направь руку свою на море, и рассечешь его"[99]». Одно – чтобы осушить воды, другое – чтобы обратить воды на египтян.

94) И он спрашивает, как образовалась суша посреди моря, «"ведь там были (морские) бездны? Однако Творец совершил чудо внутри чуда, как сказано: "Застыли пучины в сердце моря"[100], и они прошли по суше посреди моря. Как сказано: "И пройдут сыны Исраэля среди моря по суше"[99]».

---

[99] Тора, Шмот, 14:16. «А ты подними посох свой и направь руку свою на море, и рассеки его – и пройдут сыны Исраэля среди моря по суше».

[100] Тора, Шмот, 15:8. «От дыхания Твоего сгрудились воды, встали стеной течения, застыли пучины в сердце моря».

ГЛАВА БЕШАЛАХ

И устранил колесо колесниц его

95) «"И устранил колесо колесниц его"[101]. Провозгласил рабби Шимон: "И увидел я создания, и вот одно колесо на земле у этих созданий"[102]. Это изречение мы выясняли и изучали. Но, обрати внимание, Творец во всем показывает Свое правление, и правление Его не будет устранено никогда, (и пребудет) во веки веков"».

96) «"И осуществляет Он управление через праотцев. Он взял Авраама и утвердил через него мир, как сказано: "Вот порождения неба и земли при сотворении их"[103], и мы это выясняли"» – надо читать не «при сотворении их (бе-ибарам בְּהִבָּרְאָם)», а «при Аврааме (бе-Авраам באברהם)», так как через него были утверждены небо и земля. «"Взял Ицхака и насадил через него мир, чтобы существовал всегда. Это значение сказанного: "Союз же Мой установлю с Ицхаком"[104]. Взял Яакова и посадил его перед Собою, и пребывал в радости с ним, и прославился в нем, как сказано: "Исраэль, в котором прославлюсь"[105]».

97) «"Вот смотри, Яаков включен в Древо жизни, в котором никогда нет смерти, т.е. вся жизнь наполнилась совершенством благодаря этому Древу, и оно дает жизнь всем тем, кто включен в него. И поэтому Яаков не умер. Когда же он умер? В час, когда сказано: "И подобрал он ноги свои на ложе"[106]. "Ложе" – это, как сказано: "Вот ложе Шломо"[107], т.е. Малхут. И поскольку

---

[101] Тора, Шмот, 14:25. «И устранил колесо колесниц его, и влек его тягостно. И сказал Египет: "Обращусь в бегство от Исраэля, ибо Творец сражается за них с Египтом!"»

[102] Пророки, Йехезкель, 1:15. «И увидел я создания, и вот одно колесо на земле у этих созданий, у четырех ликов его».

[103] Тора, Берешит, 2:4. «Вот порождения неба и земли при сотворении их, в день созидания Творцом Всесильным земли и неба».

[104] Тора, Берешит, 17:21. «Союз же Мой установлю с Ицхаком, которого родит тебе Сара к этому сроку в будущем году».

[105] Пророки, Йешаяу, 49:3. «И сказал мне: "Ты раб Мой, Исраэль, в котором Я прославлюсь"».

[106] Тора, Берешит, 49:33. «И закончил Яаков завещать сыновьям своим, и подобрал он ноги свои на ложе. И скончался, и был приобщен к народу своему».

[107] Писания, Песнь песней, 3:7. «Вот ложе Шломо, шестьдесят воинов вокруг него, воинов Исраэля».

об этом ложе сказано: "Ноги ее нисходят к смерти"[108], – поэтому сказано: "И подобрал он ноги свои на ложе"[106], и тогда: "И скончался, и был приобщен к народу своему"[106]. Но все то время, пока он держался Древа жизни, то есть Зеир Анпина, не умирал, ибо смерть наступает лишь со стороны Малхут, как уже выяснено. "И Творец сделал Яакова избранным из праотцев, как сказано: "Яаков, которого избрал Я"[109]».

Пояснение сказанного. Вначале выясняется изречение: «И увидел я создания, и вот одно колесо на земле у этих созданий»[102], с которого рабби Шимон начал свою речь. И на первый взгляд удивительно – какое отношение имеет это изречение к изречению: «И устранил колесо колесниц его»[101]. И мало того, рабби Шимон не упоминает его больше на протяжении всей этой статьи. И дело в том, что после этого изречения, сказано: «И вид их и форма их таковы, будто одно колесо внутри другого»[110]. И объяснение этого следующее. Эти создания расположены в ХАГАТ Зеир Анпина до хазе, а колеса – от хазе и ниже, в НЕХИ Зеир Анпина, где находится Нуква Зеир Анпина. И в Нукве Зеир Анпина есть две точки:

1. Точка, подслащенная в Бине, то есть милосердие. Она называется «ми́фтеха (ключ)».
2. Точка меры суда первого сокращения, не подслащенная, называемая «ма́нула (замо́к)».[111]

И со стороны второй точки, Малхут недостойна высшего света, так как она находится под сокращением. И все мохин, которые она получает, – они только в свойстве первой точки, называемой «мифтеха». И поэтому вторая точка спрятана внутри первой, а первая точка – она открыта и правит. И с помощью этого исправления Малхут становится достойной получения мохин.[111]

---

[108] Писания, Притчи, 5:5. «Ноги ее нисходят к смерти, на преисподнюю опираются стопы ее».

[109] Пророки, Йешаяу, 41:8. «А ты, Исраэль, раб Мой, Яаков, которого избрал Я, семя Авраама, возлюбившего Меня».

[110] Пророки, Йехезкель, 1:16. «Вид колес этих и форма их, словно у драгоценного камня, и образ один у всех четырех; и вид их и форма их таковы, будто одно колесо внутри другого».

[111] См. «Предисловие книги Зоар», статью «Манула и мифтеха», п. 44. «В этих воротах есть один замок и одно узкое место, чтобы вставить в него этот ключ...»

И это означает сказанное: «И вот одно колесо на земле у этих созданий»[102]. И хотя имеются две точки в Малхут, как сказано далее: «И вид их и форма их таковы, будто одно колесо внутри другого»[110], т.е. колесо манулы скрыто внутри колеса мифтехи, все же используется в ней лишь одно колесо, мифтеха, а второе колесо совершенно незаметно.

И поэтому провозгласил рабби Шимон: «И увидел я создания, и вот одно колесо на земле у этих созданий»[102], и раскрыл этим смысл изречения: «И устранил колесо колесниц его»[101]. То есть, о каком колесе говорится? – О колесе мифтехи, от исправления которого зависят все мохин в Малхут, и уж тем более, ситра ахра, получающая от нее. И когда Он захотел уничтожить Египет, Он устранил это исправление, как сказано: «И устранил колесо колесниц его»[101]. И тем самым он разъяснил это изречение в общем виде. А затем он начинает разъяснять его в частном виде.

И сначала он выясняет понятие высшей колесницы (меркава), от которой берут начало все колесницы, и это – ХАГАТ Зеир Анпина и Малхут, расположенные от хазе Зеир Анпина и выше. И поэтому говорится, что праотцы – это меркава. И это означает сказанное: «И осуществляет Он управление через праотцев»[112] – то есть Бина осуществляет управление через ХАГАТ Зеир Анпина, являющимися основаниями ее меркавы (строения). И поэтому сказано: «Он взял Авраама и утвердил через него мир» – так как Авраам это правая линия, Хесед Зеир Анпина, благодаря которому существует мир – то есть Малхут. Ибо все то время, пока Хохма в ней не облачится в Хесед Зеир Анпина, она не может существовать. «Взял Ицхака и насадил через него мир» – ибо Ицхак это левая линия, Гвура Зеир Анпина, от которой строится Малхут, так как Малхут строится от левой линии Зеир Анпина. Таким образом, Ицхак насадил ее, а Авраам только утвердил ее, облачив ее в хасадим. «Взял Яакова и посадил его перед Собою» – посередине, так как Яаков является средней линией, Тиферет Зеир Анпина, согласующей между двумя линиями, правой и левой, и поддерживающей свечение обеих. Поэтому сказано: «И пребывал в радости с ним, и прославился в нем» – потому что без средней линии не было бы света в Бине.[113]

---

[112] См. выше, п. 96.
[113] См. Зоар, главу Берешит, часть 1, п. 363.

И теперь выясняет Нукву и различие между ней и средней линией, т.е. Яаковом. И поэтому сказано: «Яаков включен в Древо жизни»[114] – так как он включен в Бину, в которой находится жизнь, и он называется Древом жизни. «И поэтому Яаков не умер» – поскольку нет в нем включения ситры ахра, и только когда он соединяется с Нуквой, есть в нем включение ситры ахра из-за Нуквы, которая соединилась с ним. И это смысл сказанного: «Когда же он умер? В час, когда сказано: "И подобрал он ноги свои на ложе"»[114] – т.е. соединился с ложем, Малхут, и тогда умер. «Поскольку об этом ложе сказано: "Ноги ее нисходят к смерти"»[114], потому что она дает питание ситре ахра, а это – смерть. Ибо всё, что есть у ситры ахра, получают от Малхут, Нуквы Зеир Анпина.

И выяснились, таким образом, четыре опоры высшей меркавы, т.е. Бины, и это – ХАГАТ Зеир Анпина и Нуква, получающая от них. И они называются также «четырьмя созданиями»[115]. А четыре основы нижней меркавы (колесницы), расположенной от хазе и ниже, – это НЕХИМ, и они называются «офаним (колёса)» из-за одного колеса внутри другого, установленного в них. Ибо любая часть, находящаяся ниже хазе Зеир Анпина, относится к Нукве, установленной в «офане».

98) "Смотри, все высшие станы", которые нисходят от четырех станов Шхины, и это офаним (колёса), "и все колесницы (меркавот) включены друг в друга, ступени в ступени, эти – высшие, а эти – нижние", исходят одна из другой и включены друг в друга. "И святое создание над ними", – Нуква, расположенная от хазе Зеир Анпина и выше, и там есть четыре создания, как мы уже сказали, и Нуква – это четвертое создание. И все множества и станы выдвигаются по ее указанию", т.е. под ее властью, "по слову ее выдвигаются и по слову ее останавливаются"», потому что все колесницы, и создания, и колеса получают только лишь от этого высшего создания.

99) "И это создание, в которое включены все остальные создания. И множество созданий распространились от него в другие создания" – т.е. много созданий произошли друг от друга, "и включились ступени в ступени. И все высшие и нижние

---

[114] См. выше, п. 97.
[115] Пророки, Йехезкель, 1:5. «И внутри него – подобие четырех созданий, и вид их подобен человеку».

отправляются и плавают в море"», т.е. в Нукве. И высшие включаются в нее, когда отдают ей, а нижние включаются в нее, когда получают от нее. «"И это смысл сказанного: "Вот море, великое и обширное. Там существа, которым нет числа, создания малые вместе с большими"[116]».

100) «"И когда море поднимает свои волны", т.е. суды (диним), "все корабли поднимаются и опускаются"», как сказано: «Поднимались они в небо и опускались в бездну»[117]. «"И приходит буря, и ветер с огромной силой проносится по морю. И морские рыбы рассеиваются в разные стороны, эти – на восток, эти – на запад, эти – на север, а эти – на юг. И все жители мира, когда", на этих морских рыбах, "видят запись на них" из-за своих грехов, "хватают их и проглатывают в пещерах праха"».

Объяснение. Когда нижние совершают прегрешения, из-за них портится вышеуказанное исправление скрытия колеса внутри колеса, и раскрывается Малхут свойства суда, и с ее стороны не достойна Малхут, называемая морем, получать света. И поэтому корабли в море, подобные колесницам на суше, поднимаются и опускаются, и готовы сломаться. И морские рыбы, т.е. ангелы в Малхут, которые были связаны в четырех сторонах, т.е. ХУГ ТУМ, когда ушел этот свет, прекратилась связь этих ХУГ ТУМ, и рассеиваются каждая в ту сторону, от которой исходит. Жители мира, испортившие свои деяния и вызвавшие это, – и на них (рыбах) вследствие этого запечатлелось прегрешение их, – проглатывают их в пещерах праха, т.е. в Малхут свойства суда. Прахом называется Малхут, а свойство суда, раскрывшееся в ней, называется пещерой.

101) «"И все корабли не трогаются со своего места, и не поднимаются и не опускаются, кроме того часа, когда появляется один из повелителей моря, и он умеет усмирить бушующий ветер моря. И когда поднимается этот (зэ) над морем, оно отдыхает от неистовства своего, и наступает покой. И тогда все корабли идут прямым путем, не отклоняясь ни вправо, ни влево, как сказано: "Там корабли плывут, левиатан этот (зэ),

---

[116] Писания, Псалмы, 104:25. «Вот море, великое и обширное. Там существа, которым нет числа, создания малые вместе с большими».
[117] Писания, Псалмы, 107:26. «Поднимались они в небо, опускались в бездну; в бедствии обмякла душа их».

которого сотворил Ты, чтобы резвился в нем"[118]. Именно "этот (зэ)" – т.е. Есод Зеир Анпина, средняя линия. "И все морские рыбы собираются в свое место, и все создания радуются ему, и создания высшего поля радуются, как сказано: "И все звери полевые играют там"[119]».

Объяснение. То, что бушующий ветер проносится по морю, и корабли поднимаются и опускаются, – это уже начало исправления, потому что во время судов (диним) море становится застывшим.[120] И поэтому сказано: «И все корабли не трогаются со своего места, и не поднимаются и не опускаются», – так как в час судов (диним) море застывает и корабли, находящиеся в нем, не могут сдвинуться со своего места, «кроме того часа, когда появляется один из повелителей моря» – средняя линия, поднимающая экран де-хирик. Тогда открывается вначале этот «бушующий ветер», то есть Малхут свойства суда, и корабли поднимаются и опускаются, а затем он подслащает ее свойством милосердия, пока она не становится достойной принять свет.[121] И это означает сказанное: «И он умеет усмирить бушующий ветер», – т.е. он умеет подслащать его свойством милосердия, и тогда объединяет правую и левую линии друг с другом, поэтому сказано: «И тогда все корабли идут прямым путем, не отклоняясь ни вправо, ни влево», – но только путем средней линии.

102) «"Смотри, подобное тому, что наверху", в ХАГАТ Зеир Анпина, "есть внизу", в НЕХИ Зеир Анпина. "И подобное тому, что внизу, есть в нижнем море", в Малхут. (Другое объяснение): "Подобное тому, что наверху", в ХАГАТ Зеир Анпина, "есть в высшем море", Бине. "И подобное тому, что наверху, есть внизу", в НЕХИ Зеир Анпина. "И подобное тому, что внизу, есть в нижнем море"», Малхут.

---

[118] Писания, Псалмы, 104:26. «Там корабли плывут, левиатан этот, которого сотворил Ты, чтобы резвился в нем».

[119] Писания, Иов, 40:20. «Ибо горы приносят ему корм, и все звери полевые играют там».

[120] См. Зоар, главу Берешит, часть 1, п. 301. «Воды "застывшего моря", т.е. Малхут, вбирают все воды мира…»

[121] См. Зоар, главу Лех леха, п. 22, со слов: «Экран де-хирик, на который выходит средняя линия, происходит от свойства суда, имеющегося в Малхут…»

103) «"Гуф этого моря" высшего, Бины, "я уже объяснял товарищам: его длина и ширина, и рош, и зроот, и гуф, – всё как полагается. И все они называются его именем. И подобно этому в нижнем море", Малхут, "тоже есть рош этого моря, и зроот этого моря, и гуф этого моря"».

Объяснение. Это указывает на сказанное выше: «Подобное тому, что наверху, есть в высшем море» – т.е. так же как в Зеир Анпине есть четыре колеса меркавы – ХАГАТ Зеир Анпина и Нуква, так же они включаются в высшее море, Бину. И находящиеся там ХАГАТ называются – зроот, Хесед и Гвура; и гуф, Тиферет; а ГАР называются рош. И это значение сказанного: «Гуф этого моря... и рош, и зроот, и гуф... И подобно этому в нижнем море тоже есть рош этого моря и зроот этого моря, и гуф этого моря».

104) «"Сказано: "Звулун у берега морей поселится, и он – у корабельной пристани, и предел его до Цидона"[122] – ведь одно море находилось в его пределе"», почему он говорит: «У берега морей»? «"Однако, что означает: "Берег морей"? И товарищи, конечно же, объяснили это через высшее свойство. "И предел (ерех) его до Цидона"[122] – это, как сказано: "Происшедших от чресел (ерех) Яакова"[123], ибо Звулун являлся правым бедром (ерех) тела (гуф)"», и это Нецах, и поэтому сказано: «И предел (ерех) его до Цидона»[122]. «"И море Кинерет находилось в его уделе, и отсюда добывали хилазона[124] для голубой (нити)"».

105) «"Смотри, сколько есть колесниц над колесницами, и колёса колесницы катятся с большой скоростью, а поддерживающие колесницу не препятствуют езде на них. И так все они. Посмотри, колесница правителя над Египтом, – выяснили (мудрецы), что не нашлось для него неповреждённой колесницы, ибо сказано: "И устранил колесо колесниц его"[101]. Сколько было колесниц, которые ездили, опираясь на одно колесо, которое было назначено над ними. Когда оно было отстранено от власти, то и все колесницы лишились своей власти и не ездили. Тогда все, что внизу, в этом мире, лишились своей власти,

---

[122] Тора, Берешит, 49:13. «Звулун у берега морей поселится, и он – у корабельной пристани, и предел его – до Цидона».
[123] Тора, Шмот, 1:5. «И было всех душ, происшедших от чресел Яакова, семьдесят душ, а Йосеф (уже) был в Египте».
[124] Моллюски, из которых добывали краску для окраски нити цицит в голубой цвет.

как сказано: "(Вот, накажу Я) Египет, и Фараона, и полагающихся на него"[125]».

Объяснение. После того, как рабби Шимон поясняет понятия «колесницы» и «море», и «суды», которые действуют в море, он возвращается к выяснению сказанного: «И устранил колесо колесниц его»[101], вместе с изречением: «И я увидел создания, и вот одно колесо на земле у этих созданий»[102]. И сейчас он называет это колесо опорным колесом, и говорит: «Сколько было колесниц, которые ехали на одном опорном колесе?», т.е. на одном колесе (офан), как уже было сказано, являющимся точкой Малхут, подслащенной свойством милосердия, без которой они были бы неспособны получить свет. И поэтому сказано: «Когда оно было отстранено от власти, то и все колесницы лишились своей силы и не ездили», – ибо после того, как было устранено исправление Малхут, подслащенной свойством милосердия, все колесницы лишились своей силы и не ездили. То есть они уже непригодны для получения света, и потому была устранена их власть, и поэтому они не могли двигаться.

106) «"И в то время египетское правление властвовало над всеми остальными народами. Когда же была сокрушена сила Египта", – сила подслащенной Малхут, от которой питались египтяне, получая все свои силы, была сокрушена сила остальных народов. Откуда нам это известно? Ибо сказано: "Тогда устрашились властители Эдома и т.д."[126], и сказано: "Услышали народы, содрогнулись"[126] – поскольку все они держатся за работу в Египте и держатся за египтян, чтобы те спасли их. В это время все они просили помощи у Египта, чтобы укрепиться. И потому, когда они услышали о могучих деяниях, совершенных Творцом в Египте, опустили руки и не смогли устоять. И все они были потрясены, и было сокрушено их правление"».

107) «"Конечно же, когда была сокрушена их сила наверху, то была сокрушена сила всех тех, кто держался за нее, ибо когда была сокрушена сила их всех наверху, были сокрушены все те, кто внизу, вследствие той силы, которая была сокрушена

---

[125] Пророки, Йермияу, 46:25. «Сказал Творец Воинств, Всесильный Исраэля: "Вот, накажу Я Амона из Но, и Фараона, и Египет, и богов его, и царей его, и Фараона, и полагающихся на него"».

[126] Тора, Шмот, 15:14-15. «Услышали народы, содрогнулись, трепет объял жителей Плешета. Тогда устрашились властители Эдома, сильных Моава охватила дрожь, сникли все жители Кнаана».

вначале. Поэтому: "И устранил колесо колесниц его"[101] – т.е. высшую силу, как мы уже сказали, "и влек его тягостно"[101] – ибо, когда она была сокрушена, они не могли двигаться"».

108) «"Убедись сам, что это именно так. Ведь не сказано: "И устранил колёса колесниц его", или: "Колесо колесницы его" – т.е. оба слова либо во множественном, либо в единственном числе, "но сказано: "И устранил колесо колесниц его"[101]», – т.е. «колесо» в единственном числе, а «колесниц» во множественном числе, «"потому что" колесо – "это та сила, к которой все они были привязаны"», как будет объяснено далее, и поэтому сказано о нем в единственном числе.

109) «"И еще" следует объяснить: "И устранил колесо колесниц его"[101]. Посмотри, как благословен удел Исраэля, потому что Творец желал их, чтобы слиться с ними и быть уделом им, и чтобы они были уделом Его. И это означает сказанное: "И слейтесь с Ним"[127]. Сказано: "А вы, слившиеся с Творцом Всесильным вашим"[128] – непосредственно с Ним. И сказано: "Ибо Яакова избрал себе Творец"[129]. И также сказано: "Ибо удел Творца – народ Его, Яаков – место наследия Его"[130] – т.е. произвел Он их от святого семени, чтобы быть уделом Ему". Тогда как у ситры ахра и у народов мира нет никакого удержания в Зеир Анпине. "И поэтому дал Он им святую высшую Тору, которая была скрыта за две тысячи лет до сотворения мира. И это уже выяснялось. И из-за любви своей Он даровал ее Исраэлю, чтобы следовать за ней и слиться с ней"».

110) «"Смотри, все высшие станы и все колесницы – все они включены друг в друга, ступени внутри ступеней, одни – высшие, другие – нижние", связанные вместе. "И уже выяснялось сказанное: "Вот море великое"[116], и святое создание над ними"[131], что это Нуква, расположенная от хазе Зеир Анпина и выше, получающая от трех созданий Зеир Анпина, а сама она

---

[127] Тора, Дварим, 13:5. «За Творцом Всесильным вашим идите, и Его бойтесь, и заповеди Его соблюдайте, и Его голоса слушайтесь, и Ему служите, и слейтесь с Ним».

[128] Тора, Дварим, 4:4. «А вы, слившиеся с Творцом Всесильным вашим, – живы все вы ныне».

[129] Писания, Псалмы, 135:4. «Ибо Яакова избрал себе Творец, Исраэль сделал достоянием Своим».

[130] Тора, Дварим, 32:9. «Ибо удел Творца – народ Его, Яаков – место наследия Его».

[131] См. выше, п. 98.

– четвертое создание. И все получают от него, даже колесницы ситры ахра и народов мира. "И все множества и станы – все они выдвигаются по его указанию, по слову его выдвигаются и по слову его совершают остановки. В то время, когда оно выдвигается – все выдвигаются, поскольку все они включены в него"».

111) «"В час, когда Творец хотел ликвидировать множества Фараона внизу, Он ликвидировал вначале их силу, как мы уже выяснили", наверху.[132] Что Он сделал? Ликвидировал и устранил то высшее святое место" – точку Малхут, подслащенную в Бине, которая исправлена в святом создании, "повелевавшее всеми этими колесницами" правителя Египта наверху. Ибо все колесницы находятся в ее распоряжении,[131] и даже колесницы ситры ахра. "Когда ушла она (эта сила), все станы" и колесницы "не могли двигаться. И поскольку не могли, был отстранен правитель Египта от своего правления, и провели его через горящий огонь. И тогда устраняется правление Египта, и об этом сказано: "Обращусь в бегство от сынов Исраэля"[133]. Почему? Потому что видели правителя Египта горящим в огне"».

112) «Сказал рабби Ицхак: "В час, когда приблизились Исраэль к морю, призвал Творец правителя, назначенного над морем. Сказал ему: "В час, когда Я создал мир, Я назначил тебя над морем, и есть у Меня условие, касающееся моря, – чтобы воды его расступились перед сынами Моими. Теперь пришло время, чтобы сыны Мои прошли посреди моря". А затем что сказано? "И вернулось море под утро к силе своей"[134]. Что значит – к силе своей? К условию его, которое было у него с Творцом, когда Он сотворил мир"». Ибо в сочетании слов «к силе своей (ле-эйтано́ לְאֵיתָנוֹ)» – те же буквы, что и «к условию его (ли-тнао́ לִתְנָאוֹ)».

113) «"И расположились Исраэль у моря, и видели Исраэль волны моря, поднимающиеся и опускающиеся. Подняли глаза свои и увидели Фараона с полчищами его. Устрашились и

---

[132] См. выше, п. 107.
[133] Тора, Шмот, 14:25. «И устранил колесо колесниц его, и влек его тягостно. И сказал Египет: "Обращусь в бегство от Исраэля, ибо Творец сражается за них с Египтом!"»
[134] Тора, Шмот, 14:26-27. «И сказал Творец Моше: "Простри руку твою на море, и обратятся воды на египтян, на колесницы их и на всадников их". И простер Моше руку свою на море, и возвратилось море под утро к силе своей. А египтяне бежали ему навстречу, и опрокинул Творец египтян среди моря».

вскричали. И это уже выяснялось. Сказано: "Увидело море"¹³⁵. Что оно увидело? Увидело ковчег Йосефа и побежало от него. А почему? Потому что написано о Йосефе: "И побежал и вышел наружу"¹³⁶. Поэтому, благодаря этой заслуге, море увидело и побежало. И сказано: "И устранил колесо колесниц его, и сказал Египет: "Обращусь в бегство от Исраэля"¹³³ – поскольку видели египетскую землю, словно пылающую в огне. И тогда сказали: "Обращусь в бегство от сынов Исраэля"».

114) «Рабби Хия и рабби Йоси шли по пустыне. Сказал рабби Хия рабби Йоси: "Скажу я тебе, что когда Творец желает низложить правление на земле, Он не делает этого, пока не лишает власти управление ею на небосводе. И Он не лишает власти правление на небосводе, пока не назначает другое вместо него, чтобы не было недостатка в служении их небосводу, дабы осуществить сказанное: "И кому пожелает Он, тому отдаст его"¹³⁷».

115) «Провозгласил рабби Йоси и сказал: "Творец, Владыка наш! Как могущественно имя Твое по всей земле"¹³⁸. "Творец, Владыка наш!" – когда Творец желает сокрушить силу народов-идолопоклонников, Он усиливает суд свой над ними, и сокрушает их и устраняет от Себя их правление"».

116) «"Того, кто поместил великолепие Свое на небесах"¹³⁸. "Ибо Ты поместил", – следовало сказать, или: "Поместившего великолепие Свое", что означает: "Того, кто поместил великолепие Свое"? Но это тайна реки, которая глубже всего", т.е. Бины, "и Давид вознес свою молитву, чтобы притянуть от нее "на небеса", Зеир Анпин. "И это означает: "Тот, кто (ашер אֲשֶׁר)"

---

[135] Писания, Псалмы, 114:3. «Увидело море и побежало, Ярден обратился вспять».

[136] Тора, Берешит, 39:12. «И схватила она его за одежду его и сказала: "Ложись со мной". Но он оставил одежду свою в руке ее, и побежал и вышел наружу».

[137] Писания, Даниэль, 4:14. «Дело это (принято) по решению ангелов-разрушителей и по желанию святых, чтобы знали все живые, что Всевышний властвует над царством людским. И кому пожелает Он, тому отдаст его, и самого низкого (может) поставить над ним».

[138] Писания, Псалмы, 8:2. «Творец, Владыка наш! Как могущественно имя Твое по всей земле, – (имя) того, кто поместил великолепие Свое на небесах!»

– т.е. имя Бины, как сказано: "Я буду Тем, кем (ашер אֲשֶׁר) Я буду"[139]».

117) «"В час, когда эта река, которая глубже всего", Бина, "берет начало и выходит на небесах", в Зеир Анпине, "тогда все пребывают в радости, и Царица", Малхут, "украшается в Царе", Зеир Анпине, "и все миры – все они пребывают в радости. И правление народов-идолопоклонников устраняется пред Царицей, и тогда поднимают головы все, кто включен в нее"».

118) «Тем временем они увидели одного человека, который приближался, и перед ним – поклажа. Сказал рабби Хия: "Пойдем, может быть, это – идолопоклонник или простолюдин, и нельзя нам находиться с ним в пути. Сказал рабби Йоси: "Сядем здесь и посмотрим, быть может, это – великий человек"».

119) «В это время он прошел перед ними, сказал им: "В месте этого опасного перехода мне нужна поддержка товарищей", – т.е. я боюсь идти один. "И я знаю другой путь, уйдем с этого пути, и я искал, чтобы сказать вам, и я не согрешу против вас, и не нарушу сказанного: "Не ставь препятствия перед слепым", потому вы как слепцы на этом пути, и не подвергайте себя опасности. Сказал рабби Йоси: "Благословен Милосердный, что мы обождали здесь. Сказал он им: "Не говорите здесь ничего, пока мы не уйдем с него". Пошли они другим путем».

120) «После того, как ушли с того места, сказал им: "Тем другим, опасным путем шли однажды один коэн-мудрец с одним коэном простого звания вместе с ним. Поднялся на него коэн простого звания и убил его. С этого дня" и далее, "каждый идущий этим путем, подвергает себя опасности. И объединяются здесь грабители-горцы, и убивают и грабят людей. Те, кто знают об этом, не проходят там. И Творец спрашивает за кровь того коэна каждый день"».

---

[139] Тора, Шмот, 3:13-14. «И сказал Моше Всесильному: "Вот я приду к сынам Исраэля и скажу им: "Всесильный ваших отцов послал меня к вам". И скажут они мне: "Как Имя Его?" – что скажу им?" И Всесильный сказал Моше: "Я буду Тем, кем Я буду". И сказал Он: "Так скажи сынам Исраэля: "Я пребуду" послал меня к вам"».

121) «"Провозгласил он и сказал: "Еще сегодня в Нове стоять ему"[140]. Это уже выяснили члены собрания, однако я вам этого не говорю. Но я изучил суть сказанного. "Еще сегодня"[140] – что это за день? Однако так сказано: "Взял Аарон Элишеву, дочь Аминадава, сестру Нахшона, себе в жены"[141]. И имеется в виду Кнессет Исраэль", т.е. Малхут, называемая Элишевой из-за семи (шева) сфирот в ней. "И Аарон был ее распорядителем, для того чтобы управлять домом ее и обслуживать ее, и привести ее к Царю", Зеир Анпину, для того чтобы соединиться вместе. Отныне и далее каждый коэн, служитель в Храме", является распорядителем для Малхут, "как Аарон"».

122) «"Ахимелех был верховным Великим Коэном, а все те коэны, что с ним, все они были распорядителями Царицы", т.е. Малхут. "Когда они были убиты, осталась Царица в одиночестве", без зивуга с Зеир Анпином, "и исчез распорядитель ее, и не нашлось никого, кто бы прислуживал ей, управлял домом ее и радовал ее, для того чтобы могла она соединиться с Царем. И тогда, с того самого дня, перешла она на левую сторону, и стоит она над миром, преследуя всех: убийство Шауля и сыновей его, и умерли из Исраэля много тысяч и десятков тысяч. И грех этот был под сомнением до тех пор, пока не пришел Санхерив и не навел ужас на всех"».

123) «"И это означает: "Еще сегодня в Нове"[140] – это высший день. И что он собой представляет? Это Кнессет Исраэль", Малхут, "потерявшая своего распорядителя, – та, что осталась без правой линии, для того чтобы слиться с левой, потому что коэн – это правая. И поэтому: "Еще сегодня в Нове стоять ему"[140]» – для того чтобы призвать к суду за уничтожение Нова, города священников, пока за грех этот, как завершает там Писание: «И Леванон падет от сильного»[140].

---

[140] Пророки, Йешаяу, 10:32-34. «Еще сегодня в Нове стоять ему! Замахнется рукою своею на гору дочери Циона, на холм Йерушалаима. Вот, Владыка, Творец воинств, топором отсекает ветви главные. И высокие ростом (будут) срублены, и горделивые – низложены. И вырубит чащу леса топором, и Леванон падет от сильного».

[141] Тора, Шмот, 6:23. «И взял Аарон Элишеву, дочь Аминадава, сестру Нахшона, себе в жены, и она родила ему Надава и Авиу, Элазара и Итамара».

124) «"Смотри, сказано: "Гива Шаулова разбежалась"¹⁴². При чем тут Шауль? Но это потому, что он убил священников в Нове и привел к тому, что правая "рука" была удалена из мира". Из-за этого греха побежали жители из места его, Гивы Шауловой, перед царем ашшурским. "Также и здесь, с того самого дня не может человек пройти в этом месте, не подвергнув себя опасности". Сказал рабби Йоси рабби Хия: "Разве не сказал я тебе, что, быть может, это – великий человек?!"»

125) «Провозгласил и сказал: "Счастлив человек, обретший мудрость"¹⁴³. "Счастлив человек", т.е. также как мы, – что нашли тебя, и услышали от тебя слово мудрости. "И человек, приобретший разум"¹⁴³ – это человек, для которого Творец уготовил сокровище в пути – лик Шхины. И об этом сказано: "Путь праведных – как светило лучезарное"¹⁴⁴. Пошли они».

126) «Провозгласил тот человек и сказал: "Давиду псалом. Творцу – земля и всё, наполняющее ее"¹⁴⁵. В одном месте говорится: "Давиду псалом"¹⁴⁵, а в другом: "Псалом Давиду". В чем разница между ними? Однако "Давиду псалом" – указывает на песнь, воспетую Давидом о Кнессет Исраэль", Малхут. "Псалом Давиду" – указывает на песнь, воспетую Давидом о себе"».

127) «"Творцу – земля и всё наполняющее ее"¹⁴⁵. "Творцу" – это Святой, благословен Он", Зеир Анпин. "Земля и всё наполняющее ее» – это Кнессет Исраэль", Малхут, "и все множество ее, которое соединяется с ней и называется наполняющим ее, конечно же, как сказано: "Вся земля полна славы Его!"¹⁴⁶ "Земной мир и все обитающие в нем"¹⁴⁵ – это нижняя земля, называемая земным миром (тевель), и включена она в высший суд", – т.е. в суд Малхут. "И это значение сказанного: "И Он будет судить земной мир в праведности"¹⁴⁷ – будь то один

---

[142] Пророки, Йешаяу, 10:29. «Прошли они проход, в Гэве остановились на ночлег, дрогнула Рама, Гива Шаулова разбежалась».
[143] Писания, Притчи, 3:13. «Счастлив человек, обретший мудрость, и человек, приобретший разум!»
[144] Писания, Притчи, 4:18. «Путь праведных – как светило лучезарное, светящее все сильнее, до полного дня».
[145] Писания, Псалмы, 24:1. «Давиду псалом. Творцу – земля и всё наполняющее ее, земной мир и все обитающие в нем».
[146] Пророки, Йешаяу, 6:3. «И взывал один к другому, и сказал: "Свят, свят, свят Повелитель воинств, вся земля полна славы Его!"»
[147] Писания, Псалмы, 9:9. «И Он будет судить мир в праведности, вершить суд над народами в правоте».

человек, или один народ, или весь мир, осуждается он именно этим судом"», – т.е. судом Малхут, называемой праведностью.

128) «"Смотри, Фараон питался от этого суда, пока не исчез и сам он, и весь народ его. Когда пробудился этот суд" Малхут "над ними, тот правитель, который был поставлен властвовать над ними, был отстранен и низложен. И тогда все находящиеся внизу пропали, как сказано: "И устранил колесо колесниц его". "Колесо колесниц его" – кого? – Колесниц Фараона. А что такое "колесо" их? – Это правитель, который властвует над ними. И потому все погибли в море. И почему в море? Однако высшее море", Малхут, "вознегодовало на них, и они были уничтожены им. И поэтому сказано: "Потонули в море Суф"[148]. Сказал рабби Йоси: "Именно так и было, и поэтому сказано: "Потонули в море Суф (ям суф ים סוף)", что означает "окончание (соф סוף) ступеней"» – т.е. Малхут, которой они были уничтожены.

129) «Сказал рабби Хия: "И влек его тягостно"[133]. Что значит "тягостно"? Но отсюда мы учили, что тем же самым путем, которым идет человек, – ведут его. О Фараоне сказано: "Отягчилось сердце Фараона"[149] – и таким путем вел его Творец, действительно тягостным. Сказал ему Творец: "Ты отяготил сердце свое – теперь Я буду вести тебя через это". И поэтому: "И влек его тягостно"[133]».

130) «"И сказал Египет: "Обращусь в бегство от Исраэля"[133]. "И сказал Египет" – это правитель, поставленный над египтянами", их высший правитель. "Сказал рабби Йоси: "Это непонятно. Если отстранили его от власти, как он мог преследовать Исраэль?"»

131) «"Однако именно так оно и было. Но только: "И сказал Египет" – это" не их правитель, а "нижний Египет. "Ибо Творец сражается за них с Египтом"[133] – с высшим Египтом", их правителем. И лишь когда была сокрушена сила их наверху, были сокрушены их сила и мужество внизу. И это означает: "Ибо Творец сражается за них с Египтом" – именно "с Египтом", их силой наверху", их правителем. И это то, что мы уже выяснили"[150]

---

[148] Тора, Шмот, 15:4. «Колесницы Фараона и войско его поверг Он в море, и избранные военачальники его потонули в море Суф».
[149] Тора, Шмот, 9:7. «И послал Фараон, и вот - не погибло из скота Исраэля ничего. И отягчилось сердце Фараона, и не отпустил он народ».
[150] См. Зоар, главу Шмот, п. 295.

в том месте, где сказано "просто царь Египта"», т.е. не сказано «Фараон», – имеется в виду правитель, поставленный над Египтом. И здесь тоже: «С Египтом» – имеется в виду правитель над Египтом. «А здесь, в изречении: "И сказал Египет: "Обращусь в бегство от сынов Исраэля"[133] говорится о нижнем Египте, "то есть они увидели, что сокрушена их сила и могущество наверху"», – их правитель.

132) «"Смотри, когда пробуждается Кнессет Исраэль", Малхут, "пробуждаются и все те, кто включен в нее, и все остальные внизу, то есть все народы; но Исраэль выше их всех, поскольку они получают ее в стволе дерева" – т.е. когда она соединена с Зеир Анпином, называемым Древом жизни. "И поэтому Исраэль связаны с ней сильнее, чем все народы мира. И когда пробуждаются они", чтобы делать зло Исраэлю, "сокрушается сила властвующих над ними"» – их высших правителей.

133) «"Этот правитель, властитель Египта, притеснял Исраэль различными порабощениями, как мы выяснили. И после того, как он был сокрушен сначала, было сокрушено все их правление внизу. И это означает сказанное: "Ибо Творец сражается за них с Египтом"[133]».

ГЛАВА БЕШАЛАХ

И двинулся ангел Всесильного

(Тосефта)

134) «"И двинулся ангел Всесильного"[151]. Пока не появился чистый воздух, и не начал светить, дырявые камни были перекрыты. Три руаха, включенные в три, были погружены. И воды были скрыты под этими дырами. С помощью семидесяти двух букв возвращаются эти камни на свое место».

Пояснение сказанного. Ты уже узнал, что порядок выхода светов происходит в месте трех точек: холам, шурук, хирик. Когда вначале Малхут поднимается в Бину, под ее Хохму, и тогда падают ее Бина и ТУМ ниже ее ступени, в Зеир Анпин, а сама она остается только с двумя сфирот – Кетер и Хохма, и с двумя светами – руах-нефеш. И это называется, что Бина «становится дырявой (нитнаква)», т.е. остался в ней лишь свет некева, который светит снизу вверх. Поэтому называются ее сфирот «дырявые камни». И это – точка холам.

А затем, под воздействием свечения АБ САГ де-АК, Малхут опять опускается из Бины на свое место, и тогда возвращаются Бина и ТУМ, поднимаясь из Зеир Анпина в Бину. И Бина снова довершается пятью сфирот КАХАБ ТУМ и пятью светами НАРАНХАЙ. И закрылись эти дыры, поскольку устранилась существовавшая в ней «дырявость (нуквиют)», но света перекрыты из-за нехватки хасадим, так как Хохма не может светить без облачения хасадим. И это – точка шурук.

И поэтому сказано: «Пока не появился чистый воздух, и не начал светить» – т.е. прежде, чем раскрылись законченные хасадим, называемые «чистый воздух (авира дахья)», чтобы облачить Хохму, имеющуюся в левой линии Бины, «дырявые камни были перекрыты» – перекрылись дыры вследствие возвращения Бины и ТУМ на свою ступень, и уже была возможность светить сверху вниз в качестве света захар, но и света перекрылись в ней, ибо Хохма не светит без хасадим.

---

[151] Тора, Шмот, 14:19. «И двинулся ангел Всесильного, шедший перед станом Исраэля, и пошел позади них. И двинулся облачный столп, (шедший) перед ними, и встал позади них».

И известно, что когда Бина поднимает к себе свои Бину и ТУМ из Зеир Анпина, поднимаются к ней вместе с ними также и ХАГАТ Зеир Анпина, облачающие эти Бину и ТУМ. И когда Зеир Анпин находится в Бине, называется Зеир Анпин «три руаха, включенные в три». «Три руаха» – это ХАГАТ Зеир Анпина, сфирот которого содержат свет руах, «включенные в три» – в Бину и ТУМ Бины, которые облачены на них. И поэтому сказано: «Три руаха, включенные в три, были погружены» – так как их свечения не было видно, ведь если бы было видно свечение хасадим в Зеир Анпине, тогда бы Хохма облачилась в хасадим, и эти камни Бины не были бы перекрыты.

И это означает: «Воды были скрыты» – т.е. хасадим Зеир Анпина были скрыты, «под этими дырами». Иначе говоря, хотя и есть в Зеир Анпине свойство Нуквы, т.е. экран де-хирик, на который затем раскрывается свет хасадим, но сейчас эти воды были скрыты, потому что все свойство Зеир Анпина было погруженным, как было сказано. Но затем пробуждается Зеир Анпин с экраном де-хирик в нем и поднимает МАН, и приобретает хасадим для облачения Хохмы.

И сказано: «С помощью семидесяти двух букв возвращаются эти камни на свое место» – т.е. с помощью семидесяти двух букв, содержащихся в отрывке: «И двинулся ангел Всесильного»[151], т.е. правой линии,[152] являющейся раскрытием хасадим, облачается Хохма левой линии Бины в эти хасадим, и перекрытые камни в ней возвращаются на свое место, т.е. раскрывается их свечение.

135) «"После семидесяти двух ступеней, и это – три раза" по семьдесят две буквы, "раскалываются и становятся дырявыми камни под воздействием связи (црор), которая отпечаталась. И собрались вместе ступени, образовав одну группу"».

---

[152] См. ниже, п. 135.

Объяснение. Семьдесят две буквы есть в каждом из трех отрывков: «И двинулся»[151], «И вошел»[153], «И простер»[154].[155] И они представляют собой три линии, потому что семьдесят две буквы в отрывке «И двинулся»[151] – это правая линия, семьдесят две буквы в отрывке «И вошел»[153] – это левая линия, а семьдесят две буквы в отрывке «И простер»[154] – это средняя линия. И в сказанном выше: «С помощью семидесяти двух букв возвращаются эти камни на свое место»[156] – имеются в виду семьдесят две буквы в отрывке «И двинулся»[151], которые являются правой линией и хасадим. И есть семьдесят два сочетания по три буквы, т.е. от сочетания всех трех отрывков, и они называются семьюдесятью двумя ступенями, потому что в каждом сочетании содержатся три линии, а три линии считаются ступенью.

Известно также, что с помощью экрана де-хирик, имеющегося в средней линии, уменьшается левая линия Бины с ГАР до ВАК де-ГАР, – то есть он снова поднимает Малхут в Бину, а Бина опять разделяется, становясь ВАК, т.е. светом некевы.[157] И об этом сказано: «После семидесяти двух ступеней, и это – три раза», то есть после того как выходят три линии, являющиеся семьюдесятью двумя ступенями, которые подразумеваются в отрывках «И двинулся»[151], «И вошел»[153], «И простер»[154], тогда с помощью средней линии в них, «раскалываются и становятся дырявыми камни под воздействием связи (црор), которая отпечаталась» – т.е. благодаря связи, которая была запечатлена в судах (диним), благодаря экрану де-хирик средней линии, снова «раскололись» и «стали дырявыми» сфирот Бины, называемые камнями. Тогда: «И собрались вместе ступени, образовав одну группу» – то есть с помощью этого экрана, который сократил левую линию до ВАК де-ГАР, собрались и объединились три линии в одну группу так, что не светят одна без другой. И поэтому называется этот экран связью (црор), поскольку связывает все три линий в полном соединении.

---

[153] Тора, Шмот, 14:20. «И вошел он между станом Египта и станом Исраэля, и было облако и мрак, и осветил ночь, и не приближался один к другому всю ночь».

[154] Тора, Шмот, 14:21. «И простер Моше руку свою на море, и гнал Творец море сильным восточным ветром всю ночь, и сделал море сушею, и расступились воды».

[155] См. ниже, п. 162.

[156] См. выше, п. 134.

[157] См. Зоар, главу Лех леха, п. 22, со слов: «Экран де-хирик, на который выходит средняя линия, происходит от свойства суда, имеющегося в Малхут...»

136) «"Затем они разделились, став двумя ступенями" воды. Половина воды застыла, а половина – скрылась. Одна – поднялась, а другая – опустилась. С этих пор начал делиться мир"».

Объяснение. Известно, что во время власти левой линии, застывает вода в море, потому что Хохма не светит без хасадим. Но затем, под воздействием хасадим, она открывается, снова становясь жидкостью, т.е. вновь начинает светить.[158] Но не вся Хохма снова начинает светить, а только ВАК Хохмы, но ГАР в ней исчезают. И поэтому считается здесь, что воды Хохмы разделились на две ступени: ВАК и ГАР. И ВАК застывают во время власти левой линии, а затем, благодаря раскрытию хасадим, вновь начинают светить. И ГАР не застывают, а совсем исчезают, ведь они не светят даже после раскрытия хасадим.

И поэтому сказано, что «они разделились, став двумя ступенями» – т.е. ГАР и ВАК. «Половина воды застыла» – т.е. ВАК Хохмы, которые снова раскрываются с помощью хасадим, «а половина – скрылась» – т.е. ГАР полностью исчезли. «Одна – поднялась» – та, что застыла, светила снизу вверх, и это – ВАК. «А другая – опустилась» – та, что скрылась, светила сверху вниз, так как это свойство ГАР. «С этих пор начал делиться мир» – когда в мире остается только нижняя половина Хохмы, являющаяся свойством ВАК.

137) «"Другая связь есть наверху, и она запечатлевается семьюдесятью двумя печатями прочного перстня, и в них погружаются морские волны. Когда они двигаются, то делятся на четыре направления. Одна часть поднимается", т.е. светит снизу вверх, и это Нуква, запад. "И одна часть опускается", т.е. светит сверху вниз светом хасадим, и это Зеир Анпин, восток. "Одна часть в северной стороне", и это левая линия, Гвура. "И одна часть в южной стороне", и это правая линия, Хесед. "Когда соединяются вместе, пылающие искры поднимаются от пламени обращающегося меча[159]"».

---

[158] См. Зоар, главу Берешит, часть 1, п. 367, со слов: «И если бы не южная сторона, правая линия, пробивающая силу этого льда, никогда бы не вышли из нее воды…»

[159] Тора, Берешит, 3:24. «И изгнал Адама и поместил к востоку от сада Эденского херувимов и пламя обращающегося меча, чтобы охранять путь к Древу жизни».

Объяснение. Как выяснилось выше, в отношении экрана средней линии, называемого связью, который используется в месте Бины, и используется он также от хазе и выше Зеир Анпина, поскольку они являются одной ступенью, есть также связь, используемая от хазе и ниже Зеир Анпина, которая благодаря своей силе согласовывает две находящиеся там линии. И различие между ними велико, потому что та связь, которая используется от хазе и выше Зеир Анпина, не раскрывает там судов (диним), находящихся в ней, так как она находится в окончании этих линий, и суды не могут затронуть то, что находится выше их местонахождения. Тогда как связь, находящаяся от хазе и ниже Зеир Анпина, уже включает в себя суды от высшей связи, которая стои́т выше нее, в месте хазе. И вот три линии ХАГАТ, находящиеся выше хазе, называются семьюдесятью двумя ступенями, которые обозначены в трех отрывках: «И двинулся»[151], «И вошел»[153], «И простер»[154]. И поэтому суды, содержащиеся в высшей связи, стоящие в окончании семидесяти двух ступеней, называются «семьюдесятью двумя печатями прочного перстня»: «семьдесят две» – по его свечениям, «печати» – значит «окончания», поскольку находятся в окончании этих ступеней, «прочный перстень» – это сама связь, т.е. экран хазе, в котором находятся суды.

И поэтому сказано: «Другая связь есть наверху» – связь в средней линии, находящаяся от хазе и ниже, «и она запечатлевается семьюдесятью двумя печатями прочного перстня» – т.е. это суды, имеющиеся в высшей связи, стоящей в месте хазе, которые называются так, и они воздействуют на нижнюю связь. Но, вместе с тем, они не считаются теми судами, которые могли хоть в чем-то причинить вред самой ступени, и это потому, что «в них погружаются морские волны», – так как суды, которые раскрываются в море и называются морскими волнами, будут успокоены с помощью судов средней линии от хазе и ниже, и если бы не эти суды в нижней связи, волны не успокаивались бы, а море, Малхут, не могло бы светить, и поэтому они считаются не судами, а исправлениями.

И три эти линии не раскрывают Хохму иначе, как с помощью своих движений, т.е. когда свечение каждой из них раскрывается специально одно вслед за другим в месте трех точек: холам, затем шурук, а затем хирик. И тогда Малхут получает от них раскрытие Хохмы. Но когда они заканчивают свое свечение, одно вслед за другим, называемое движением, тогда они пребывают в покое. То есть свечение их соединяется вместе под властью света хасадим, а Хохма больше не раскрывается.

И сказано: «Когда они двигаются», – чтобы раскрыть свечение Хохмы, «то делятся на четыре направления», – где каждая из трех линий раскрывает свое свечение отдельно. Сначала правая, а когда заканчивается свечение правой, после нее светит левая, а когда заканчивается свечение левой, светит средняя. И они называются: юг, север, восток. А затем запад, Малхут, получает от них Хохму. Поэтому сказано: «Одна часть поднимается, и одна часть опускается, одна часть в северной стороне, и одна часть в южной стороне», но «когда соединяются вместе», – т.е. после того, как закончили свое движение, когда светят все вместе, «пылающие искры поднимаются от пламени обращающегося меча» – пылающие искры находятся в правой линии, в свойстве «пламя обращающегося меча», которые оберегают Хохму, чтобы она не раскрывалась не во время движения. И потому есть тогда раскрытие только лишь света хасадим.

138) «"Столп один находится посреди моря. Ступень, ниспосланная частью высшего правления" – т.е. Малхут от хазе и выше, "поднимается по этому столпу все выше и выше, и смотрит вдаль", чтобы видеть "связь кораблей, плывущих по морю. Кто видел волны, поднимающиеся и опускающиеся" – из-за содержащихся в них судов, "и ветер (руах)" – средняя линия, "дующий на них?" – и усмиряющий их. "А рыбы морские" – то есть ангелы, "влекут все эти корабли во все стороны света"», – и таким образом раскрывается Хохма.

Пояснение сказанного. Ты уже знаешь, что вследствие подъема Малхут в Бину, разделяются все ступени на две, – и Кетер и Хохма остаются на ступени, а Бина и ТУМ падают с нее, облачаясь в более низкую ступень.[160] А во время гадлута опускается Малхут из Бины на свое место, и тогда поднимаются Бина и ТУМ каждой ступени от нижнего, возвращаясь на свою ступень.[161] И вместе с их подъемом от нижнего, они берут с

---

[160] См. Зоар, главу Берешит, часть 1, п. 2, со слов: «Пояснение сказанного...»
[161] См. Зоар, главу Берешит, часть 1, п. 366, со слов: «Поскольку все воды...»

собой также и нижнего и поднимают его в место высшего.[162] И поскольку нет исчезновения в духовном, они всегда находятся на месте нижнего, также и после подъема на свою ступень. И этим путем поднимается каждый нижний к своему высшему. И поэтому называются эти Бина и ТУМ свойством «столп», который есть в каждой ступени, и с помощью него она поднимается на свою более высокую ступень.[163]

И поэтому сказано: «Столп один находится посреди моря». Ибо «море» – это Нуква Зеир Анпина от хазе и ниже, и те Бина и ТУМ ступени Зеир Анпина от хазе и выше, которые опускаются туда, называются «столп», так как по нему восходят все свойства от хазе и ниже Зеир Анпина к ступени от хазе и выше Зеир Анпина.

И вот, вначале была Малхут выше хазе Зеир Анпина, в свойстве «четвертая по отношению к праотцам», и там – место раскрытия Хохмы, а затем уменьшилась и опустилась ниже хазе Зеир Анпина.[164] Но поскольку весь источник раскрытия Хохмы – выше хазе Зеир Анпина, поэтому есть у нее посланник, ангел Матат, который поднимается выше хазе и притягивает Хохму от хазе и ниже к четырем святым созданиям нижней колесницы, называемым тысячами ШНАН[165].[166]

Поэтому сказано: «Ступень, ниспосланная частью высшего правления (малхут)» – т.е. Матат, являющийся посланником для притягивания и получения Хохмы от высшей Малхут, находящейся от хазе и выше, для Малхут от хазе и ниже. Как сказано: «Смотрит вдаль» – т.е. получает Хохму, что называется видением издалека, как сказано: «Издалека Творец являлся

---

[162] См. «Предисловие книги Зоар», п. 17, со слов: «Поэтому сказано: "И мать одалживает свои одежды дочери и венчает ее своими украшениями"...»
[163] См. Зоар, главу Берешит, часть 2, п. 27, со слов: «Пояснение сказанного...»
[164] См. Зоар, главу Берешит, часть 1, п. 117. «Малхут (правление) дома Давида установилась в четвертый день...»
[165] Аббревиатура ШНАН включает все начальные буквы слов «шор (бык)», «нешер (орел)», «арье (лев)», а «нун» означает «человек» (см. Зоар, главу Экев, п. 68).
[166] См. Зоар, главу Берешит, часть 1, п. 82, со слов: «И от него, от лика человека, находящегося в зивуге в южной стороне, создались образы...»

мне»[167].[168] «Связь кораблей, плывущих по морю» – т.е. они плывут во все четыре стороны света, и раскрывают Хохму с помощью Матата, как он объясняет далее: «Кто видел волны, поднимающиеся и опускающиеся, и ветер, дующий на них? А рыбы морские влекут все эти корабли во все стороны света».

139) «"Эта ступень", т.е. Матат, "когда опускается" с (места) выше хазе, "тысяча стоит справа от него и тысяча слева от него" – т.е. он притягивает Хохму, на которую указывает число тысяча, как справа, так и слева. "И он возвращается" (на место) от хазе и ниже, "и восседает на месте своем, как царь на своем троне. Эта ступень, в то время, когда море", Малхут, "простирается на все четыре стороны света, с ним выходит, в него возвращается, он возвращается в поддержке Царя"».

Объяснение. Уже выяснилось,[169] что линии раскрывают Хохму только путем движения в трех местах, одно за другим: холам, шурук, хирик. И это означает «выходит». Но когда они заканчивают свое движение и соединяются в своем свечении, то пребывают в покое, что и означает «возвращается». Тогда есть пламя обращающегося меча в левой линии, оберегающее от того, чтобы он не раскрыл Хохму вовне. И поэтому сказано: «Эта ступень» – Матат, «в то время, когда море», Малхут, «простирается на все четыре стороны света» – и раскрывает Хохму во время своего движения, «с ним она выходит» для движения, с ним она «возвращается», закончив движение. Как сказано: «Он возвращается в поддержке Царя» – он возвращается, чтобы поддерживать мохин Царя, т.е. в свойстве свечения хасадим, в котором существуют эти мохин.

140) «"И тогда"», – когда море в свойстве «и возвращается», «"выходят воззвания: "Тот, кто из обладающих глазами, – пусть направит их высоко-высоко. Обладатели крыльев, – пусть выполняют то, что должны выполнять. Обладатели лика, – пусть прикроют лик свой, пока не совершает он (ангел) движения его". Тогда: "И двинулся ангел Всесильного"[151]».

---

[167] Пророки, Йермияу, 31:2. «Издалека Творец являлся мне: "Любовью вечной возлюбил Я тебя, и потому привлек Я тебя милостью!"»
[168] См. Зоар, главу Ваера, п. 45.
[169] См. выше, п. 137.

Объяснение. «Глаза (эйнаим)» и «лик (паним)» – это Хохма. «Глаза (эйнаим)» – это ГАР, а «лик (паним)» – ВАК, как сказано: «Мудрость (хохма) человека просветляет лик его»[170]. И сказано: «Тот, кто из обладающих глазами, – пусть направит их высоко-высоко» – чтобы они светили «высоко-высоко», в Бине, и пусть не опускает их вниз, поскольку они являются свойством ГАР Хохмы, которые не светят даже во время движения. «Обладатели крыльев» – т.е. ступени укрытых хасадим, «пусть выполняют то, что должны выполнять» – чтобы притягивали свечение свое, потому что в момент «и возвращается» они светят только светом хасадим, которые являются свечением «обладателей крыльев». «Обладатели лика – пусть прикроют лик свой», – чтобы прикрыли свечение лика во время пребывания в покое, что и означает «и возвращается», поскольку светят только во время движения. И это означает: «Пока не совершает он (ангел) движения его». И тогда раскрывается свет лика (паним), и это смысл сказанного: «И двинулся ангел Всесильного»[151], как выяснится далее. (Конец тосефты).

---

[170] Писания, Коэлет, 8:1. «Кто подобен мудрецу, и кто постигает суть вещей? Мудрость человека просветляет лик его и смягчает суровость лица его».

ГЛАВА БЕШАЛАХ

Она подобна купеческим кораблям

141) «Провозгласил рабби Хия: "Она подобна купеческим кораблям, приносит хлеб свой издалека"[171]. "Подобна купеческим кораблям" – это Кнессет Исраэль", Малхут. "Приносит хлеб свой издалека", как сказано: "Вот имя Творца приходит издалека"[172] – т.е. посредством свечения средней линии в экране де-хирик, который отдаляет ГАР де-Хохма и светит только в ВАК.[173] "Приносит хлеб свой"[171] – то есть, с помощью одной ступени, которая находится над ней" – средней линии, Есода Зеир Анпина. "Ею притягиваются все эти реки и источники, текущие в море. Как сказано: "Все реки текут в море"[174]».

142) «"К месту, куда реки текут"[174]. Хотя все реки притягиваются посредством этой ступени", т.е. Есодом, "и эта ступень сводит их в море", Малхут, "нельзя сказать, что вливает эти реки" в море, "а другие не находятся в нем, и больше не входят в него, как вначале. Поэтому дополнительно уточняется: "К месту, куда реки текут, туда возвращаются они"[174] – то есть возвращаются "к месту той ступени, откуда реки уже вышли однажды. "Туда возвращаются они, чтобы течь"[174] – туда они возвращаются из этого высшего места", – т.е. из Бины снова приходят в Есод. И наполнение оттуда "не прекращается никогда, и собираются все они в этом месте", – в Есоде. "И зачем? "Чтобы течь"[174] – чтобы течь в это место моря", Малхут. "И как называется эта ступень? Называется она "праведник"» – т.е. Есод Зеир Анпина.

143) «Сказал рабби Йегуда: "Сказано: "Там ходят корабли, левиатан этот, которого Ты создал, чтобы резвиться в нем"[175].

---

[171] Писания, Притчи, 31:14. «Она подобна купеческим кораблям, приносит хлеб свой издалека».

[172] Пророки, Йешаяу, 30:27. «Вот имя Творца приходит издалека, гнев Его пылает и поднимается густым дымом, уста Его полны негодования, и язык Его – как огонь пожирающий».

[173] См. Зоар, главу Ваера, п. 48, со слов: «Шхина, являющаяся желанием Царя, раскрывается пророкам...»

[174] Писания, Коэлет, 1:7. «Все реки текут в море, но море не переполняется; к месту, куда реки текут, туда возвращаются они, чтобы течь».

[175] Писания, Псалмы, 104:25-26. «Вот море великое и необъятное, там пресмыкающиеся, которым нет числа, животные малые и большие, там ходят корабли, левиатан этот, которого Ты создал, чтобы резвиться в нем».

"Там ходят корабли" – то есть в этом море ходят в плавание корабли. Пока не приходят к соединению с этой ступенью", – Есодом, "тогда сказано: Левиатан этот, которого Ты создал, чтобы резвиться в нем"». Ибо левиатан – это Есод Зеир Анпина.

144) «Сказал рабби Ицхак: "Высоко, превыше всего, есть другой зивуг, пребывающий в дружбе, и не расстаются (они) никогда"» – т.е. зивуг высших Абы ве-Имы, являющихся свойством ГАР Бины. «Сказал рабби Йегуда: "Кто удостаивается этого зивуга?" Сказал ему: "Тот, у кого есть удел в будущем мире", Бине. "И это именно будущий мир"», – т.е. тот, кто не удостоился будущего мира, Бины, не удостоится этого зивуга.

145) «Сказал ему рабби Йегуда: "Ведь мы учили отсюда, что "Левиатан этот, которого Ты создал, чтобы резвиться в нем"[175]. То есть, он сказал: "Этот (зэ)", т.е. Есод, "а этот и эта – они известны"», т.е. Есод и Малхут. Таким образом, даже если не удостаивается Бины, все же удостаивается получить от высшего зивуга. «Сказал рабби Аба: "Оба вы хорошо сказали, но то, что сказал рабби Йегуда, хорошо в особенности. Всё приготовил Творец для того, чтобы насладить этим праведников. И об этом сказано: "Тогда наслаждаться будешь в Творце"[176]».

146) «Сказал рабби Аба: "Множество тысяч и множество десятков тысяч святых станов есть у Творца, обладателей ликом высшего, обладателей глаз, обладателей оружия, обладателей вопля, обладателей стона, обладателей милосердия, обладателей суда. И над ними Он назначил Царицу", Малхут, "чтобы служить пред Ним в чертоге Его"».

147) «"Соответственно им есть у нее, у Царицы", у Малхут, "вооруженные станы" ангелов. "В шестидесяти ликах пребывают вооруженные станы. И все они, препоясанные мечом, стоят вокруг" Малхут. "Много выходит, много входит. С помощью шести крыльев они облетают весь мир. Перед каждым пылают горящие угли, одеяние его – полыхающее пламя, сзади у него – пламя меча, полыхающего по всему миру, чтобы быть охраной

---

[176] Пророки, Йешаяу, 58:14. «Тогда наслаждаться будешь в Творце, и Я возведу тебя на высоты земли, и питать буду тебя наследием Яакова, отца твоего, потому что уста Творца изрекли это».

пред Нею. Как сказано: "И пламя обращающегося меча, чтобы охранять путь к Древу жизни"[177].

148) «"Кто это называеся путем к Древу жизни"[177]? Это Она, великая Царица", Малхут, "является путем к Древу высокому и сильному" – Зеир Анпину, "называемому Древом жизни. Как сказано: "Вот ложе Шломо! Шестьдесят воинов вокруг него, воинов Исраэля"[178] – Зеир Анпина, "все они препоясаны мечом"[178]».

149) «"Когда Царица двигается, все двигаются вместе с ней, как сказано: "И двинулся ангел Всесильного"[179]. Но разве она", Малхут, "называется ангелом Всесильного?" Сказал рабби Аба: "Да. Смотри, так сказал рабби Шимон: возвел Творец перед Собой святой чертог, высший чертог, святой город, высший город. Йерушалаим называется святым городом". Всё это – имена Малхут. "Тот, кто идет к Царю, не может войти иначе, но только через этот святой город", Малхут, через него "он держит путь к Царю, ибо путь устанавливается отсюда"».

150) «"И это значение сказанного: "Вот врата Творца, праведники войдут в них"[180]. Любое послание, которое Царь", Зеир Анпин, "желает (донести), выходит из дома Царицы", Малхут. "И любое послание, которое исходит снизу к Царю", Зеир Анпину, "входит сначала к Царице, а оттуда – к Царю. Получается, что Царица является посланником всего, – как снизу вверх, так и сверху вниз. И поэтому она – посланник всего. И это смысл сказанного: "И двинулся ангел Всесильного, шедший перед станом Исраэля"[179] – т.е. высшего Исраэля", Зеир Анпина. "Ангел Всесильного", Малхут, "это как сказано: "И Творец (АВАЯ) шел перед ними, чтобы светить им, и чтобы

---

[177] Тора, Берешит, 3:24. «И изгнал Адама, и поместил к востоку от сада Эденского херувимов и пламя обращающегося меча, чтобы охранять путь к Древу жизни».

[178] Писания, Песнь песней, 3:7-8. «Вот ложе Шломо! Шестьдесят воинов вокруг него, воинов Исраэля. Все они препоясаны мечом, обучены битве, у каждого меч на бедре его от страха ночного».

[179] Тора, Шмот, 14:19. «И двинулся ангел Всесильного, шедший перед станом Исраэля, и пошел позади них. И двинулся облачный столп, (шедший) перед ними, и встал позади них».

[180] Писания, Псалмы, 118:20. «Вот врата Творца, праведники войдут в них».

шли они днем и ночью"¹⁸¹. "И чтобы шли они днем и ночью" – это мы уже выясняли раньше¹⁸²"». И это означает – Зеир Анпин и Малхут, ведь это Малхут шла перед Исраэлем. И это смысл сказанного: «И двинулся ангел Всесильного, шедший перед станом Исраэля»¹⁷⁹.

151) «"Разве делает честь Царю", Зеир Анпину, "то, что Царица", Малхут, "пойдет и будет вести войну, и отправляется с поручением? Но это подобно Царю, который соединился с высшей Царицей, – увидел Царь величие ее, что возвышается она над всеми царицами в мире. Сказал Он: "Все они считаются служанками по отношению к Моей Царице, – она поставлена выше всех. Что Я сделаю для нее? Пусть весь Мой дом будет в руках ее". Издал Царь указ: "Отныне все речи Царя будут переданы Царице". И вручил ей Царь всё Свое оружие, всех умеющих воевать, все драгоценные камни, все сокровища Царя. Провозгласил Он: "Отныне всякий, кто захочет говорить со Мной, не сможет говорить со Мной, пока не известит об этом Царицу"».

152) «"Так Творец из-за Своей сильной приязни и любви к Кнессет Исраэль", Малхут, "передал всё в ее владение. Сказал: "Ведь все остальные не могут с ней сравниться вовсе. Сказал Он: "Их шестьдесят цариц… Одна она, голубка Моя, чистая Моя"¹⁸³. Что Я сделаю для нее? Пусть весь Мой дом будет в руках ее". Издал Царь указ: "Отныне все дела Царя будут переданы Царице". И вручил ей Царь всё Своё оружие: копья, мечи, луки, стрелы, ножи, баллисты" для метания камней, "деревья и камни, и всех умеющих воевать. Об этом сказано: "Вот ложе Шломо! Шестьдесят воинов вокруг него, воинов Исраэля, все они препоясаны мечом, обучены битве, у каждого меч на бедре его от страха ночного"¹⁷⁸».

153) «"Сказал Царь: "Отныне и впредь войны Мои поручаются тебе, мое оружие и воинство будут в твоих руках. Отныне

---
¹⁸¹ Тора, Шмот, 13:21. «И Творец шел перед ними днем в столпе облачном, чтобы указывать им дорогу, и ночью – в столпе огненном, чтобы светить им, и чтобы шли они днем и ночью».

¹⁸² См. выше, п. 64.

¹⁸³ Писания, Песнь песней, 6:8-9. «Их шестьдесят цариц и восемьдесят наложниц, а девицам – числа нет. Одна она, голубка моя, чистая моя, одна она у матери своей, избранная – у родительницы своей. Увидели ее девицы – и признали, царицы и наложницы – и восхвалили ее».

и впредь ты будешь стражем для Меня". И об этом сказано: "Страж Исраэля"[184] – т.е. Зеир Анпина, называемого Исраэлем. "Отныне и далее всякий, кто нуждается во Мне, не сможет говорить со Мной, пока не известит Царицу. Как сказано: "С этим (бе-зот) входить Аарону в Святилище"[185]. И "зот", Малхут, "она во всем посланник Царя, как мы уже выяснили. Получается, что всё в ее руках, и в этом величие Царицы. И об этом сказано: "И двинулся ангел Всесильного, шедший перед станом Исраэля, и пошел позади них"[179], как мы учили"».

154) «"И пошел позади них"[179]. По какой же причине "пошел позади них"? – Чтобы были перед ними (египтянами) умеющие сражаться, вооруженные баллистами, владеющие копьями и мечами, и чтобы были видны им. Ибо свыше приходили другие станы, чтобы вести войну вместе с Исраэлем. Поэтому: "И пошел позади них"[179]», чтобы дать место воинам, которые были на стороне Исраэля, воевать с ними (с египтянами).

155) «"И мы учили, что в этот час явился правитель, назначенный властвовать над Египтом, и собрал шестьсот колесниц обвинителей, и на каждой из колесниц – шестьсот повелителей, назначенных обвинять. И это означает сказанное: "И взял он шестьсот колесниц отборных и все колесницы Египта"[186]. Разве шестьсот отборных колесниц не были колесницами Египта? Почему же тогда сказано: "И все колесницы Египта"[186]? Но мы учили, что Сам предоставил" правителю Египта "шестьсот колесниц обвинителей, чтобы поддержать его". И это означает: "И взял он шестьсот колесниц отборных"», которые не принадлежали Египту.

156) «"Когда Творец отплатил Саму? В войне с Сисрой, когда Творец уничтожил все эти колесницы,[187] и были преданы они в руки Царицы. Как сказано: "Поток Кишон их унес, поток

---

[184] Писания, Псалмы, 121:4. «Вот – не спит и не дремлет Страж Исраэля!»
[185] Тора, Ваикра, 16:3. «С этим входить Аарону в Святилище: с молодым тельцом в очистительную жертву и с овном во всесожжение».
[186] Тора, Шмот, 14:7. «И взял он шестьсот колесниц отборных и все колесницы Египта, и начальников над всем».
[187] Пророки, Шофтим, 4:15-16. «И в смятенье привел Творец Сисру и все колесницы, и весь стан мечом пред Бараком, и сошел Сисра с колесницы и обратился в бегство пеший. И Барак преследовал колесницы и стан до Харошет а-Гоим, и пал весь стан Сисры от меча, не осталось ни единого».

древний"¹⁸⁸. А в грядущем будущем будут преданы все они, как сказано: "Кто это идет из Эдома"¹⁸⁹. И поэтому: "И пошел позади них"¹⁷⁹ – то есть Шхина должна будет в конце дней искоренить их из мира"».

157) «"И двинулся облачный столп, (шедший) перед ними, и встал позади них"¹⁷⁹. Кто этот "облачный столп"? Сказал рабби Йоси: "Это облако, всегда появляющееся со Шхиной", т.е. ангел Михаэль. "И это то облако, в которое вошел Моше". Сказал рабби Аба: "Сказано: "И Творец шел перед ними днем в столпе облачном"¹⁸¹, то есть это не Михаэль, являющийся свойством Шхины, "ведь это – помощь праведнику", т.е. Есод Зеир Анпина. И раскрывает" хасадим "решимо (записи) его", т.е. экран, потому что Есод раскрывает эти хасадим на Хохму, которая содержится в Малхут, и тогда она может светить. "И поэтому это облако движется днем" – так как это время свечения хасадим, "как сказано: "Днем явит Творец милость (хесед) Свою"¹⁹⁰, потому что со стороны Хесед приходит это облако, и называется оно милостью (хесед). А другое облако движется ночью и называется огненным столпом"», и это – со стороны Малхут.

158) «Сказал рабби Шимон: "Облачный столп днем" – это Авраам", Хесед. "А "огненный столп ночью" – это Ицхак", Гвура. "И оба они находятся в Шхине. И то, что сказал рабби Аба", что это помощь праведнику, "именно так оно и есть, – благодаря этой ступени находятся"» они в Шхине.

159) «"И это изречение: "И двинулся ангел Всесильного, шедший перед станом Исраэля, и пошел позади них"¹⁷⁹ означает следующее. "И двинулся" – т.е. двинулся со стороны Хеседа и соединился со стороной Гвуры", потому что Хесед – это паним (лицевая сторона), а Гвура – это ахораим (обратная сторона). "Ибо настал час облачиться в суд"».

---

¹⁸⁸ Пророки, Шофтим, 5:21. «Поток Кишон их унес, поток древний, поток Кишон. Попирай, душа моя, мощь!»

¹⁸⁹ Пророки, Йешаяу, 63:1. «Кто это идет из Эдома, в багряных одеждах из Боцры, тот, кто великолепен в одеянии своем, владеет могучей силой своей?! Я, говорящий справедливо, велик в спасении!»

¹⁹⁰ Писания, Псалмы, 42:9. «Днем явит Творец милость Свою, а ночью – песнь Ему у меня, молитва Творцу жизни моей».

«И двинулся», «и вошел», «и простер»

160) «"Смотри, в тот час восполнилась луна", Малхут, "во всем", во всех отношениях, "и приобрела семьдесят два святых имени в трех сторонах", т.е. в трех линиях. "В одной стороне облачилась" Малхут "в украшения высшего Хеседа, в семьдесят печатей света высшего Абы, который светил ей"». И это – правая линия и изречение: «И двинулся»[191].

161) «"Во второй стороне облачилась" Малхут "в копья Гвуры", т.е. суды в ней, "в шестьдесят ударов огня и десять ее" собственных ударов, "опускающихся со стороны высшей Имы, в запечатленных судах"». И это – левая линия и изречение: «И вошел»[192].

162) «"В третьей стороне облачилась" Малхут "в облачение пурпура, в которое облачался высший святой Царь, называемый Тиферет, которое унаследовал святой сын", т.е. Тиферет, "в семидесяти высших украшениях со стороны Абы ве-Имы. И он включает и ту сторону, и эту"», т.е. правую, Хесед, и левую, Гвуру. И это – изречение: «И простер»[193].

Пояснение сказанного. Корень этих линий находится в Бине, и правая линия в ней называется «высший Аба», а левая линия в ней называется «высшая Има». И средняя линия в ней – это Тиферет, согласующая их между собой. И это означает: «Три выходят из одного»,[194] и всего величия (гадлут), которое нижний вызвал в высшем, удостаивается также и нижний. И поэтому: «Один находится во всех трех» – и удостаивается также и Тиферет двух этих светов, правой и левой (линий) Абы и Имы.[194] А затем, когда Тиферет достигает трех линий, двух

---

[191] Тора, Шмот, 14:19. «И двинулся ангел Всесильного, шедший перед станом Исраэля, и пошел позади них. И двинулся облачный столп, (шедший) перед ними, и встал позади них».

[192] Тора, Шмот, 14:20. «И вошел он между станом Египта и станом Исраэля, и было облако и мрак, и осветил ночь, и не приближался один к другому всю ночь».

[193] Тора, Шмот, 14:21. «И простер Моше руку свою на море, и гнал Творец море сильным восточным ветром всю ночь, и сделал море сушей, и расступились воды».

[194] См. Зоар, главу Берешит, часть 1, п. 363.

– от Абы ве-Имы, и одну – свою собственную, он передает их Малхут.

И поэтому сказано: «В тот час восполнилась луна во всем и приобрела семьдесят два святых имени»[195], так как три эти линии – это три изречения: «И двинулся», «И вошел», «И простер», в каждом из которых есть семьдесят две буквы, и сочетание их вместе образует семьдесят два святых имени, в каждом из которых три буквы от трех этих изречений. И сказано: «В одной стороне облачилась Малхут в украшения высшего Хеседа, в семьдесят печатей света высшего Абы, который светил ей» – это правая линия Бины, светящая Хеседу де-Тиферет, и она облачается в украшения этого высшего Хеседа де-Тиферет. И это изречение: «И двинулся».

И она также получает от Гвуры де-Тиферет свечение левой линии от высшей Имы, называемое «шестьдесят ударов огня»[196], и сказано о них: «Шестьдесят воинов (гиборим) вокруг нее»[178]. И это значение сказанного: «Во второй стороне облачилась в копья Гвуры» – т.е. Гвуры, что в Тиферет. «В шестьдесят ударов огня и десять ее, опускающихся со стороны высшей Имы» – потому что Тиферет получает их от левой линии высшей Имы. И это изречение: «И вошел».

И она также получает от Тиферет де-Тиферет, т.е. собственное свойство левой линии. И поэтому сказано: «В третьей стороне облачилась в облачение пурпура, в которое облачался высший святой Царь, называемый Тиферет»[197]. Ибо, поскольку это средняя линия, она включает в себя два цвета, белый и красный, сочетание которых дает пурпурный цвет. «Которое унаследовал святой сын в семидесяти высших украшениях со стороны Абы ве-Имы» – т.е. две линии Бины, которые он наследует в виде: «Три выходят из одного, один удостаивается трех».

И знай, что две линии, правая и левая, имеющиеся в Бине, на самом деле называются Хохма и Бина. Но их имя изменилось на Аба ве-Има (досл. – отец и мать). И надо понять, почему их имя изменилось на Аба ве-Има. И также надо понять, почему Тиферет, средняя линия, называется их сыном. Ведь светам

---

[195] См. выше, п. 160.
[196] См. выше, п. 161.
[197] См. выше, п.162.

свойственно распространяться друг от друга в последовательности «причина и следствие», соответственно порядку ступени, а здесь вышли света не в соответствии порядку ступени. Ибо одно исправление произошло, когда Малхут поднялась в Бину, и Бина приняла форму сокращенной Малхут. И опустились ее Бина и ТУМ на ступень Зеир Анпина. И благодаря этому, во время гадлута, когда Бина подняла свои Бину и ТУМ со ступени Зеир Анпина, поднялся также и Зеир Анпин вместе с ними на место Бины, и благодаря этому, там образовалась средняя линия и получила света Бины, хотя в соответствии с порядком ступени, Зеир Анпин не достоин вообще получать и светить, как Бина. И поскольку этот свет дошел до Зеир Анпина не в соответствии с порядком ступени, а с помощью опускания Бины и ТУМ де-Бина и подъема ими Зеир Анпина в место Бины, а также благодаря тому, что «один находится в трех», то этот свет называется светом порождения, а не светом последовательного распространения «причина и следствие». И поэтому Зеир Анпин называется сыном, то есть светом порождения. И потому называются Хохма и Бина именем Аба ве-Има (отец и мать), так как они породили этот свет, называемый Зеир Анпином.

163) «"И два украшения со стороны Абы ве-Имы, и это – семьдесят два имени. И мы учили, что со стороны Хеседа их семьдесят, и два свидетеля. Со стороны Гвуры – семьдесят, и два писца. Со стороны Тиферет – семьдесят, и два цвета для украшения"».

Объяснение. Выяснилось в предыдущем пункте, что Тиферет, т.е. Зеир Анпин, передает Малхут семьдесят украшений от каждой линии. Дело в том, что хотя Зеир Анпин и получает три линии Бины, вместе с тем получает он не от сущности ГАР двух линий, имеющихся в Бине, называемых Аба ве-Има, а только от их ЗАТ (семи нижних сфирот), где каждая состоит из десяти, и это – трижды семьдесят украшений. Но почему же тогда называется «семьдесят два имени», следовало бы ему называться «семьдесят имен»? И поэтому сказано: «И два украшения со стороны Абы ве-Имы, и это – семьдесят два имени», потому что кроме семидесяти украшений, представляющих собой семь нижних сфирот (ЗАТ), которые он получает от двух линий в Бине, называемых Аба ве-Има, он получает еще два украшения от ГАР де-Аба ве-Има, как сказано: «Один удостаивается трех». И поэтому поднялся Тиферет, свойство

ЗАТ, и стал свойством Даат, относящимся к ГАР. И по причине добавления этих двух украшений ГАР, он называется «семьдесят два имени». И это добавление есть в каждой из трех его линий. И в Хесед они называются «два свидетеля», в Гвуре – «два писца», а в Тиферет – «два цвета».

И называются они так потому, что подобны дарственному письму, где есть запись писца и подпись свидетелей. И главная сила этого дарственного письма – это запись писца, в которой описываются и подробно излагаются все ценности, передаваемые дающим получающему. Вместе с тем, если бы не было там подписи свидетелей, это письмо ничего бы не стоило. И нечего говорить, что если бы там была только подпись свидетелей без записи писца, оно ничего бы не стоило.

И вот имя «семьдесят два» здесь – оно в основном, чтобы притянуть Хохму в Нукву, и это смысл трех изречений: «И двинулся», «И вошел», «И простер». И ты уже узнал, что Хохма притягивается только от левой линии, но без ее облачения в хасадим, имеющихся в правой линии, она не может светить. Поэтому уподобляет два украшения в левой линии двум писцам, и запись писца является главным в дарственном письме. А два украшения в правой линии уподобляются двум свидетелям, и хотя они ничего не добавляют к записи писцов, однако они делают все письмо действительным, и без них это письмо ничего не стоит.

Так и здесь – без хасадим свечение Хохмы ничего не стоит, потому что не может светить без хасадим, и поэтому они называются двумя свидетелями. А два украшения в средней линии уподобляются двум цветам, и это потому, что цвета указывают на суды, а от средней линии исходят суды экрана де-хирик, как известно. Но если это суды, какое отношение они имеют к ГАР, чтобы называться двумя украшениями? И поэтому сказано: «Семьдесят, и два цвета для украшения», так как эти суды, кроме того, что никак не портят светов, они наоборот, еще и улучшают их, – ведь без них не было бы единства между двумя линиями.

164) «"И в этом месте", в Малхут, "одна отпечатывается в другой" настолько, что семьдесят два украшения каждой линии включаются друг в друга, "и поднимается от них святое имя,

т.е. их соединение (меркава)". Ибо образуются семьдесят два имени, в каждом из которых три буквы. "И здесь утвердились праотцы", т.е. ХАГАТ, три линии, "чтобы соединиться вместе. И это – святое имя" семьдесят два, "запечатленное в буквах его"».

165) «"Сочетание этих букв" следующее. "Первые буквы"», – т.е. семьдесят две буквы изречения: «И двинулся (ва-исá וַיִּסַּע)», «записаны в их прямом порядке", поскольку прямота указывает на Хесед, "потому что все первые буквы находятся в Хеседе", т.е. в правой линии, "чтобы идти прямым путем, в установленном порядке"».

166) «"Вторые буквы"», – т.е. семьдесят две буквы изречения: «И вошел (ва-явó וַיָּבֹא)», "записаны в обратном порядке", – т.е. они записываются снизу вверх, "потому что все" семьдесят две "вторые буквы находятся в Гвуре, чтобы раскрыть суды и боевое оружие, исходящие от левой стороны"». И когда они в обратном порядке, это указывает на суды.

167) «"Третьи буквы"», – семьдесят две буквы отрывка «И простер (ва-ет וַיֵּט)», "это буквы, записанные для указания цветов", то есть судов, "чтобы украситься в святом Царе". И это семьдесят два цвета для украшения.[198] "И все они соединяются и связываются в Нем", – потому что Он является средней линией, "и Он венчается своими украшениями прямым путем, и делает запись для одной стороны и для другой стороны", – т.е. для правой линии и для левой линии, поскольку делает возможным свечение их обеих, "как Царь, который украшается всем"».

168) «"Здесь записалось святое имя, запечатленное в семидесяти двух словах", т.е. трижды по семьдесят две буквы, и в каждой из трех линий они соединяются и сочетаются вместе. И тогда они образуют семьдесят два слова, и в каждом слове – три буквы от трех линий, "которые украшаются праотцами", ХАГАТ, "являющимися святой высшей меркавой (соединением)"».

«"И если ты спросишь, почему эти тройки букв не пишутся" двумя путями, "часть – в прямом порядке, в их последовательности, а часть – в обратном порядке, чтобы сделать прямой одну сторону и другую сторону?" – т.е. правую линию и левую линию, так как она поддерживает свечение их обеих. "Ведь мы

---

[198] См. выше, п. 163.

учили: "Ты утвердил прямоту"[199] – т.е. Творец устанавливает прямоту, и поддерживает обе стороны. И сказано: "А средний засов, внутри брусьев"[200] – это Творец"», – т.е. средняя линия, поддерживающая обе линии. И в таком случае она должна была записаться наполовину в прямом порядке, как правая линия, а наполовину – в обратном порядке, как левая линия. «Рабби Ицхак сказал: "Это Яаков. И всё это – одно целое"», потому что Яаков тоже указывает на среднюю линию.

169) «"Это подобно царю, который совершенен во всем, и знание его совершенно во всем. Что свойственно этому царю? Лицо его всегда светится, подобно солнцу, ибо он совершенен. А когда он судит – судит он во благо и судит во зло. Поэтому следует остерегаться его. Тот, кто глуп, он видит лицо царя, светящееся и радующееся, и не остерегается его. А тот, кто мудр, он, хотя и видит, что лицо царя светится, говорит: "Царь, конечно же, совершенен, совершенен во всем, знание его совершенно, – но вижу я, что в этом свечении содержится суд, и он скрыт там, хотя и не явен. Ведь, в противном случае, царь не будет совершенен, а поэтому следует остерегаться"».

170) «"Так Творец всегда совершенен, и в том и в ином случае", – т.е. с правой стороны и с левой стороны. Однако Он не проявляется иначе, как со светящимся лицом, и потому эти неразумные грешники не остерегаются Его. Однако эти мудрые праведники говорят: "Царь – Он совершенен, но хотя и выглядит светящимся Его лицо, в нем кроется суд. И поэтому следует остерегаться Его"».

Объяснение. В этом состоит ответ на вопрос: «Почему не записались семьдесят две буквы средней линии наполовину в прямом порядке и наполовину в обратном, чтобы включить в себя также суды, имеющиеся в левой линии?» Это потому, что суды левой линии скрыты в ней, и ее лик (паним) радостен и светит всегда, как света правой линии. Поэтому буквы ее записаны только в прямом порядке, как и в правой линии.

---

[199] Писания, Псалмы, 99:4. «И могущество Царя – в любви его к правосудию. Ты утвердил прямоту, правосудие, и справедливость в Яакове Ты явил».

[200] Тора, Шмот, 26:28. «А средний засов, внутри брусьев, проходит от края до края».

171) «Сказал рабби Йегуда: "Отсюда"» можно ответить на вопрос: «Почему не записались семьдесят две буквы средней линии наполовину в прямом порядке и наполовину в обратном?» Ведь сказано: «"Я Творец (АВАЯ) не менялся"[201] – т.е. не перешел в другое место", и хотя две линии и включены в Меня, всё же Я не менял Себя из-за этого, чтобы перейти в свойство левой линии, а остался в свойстве правой. "Потому что в Меня включено всё, и эти два цвета, белый и красный, в Меня", т.е. в хасадим Мои, "включены". И свечение левой линии не проявляется во Мне, а только в Малхут. "И поэтому" все буквы, содержащиеся в средней линии, "проявляются в прямом порядке. И хотя эти буквы содержатся и в одной, и в другой стороне", т.е. в правой и левой, всё же "записаны они в прямом порядке"».

172) «"И двинулся ангел Всесильного, шедший перед станом Исраэля, и пошел позади них. И двинулся облачный столп, (шедший) перед ними, и встал позади них"[202]. До сих пор – одна сторона, Хесед у Авраама"», правая линия. «Сказал рабби Шимон: "Эльазар, сын мой, подойди, и я раскрою тебе эту тайну. Когда Атика Кадиша светил Царю", т.е. Зеир Анпину, "то светил Ему и украшал Его святыми высшими кетерами" – т.е. светом хасадим высших Аба ве-Има, которые являются свойством ГАР. "И когда приходят к Нему" хасадим, "украшаются праотцы", т.е. три линии ХАГАТ, "а в час, когда украшаются праотцы, тогда это – совершенство всего. Тогда Царица совершает свои передвижения вместе с этим совершенством праотцев. И когда она украшается от всех", – от всех трех праотцев, т.е. трех линий, "тогда она соединяется, и управление этим всем – в ее руках"».

173) «"Подобно этому – святое имя, запечатленное в буквах, записанных в высшей меркаве, и они – украшение праотцев"».

174) «Сказал рабби Йеса: "Мы нашли в тайне трубления" в шофар "рава Амнуна Савы трижды "и потому (увхе́н ובכן)"»,

---

[201] Пророки, Малахи, 3:6. «Ибо Я, Творец, не менялся, и вы, сыновья Яакова, не исчезли».
[202] Тора, Шмот, 14:19. «И двинулся ангел Всесильного, шедший перед станом Исраэля, и пошел позади них. И двинулся облачный столп, (шедший) перед ними, и встал позади них».

– то есть: «И потому, возвеличится»²⁰³, «И потому внуши страх Твой»²⁰³, «И потому дай славу»²⁰³, и не включается: «И потому праведные»²⁰³. «"И они соответствуют этим трем изречениям"» – «И двинулся», «И вошел», «И простер», «"и такой порядок"» – трем, но не более. Объяснение. «Потому (ба-хэн בכן)» в гематрии семьдесят два, и поэтому указывает трижды произнесенное «и потому» на три линии имени «аин-бет עב (72)».

«Сказал рабби Йоси: "Всё включено в это святое имя и закрывается в нем"», т.е. все три линии имени «аин-бет עב (72)» включаются в Малхут. «"И получается, что совершенство святой меркавы имеется в нем"», т.е. в Малхут. Поэтому имеется четырежды «аин-бет עב (72)» – три линии Хесед-Гвура-Тиферет и Малхут. И в соответствие этому, есть также четыре раза: «И потому», т.е. включается также: «И потому праведные»²⁰³.

175) «Сказал рабби Шимон: "Это святое имя – украшение праотцев", т.е. ХАГАТ, "которые украшаются тем, что запечатлеваются в своем соединении вместе. И они являются совершенством святой меркавы. И оно включается в сорок восемь слов, и это совершенство всего и основа корней"».

Объяснение. Семьдесят два имени, представляющие собой семьдесят два трехбуквенных слова, делятся на три трети, согласно трем линиям в нем. Первая треть – это Хесед, правая линия. Вторая треть – это Гвура, левая линия. Третья треть – это Тиферет, средняя линия. И известно, что основные линии – это правая и левая, и они являются свойством ГАР. Но средняя линия – она лишь поддерживает их свечение, и является свойством ВАК. И в двух третях Хеседа и Гвуры содержится сорок восемь слов. И это смысл сказанного: «И оно включается в сорок восемь слов», т.е. все света этого имени включены в первые две трети, и это – сорок восемь слов. Ибо две линии, правая и левая – это совершенство всего этого имени и основа корней, потому что все корни находятся в них. А нижняя треть, т.е. двадцать четыре буквы третьей линии, являются только

---

²⁰³ Из молитвы «Амида» праздника Рош а-шана и Йом Кипур: «И потому, да возвеличится имя Твое, Творец Всесильный наш, над Исраэлем, народом Твоим...» «И потому, внуши страх пред Тобою, Творец Всесильный наш, всем созданиям Твоим...» «И потому, дай славу, Творец, народу Твоему, хвалу – трепещущим перед Тобой...» «И потому, праведные увидят и возрадуются, и прямодушные возликуют...»

ветвями по отношению к высшим, так как получают от них по правилу «один удостаивается трех».[194]

176) «"Смотри, ствол дерева" – это имя "алеф-нун-йуд אני", находящееся в середине семидесяти двух имен имен, т.е. тридцать седьмое имя. "Вершина всех ветвей дерева" – это имя "вав-хэй-вав והו", т.е. первое имя из этих семидесяти двух имен. "И уже поясняли товарищи, что совокупность ветвей и ствола, и корня находится в сорока восьми словах", то есть в первых двух третях семидесяти двух слов.[204] "И так было записано в трех высших мирах", т.е. ХАБАД, которые содержатся в первых двадцати четырех словах, и это Хесед и правая линия. "И в трех нижних мирах"», т.е. ХАГАТ, которые содержатся во вторых двадцати четырех словах, и это Гвура и левая линия. Объяснение. Три линии Хесед-Гвура-Тиферет состоят друг из друга, и в каждой из них есть все три. И тогда правая линия определяется как ХАБАД, левая – как ХАГАТ, а средняя – как НЕХИ. И получается, что первые две трети семидесяти двух имен находятся в ХАБАД ХАГАТ.

177) «"И соответствует ему"», – т.е. этим ХАГАТ, содержащимся в трех линиях имени «аин-бет עב (72)», – «"изречение: "Свят, свят, свят Повелитель воинств (Цваот)"[205]. "Свят наверху" – в ХАБАД, "свят посередине" – в ХАГАТ, "свят внизу" – в НЕХИ. И также "первое "свят" – Хесед, второе "свят" – Гвура, третье "свят" – Тиферет". То есть этот ХАГАТ включает ХАБАД ХАГАТ НЕХИ. И все они записались в семидесяти двух, как уже выяснилось. Благословен Он, Благословенно имя Его всегда и во веки веков! Амен!"»

178) «Сказал рабби Ицхак: "В час, когда Исраэль расположились станом у моря, увидели они многочисленные толпы, несметные полчища, множество станов наверху и внизу, и все они шли, собравшись вместе, на Исраэль. Взмолились" Исраэль "из теснины своей"».

179) «"В тот час, когда Исраэль увидели бедствие со всех сторон, – море с его вздымающимися волнами встало перед ними, а за их спиной все эти бесчисленные толпы и станы

---

[204] См. выше, п. 175.
[205] Пророки, Йешаяу, 6:3. «И взывал один к другому, и сказал: "Свят, свят, свят Повелитель воинств, вся земля полна славы Его!"»

египтян, а над ними нескончаемые обвинители, – они с воплем воззвали к Творцу"».

180) «"Тогда написано: "И сказал Творец Моше: "Что ты вопиешь ко Мне?"[206] И мы учили в Сифра ди-цниюта, "Ко Мне"[206] – именно так", поскольку это свойство Зеир Анпина, однако всё зависит от Атика. В тот час, когда раскрылся Атик, и есть желание во всех высших мирах, тогда светит свет всего"».

Объяснение. Известно, что мудрость (хохма) египтян исходила от левой линии, сказано об этом: "Большое чудовище, лежащее среди рек его"[207].[208] И эта Хохма восходит своими корнями к Бине Арих Анпина, которая вышла за пределы его рош. А для рассечения Конечного моря и потопления египтян, необходимо было сначала уничтожить их высокий корень, находящийся в святости, в Арих Анпине. И это невозможно было сделать иначе, как с помощью большого света Атика, который является корнем всего.

Поэтому Зеир Анпин сказал: «"Что ты вопиешь ко Мне?"[206] От Атика зависит всё» – то есть его большой свет может устранить корень египтян, находящийся в Бине Арих Анпина, подобно тому, «как меркнет свеча перед факелом»[209]. И это смысл сказанного: «Тогда светит свет всего». Ибо свет Атика – это свет всего, и все аннулируются перед светом Его. И так был устранен в тот час высокий корень египтян.

181) «Сказал рабби Ицхак: "И тогда, когда все засветило вместе", – потому что свет Атика, хотя и является укрытыми хасадим, вместе с тем он содержит в себе также и Хохму, так как Хохма, имеющаяся в Арих Анпине, получаема обязательно от него. И поэтому хасадим Атика важнее Хохмы Арих Анпина, и считается, что он включает его, и Хохма с хасадим светят в

---

[206] Тора, Шмот, 14:15. «И сказал Творец Моше: "Что ты вопиешь ко Мне? Скажи сынам Исраэля, чтобы двинулись вперед!"»

[207] Пророки, Йехезкель, 29:3. «Говори и скажешь: "Так сказал Всемогущий Творец: "Вот Я против тебя, Фараон, царь египетский, большое чудовище, лежащее среди рек его, сказавшее: "Мне принадлежит река моя и я (сам) сотворил себя"».

[208] См. Зоар, главу Бо, п. 38. «Когда увидел Творец, что Моше боится, и другие высшие посланники не могут приблизиться к нему (к чудовищу), сказал Творец: "Вот Я против тебя, Фараон, царь египетский, большое чудовище, лежащее среди рек его"...»

[209] Вавилонский Талмуд, трактат Псахим, лист 8:1.

нем вместе. "И поэтому море стало выполнять высшие законы" – т.е. топить египтян и спасать Исраэль. "И в его власть были преданы как высшие, так и нижние". И поэтому"» сказано, что «сыновья, жизнь и пропитание»[210] – «"всё это настолько же трудно Творцу, как и рассечение Конечного моря, поскольку рассечение Конечного моря зависело от Атика"», как уже объяснялось.[211]

182) «Сказал рабби Шимон: "Есть одна лань на земле, и Творец делает для нее многое. В час, когда она возносит крик, Творец слышит беду ее и принимает голос ее. И когда мир нуждается в милосердии относительно воды, она подает голоса, и Творец слышит голос ее. И тогда проявляет Творец милосердие к миру, как сказано: "Как лань стремится к потокам вод"[212]».

183) «"И когда должна родить, она закрыта со всех сторон, и опускает голову между коленей своих и кричит, и возносит голоса, и Творец проявляет милосердие к ней и посылает к ней одного змея, кусающего в наготу ее и раскрывающего ее, и он разрывает ей это место, и тотчас родит она". Сказал рабби Шимон: "Не проси об этом и не испытывай Творца. И все это именно так"».

184) «"И спас Творец Исраэль от руки Египта, и увидел Исраэль Египет мертвым на берегу моря"[213]. Показал им Творец покровителя, назначенного над Египтом, которого Он поверг в огненную реку, – что тот на берегу высшего моря", Малхут. "Мертвым"[213] – что значит мертвым?" – ведь ангелы бессмертны. "Это как мы уже выяснили: он был отстранен от своего правления"», – и это считалось для него смертью.

---

[210] Вавилонский Талмуд, трактат Моэд катан, лист 28:1.
[211] См. выше, п. 180.
[212] Писания, Псалмы, 42:2. «Как лань стремится к потокам вод, так душа моя стремится к Тебе, Всесильный!»
[213] Тора, Шмот, 14:30. «И спас Творец Исраэль от руки Египта, и увидел Исраэль Египет мертвым на берегу моря».

ГЛАВА БЕШАЛАХ

И увидел Исраэль силу великую

185) «"И увидел Исраэль силу (досл. руку) великую, которую явил Творец в Египте"[214]. Здесь", благодаря великой руке, "восполнилась левая рука", – Гвура, "и все пальцы ее", – ХАГАТ-Нецах-Ход, "потому что включилась в правую. И так мы учили, что все включено в правую и зависит от правой. И это смысл сказанного: "Десница Твоя, Творец, величественна силой, десница Твоя, Творец, сокрушит врага"[215]». И хотя это относится к Гвуре, всё же, поскольку зависит от правой руки (десницы), называется ее именем.

186) «И сказал рабби Ицхак: "Не было никого, кто мог бы ожесточить сердце свое против Творца, как Фараон". Сказал рабби Йоси: "Ведь также Сихон и Ог?"» – ожесточили сердце свое.[216] «Сказал ему: "Это не так. Они ожесточили сердце свое против Исраэля, но против Творца не" ожесточали сердца своего "так, как Фараон ожесточил дух свой против Него, – когда видел могущество Его и не желал раскаиваться"».

187) «Сказал рабби Йегуда: "Сказал рабби Ицхак: "Фараон был умнее всех его колдунов. И он внимательно следил за всеми этими кетерами и за всеми этими знаниями" ситры ахра. И ни с какой стороны он не видел, что придет спасение Исраэлю, и не зависело оно ни от одного из их кетеров. И еще, со всеми" высшими силами ситры ахра "они устанавливали такую связь над Исраэлем, чтобы те не смогли выйти из-под их власти. И Фараон не думал, что есть другая связь, веры, властвующая над всеми" силами ситры ахра. "И поэтому ожесточал сердце свое"».

188) «Сказал рабби Аба: "Не ожесточал Фараон сердца своего против чего бы то ни было, кроме этого имени", АВАЯ. "Ведь когда Моше говорил: "Так сказал Творец (АВАЯ)", именно это слово", АВАЯ, "ожесточало сердце его. И это смысл слов: "И ожесточил Творец (АВАЯ) сердце Фараона". Потому что во всей

---

[214] Тора, Шмот, 14:31. «И увидел Исраэль силу великую, которую явил Творец в Египте, и устрашился народ Творца, и поверили в Творца и в Моше, раба его».

[215] Тора, Шмот, 15:6. «Десница Твоя, Творец, величественна силой. Десница Твоя, Творец, сокрушит врага».

[216] См. Тора, Бемидбар, 21.

своей мудрости не обнаружил он, что это имя будет властвовать в стране, и потому сказал: "Кто такой Творец (АВАЯ), (чтобы я слушался голоса Его)?"²¹⁷ А затем, когда помышлял о раскаянии, сказал: "Творец (АВАЯ) праведен"²¹⁸. Сказал рабби Йоси: "А затем сказал: "Согрешил я перед Творцом (АВАЯ)"²¹⁹. Те же уста, которые произнесли это"», – «"Кто такой Творец (АВАЯ)?"», «"произнесли и это"» – «"Согрешил я перед Творцом (АВАЯ)"».

189) «Рабби Хизкия провозгласил и сказал: "Одна она, поэтому сказал я: непорочного и нечестивого истребляет Он"²²⁰. Это изречение мы выяснили, раскрыв тайну мудрости. "Одна она"²²⁰ – что означает "одна она"? Это как сказано: "Одна она, голубка моя, чистая моя, одна она у матери своей"²²¹. И это Малхут. "И с помощью нее вершит Творец Свои суды внизу и Свои суды наверху, во всем"».

190) «"И когда Творец пробуждает Свои суды, Он вершит Свои суды этим Кетером" – т.е. Малхут, "тогда сказано: "Непорочного и нечестивого истребляет Он"²²⁰. Поскольку праведники несут вину за прегрешения нечестивых, как сказано: "И сказал Творец ангелу, губившему народ: "Довольно (рав רָב)"²²², то есть: "Возьми большинство (ров רֹב)" от них. "И поэтому произнес Иов эти слова: "Непорочного и нечестивого истребляет Он", и не пояснил этого"», что речь идет о праведниках, несущих вину за прегрешения грешников. «Рабби Йеса сказал: "Одна она" – это Кнессет Исраэль в египетском изгнании, ради которой Творец поразил египтян и совершил над ними возмездие. И это смысл сказанного: "Непорочного и нечестивого истребляет Он"²²⁰» – ведь там были и непорочные, которые не

---

[217] Тора, Шмот, 5:2. «Кто такой Творец, чтобы я слушался голоса Его и отпустил Исраэль? Не знаю я Творца, и Исраэль тоже не отпущу!»

[218] Тора, Шмот, 9:27. «И послал Фараон, и призвал Моше и Аарона, и сказал им: "Согрешил я на сей раз, Творец праведен, я же и мой народ виновны"».

[219] Тора, Шмот, 10:16. «И поспешил Фараон призвать Моше и Аарона, и сказал: "Согрешил я пред Творцом Всесильным вашим, и перед вами"».

[220] Писания, Иов, 9:21-22. «Непорочен я: не узнаю души моей – возненавижу жизнь мою! Одна она, поэтому сказал я: непорочного и нечестивого истребляет Он».

[221] Писания, Песнь песней, 6:9. «Одна она, голубка моя, чистая моя, одна она у матери своей, избранная – у родительницы своей. Увидели ее девицы – и признали, царицы и наложницы – и восхвалили ее».

[222] Пророки, Шмуэль 2, 24:16. «И простер ангел руку свою на Йерушалаим, чтобы погубить его, но Творец раскаялся в этом зле и сказал ангелу, губившему народ: "Довольно, теперь останови руку твою!"»

порабощали Исраэль, и были уничтожены вместе с грешниками, находящимися среди них.

191) «Рабби Хия сказал: "Иов терпел наказания лишь при выходе Исраэля из Египта. Сказал Иов: "В таком случае, нет никакого различия, – ведь "непорочного и нечестивого истребляет Он"[220]. Фараон напал на Исраэль и сказал: "Кто такой Творец, чтобы я слушался голоса Его?"[217] Но ведь я не нападал на них, и ничего не делал – "непорочного и нечестивого истребляет Он"[220]. И это означает: "Тот, кто боялся слова Творца, из рабов Фараона"[223] – это Иов. Ибо это было во время египетского исхода"».

192) «Рабби Йегуда сказал: "Те камни града, которые опускались на Египет и были остановлены благодаря Моше, довершили затем возмездие в дни Йеошуа. И в будущем предстоит еще обрушиться тем, что остались, на Эдом и дочерей его". Сказал рабби Йоси: "Это значение сказанного: "Как во дни исхода твоего из земли египетской, явлю ему чудеса"[224]».

193) «Другое объяснение сказанного: "И увидел Исраэль силу великую, которую явил Творец в Египте, и устрашился народ Творца"[225]. В этом изречении начало не связано с концом, а конец не связан с началом. Вначале сказано: "И увидел Исраэль силу великую"[225], а затем: "И устрашился народ Творца"». Разве: «И увидел Исраэль» является причиной того, что: «И устрашился народ Творца», – а до этого не боялись Творца? «Но рабби Йегуда сказал: "Тот старец, что сошел в изгнание со своими сыновьями, перенес тяготы изгнания на себе и привел сыновей своих в изгнание, он на самом деле видел все возмездия и все могущество, которые явил Творец в Египте. И это означают слова: "И увидел Исраэль"[225] – именно Исраэль"», т.е. Яаков.

194) «"И сказал рабби Йегуда: "Поднял Творец этого старца и сказал ему: "Встань, увидь сыновей своих, выходящих от

---

[223] Тора, Шмот, 9:20. «Тот, кто боялся слова Творца, из рабов Фараона, загнал рабов своих и скот свой под крышу».

[224] Пророки, Миха, 7:15. «Как во дни исхода твоего из земли египетской, явлю ему чудеса».

[225] Тора, Шмот, 14:31. «И увидел Исраэль силу великую, которую явил Творец в Египте, и устрашился народ Творца, и поверили в Творца и в Моше, раба его».

народа сильного. Встань, увидь явленное Мною могущество ради сыновей твоих в Египте"».

195) «"То есть, как сказал рабби Йеса: "В час, когда двинулись Исраэль, чтобы сойти в египетское изгнание, сильный страх и ужас напал на него. Сказал Творец Яакову: "Почему ты боишься? "Не бойся сойти в Египет"[226]. Из сказанного: "Не бойся сойти в Египет" следует, что он боялся"».

196) «"Сказал Ему (Яаков): "Боюсь я, что уничтожат они сыновей моих". Ответил ему: "Я сойду с тобой в Египет"[227]. Обратился к Нему еще раз: "Боюсь я, что не удостоюсь быть погребенным среди отцов своих, и не увижу избавления сыновей своих и того могущества, которое Ты явишь им". Ответил ему: "И Я выведу тебя, также выведу"[227]. "Выведу тебя" – чтобы быть похороненным в гробнице отцов твоих, "также выведу" – чтобы видеть избавление сыновей твоих, и то могущество, которое явлю Я им"».

197) «"И в тот день, когда вышли Исраэль из Египта, поднял Творец Яакова и сказал ему: "Встань и увидь избавление сыновей твоих – сколько сил и могущества явил Я им". И Яаков был там и видел всё. Это означает сказанное: "И увидел Исраэль силу великую"[225]».

198) «Рабби Ицхак сказал: "Отсюда" ясно, что Яаков присутствовал во время избавления, "как сказано: "И вывел Он тебя пред лицом его силой Его великой из Египта"[228]. Что значит: "Пред лицом его"? "Пред лицом его" – это Яаков. Ибо Он привел туда всех праотцев". Рабби Хизкия сказал: "И вывел Он тебя пред лицом его"[228]. "Пред лицом его" – это Авраам. Как сказано: "И пал Авраам ниц (досл. на лицо его)"[229]».

---

[226] Тора, Берешит, 46:3. «И сказал Он: "Я Всесильный – Всесильный отца твоего. Не бойся сойти в Египет, ибо великим народом сделаю Я тебя там"».

[227] Тора, Берешит, 46:4. «Я сойду с тобой в Египет, и Я выведу тебя, также выведу, и Йосеф закроет глаза твои».

[228] Тора, Дварим, 4:37. «И за то, что любил Он твоих отцов и избрал их потомство после них, и вывел Он тебя пред лицом его силой Его великой из Египта».

[229] Тора, Берешит, 17:17. «И пал Авраам ниц, и засмеялся, и сказал он в сердце своем: "Неужели у столетнего может родиться, или Сара – разве на девяностом году жизни своей родит?"»

199) «"Смотри, Авраам сказал: "Неужели у столетнего может родиться?"[229] Сказал ему Творец: "Уверяю тебя, ты увидишь множество народов и множество станов, которые произойдут от тебя". В час, когда Исраэль вышли из Египта, все эти поколения и все эти множества вознес Творец к Аврааму, и тот видел их. Это означает: "И вывел Он тебя пред лицом его"[228]. Рабби Аба сказал: "Все праотцы присутствовали там – во всем этом избавлении. Это означает сказанное: "И вывел Он тебя пред лицом его"[228]. Что значит: "Пред лицом его"? Это – праотцы"».

200) «Рабби Эльазар сказал: "И вывел Он тебя пред лицом его"[228] – это Яаков, "силой его"[228] – это Ицхак, "великой"[228] – это Авраам". Сказал рабби Шимон: "И так, благодаря праотцам, всегда готово избавление для Исраэля, о чем сказано: "И вспомню Мой союз с Яаковом, и также Мой союз с Ицхаком, и также Мой союз с Авраамом вспомню, и землю вспомню"[230]. Праотцы достойны того, чтобы Он помнил их, – но что означает: "И землю вспомню"[230]? Это для того, чтобы присоединить к ним Давида", Малхут, называемую землей, "которая является меркавой (соединением) вместе с праотцами", ХАГАТ. "И они всегда пробуждают избавление для Исраэля"».

201) «"И увидел Исраэль силу великую, которую явил Творец в Египте"[225]. Разве Он сейчас явил, – ведь она была явлена раньше? Что значит: "Силу (досл. руку) великую, которую явил Творец"? "Рука" – это не менее чем пять пальцев. "Великая" – когда она включает в себя другие пять пальцев", левой руки, и тогда "называется великой", – потому что правая рука приобретает свойство ГАР благодаря включению в левую линию. "И каждый палец имеет большое значение. И Творец являет через них чудеса и могущество. И благодаря этому было прервано распространение всех этих ступеней"».

202) «"Отсюда мы изучали, что о пяти первых пальцах", то есть пяти первых казнях, "сказано: "И ожесточилось сердце Фараона". Когда восполнились эти пять" пальцев левой руки, "не было больше ничего в распоряжении Фараона", чтобы ожесточилось сердце его, "и тогда сказано: "И ожесточил Творец (АВАЯ) сердце Фараона"».

---

[230] Тора, Ваикра, 26:42. «И вспомню союз Мой с Яаковом, и также союз Мой с Ицхаком, и также союз Мой с Авраамом вспомню, и землю вспомню».

203) «"Поэтому: "И увидел Исраэль силу (досл. руку) великую ... и поверили в Творца"[225] – а разве до сих пор не верили в Творца? Ведь сказано: "И поверил народ, и услышали"[231], и видели всё могущество, явленное им Творцом в Египте? Но "и поверили"[225] – означает, что поверили в сказанное им: "И сказал Моше народу: "Не бойтесь, стойте и смотрите на спасение Творца"[232]».

204) «Спросил рабби Йеса, сказав: "Сказано: "И увидел Исраэль Египет мертвым"[213], но сказано: "Более не увидите их вовеки"[232]?" Сказал рабби Йоси: "Они видели их мертвыми". Сказал ему: "Если бы было сказано: "Более не увидите их живыми", я бы согласился". Сказал ему рабби Аба: "Ты правильно спросил"».

205) «Но смотри, сказано: "От века и до века (досл. от мира и до мира)"[233], и мы учили: мир наверху, мир внизу. Мир наверху – оттуда начало зажигания свечей", и это Бина, являющаяся корнем всех мохин. "Мир внизу – там завершение", т.е. Малхут, завершающая все сфирот, "и он включает в себя все. И от этого мира внизу пробуждается могущество (гвурот) для нижних"».

206) «"И в том мире", что внизу, "Творец являет знамения Исраэлю, и совершал для них чудеса. И когда пробуждается этот мир, чтобы являть ему чудеса, все египтяне повергаются в море этим миром, а с Исраэлем происходит чудо в этом мире. Поэтому сказано: "Более не увидите их вовеки (досл. до того мира)"[232] – то есть, пока не пробудится тот мир и они не будут преданы его судам. И когда предаются ему, чтобы пройти суды, тогда сказано: "И увидел Исраэль Египет мертвым на берегу моря"[213]. И это значение сказанного: "От мира и до мира"[233]. Именно "до мира" – до тех пор, пока не пробудится мир, который внизу. Тогда сказано: "И поверили в Творца и в Моше, раба Его"[225]».

---

[231] Тора, Шмот, 4:30-31. «И изрек Аарон все речения, которые говорил Творец Моше, и сотворил знамения на глазах у народа. И поверил народ, и услышали они, что помянул Творец сынов Исраэля и что узрел Он их муки, и поклонились они и пали ниц».

[232] Тора, Шмот, 14:13. «И сказал Моше народу: "Не бойтесь, стойте и смотрите на спасение Творца, которое Он совершит для вас ныне! Ибо египтян, которых вы видите сегодня, не увидите более вовеки"».

[233] Писания, Псалмы, 106:48. «Благословен Творец Всесильный Исраэля от века и до века! И скажет весь народ: "Амен. Алелуйа!"»

ГЛАВА БЕШАЛАХ

Тогда воспел Моше

207) «"Тогда воспел Моше"[234]. Провозгласил рабби Йегуда: "Прежде, чем Я создал тебя во чреве, Я знал тебя"[235]. Благословен удел Исраэля – они желанны Творцу более, чем все остальные народы, и из-за большой любви, которую Он испытывал к ним, назначил Он им пророка истинного и пастыря преданного, и пробудил Он над ним дух праведности больший, чем у всех остальных преданных пророков. И породил его именно от Своей части – от десятины, выделенной Яаковом Творцу из сыновей его, т.е. колена Леви. И поскольку Леви принадлежал Ему, взял его Творец и увенчал многочисленными украшениями, и помазал его святым елеем помазания свыше. И тогда вывел Он в мир дух святости от сыновей его и опоясал его Своими святыми поясами великой веры"», – т.е. Бины.

208) «"Мы учили, что в тот час, когда пришло время Моше, верного пророка, низойти в мир, извлек Творец святой дух из месторождения сапфира, камня драгоценного", т.е. Малхут, "который был скрыт в двухстах сорока восьми светах, и он светил над ним. И увенчал его тремястами шестьюдесятью пятью украшениями, и они предстали перед ним, и назначил его над всем, что у Него, и передал ему сто семьдесят три ключа. И увенчал его пятью украшениями, и каждое из украшений возвышается и светит в тысяче светящих миров и в свечах, которые упрятаны в сокровищницах святого высшего Царя"».

Пояснение сказанного. Зоар продолжает выяснять мохин, которых Моше удостоился прежде, чем спустился на землю. И известно, что порядок мохин такой, что сначала получает ВАК без рош, т.е. хасадим, которым недостает ГАР. А затем получает ГАР в свойстве нешама, а затем – в свойстве хая, а затем – в свойстве йехида. Также известно, что двести сорок восемь – это свойство ВАК, а триста шестьдесят пять – это свойство ГАР.[236]

---

[234] Тора, Шмот, 15:1. «Тогда воспел Моше и сыны Исраэля эту песнь Творцу, и сказали так: "Воспою Творцу, ибо высоко вознесся Он; коня и всадника его поверг Он в море"».

[235] Пророки, Йермияу, 1:4-5. «И было сказано мне слово Творца: "Прежде, чем Я создал тебя во чреве, Я знал тебя, и прежде, чем ты вышел из утробы, Я посвятил тебя, пророком народов Я поставил тебя"».

[236] См. Зоар, главу Берешит, часть 1, п. 195, со слов: «Пояснение сказанного...»

Поэтому сказано: «Извлек Творец святой дух из месторождения сапфира, камня драгоценного, который был скрыт в двухстах сорока восьми светах» – и благодаря этому Моше достиг мохин де-ВАК, «и увенчал его тремястами шестьюдесятью пятью украшениями» – т.е. мохин де-ГАР, «и передал ему сто семьдесят три ключа» – т.е. света средней линии, которые называются ключами, потому что правая и левая линии не могут светить, пока не приходит средняя линия и не открывает их. И тогда средняя линия получает всю меру светов, выход которых она вызвала в двух высших линиях.[237] И от правой линии она получает сто светов – т.е. все свои десять сфирот, так как они являются светом хасадим. А от левой линии, где есть свет Хохмы, получает лишь семьдесят украшений, но не ГАР Хохмы, и поэтому недостает тридцати. Но в ней есть включение от ГАР (трех первых сфирот), и они принимаются в расчет только как число «три». И потому это «сто семьдесят три ключа».

А затем выясняет мохин де-хая. Поэтому сказано: «И увенчал его пятью украшениями», – т.е. ХАГАТ-Нецах-Ход, «и каждое из украшений светит в тысяче миров», – в сфирот Абы ве-Имы, где каждая из сфирот оценивается числом тысяча. А затем выясняет мохин де-йехида. И поэтому сказано: «И в свечах, которые упрятаны в сокровищницах святого высшего Царя», – т.е. они скрыты и облачены в высшего Абу, называемого святым высшим Царем. Иначе говоря, это света Арих Анпина, относящиеся к уровню йехида.

209) «"И тогда провел его через все света, находящиеся в Эденском саду, и ввел его в чертог, и провел его по всем воинствам и станам Своим. Тогда содрогнулись все они, заговорили и сказали: "Держитесь в стороне от него, потому что Творец пробудил дух власти, чтобы тревожить миры". Раздался голос, сказавший: "Кто же это, в руках которого находятся все эти ключи?" Раздался другой голос, сказавший: "Примите его к себе. Это тот, кто должен будет сойти в среду людей, и Тора, которая скрыта более всего скрытого, будет вручена ему, чтобы сотрясать высшие и нижние миры этим". Сразу взволновались

---

[237] См. Зоар, главу Берешит, часть 1, п. 363.

все и двинулись вслед за ним. Заговорили, сказав: "Ты посадил во главе нас человека, прошли мы через огонь и воду"[238]».

210) «"Тогда поднялся этот дух" Моше (מֹשֶׁה) "и предстал пред Царем. Открытая "мэм מ" поднялась и увенчалась своими украшениями, и (Царь) украсил его тремястами двадцатью пятью украшениями и вручил ему Свои ключи. "Шин שׁ" указывает на трех праотцев, они украсили его тремя святыми украшениями, и вручили ему все ключи Царя, и оказали ему доверие, поставив его доверенным лицом в доме. "Хэй ה" поднялась и увенчалась своими украшениями, и приняла его у Царя"».

Объяснение. Известно, что высший престол расположен на месте от хазе Зеир Анпина и выше, где ХАГАТ Зеир Анпина – это три опоры престола, а Малхут, имеющаяся там, – четвертая опора. А сам престол – это Бина. И это тайна трех букв «мэм-шин-хэй מֹשֶׁה (Моше)»: «мэм מ» – это сам престол, «шин שׁ» – три основы престола, ХАГАТ, «хэй ה» – Малхут, четвертая основа. Моше был меркавой (строением) для средней линии, Зеир Анпина. И поэтому Моше удостоился Бины, – потому что был меркавой для средней линии, согласующей правую и левую линии Бины между собой.

И сказано: «Поднялся этот дух и предстал перед Царем» – поскольку был меркавой для Царя, Зеир Анпина. И тогда были переданы ему три буквы, «мэм-шин-хэй מֹשֶׁה (Моше)». «Открытая "мэм מ" поднялась и увенчалась своими украшениями» – т.е. престол поднялся и украсился своими мохин, которые вышли и раскрылись с помощью средней линии, и об этом сказано: «Три выходят из одного», и тогда «украсил его тремястами двадцатью пятью украшениями», и об этом сказано: «Один удостаивается трех».[237]

И то, что называется тремястами двадцатью пятью (шахá שכה) украшениями, это как в сказанном: «И гнев царя утих (шахахá שָׁכָכָה)»[239], потому что прежде, чем средняя линия согласовала две линиии Бины между собой, было разногласие между правой и левой, и с помощью согласования трехсот двадцати пяти (шаха שכה) разногласие утихло (шахахá שָׁכָכָה).

---

[238] Писания, Псалмы, 66:12. «Ты посадил во главе нас человека, прошли мы через огонь и воду, и Ты вывел нас к изобилию».

[239] Писания, мегилат Эстер, 7:10. «И повесили Амана на дереве, которое приготовил он для Мордехая. И гнев царя утих».

И поскольку эти триста двадцать пять были всей причиной (выхода) мохин Зеир Анпина, которые он получает от Бины, поэтому называет их тремястами двадцатью пятью украшениями. «И вручил ему Свои ключи» – мы уже выяснили, что света средней линии называются ключами.

И поэтому сказано: «"Шин ש" указывает на трех праотцев, они украсили его тремя святыми украшениями» – это три линии ХАГАТ Зеир Анпина, выше хазе, называемые тремя опорами престола, «и вручили ему все ключи Царя» – т.е. все мохин Зеир Анпина, относящиеся к средней линии, называются ключами, «и оказали ему доверие, поставив его доверенным лицом в доме» – общая Нуква самого Зеир Анпина называется домом, и поскольку получил все мохин Зеир Анпина, он становится доверенным лицом, то есть отдающим этому дому, – Нукве.

«"Хэй ה" поднялась» – Малхут, которая поднялась выше хазе, «и увенчалась своими украшениями» – то есть получила три линии ХАГАТ Зеир Анпина и стала четвертой опорой престола, «и приняла его у Царя» – принимает душу (нешама) Моше у Царя.

211) «"И тогда" – когда приняла его Малхут, "сошел этот дух" Моше, "на корабли, плывущие по великому морю" – т.е. Малхут, "и приняла она" – Малхут, "его, чтобы вырастить его для Царя" – чтобы он смог облачить Зеир Анпин, т.е. с помощью того, что получит от нее свечение Хохмы и гадлут, "и она дает ему оттуда" – от свойства великого моря в ней, т.е. от свечения левой линии, "оружие, чтобы поразить Фараона и всю землю его, а в субботы и новомесячья она поднимает его к Царю" – Зеир Анпину, "и тогда ему дается имя по этим записанным буквам"» – то есть «мэм-шин-хэй משׁה (Моше)».

212) «"В тот час, когда он вышел, чтобы низойти на землю и облачиться в тело, в колене Леви, было установлено четыреста двадцать пять свечей для Царя" – Зеир Анпина, "и четыреста двадцать пять установленных законов сопровождают этот дух" Моше "на свое место. Когда он вышел в мир, стала светить "хэй ה" – Шхина, "пред ним, и дом наполнился сиянием ее. В этот момент провозгласил о нем Творец: "Прежде чем Я создал тебя

во чреве, Я знал тебя, и прежде чем ты вышел из утробы, Я посвятил тебя, пророком народов Я поставил тебя"[240]».

Объяснение. Имя «тахá (תכה 425)» выходит в зивуге на экран, который уменьшает высший дух (руах), чтобы он мог материализоваться и облачиться в тело в утробе его матери. И определена в нем мера ступени света, выходящего в этом зивуге, и сказано о ней, что это «четыреста двадцать пять (таха תכה) свечей», установленных для Царя. А силы уменьшения, исходящие от экрана, называются «четыреста двадцать пять (таха תכה) законов», которые установлены для того, чтобы опустить этот дух в утробу матери. И это смысл сказанного: «Сопровождают этот дух на свое место». А после того, как сформировался в течении семи месяцев внутриутробного развития, стала светить над ним Шхина. И поэтому сказано: «Стала светить "хэй ה" пред ним».

213) «Сказал рабби Ицхак: "В тот же час уничтожил Творец назначенного правителя Египта, и когда увидели его Моше и сыны Исраэля, то воспели песнь. Как сказано: "И увидел Исраэль Египет мертвым"[241], "Тогда воспел Моше и сыны Исраэля"[242]».

214) «"Тогда воспел Моше и сыны Исраэля эту песнь Творцу"[242], – провозгласил рабби Аба и сказал: "Всмотрелся я во все восхваления, произнесенные Творцу, и все они начинаются с "тогда". "Тогда сказал Шломо"[243], "Тогда возгласил Йеошуа"[244], "Тогда воспел Исраэль"[245]. В чем же тут дело?"»

---

[240] Пророки, Йермияу, 1:5. «Прежде чем Я создал тебя во чреве, Я знал тебя, и прежде чем ты вышел из утробы, Я посвятил тебя, пророком народов Я поставил тебя».

[241] Тора, Шмот, 14:30. «И спас Творец Исраэль от руки Египта, и увидел Исраэль Египет мертвым на берегу моря».

[242] Тора, Шмот, 15:1. «Тогда воспел Моше и сыны Исраэля эту песнь Творцу, и произнесли, говоря: "Воспою Творцу, ибо высоко вознесся Он; коня и всадника его поверг Он в море"».

[243] Пророки, Мелахим 1, 8:12. «Тогда сказал Шломо: "Творец сказал, что будет обитать во мгле"».

[244] Пророки, Йеошуа, 10:12. «Тогда возгласил Йеошуа перед Творцом в тот день, в который предал Творец эморея сынам Исраэля, и сказал пред глазами Исраэля: "Солнце, у Гивона стой, и луна – у долины Аялон!"»

[245] Тора, Бемидбар, 21:17. «Тогда воспел Исраэль песнь эту: "Наполняйся, колодец, пойте ему"».

215) «"Но мы учили, что все чудеса и всё могущество, явленное Исраэлю, происходили, когда свет Атика Кадиша", т.е. Арих Анпина, светил своими украшениями", т.е. свечением ГАР, когда он возвращает Бину и ТУМ в свой рош, – они отпечатываются и записываются в "алеф א"». «Йуд י» буквы «алеф א» – это правая линия, а нижняя линия буквы «алеф א» – это левая линия, а линия между ними – это средняя линия, которая производит согласование «в "алеф א", пробивающая тьму"». То есть, это средняя линия в «алеф א», которая пробивает и уменьшает являющуюся тьмой левую линию до свойства ВАК де-ГАР. «"И тогда светит в каждой стороне" – как в Хохме, так и в хасадим. "И когда соединяется свет "алеф א" и приходит к "заин ז", то чем является "заин ז"? Это: "Меч у Творца полон крови"²⁴⁶, – т.е. Малхут в то время, когда она склоняется к левой линии, "тогда Он являет чудеса и могущество. Ибо соединяется "алеф א" с "заин ז". И это песнь. Песнь", светящая "всем сторонам"» – как Хохме, так и хасадим. И это означает: «Тогда (аз אז) воспел Моше»²⁴².

216) «"Сказано (дословно): "Воспоет (яшир ישיר) Моше", – но ведь следовало сказать: "Воспел (шар שר) Моше"? Однако это действие связано" с грядущим будущим, "т.е. привело к наступлению этого времени и привело к наступлению грядущего будущего, поскольку Исраэлю предстоит воспеть эту песнь" в грядущем будущем. "Мы учили в связи с этим, что первые праведники, хотя и вознеслись наверх, на самые возвышенные ступени, и соединились связью вечной жизни, им всем в будущем предстоит восстать в возрожденном теле и увидеть, и вознести эту песнь. Это означает сказанное: "Тогда воспоет Моше и сыны Исраэля"²⁴²».

217) «Сказал рабби Шимон: "И с этим связано (изречение): "Творец во второй раз протянет руку Свою, чтобы вернуть остаток народа Своего"²⁴⁷. "Вернуть" – как сказано: "Творец создал меня в начале пути Своего"²⁴⁸. "Остаток народа Своего"²⁴⁷ – это

---

²⁴⁶ Пророки, Йешаяу, 34:6. «Меч у Творца полон крови, тучнеет от тука, от крови баранов и козлов, от тука с почек баранов, ибо резня у Творца в Боцре, и заклание великое в земле Эдома».

²⁴⁷ Пророки, Йешаяу, 11:11. «И будет в тот день: Творец во второй раз протянет руку Свою, чтобы вернуть остаток народа Своего, который уцелеет, из Ашшура и из Египта, и из Патроса, и из Куша, и из Эйлама, и из Шинара, и из Хамата, и с островов моря».

²⁴⁸ Писания, Притчи, 8:22. «Творец создал меня в начале пути Своего, прежде созданий Своих, искони».

те праведники среди них, которые называются "остаток". Как сказано: "И остались два человека в стане"[249]. И мы учили", почему они называются остатком, – потому что "мир не может существовать иначе как на тех, которые считают себя последними"». Поэтому называются праведники «остаток» – от слова «последние».

218) «"И если ты скажешь: "После того, как соединились связью вечной жизни и испытывают высшее наслаждение, зачем Творец должен опускать их на землю?", – научись на примере того, как это было в первый раз", т.е. с момента рождения и выхода в мир, "что все эти рухот и нешамот находились наверху, на самой высокой ступени, а Творец опустил их вниз на землю. Тем более теперь, когда Творец хочет выправить искривленное" тем, что покажет им знамения и чудеса, которые осуществит для Исраэля, и хотя они и праведники, все же "сказано: "Ибо нет такого праведника на земле, который сделал бы добро, не согрешив"[250]. И если ты скажешь: "Что с теми, кто умер, послушавшись совета змея?" – ведь они не совершили никакого прегрешения, зачем же им восставать (из мертвых)? "Даже они восстанут, чтобы стать дающими совет царю Машиаху"».

219) «"И поэтому мы учили, что Моше предстоит вознести песнь в грядущем будущем. И почему? Потому что сказано: "Как во дни исхода твоего из земли египетской, явлю ему чудеса"[251]. "Явлю ему", – ведь следовало сказать: "Явлю тебе"? Но именно: "Явлю ему", ибо тот, кто видел вначале", т.е. Моше, "увидит во второй раз. Это означает: "Явлю ему"[251]. И сказано: "Покажу спасение Всесильного"[252]. И тогда, "тогда воспоет Моше и сыны Исраэля эту песнь Творцу"[242]».

220) «"Это песнь Царицы", Малхут, "Творцу. Мы учили: каждый человек, который возносит эту песнь ежедневно и

---

[249] Тора, Бемидбар, 11:26. «И оставались два человека в стане, имя одному Эльдад, а имя другому Мейдад, и спустился на них дух пророчества, ибо они были из записанных, но не вышли к шатру, а пророчествовали в стане».

[250] Писания, Коэлет, 7:20. «Ибо нет такого праведника на земле, который делал бы добро, не согрешив».

[251] Пророки, Миха, 7:15. «Как во дни исхода твоего из земли египетской, явлю ему чудеса».

[252] Писания, Псалмы, 50:23. «А тому, кто восхваляет Меня жертвой благодарности и прокладывает путь, покажу спасение Всесильного».

целенаправлен в ней, удостаивается воспевания ее в грядущем будущем. Ибо есть в ней мир прошлого, и есть в ней мир будущего, и есть в ней связи веры, и есть в ней дни царя Машиаха. И от нее зависят все другие восхваления, произносимые высшими и нижними"».

221) «"Сказано: "Эту песнь (шира́ שִׁירָה)"²⁴² – в женском роде, "этот гимн (шир שִׁיר)", – следовало сказать", в мужском роде. "Но это песнь, в которой Царица восславляет Царя", Зеир Анпина. "И Моше вознес (песнь) снизу вверх" – от Малхут к Зеир Анпину. И поэтому возносит песнь (шира́ שִׁירָה), в женском роде. "И мы уже выяснили: "Творцу"²⁴², – она воспевает Творцу, "потому что Царь открыл ей сияние лика". Рабби Йоси сказал: "Все те умащения", т.е. света, "которые притягивались, притягивал для нее святой Царь, поэтому прославляла Его Царица"».

222) «Сказал рабби Йегуда: "Если это так", т.е. это песнь Царицы Царю, "почему сказано: "Моше и сыны Исраэля" – ведь Царица должна восхвалять? Но счастлив удел Моше и Исраэля, которые умели восхвалять Царя ради Царицы, как подобает, – ведь всю свою силу и могущество переняла она от Царя"».

223) «Рабби Хия провозгласил и сказал: "Встань, воспевай в ночи, к началу страж"²⁵³. "Встань, воспевай" – это Кнессет Исраэль, Малхут, "в ночи" – т.е. в изгнании". Рабби Йоси говорит: "В ночи" – в то время, когда Малхут властвует и пробуждается. "К началу" – это Есод, и Царица благословляется им. "К началу (рош) страж" – это начало (рош) Нецах и Ход"», то есть Есод.

224) «Рабби Йоси сказал: "Это и начало (рош) кетеров Царя и окончание (сиюм)"». Относительно девяти первых сфирот прямого света Зеир Анпина – он нижний, оканчивающий. Но относительно девяти сфирот отраженного света Зеир Анпина, которые светят снизу вверх, Есод считается кетером отраженного света. И поскольку он – начало (рош) сфирот отраженного света, Писание называет его началом страж. «Рабби Аба сказал: "К началу страж (ашмуро́т אַשְׁמֻרֹת)" – написано без "вав ו", что указывает на Малхут. "И это", Есод, "начало (рош)" для нее, – то, что называется "изголовье (рош) ложа". И все это сказано

---

²⁵³ Писания, Эйха, 2:19. «Встань, воспевай в ночи, к началу страж; как воду изливай сердце свое пред Творцом, простирай к Нему руки свои (в мольбе) о жизни младенцев своих, изнемогающих от голода на углах всех улиц».

о святом высшем Царе" – Зеир Анпине, т.е. о Есоде Зеир Анпина. "И это значение сказанного: "Эту песнь Творцу"²⁴²» – т.е. Есоду Зеир Анпина.

225) «Рабби Йеса сказал: "Эту песнь Творцу"²⁴² – это река", т.е. Бина, "выходящая из Эдена", Хохмы, – т.е. Бина, которая вышла из рош Арих Анпина, "и весь елей и величие", – т.е. все мохин ЗОН и БЕА "исходят от него, чтобы зажечь лампады". "И это следует" из продолжения текста, "из сказанного: "Воспою Творцу"²⁴² – и это высший святой Царь", т.е. Зеир Анпин. "И поэтому не сказано: "Воспою Ему"», так как предыдущее «Творцу», в сказанном: «Эту песнь Творцу»²⁴², – это Бина, а не Зеир Анпин.

226) «"И произнесли, говоря: "Воспою Творцу"²⁴², – т.е. "говоря" из поколения в поколение, чтобы это не забывалось в них никогда. Потому что каждый, кто удостоился воспеть песнь в этом мире, удостаивается ее в мире будущем, и удостаивается в дни царя Машиаха вознести в ней радость Кнессет Исраэль Творцу. И сказанное: "Говоря" означает – говоря в это время, говоря на святой земле, в то время, когда Исраэль поселятся на этой земле, говоря в изгнании, говоря при избавлении Исраэля, говоря для мира будущего"».

227) «"Воспою Творцу"²⁴², – следовало сказать: "Воспоем", что значит: "Воспою"? Но дело в том, что они возносили восхваления Царицы, как уже объяснялось"». Поэтому сказано: «Воспою», в единственном числе. «"Творцу" – это святой Царь», Зеир Анпин. "Ибо высоко превознесен Он", – т.е. Он поднялся и увенчался своими украшениями, чтобы явить благословения и силу, и могущество, чтобы подняться во всём. "Ибо высоко превознесен (досл. превозносясь, превознесся) Он"²⁴², "превозносясь" – в этом мире, "превознесся" – в мире будущем. "Ибо превозносясь" – в это время, "превознесся" – чтобы увенчаться затем украшениями Своими в совершенной радости"».

228) «"Коня и всадника его поверг Он в море"²⁴², – нижнее правление" – т.е. конь, "и высшее правление, которому они принадлежат", – всадник его. Оба они "были преданы великому морю и великому правлению, чтобы совершить над ними возмездие. И мы учили, что Творец не вершит суд внизу, пока не совершит его над их высшим правлением. И это значение

сказанного: "Накажет Творец воинство небесное в вышине и царей земных на земле"[254]».

229) «"Поверг Он в море"[242]. Сказал рабби Йегуда: "В эту ночь пробудилась могучая сила (гвура), о которой сказано: "И гнал Творец море сильным восточным ветром всю ночь"[255]. В это время Царица попросила у Царя, чтобы все эти полчища египтян внизу и всех этих покровителей наверху предали в ее руки. И все были отданы в ее руки, чтобы совершить над ними возмездие. И это означает сказанное: "Коня и всадника его поверг Он в море"[242]. "В море" – без уточнения, и это указывает как на море "высшее", так и на море "нижнее"».

---

[254] Пророки, Йешаяу, 24:21. «И будет в тот день: накажет Творец воинство небесное в вышине и царей земных на земле».
[255] Тора, Шмот, 14:21. «И простер Моше руку свою на море, и гнал Творец море сильным восточным ветром всю ночь, и сделал море сушей, и расступились воды».

ГЛАВА БЕШАЛАХ

Моя сила и ликование – Всевышний

230) «"Моя сила и ликование – Всевышний"[256]. Рабби Хия провозгласил и сказал: "Сзади и спереди Ты объемлешь меня и возложил на меня руку Твою"[257]. Насколько люди должны возносить Творца, – ведь Творец, когда создал мир, предусмотрел, чтобы человек управлял всем, и был подобен высшим и нижним! Опустил его в мир в этом желанном образе, и увидели его создания, тогда собрались вместе и пали ниц пред ним, и напал на них страх и ужас от трепета пред ним. Как сказано: "И боязнь и страх пред вами будет на всяком звере земном и на всякой птице небесной"[258]».

231) «"Ввел его в сад, посаженный для того, чтобы оберегать его, чтобы была у него радость за радостью, и чтобы развлекаться в нем. Сделал ему полог, покрытый драгоценными камнями, и высшие ангелы радуются ему. Затем дал ему наказ об одном древе", чтобы не есть от него, "но он не был стойким в наказе Господина своего"».

232) «"Нашел я в книге Ханоха, что после того как (Творец) поднял его", Ханоха, "и показал ему все сокровищницы Царя, высшие и нижние, показал Он ему Древо жизни, и Древо, о котором было заповедано Адаму, и показал ему место Адама в Эдемском саду. И увидел он, что если бы Адам хранил этот завет" Древа познания, "он мог бы существовать вечно и вечно пребывать там. Но не уберег он завета Господина своего, предстал перед судом и был наказан"».

233) «Рабби Ицхак сказал: "Адам сотворен в двух обликах. И так разъяснялось: "И взял Он одну из его сторон"[259] – разделил его Творец, и стало их двое: с востока и с запада", Адам

---

[256] Тора, Шмот, 15:2. «Моя сила и ликование – Всевышний, и будет спасением мне. Это Творец мой, и буду восславлять Его, Всесильный отца моего, и буду превозносить Его».

[257] Писания, Псалмы, 139:5. «Сзади и спереди Ты объемлешь меня и возложил на меня руку Твою».

[258] Тора, Берешит, 9:2. «И боязнь и страх перед вами будет на всяком звере земном и на всякой птице небесной, на всем, что движется на земле, и на всех рыбах морских; в ваши руки отданы они».

[259] Тора, Берешит, 2:21. «И навел Творец Всесильный на Адама крепкий сон, и он уснул. И взял Он одну из его сторон, и закрыл плотью место ее».

– с востока, а Хава – с запада. "Это означает сказанное: "Сзади и спереди Ты объемлешь меня"²⁵⁷. "Сзади" – это запад, "и спереди" – это восток"».

234) «Рабби Хия сказал: "Что сделал Творец: Он установил ту самую некеву, возведя ее красоту надо всем, и ввел ее к Адаму. И это означает сказанное: "И отстроил Творец Всесильный ту сторону, которую взял у Адама, чтобы быть ему женой"²⁶⁰. Смотри, что сказано выше: "И взял Он одну из его сторон (досл. одно из его ребер)"²⁵⁹. Что значит "одну"? Это как сказано: "Одна она, голубка моя, чистая моя, одна она у матери своей"²⁶¹ – и это Малхут. "Из его ребер" означает – из сторон его. Как сказано: "А со стороны Скинии (досл.: с ребра)"²⁶²» – так как взята она от левой стороны.

235) «Рабби Йегуда сказал: "Творец вложил высшую душу в Адама и поместил в нее мудрость и разумение для постижения всего. Из какого места Он поместил в него душу?" Рабби Ицхак сказал: "Вложил в него душу (нешама) из места, от которого исходят все остальные души"» – т.е. из Бины, и свет Бины называется нешама.

236) «Сказал рабби Йегуда: "Из того, что сказано: "Да произведет земля существо живое"²⁶³ – из какого места на земле? Из того места, в котором пребывает Святилище". Так как земля – это Малхут, а место Святилища – это Бина в ней. "Существо живое"²⁶³ – просто существо (нефеш) живое", и Писание не объясняет, чья это нефеш. "Это нефеш Адама Ришона от всего"». Объяснение. Свет нефеш – это свет Малхут, но исходящий от Бины в ней. И поэтому говорится, что исходит от места Святилища, – то есть от Бины в ней.

237) «Сказал рабби Хия: "Адам знал высшую мудрость лучше, чем высшие ангелы, и созерцал всё, и он понимал и знал

---

²⁶⁰ Тора, Берешит, 2:22. «И отстроил Творец Всесильный ту сторону, которую взял у Адама, чтобы быть ему женой, и привел ее к Адаму».

²⁶¹ Писания, Песнь песней, 6:9. «Одна она, голубка моя, чистая моя, одна она у матери своей, избранная – у родительницы своей. Увидели ее девицы – и признали, царицы и наложницы – и восхвалили ее».

²⁶² Тора, Шмот, 26:20. «А для другой стороны Скинии, стороны северной, – двадцать брусьев».

²⁶³ Тора, Берешит, 1:24. «И сказал Всесильный: "Да произведет земля существо живое по виду его: скот и ползучее, и животное земное по виду его". И стало так».

Господина своего лучше, чем все остальные обитатели мира. После того, как прегрешил, стали скрыты от него все источники этой мудрости. Что сказано: "И отослал его Творец Всесильный из сада Эденского возделывать землю"[264]».

238) «Рабби Аба сказал: "Адам Ришон произошёл от захара и некевы", т.е. ЗОН. Как сказано: "И сказал Всесильный: "Сделаем Адама в образе Нашем и по подобию Нашему"[265]. Поэтому" и Адама "сделали захаром и некевой вместе, которые затем отделились" друг от друга. "И если ты скажешь, что ведь сказано: "Возделывать землю, откуда он взят"[264], а не от высших ЗОН, – "именно так оно и есть", что взят он от земли. "Это Нуква" Зеир Анпина, "и Творец", Зеир Анпин, "участвовал в этом с ней. И это захар и некева", о которых говорилось. "И всё это – одно целое"».

239) «"Моя сила и ликование – Всевышний (йуд-хэй יָהּ)"[256], т.е. те, что включены друг в друга и неотделимы друг от друга, и всегда они в любви, в едином желании"». И это Аба ве-Има, называемые «йуд-хэй יָהּ». «"И оттуда исходят течения рек и истоки для наполнения всего, и благословения всего, и не иссякают воды этих источников. И поэтому сказано: "И будет спасением мне"[256] – для этого простирает (их) святой Царь и передаёт вниз, и правая пробуждается, чтобы вершить чудеса"».

240) «"Это Творец мой, и буду восславлять Его"[256] – это праведник", т.е. Есод, "от которого исходят благословения в зивуге. "И буду восславлять Его"[256] – в том месте, в котором есть любовь, и это Храм. "Всесильный отца моего, и буду превозносить Его"[256] – Моше сказал это месту, со стороны которого происходят левиты", и это левая сторона. "И поэтому"», поскольку Моше сказал об этой стороне: «"И буду превозносить Его"[256], «"в ней пребывает совершенство всего"», потому что: «"И буду превозносить Его"[256] означает, что включает её в правую сторону, в чём и состоит всё совершенство.

---

[264] Тора, Берешит, 3:23. «И отослал его Творец Всесильный из сада Эденского возделывать землю, откуда он взят».

[265] Тора, Берешит, 1:26. «И сказал Всесильный: "Сделаем Адама в образе Нашем, по подобию Нашему! И властвовать будут они над рыбой морской и над птицей небесной, и над скотом, и над всею землёй, и над всем ползучим, что ползает по земле"».

241) «Рабби Ицхак сказал: "И будет спасением мне"[256] – это святой Царь", Зеир Анпин. "И это так. В другом изречении я нашел это, как сказано: "Ибо сила моя и ликование мое – Всевышний Творец (АВАЯ), и будет спасением мне"[266]. Из сказанного: "Творец (АВАЯ) будет спасением мне"[266] следует, что это святой Царь"», называемый АВАЯ, т.е. Зеир Анпин.

242) «"Сила моя и ликование мое – Всевышний"[256]. Рабби Хизкия провозгласил и сказал: "В этом изречении: "Во всякое время любит друг, а брат рождается в беде"[267], "Во всякое время любит друг" – это Творец, о котором сказано: "Друга твоего и друга отца твоего не оставляй"[268]».

243) «"А брат рождается в беде"[267]. В час, когда будут преследовать тебя враги твои, что говорит Творец: "Ради братьев моих и ближних моих скажу: мир тебе"[269]. И Исраэль называются братьями и ближними Творцу. Что значит: "Рождается"[267], – разве сейчас рождается, в час беды? Но (это значит, что) в час беды родится в мире тот, кто будет тебе братом, чтобы спасти тебя от всех преследующих тебя"».

244) «Рабби Йегуда сказал: "Рождается"[267] означает, что святой Царь пробудится с такой силой, чтобы взыскать за тебя с народов и вскармливать тебя от матери", т.е. Бины, "в этой стороне", левой (линии), "как сказано: "Моя сила и ликование – Всевышний, и будет спасением мне"[256]. Чтобы пробудить силы (гвурот) против народов-идолопоклонников"».

245) «Рабби Йеса заговорил, сказав: "Насколько же человек должен любить Творца – ведь нет иной работы пред Творцом, кроме любви. И каждого, кто любит Его и выполняет работу с любовью, Творец называет любящим. Тогда непонятно, как можно сопоставить эти изречения: "Друга твоего и друга отца

---

[266] Пророки, Йешаяу, 12:2. «Вот, Творец – спасение мое, я уповаю и не страшусь, ибо сила моя и ликование мое – Всевышний Творец, и будет спасением мне».

[267] Писания, Притчи, 17:17. «Во всякое время любит друг, а брат рождается в беде».

[268] Писания, Притчи, 27:10. «Друга твоего и друга отца твоего не оставляй, и в дом брата твоего не ходи в день бедствия твоего: лучше сосед вблизи, нежели брат вдали».

[269] Писания, Псалмы, 122:8-9. «Ради братьев моих и ближних моих скажу: мир тебе! Ради дома Творца Всесильного нашего просить буду блага тебе».

твоего не оставляй"²⁶⁸ и сказанное: "Удерживай ногу твою от дома ближнего твоего"²⁷⁰?»

246) «"Но уже выяснили товарищи, что это изречение"», «"Друга твоего и друга отца твоего не оставляй"²⁶⁸, "написано о жертвах всесожжения"». Но о грехоискупительной и о повинной жертвах сказано: «Удерживай ногу твою от дома ближнего твоего»²⁷⁰.²⁷¹ «"Теперь" выясним: "Друга твоего и друга отца твоего не оставляй"²⁶⁸. "Не оставляй" – служения Его, слияния с Ним, выполнения заповедей Его. Конечно же, не оставляй. А то, что сказано: "Удерживай ногу твою от дома ближнего твоего"²⁷⁰, – т.е. "удерживай" злое начало, чтобы оно не закипало против тебя и не властвовало в тебе, и чтобы не возникали посторонние мысли. "От дома ближнего твоего"²⁷⁰. Что означает: "Дом ближнего твоего"? Это святая душа, которую вселил в тебя ближний твой и вложил ее в тебя"».

247) «"И поэтому работа Творца – любить Его во всем", что Он делает с тобой, как сказано: "И возлюби Творца Всесильного своего"²⁷², "Это – Творец мой, и буду восславлять Его"²⁵⁶ – весь Исраэль видели у моря то, чего не видел пророк Йехезкель. И даже зародыши в утробе матери, видели и благословляли Творца, и все говорили: "Это – Творец мой, и буду восславлять Его, Всесильный отца моего, и буду превозносить Его"²⁵⁶». «Всесильный отца моего» – это «"как сказано: "Всесильный Авраама"²⁷³».

248) «Сказал рабби Йоси: "Почему же в таком случае сказано: "И буду превозносить Его"²⁵⁶ – ведь "Всесильный Авраама"²⁷³ находится наверху?"», и нет необходимости возвышать Его. «Всесильный Ицхака»²⁷³ – это левая линия, и ее необходимо возвышать, а не правую линию. «Сказал ему: "Но даже и в этом случае нужно возвышать Его. И всё это – одно целое, "и буду превозносить Его"²⁵⁶ во всех сторонах. Это включает и того, кто умеет соединять великое святое имя, – то есть и он

---

²⁷⁰ Писания, Притчи, 25:17. «Удерживай ногу твою от дома ближнего твоего, не то он пресытится тобою и возненавидит тебя».
²⁷¹ Вавилонский Талмуд, трактат Хагига, лист 7:1.
²⁷² Тора, Дварим, 6:5. «И возлюби Творца Всесильного своего всем сердцем своим и всей душою своей, и всей сутью своей».
²⁷³ Тора, Шмот, 3:6. «И сказал еще: "Я – Всесильный отца твоего, Всесильный Авраама, Всесильный Ицхака и Всесильный Яакова". И закрыл Моше лицо свое, потому что боялся смотреть на Всесильного».

должен превозносить Его, поскольку это высшая работа Творца"».

249) «Рабби Йегуда сидел перед рабби Шимоном, и он возгласил: "Сказано: "Голос стражей твоих – возвысили они голос, вместе ликовать будут"[274]. "Голос стражей твоих" – кто они, эти стражи? Но это те, кто находится на страже: когда же явит Творец милосердие дочерям дома Своего? "Возвысили они голос", – ведь следовало сказать: "Возвысят они голос"? Однако каждый человек, кто возвышает голос свой, оплакивая руины Храма Творца, удостаивается того, что сказано затем: "Вместе ликовать будут", и удостаивается увидеть его, пребывая в радости"».

250) «"Возвращение Творца в Цион (досл. Творца – Цион)"[274]. Следовало сказать: "Возвращение Творца в Цион", что значит: "Возвращение Творца – Цион"? Но, безусловно: "Возвращение Творца – Цион". Смотри, в час, когда был разрушен нижний Йерушалаим, и Кнессет Исраэль", Малхут, "была в изгнании, взошел святой Царь", Зеир Анпин, "в Цион", Есод де-Малхут, "и тяжело вздохнул по ней, из-за того что Кнессет Исраэль была в изгнании. И когда вернется Кнессет Исраэль на свое место, тогда вернется святой Царь в Цион, на место свое, – к зивугу Единого с единым. И это означает: "Возвращение Творца – Цион"» – а не «в Цион», потому что «Творец – Цион» указывает на зивуг Творца с Ционом. «"И тогда должны будут Исраэль сказать: "Это Творец мой, и буду восславлять Его"[256]. И сказано: "Вот Творец, на которого мы уповали. Будем веселиться и радоваться спасению Его"[275], конечно "спасению Его"» – т.е. спасению Творца, который вернулся в Цион.

---

[274] Пророки, Йешаяу, 52:8. «Голос стражей твоих – возвысили они голос, вместе ликовать будут, ибо воочию увидят возвращение Творца в Цион».

[275] Пророки, Йешаяу, 25:9. «И скажет (народ) в тот день: "Вот, это Всесильный наш, на которого мы надеялись, и Он спасет нас! Вот Творец, на которого мы уповали, будем же веселиться и радоваться помощи Его!"»

ГЛАВА БЕШАЛАХ

Творец – муж битвы

251) «"Творец – муж битвы, Творец имя Его"[276]. Провозгласил рабби Аба: "Поэтому сказано в книге войн Творца: Ваев в Суфе и потоки Арнона"[277]. Насколько же внимательно нам надо всматриваться в речения Торы, как глубоко надо изучать каждое слово – ведь нет слова в Торе, не указывающего на высшее святое имя. И нет ни одного слова в Торе, которое не содержало бы множества тайн, смыслов, корней и ветвей"».

252) «"Здесь мы должны разобраться. Ведь сказано: "Поэтому сказано в книге войн Творца"[277]. Есть ли книга войн Творца, где она? Но так указали товарищи: "Всякий, кто ведет войну в Торе, удостаивается преумножить мир в конце слов своих. Все войны в мире – это вражда и разрушение, все войны Торы – это мир и любовь. И это означает сказанное: "Поэтому сказано в книге войн Творца", – т.е. войн Торы. "Ваев (וְהֵב) в Суфе"[277], – иначе говоря: "Любовь (аавá אַהֲבָה) в конце ее". И нет иных любви и мира, кроме этого"».

253) «"Но мы снова встречаемся с той же трудностью. Ведь сказано: "Поэтому сказано в книге войн Творца"[277], и если это указывает на войны, которые в Торе, то следовало сказать: "В Торе войн Творца", – что означает "в книге"[277]? У Творца есть место, называемое "книга", и это Малхут, "как сказано: "Вопрошайте книгу Творца и читайте"[278]. И все силы и могущество, являемые Творцом, зависят от этой книги и оттуда исходят"».

254) «"Ваев в Суфе"[277]. Что такое "Ваев"? Но все силы и могущество, являемые Творцом, зависят от этой книги", от Малхут. "И когда Творец ведет Свои войны, то ведет в одном месте, – в конце ступеней и называемом "Ваев". Как сказано: "У пиявки две дочери: давай-давай (ав-ав)"[279], – являющиеся местом наказаний под Малхут. "В Суфе" означает, что оно находится в конце (бе-соф) ступеней. "В Суфе" – конечным морем (ям

---

[276] Тора, Шмот, 15:3. «Творец – муж битвы, Творец имя Его».
[277] Тора, Бемидбар, 21:14. «Поэтому сказано в книге войн Творца: Ваев в Суфе и потоки Арнона».
[278] Пророки, Йешаяу, 34:16. «Вопрошайте книгу Творца и читайте: ни один из них не отсутствует, не искали один другого; ибо уста Мои – они повелели, и дуновение их – оно соберет их».
[279] Писания, Притчи, 30:15.

Суф) называется", Малхут, "морем, являющимся концом всех ступеней"».

255) «"И потоки Арнона"[277] означает – и с потоками, которые находились и низошли в него", – в Малхут, называемую "Ваев в Суфе"[277], "из высшего места, называемого Арнон. Что значит Арнон? Это высший зивуг любви, не прерывающийся никогда", т.е. зивуг высших Абы ве-Имы. И это подобно сказанному: "Река, текущая из Эдена"», где река – это Бина, а Эден – Хохма, называемые Аба ве-Има. Ибо Арнон – это буквы слов «ор нун (свет пятидесяти)», т.е. свет пятидесяти врат Бины. «"И благодаря этому укрепляются корни его и вырастают ветви его", Малхут, "чтобы вести войны в каждом месте и являть силы и могущество, и показать правление, которое больше и дороже всего"».

256) «"Смотри, когда пробуждаются могущество и войны Творца, множество носителей суда пробуждается с каждой стороны. Тогда копья", т.е. суды правой стороны, "и острые мечи" – суды левой стороны, пробуждают могущество. И море волнуется, и волны его поднимаются и опускаются, и корабли, которые все время плавают по морю, расходятся во все стороны. (Разгорается) острая война, с камнеметными баллистами, воины вооружены копьями и мечами. Тогда сказано: "Стрелы твои заострены"[280]. И Творец обрушивает силы Свои, начиная сражение. Горе тем, на кого Царь поднимается войной. Тогда сказано: "Творец – муж битвы"[276]».

257) «"И отсюда"», из отрывка: «Творец – муж битвы, Творец имя Его»[276], «"и из этих букв, и из этого изречения выходят ряды умеющих воевать против тех злодеев и врагов, которые грешили перед Творцом. Тайна этих букв раскрывается постигающим истину, и слова эти проясняются, и познается их смысл"».

258) «"Творец – муж битвы, Творец имя Его"[276]. Если сказано: "Творец – муж битвы", разве не ясно, что "Творец имя Его"? Но это как сказано: "И Творец обрушил на Сдом и на Амору потоки серы и огня, от Творца, с небес"[281]». «"И Творец" означает – Он

---

[280] Писания, Псалмы, 45:6. «Стрелы твои заострены, народы падут под тобой, – (вонзятся) в сердце врагов царя».

[281] Тора, Берешит, 19:24. «И Творец обрушил на Сдом и на Амору потоки серы и огня, от Творца, с небес».

и суд Его, т.е. Малхут, и поэтому затем сказано: «от Творца». И также здесь: «Творец – муж битвы», т.е. АВАЯ, «Творец имя Его» – Малхут. «"Ибо все зависит от этой книги", т.е. Малхут, "как сказано: "Обнажат небеса прегрешения его"[282] – т.е. Зеир Анпин, называемый небесами, "и будет земля врагом ему"[282]» – т.е. Малхут, называемая землей.

---

[282] Писания, Иов, 20:27. «Обнажат небеса прегрешения его, и будет земля врагом ему».

Колесницы Фараона и войско его

259) «"Смотри, в час, когда Творец вызывает войну в мире, высшие и нижние", т.е. народы внизу и их покровители наверху, "устраняются с их мест, как мы уже выяснили. И это означает сказанное: "Колесницы Фараона и войско его поверг Он в море"[283]. А в грядущем будущем поднимется Творец в великой и яростной войне на народы, чтобы чтили имя Его. И это смысл сказанного: "И выйдет Творец и сразится с народами теми, как в день, когда сражался Он, в день битвы"[284], и сказано: "И Я возвеличусь и освящусь, и появлюсь пред глазами народов многих, и узнают, что Я – Творец"[285]».

260) «Рабби Йегуда провозгласил и сказал: "Увидели Тебя воды, Всесильный, увидели Тебя воды – ужаснулись"[286]. В час, когда Исраэль проходили море, сказал Творец ангелу, поставленному над морем: "Раздели воды свои". Спросил Его: "Зачем?" Сказал ему: "Чтобы сыны Мои прошли посреди тебя". Сказал Ему ангел: "Погашение счета – вещь правильная", т.е. прощение грехов – вещь правильная, – то, что Творец проявляет снисходительность и прощает грехи, "но в чем же различие между теми и теми?"» – если Ты прощаешь Исраэлю, прости также египтянам.

261) «"Ответил ему Творец: "При таком условии Я создал море в час сотворения мира", т.е. при условии, что оно расступится для Исраэля. Что сделал Творец – явил могущество Свое, и сжались воды. Как сказано: "Увидели Тебя воды, Всесильный, увидели Тебя воды – ужаснулись"[286]. Сказал ему Творец", покровителю моря: "Уничтожь все эти полчища, а затем выбрось их наружу". И затем покрыло их море. Об этом сказано: "Колесницы Фараона и войско его поверг Он в море"[283]».

---

[283] Тора, Шмот, 15:4. «Колесницы Фараона и войско его поверг Он в море, и избранные военачальники его потонули в море Суф».

[284] Пророки, Зехария, 14:3. «И выйдет Творец и сразится с народами теми, как в день, когда сражался Он, в день битвы».

[285] Пророки, Йехезкель, 38:23. «И Я возвеличусь и освящусь, и появлюсь пред глазами народов многих, и узнают, что Я – Творец».

[286] Писания, Псалмы, 77:17. «Увидели Тебя воды, Всесильный, увидели Тебя воды – ужаснулись, бездны содрогнулись».

262) «Сказал рабби Эльазар: "Посмотри сам, сколько колесниц создал Творец наверху, сколько полчищ, сколько воинств. И все они связаны друг с другом, все они колесницы друг для друга", – т.е. каждый нижний является колесницей для своего высшего, "и это ступени над ступенями. И от левой стороны происходят властвующие колесницы, которые не являются святыми. И все они – ступени, известные наверху"».

263) «"Мы ведь выясняли в отношении первенца Фараона, что это – одна ступень, которую уничтожил Творец, разбив ее (как звено) в прочной цепи. Под ее властью множество колесниц и множество станов могучих воинов с левой стороны. Одни из них находятся в месте их высшего правления, другие находятся в Малхут, что наверху, третьи находятся под четырьмя созданиями, как мы изучали"».

264) «"И все были отданы под власть суда Малхут, называемой великим морем, чтобы повергнуть их со своей ступени. И когда эти были разбиты свыше, все те, что внизу, были разбиты и погибли в нижнем море. И это означает сказанное: "Колесницы Фараона и войско его поверг Он в море"[283]. Просто "в море"», что указывает как на высшее море, для их покровителей, так и на нижнее море, для египтян внизу.

265) «"И избранные военачальники его потонули в море Суф"[283]. "И избранные военачальники его"[283], уже выяснилось: "И начальников над всем"[287], – все эти ступени, были две и одна" свыше, "одни над другими, подобно высшим, – так они располагались.[288] И все они были преданы в руки ее", Малхут, "чтобы сокрушить власть и тех и этих"» – высших и нижних.

266) «"Смотри, мы ведь учили, что все десять казней, совершенных Творцом в Египте, это все была одна рука. Потому что левая рука была включена в правую,[289] и десять пальцев были включены друг в друга, соответственно десяти речениям, в которых Творец был назван после. И соответственно им всем, была та, что на море, – сильной и большой, и правящей. Как

---

[287] Тора, Шмот, 14:7. «И взял он шестьсот колесниц отборных и все колесницы Египта, и начальников над всем».
[288] См. выше, п. 61.
[289] См. выше, п. 185.

сказано: "А последний тяжко (прошел)"²⁹⁰. И это означает сказанное: "Колесницы Фараона и войско его поверг Он в море"²⁸³. А в грядущем будущем должен Творец уничтожить эти полчища и Кузтурнатина, и Контирисина, и Калтиролсина", – имена всех покровителей и властителей "Эдомских. И это как сказано: "Кто это идет из Эдома, в багряных одеждах из Боцры?"²⁹¹»

267) «"Колесницы Фараона и войско его поверг Он в море"²⁸³. Рабби Ицхак провозгласил: "По гласу, данному Им, воды шумят в небесах, и Он поднимает тучи с края земли, творит молнии для дождя, выпускает ветер из хранилищ Своих"²⁹². Мы ведь учили, что семь небосводов" в соответствии ХАГАТ НЕХИМ "создал Творец. И на каждом небосводе постоянные звезды"» – т.е. ступени в свойстве «и возвращающиеся». «"И звезды, перемещающиеся на каждом небосводе"», – т.е. ступени в свойстве «двигающиеся вперед», «"и выше всех (небосвод) Аравот" – ГАР небосводов.

268) «"Каждый небосвод по протяженности своей – двести лет, а его возвышенность – пятьсот лет, между одним небосводом и другим – пятьсот лет. А этот Аравот по своей протяженности в длину – тысяча пятьсот лет, и в ширину – тысяча пятьсот лет. И от его сияния светят все эти небосводы"».

Объяснение. Небосводы – это свойство гуф, т.е. ВАК, руах-нефеш. А Аравот – это рош этого гуф, в котором есть ГАР. И протяженность небосвода указывает на уровень его ступени. А возвышенность в нем указывает на его корень. И поэтому возвышенность всех небосводов, пятьсот лет, указывает на их происхождение от ХАГАТ-Нецах-Ход де-Бина. Потому что Има распространяется до Ход, и не более. И каждая ее сфира исчисляется как сто. И поэтому (вместе) они – пятьсот лет. И это значение сказанного: «А его возвышенность – пятьсот лет».

---

²⁹⁰ Пророки, Йешаяу, 8:23. «Ибо нет устали в том, кто притесняет ее: первый лишь легко (поразил) землю Звулуна и землю Нафтали, а последний тяжко (прошел) через море за Ярден и в Галиль».

²⁹¹ Пророки, Йешаяу, 63:1. «Кто это идет из Эдома, в багряных одеждах из Боцры, тот, кто великолепен в одеянии своем, владеет могучей силой своей?! Я, говорящий справедливо, велик в спасении!»

²⁹² Пророки, Йермияу, 10:13. «По гласу, данному Им, воды шумят в небесах, и Он поднимает тучи с края земли, творит молнии для дождя, выпускает ветер из хранилищ Своих».

Однако протяженность каждого небосвода, указывающая на уровень его ступени, содержит всего лишь две сфиры, руах-нефеш, и это – две сотни. И поэтому сказано: «Каждый небосвод по протяженности своей – двести лет». Однако высший небосвод, Аравот, у него есть ГАР, и исходят они от Абы, сфирот которого исчисляются тысячами. Таким образом, его протяженность – три тысячи лет. Поэтому сказано: «А этот Аравот по своей протяженности в длину – тысяча пятьсот лет, и в ширину – тысяча пятьсот лет».

И то, что говорит: «Между одним небосводом и другим – пятьсот лет» – это потому, что суть небосвода – это новое окончание второго сокращения (цимцум бет). И оно в сфире Есод, являющейся носителем этого экрана.[293] И поскольку каждая сфира состоит из семи сфирот, в каждой сфире есть небосвод в ее Есоде. Поэтому получается, что между одним небосводом и другим есть пять сфирот ХАГАТ-Нецах-Ход, ибо после каждого небосвода начинается сфира Хесед и до Ход, а в Есоде стоит другой небосвод. И эти пять сфирот – это пятьсот лет со стороны Бины. И это смысл сказанного: «Между одним небосводом и другим – пятьсот лет».

269) «"И мы ведь учили, что выше Аравота – это небосвод созданий", – четырех созданий, называемых лев-бык-орел-человек. "Копыта святых животных и возвышенность их – они как все", что под ними, потому что высший включает в себя всех, кто ниже него. "Над ними – лодыжки этих созданий, и они – как все", что ниже них. "Голени созданий – как все", что ниже. "Колени созданий – как все", что ниже, "бедра созданий – как все", что ниже. "Ягодицы созданий – как все", что ниже. "И тело созданий – как все", что ниже. "Крылья их – как все", что ниже. "И шея их – как все", что ниже. "Головы созданий – как все", что ниже. Он сопоставляет здесь десять свойств с десятью сфирот. "И что значит: "Как все"? То что они противопоставляются всем", находящимся ниже них.

270) «"И каждая часть тела у созданий соответствует семи безднам", – т.е. экранам в (семи) Малхут, "а также семи чертогам", – т.е. семи Малхут, "а также (месту) от земли до небосвода", – Есоду. "И также (месту) от одного небосвода до другого",

---

[293] См. Зоар, главу Берешит, часть 1, п. 63. «Пять небосводов упомянуто здесь...»

– т.е. ХАГАТ-Нецах-Ход, как уже объяснялось. "И мера их всех и возвышенность – двадцать пять тысяч частей от меры Творца, как мы уже выяснили"».

Объяснение. Все свойства, имеющиеся в БЕА, – это свойства Зеир Анпина от хазе и ниже, так как парса, оканчивающая Ацилут, – это Малхут Зеир Анпина, которая в первом сокращении (цимцум алеф) стояла в точке этого мира, и она поднялась в место половины Бины Зеир Анпина и окончила там Ацилут. А нижняя половина Бины и ТУМ Зеир Анпина вышли за пределы парсы, и от них образуются все свойства БЕА до конца исправления, и они тоже вернутся и присоединятся к Зеир Анпину и станут Ацилутом. И это значение сказанного: «И мера их всех и возвышенность». То есть, хотя и говорится, что каждая часть тела созданий состоит из семи сфирот, т.е. также от хазе и выше, хотя и мера их всех и возвышенность соответствуют мере Творца, то есть Зеир Анпина Ацилута, нет у них от свойства выше хазе ничего, но лишь от половины Тиферет, и Нецах, и Ход его от хазе и ниже, и их – двадцать пять. Потому что каждая из сфирот Зеир Анпина исчисляется десятками. А когда они исправлены в этих четырех созданиях, и раскрывается в них Хохма, они в свойстве «тысячи», так как сфирот Хохмы исчисляются тысячами. И их – двадцать пять тысяч. Поэтому сказано: «И мера их всех и возвышенность – двадцать пять тысяч частей от меры Творца» – то есть Зеир Анпина Ацилута. И нет в них от свойства от хазе и выше Творца ничего.

271) «"И есть еще один небосвод над рогами этих созданий. Как сказано: "И над головами созданий – образ небосвода"[294]. Ниже" этого небосвода "есть множество колесниц, справа и слева"».

272) «"Ниже (уровня) моря, Малхут, "обитают все морские рыбы. Они плывут и собираются в четырех направлениях" – ХУГ ТУМ (Хесед-Гвура-Тиферет-Малхут), "и опускаются по своим ступеням", – т.е. светят сверху вниз, "и все колесницы называются их именами". И всё это – свойство от хазе и выше этого моря, где обитают большие создания. "Под ними идут все малые, ступени за ступенями". И эти – свойство от хазе и

---

[294] Пророки, Йехезкель, 1:22. «А над головами этого создания – образ небосвода наподобие страшного льда, простертого над головами их сверху».

ниже этого моря, и называются они малыми созданиями. "Как сказано: "Вот море, великое и обширное. Там существа, которым нет числа, создания малые вместе с большими"[295]. И мы ведь это учили"».

273) «"С нижней левой стороны находится правление другой стороны"», – «ибо одно против другого создал Всесильный»[296]. И все, что есть в БЕА святости, есть и с другой стороны. «"И они удерживаются в тех, что наверху", – т.е. присасываются к святости. И сейчас, когда разверзлось море Суф, "они опустились, чтобы быть сокрушенными могучей силой святости, как мы выяснили смысл сказанного: "Колесницы Фараона и войско его поверг Он в море"[283]».

---

[295] Писания, Псалмы, 104:25. «Вот море, великое и обширное. Там существа, которым нет числа, создания малые вместе с большими».

[296] Писания, Коэлет, 7:14. «В день благоволения – радуйся, а в день бедствия – узри, ибо одно против другого создал Всесильный с тем, чтобы ничего не искать человеку после Него».

Десница Твоя, Творец, величественна силой

274) «"Десница Твоя, Творец, величественна силой"[297]. Сказал рабби Шимон: "В час, когда утро светит", свет хасадим Зеир Анпина, "и лань", Малхут, "встает, пробуждаясь, наполняется ее сторона", потому что левая (линия), являющаяся ее стороной, облачена тогда в хасадим, и восполняется свечение ее. "И входит в двести чертогов Царя"» – правую линию, в которой есть лишь Кетер и Хохма, и каждый из них имеет числовое значение «сто», и вместе они – «двести». И эта Малхут, после того, как завершилась и наполнилась от левой линии, она целиком включается в правую, называемую «двести чертогов». «"Человек, который занимается в полночь Торой, в час, когда пробуждается северный ветер", т.е. левая (линия), "и стремление этой лани – к пробуждению в мире", к отдаче, "он приходит с ней, чтобы предстать пред Царем. И в час, когда светит утро, протягивают ему нить милости (хесед)"».

275) «"Он смотрит на небосвод" – т.е. получает от небосвода, Есода Зеир Анпина. "Над ним пребывает свет понимания святого разума, и человек увенчивается им", – т.е. постигает ГАР. "И все боятся его. Тогда называется человек этот сыном Творцу, сыном царского чертога", Малхут, т.е. сыном ЗОН, "входит во все врата Его", Царя, "и нет того, кто воспрепятствует ему"».

276) «"В час, когда он призывает в направлении царского чертога, сказано о нем: "Близок Творец ко всем призывающим Его, ко всем, кто призывает Его воистину"[298]. "Воистину", – это как мы выяснили сказанное: "Ты явишь истину Яакову"[299], ибо он умеет объединять святое имя в молитве своей как подобает. И это – работа святого Царя"».

277) «"И тот, кто умеет объединять святое имя как подобает, создает единый народ в мире, как сказано: "И кто подобен

---

[297] Тора, Шмот, 15:6. «Десница Твоя, Творец, величественна силой. Десница Твоя, Творец, сокрушит врага».

[298] Писания, Псалмы, 145:18. «Близок Творец ко всем призывающим Его, ко всем, кто призывает Его воистину».

[299] Пророки, Миха, 7:20. «Ты дашь истину Яакову, милость Аврааму, о которой клялся Ты отцам нашим с давних времен».

народу Твоему, Исраэлю, народу единственному на земле"³⁰⁰. И поэтому мы учили, что любой коэн, который не умеет соединить святое имя как подобает, – служение его не является служением. Ведь всё зависит от него", от коэна, "как высшее служение" – т.е. соединение имени, "так и низшее служение" – жертвоприношения. "И он должен устремить свое сердце и желание на то, чтобы благословились высшие и низшие"».

278) «"Сказано: "Неужели войдете проявить лик Мой?!"³⁰¹ Ибо любой человек, который пришел соединить святое имя, но не устремил на это сердце, желание и трепет, чтобы благословились в нем высшие и нижние, – молитву его отсылают прочь. И все возглашают о его зле, и Творец провозглашает о нем: "Неужели войдете проявить лик Мой?!"»

279) «"Увидеть (лиро́т (לִרְאוֹת)", – следовало сказать, что значит: "Проявить (лерао́т (לֵרָאוֹת) лик Мой"³⁰¹? Однако, все эти лики Царя"», т.е. свечение Хохмы, как сказано: «Мудрость (хохма) человека просветляет лик его»³⁰², «глубоко сокрыты за покровом тьмы", т.е. за судами левой линии. "Но для всех, кто умеет соединять святое имя как подобает, рушатся все эти стены тьмы, и тогда открывается лик Царя и светит всем. И когда он виден и светит, благословляются все, высшие и нижние. Тогда благословения пребывают во всех мирах, и тогда сказано: "Проявить лик Мой"³⁰¹».

280) «"Кто это (зот) просил вас топтать дворы Мои?!"³⁰¹ Что хочет сказать Писание? Однако каждый, кто является, чтобы соединить высшее святое имя, должен соединить его со стороны "зот", т.е. Малхут, "как сказано: "С этим (бе-зот) будет входить Аарон в Святилище"³⁰³, – чтобы соединились вместе эти двое, праведник", Есод, "и праведность", Малхут, "в едином

---

³⁰⁰ Пророки, Шмуэль 2, 7:23. «И кто подобен народу Твоему, Исраэлю, народу единственному на земле, ради которого ходил Творец искупить его Себе в народ и сделать Себе имя, и совершить вам (деяния) великие и страшные в стране Твоей, (изгоняя) пред народом Твоим, который Ты избавил от Египта, народы и божества его?»

³⁰¹ Пророки, Йешаяу, 1:12. «Неужели войдете проявить лик Мой?! Кто это просил вас топтать дворы Мои?!»

³⁰² Писания, Коэлет, 8:1. «Кто подобен мудрецу, и кто постигает суть вещей? Мудрость человека просветляет лик его и смягчает суровость лица его».

³⁰³ Тора, Ваикра, 16:3. «С этим будет входить Аарон в Святилище: с молодым тельцом в очистительную жертву и с овном во всесожжение».

зивуге, чтобы все благословились от них. И эти" двое "называются "дворы Твои", как сказано: "Счастлив избранный Тобой и приближенный к Тебе, обитать будет он во дворах Твоих"³⁰⁴».

281) «"И если он является, чтобы соединить святое имя, но не устремляется в желании сердца, в трепете и любви, Творец сказал: "Кто это (зот) просил вас топтать дворы Мои?!"³⁰¹ "Зот", конечно, так как нет благословений"» в праведнике и праведности, которые зовутся «дворы Мои». «"И мало того, что нет в них благословений, к тому же царит в них суд, и во всем пребывает суд"».

282) «"Смотри, от десницы Творца", Хеседа, "пробуждается весь свет, все благословения и вся радость. В нее включена левая. Так же как у человека есть правая и левая, и левая включена в правую, а правая включает в себя всё. И когда пробуждается правая, левая пробуждается с ней, ибо относится к ней и включена в нее"».

283) «"И смотри, в час, когда человек возносит руки в молитве, он направляет пальцы вверх. Как сказано: "И было, когда поднимет Моше руку свою, то одолевал Исраэль"³⁰⁵. Ибо всё зависит от правой. Сказано: "И воздел Аарон руки свои"³⁰⁶. "Руки свои (ядáв יָדָו)" написано без буквы "йуд י" (ידו)", что указывает на одну руку – правую. "И тогда он направлял благословения наверх"».

284) «"Но Творец – не так. В час, когда Творец возносит Свою десницу вверх, горе нижним, ибо вся помощь и всё благословение уходят от них. Как сказано: "Ты простер десницу Свою – поглотила их земля"³⁰⁷. Что значит: "Ты простер десницу Свою"? В таргуме: "Ты поднял десницу Свою", сразу же: "Поглотила их земля". И когда есть правая, есть вместе с ней

---

³⁰⁴ Писания, Псалмы, 65:5. «Счастлив избранный Тобой и приближенный к Тебе, обитать будет он во дворах Твоих, насытимся мы благами дома Твоего, святостью Храма Твоего».

³⁰⁵ Тора, Шмот, 17:11. «И было, когда поднимет Моше руку свою, то одолевал Исраэль, а когда опустит руку свою, то одолевал Амалек».

³⁰⁶ Тора, Ваикра, 9:22. «И воздел Аарон руки свои к народу, и благословил их, и сошел, совершив очистительную жертву и всесожжение, и жертву мирную».

³⁰⁷ Тора, Шмот, 15:12. «Ты простер десницу Свою – поглотила их земля».

так же и левая. Если же правая отдаляется, ее место занимает левая, и тогда суды пробуждаются в мире, и суд царит во всем"».

285) «Рабби Шимон, доходя до этого изречения, плакал. Сказано: "Убрал Он десницу Свою"[308]. Поскольку (Творец) дал левой спуститься первой в мир, правая осталась в другом месте», т.е. сзади.

286) «Сказал рабби Шимон: "Сказано: "Праведник пропал"[309]. И мы это учили: сказано, что праведник не "потерялся", а "пропал". Из всех этих ликов Царя пропал именно праведник", Есод. "Пропал с двух сторон. С одной стороны, не царят в нем благословения, как вначале. А с другой, отдалилась от него его супруга, Кнессет Исраэль", Малхут. "Таким образом, "праведник пропал" более, чем все они. А на грядущее будущее сказано: "Возликуй, дом Циона, кричи от радости, дочь Йерушалаима: вот царь твой придет к тебе, праведник и спасенный он"[310]. Не сказано: "Праведник и спаситель он", а сказано: "Праведник и спасенный". Конечно, он спасенный", ведь вернулась к нему супруга его, "и это мы уже учили"».

287) «"Десница (досл. правая) Твоя, Творец, величественна (нэедари́ נֶאְדָּרִי) силой"[297]. Что значит "нэедари́ נֶאְדָּרִי", – ведь "нэеда́р נֶאְדָּר" следовало сказать? Однако, в час, когда левая приходит к зивугу с правой, тогда сказано: "Величественна (нэедари́ נֶאְדָּרִי)", "сокрушит (тира́ц תִּרְעַץ) врага".[311] И всегда это так", – что зивуг совершается в правой, "так как левая находится в правой и включилась в нее"».

288) «Сказал рабби Шимон: "Мы учили, что это так, ведь человек разделен", т.е. он – лишь половина тела, а вторая

---

[308] Писания, Эйха, 2:3. «В пылу гнева сразил Он всю мощь Исраэля, пред врагом убрал Он десницу Свою; и запылал Он в среде Яакова, как огонь пламенеющий, что (все) пожирает вокруг».

[309] Пророки, Йешаю, 57:1. «Праведник пропал, и нет человека, принимающего к сердцу, и мужи благочестия погибают, и никто не понимает, что от зла погиб праведник».

[310] Пророки, Зехария, 9:9. «Возликуй, дом Циона, кричи от радости, дочь Йерушалаима: вот царь твой придет к тебе, праведник и спасенный он, беден и восседает на осле и на осленке, сыне ослиц».

[311] Слова "величественна (нэедари́ נֶאְדָּרִי)" и "сокрушит (тира́ц תִּרְעַץ)" употреблены в женском роде, хотя слово "ямин (правая)", к которому они относятся, – на иврите в мужском роде.

его половина – женская. "А зачем? Чтобы он получил затем свою половину, и они стали по-настоящему единым телом. Так и "правая Твоя"[297] получается, что разделена, и это только половина тела. И зачем? Чтобы приняла к себе левую. И все это так: одно к одному. И поэтому одной (и той же) рукой Он поражает и лечит. И потому сказано: "Правая Твоя, Творец, сокрушит врага"[284]».

Объяснение. Правая исходит от точки холам. Это значит, что Малхут поднялась к Бине этой ступени, и Кетер и Хохма остались на ступени, а Бина, Тиферет и Малхут упали на нижнюю ступень. И эти Кетер и Хохма, оставшиеся на ступени, – это точка холам и правая, а Бина, Тиферет и Малхут, упавшие со ступени, – это левая и точка шурук. Таким образом, правая – это лишь половина тела, а левая – другая его половина.[312] И это означает сказанное: «Так и "правая Твоя"[297] получается, что разделена», – т.е. во время подъема Малхут в Бину, когда Кетер и Хохма, которые остались, – это правая, а Бина, Тиферет и Малхут, которые упали, – это левая. «Чтобы приняла к себе левую» – чтобы приняла затем левую и восполнила свою ступень. И это смысл сказанного: «И все это так: одно к одному» – т.е. вся суть зивугов (соединений) одного с другим в том, что сначала было две половины тела, а затем они соединяются (в одно).

289) «"Смотри, эта песнь вознесена о том времени и о грядущем будущем, о времени, когда пробудится царь Машиах. Ведь сказано: "Правая Твоя, Творец, сокрушит врага"[297]. "Сокрушила", в прошедшем времени, "не сказано, а "сокрушит", в будущем времени, т.е. о грядущем будущем. "Вначале", в изгнании, "что сказано: "Пред врагом убрал Он десницу Свою"[308] – в то время. В грядущем будущем она "сокрушит врага"[297]».

290) «"И так это везде. "Разгромишь поднявшихся против Тебя"[313], – сказано не "разгромил", а "разгромишь", и также: "Нашлешь гнев Свой, и он спалит их, как солому"[313]. Всё это – в грядущем будущем. "Десница Твоя, Творец, величественна силой"[297] – сказано об этом времени, об этом мире. "Десница Твоя, Творец, сокрушит врага"[297] – о времени царя Машиаха.

---

[312] См. Зоар, главу Берешит, часть 1, п. 9. «Высшая точка, Арих Анпин, посеяла внутри чертога ИШСУТ три точки: холам, шурук, хирик...»
[313] Тора, Шмот, 15:7. «Мощью величия Своего разгромишь поднявшихся против Тебя, нашлешь гнев Свой, и он спалит их, как солому».

"Мощью величия Своего разгромишь поднявшихся против Тебя"[313] – при восстании Гога и Магога. "Нашлешь гнев Свой, и он спалит их, как солому"[313] – при возрождении из мертвых. Как сказано: "И пробудятся многие из спящих во прахе земном: одни – для вечной жизни, а другие – на поругание и на вечный позор"[314]».

291) «"В то время, – сказал рабби Шимон, – счастливы те, кто останется в мире. Смотри, в мире не останется никого, кроме тех, кто совершили обрезание, т.е. приняли знак святого союза и включились в святой союз посредством двух частей", – т.е. обрезания и подворачивания, "как мы выяснили. И он хранит этот союз и не вводит его в то место, в которое не нужно. И это те, кто останется и будет записан на вечную жизнь"».

292) «"Откуда нам это известно? Ведь сказано: "И будет: кто останется в Ционе и уцелеет в Йерушалаиме, тот назван будет святым"[315]. "Кто останется в Ционе и уцелеет в Йерушалаиме" – означает, что каждый, кто совершил обрезание, вступает на эти две ступени", Цион и Йерушалаим. "И если он соблюдает этот союз как подобает и осмотрителен в нем, о нем сказано: "Кто останется в Ционе и уцелеет в Йерушалаиме". Эти останутся в то время, и благодаря им в будущем Творец обновит мир и будет радоваться с ними. О том времени сказано: "Пребудет слава Творца вовеки, радоваться будет Творец делам Своим"[316]».

293) «Рабби Хия шел к рабби Эльазару. Застал его сидящим у рабби Йоси, сына рабби Шимона бен Лакунья, тестя своего. Когда тот поднял голову, увидел рабби Хию, сказал: "В тот день Исраэль будет третьим Египту и Ашшуру – благословением среди земли. Ибо благословил его Творец воинств, сказав: "Благословен народ Мой – Египет, и дело рук Моих – Ашшур,

---

[314] Писания, Даниэль, 12:2. «И пробудятся многие из спящих во прахе земном: одни – для вечной жизни, а другие – на поругание и на вечный позор».

[315] Пророки, Йешаяу, 4:3. «И будет: кто останется в Ционе и уцелеет в Йерушалаиме, тот назван будет святым, – все, кто записан для жизни в Йерушалаиме».

[316] Писания, Псалмы, 104:31. «Пребудет слава Творца вовеки, радоваться будет Творец делам Своим».

и наследие Мое – Исраэль"³¹⁷. Разве Египет и Ашшур (Ассирия) близки Творцу?"»

294) «"Но это сказано об изгнанниках, которые поднимутся из Египта и Ашшура. А если сказано о Египте и Ашшуре" самих, "то это о приверженцах в их среде, которые, придя к раскаянию, остались служить Исраэлю и царю Машиаху, как сказано: "И поклонятся ему все цари"³¹⁸, и сказано: "И будут цари воспитателями твоими"³¹⁹».

295) «Сказал ему: "Что означает сказанное: "Пути ее – пути услады"³²⁰?" Сказал ему: "Как неразумны они, жители мира, ибо не знают и не всматриваются они в слова Торы. Ведь слова Торы – это путь к тому, чтобы удостоиться этой услады Творца, как сказано: "Пути ее – пути услады, и все стези ее – мир"³²⁰. Конечно, "пути услады". Что такое услада? Это как сказано: "Созерцать усладу Творца"³²¹ – т.е. Бину. Мы ведь объясняли: потому что Тора и пути ее происходят от этой услады, и смысл путей этих познается в ней. И об этом сказано: "Пути ее – пути услады, и все стези ее – мир"³²⁰».

296) «Сказал рабби Хия: "В час, когда Творец дал Тору Исраэлю, вышел свет от этой услады", т.е. Бины, "и увенчался им Творец", Зеир Анпин, т.е. получил от нее ГАР, называемые венцом. "От этой услады засветилось сияние всех миров, небосводов и кетеров. Об этом часе сказано: "Выйдите и посмотрите, дочери Циона, на царя Шломо в венце, которым украсила его

---

³¹⁷ Пророки, Йешаяу, 19:24-25. «В тот день Исраэль будет третьим Египту и Ашшуру – благословением среди земли. Ибо благословил его Творец Воинств, сказав: "Благословен народ Мой – египтяне, и дело рук Моих – Ашшур, и наследие Мое – Исраэль"».

³¹⁸ Писания, Псалмы, 72:11. «И поклонятся ему все цари, и все народы будут служить ему».

³¹⁹ Пророки, Йешаяу, 49:23. «И будут цари воспитателями твоими, и царицы их – кормилицами твоими, лицом до земли кланяться будут тебе, и прах ног твоих целовать будут, и узнаешь, что Я – Творец, так что не устыдятся уповающие на Меня».

³²⁰ Писания, Притчи, 3:17. «Пути ее – пути услады, и все стези ее – мир».

³²¹ Писания, Псалмы, 27:4. «Об одном я спрашиваю у Творца и лишь того прошу, чтобы пребывать мне в доме Творца все дни жизни моей, созерцать благо (досл. усладу) Творца и посещать храм Его».

мать"³²²». Царь Шломо – это Зеир Анпин, мать – Бина, а венец – ГАР.

297) «"А в час, когда был выстроен Храм, украсился Творец этим венцом, и воссел на Своем престоле", Малхут, "и украсился Своими венцами. А с того времени, когда был разрушен Храм, Творец не украшается Своими венцами, и эта услада, свет Бины, была скрыта и утаена"».

---

[322] Писания, Песнь песней, 3:11. «Выйдите и посмотрите, дочери Циона, на царя Шломо в венце, которым украсила его мать в день свадьбы его и в день радости сердца его».

Когда вошел Моше в облако

298) «Сказал рабби Эльазар: "В час, когда Моше вошел в облако, как сказано: "И вошел Моше в облако"[323], подобно человеку, проходящему в месте ветра, он встретил в нем одного великого ангела. И мы учили, что имя его Кмуэль, и он поставлен над двенадцатью тысячами назначенных посланников. Захотел он соединиться с ним, с Моше. Открыл Моше уста свои в двенадцати запечатленных буквах святого имени, которым научил его Творец в терновнике,[324] и отдалился от него на двенадцать тысяч парсаот. И шел Моше в облаке, и глаза его горели, словно огненные угли"».

Объяснение. Известно, что на каждой ступени есть НАРАНХАЙ. Когда Моше взошел на ступень получения Торы для Исраэля, он должен был постичь НАРАНХАЙ этой ступени. Известно также, что назначение ангелов – помогать душам в постижении того, что им нужно. Вот и те ангелы, что перед нами, пришли помочь Моше в постижении этих больших (светов) НАРАНХАЙ.

И свойство нефеш-руах Моше постиг с помощью самого облака. Это означает сказанное: «Когда Моше вошел в облако, как сказано: "И вошел Моше в облако", подобно человеку, проходящему в месте ветра (руах)». Иначе говоря, это облако было для него местом постижения света руах, т.е. ступени ВАК, которой недостает ГАР. И чтобы помочь ему в постижении ГАР, раскрылся ему ангел Кмуэль, который «поставлен над двенадцатью тысячами назначенных посланников», – это свет ГАР, получаемый посредством трех линий в четырех ликах ХУБ ТУМ, всего двенадцать, и поскольку они притягивают Хохму, то исчисляются в тысячах. И эти двенадцать тысяч – назначенные посланники, чтобы помочь душе (нешама) в постижении ГАР.

И это смысл сказанного: «Захотел он соединиться с ним, с Моше» – т.е. захотел связаться с ним, и сразу же постиг Моше ГАР де-нешама, называемые «уста». Поэтому сказано: «Открыл Моше уста» – т.е. удостоился света нешама, называемого

---

[323] Тора, Шмот, 24:18. «И вошел Моше в облако и взошел на гору. И был Моше на горе сорок дней и сорок ночей».
[324] См. Тора, Шмот, 3.

раскрытием уст, «в двенадцати запечатленных буквах святого имени, которым научил его Творец в терновнике» – ибо эти двенадцать запечатленных букв, которые получил Моше в терновнике, были также свойством света нешама, согласно его ступени в то время. И известно, что свет нешама отталкивает Хохму и прилепляется к хасадим, как сказано: «Ибо склонен к милости (хафец хесед) Он»[325]. И потому отверг Моше ангела Кмуэля, притягивающего ГАР в свечении Хохмы, и прилепился к свету хасадим. Поэтому сказано: «И отдалился от него на двенадцать тысяч парсаот» – т.е. на двенадцать ликов нешама, находящихся во власти света хасадим, которые отталкивают двенадцать ликов, находящихся во власти Хохмы, называемой тысячами. И потому сказано, что «отдалился от него на двенадцать тысяч парсаот» – из-за его стремления к хасадим.

Поэтому сказано: «И шел Моше в облаке» – т.е. снова слился со светом руах, имеющимся в облаке, «и глаза его горели, словно огненные угли» – так как не было различимо свечение ГАР в его «глазах» из-за того, что он прилепился к ступени руах, где есть суды экрана первой стадии, называемые «огненные угли».

299) «"Пока не встретил в нем одного ангела, еще более высокого и величественного, чем первый. И мы учили, что имя его Адарниэль. И он выше всех остальных ангелов на тысячу и шестьдесят десятков тысяч парсаот, и голос его разносится на двести тысяч небосводов, вращающихся в белом огне. Когда увидел его Моше, не мог говорить. Захотел броситься из этого облака вниз"».

300) «"Сказал ему Творец: "Моше, ведь ты был со Мной так многословен в терновнике, желая узнать тайну святого имени, и не боялся. А теперь ты испытываешь страх пред одним из Моих служителей?!" Когда услышал Моше голос Творца, укрепился. Открыл уста в семидесяти двух буквах высшего имени. Когда услышал Адарниэль буквы святого имени из уст Моше, содрогнулся, приблизился к нему, сказал ему: "Благословен твой удел, Моше, ибо раскрылось тебе то, что не раскрылось высшим ангелам"».

---

[325] Пророки, Миха, 7:18. «Кто Творец, как Ты, который прощает грех и проявляет снисходительность к вине остатка наследия Своего, не держит вечно гнева Своего, ибо склонен к милости Он».

Объяснение. Постигнув с помощью Кмуэля мохин де-нешама, он должен был постичь теперь мохин де-хая. И был послан ему в помощь ангел Адарниэль. И поэтому сказано: «Пока не встретил в нем одного ангела, еще более высокого и величественного, чем первый», – чтобы помочь ему с мохин де-хая, которые еще более важны. И он объясняет гадлут трех его линий. Известно, что Хохма исчисляется тысячами, а хасадим – десятками тысяч (рибо). И поэтому сказано: «И он выше всех остальных ангелов», то есть значимость его – «на тысячу и шестьдесят десятков тысяч парсаот». Шестьдесят десятков тысяч парсаот справа от него – это хасадим, исходящие от шести нижних сфирот Атика, сфирот которого исчисляются в десятках десятков тысяч. И их – шестьдесят десятков тысяч. А слева от него – тысяча, т.е. Хохма, число которой – тысяча.

«И голос его» – средняя линия, называемая голосом, «разносится на двести тысяч небосводов» – т.е. небосводы высших Абы ве-Имы, тысяча небосводов у Абы и тысяча небосводов у Имы, «вращающихся в белом огне» – ибо высшие Аба ве-Има являются свойством «чистый воздух», и «йуд ʼ» не выходит из их воздуха (авир אויר), и в них исправлена манула, т.е. Малхут свойства суда, называемая «огонь». Но поскольку высшие Аба ве-Има всегда в свойстве «хафец хесед»[325] – огонь этот совершенно не вредит им и потому называется белым огнем, в котором нет никакого изъяна. И голос Адарниэля, т.е. средняя линия его, притягивает этот «чистый воздух» высших Абы ве-Имы.

И поэтому сказано: «Когда увидел его Моше, не мог говорить» – из-за страха перед белым огнем, который он увидел в нем, т.е. Малхут свойства суда, так как из-за этого страха он не мог использовать свои ГАР де-нешама, называемые речью. Более того, даже ступень руах, которая была у него благодаря силе облака, он не мог использовать, поскольку она исходила от Малхут, подслащенной в Бине. Поэтому сказано: «Захотел броситься из этого облака вниз» – так как Малхут свойства суда, которую он увидел, образовала изъян в ступени «облако», которая была от Малхут свойства милосердия. И тогда открылся ему голос Творца, то есть Зеир Анпина, и этот голос смягчает все суды. И это смысл сказанного: «Когда услышал Моше голос Творца, укрепился». И тогда, с помощью Адарниэля, он привлек мохин де-хая, и это означает сказанное: «Открыл уста в семидесяти двух буквах высшего имени» – так как достиг раскрытия уст, т.е. ГАР этих семидесяти двух. И когда Адарниэль услышал, что он уже привлек мохин этих семидесяти двух, он соединился с ним. И это означают слова: «Когда услышал Адарниэль буквы святого имени из уст Моше, содрогнулся, приблизился к нему».

301) «"И шел с ним (Моше), пока не достиг сильного огня одного ангела, имя которого Сандалфон. И мы учили, что Сандалфон выше остальных своих собратьев на пятьсот лет. Он стоит за завесой своего Господина и связывает для Него кетеры из просьб, содержащихся в молитвах Исраэля. И в час, когда такой кетер достигает рош святого Царя, Он принимает молитвы Исраэля. А все воинства и сонмы содрогаются, и рокочущим голосом произносят: "Благословенна слава Творца из места обитания Шхины Его"».

302) «"Сказал Адарниэль Моше: "Моше, не могу я идти с тобой – из страха, как бы не спалил меня сильный огонь Сандалфона". Тотчас содрогнулся Моше до такой степени, что поддержал Творец Моше и, посадив пред Собой, учил его Торе. И покрыл Он Моше тем светом и сиянием той самой услады. И светил лик Моше во всех небосводах, и все небесные воинства содрогались пред ним в тот час, когда он нисходил с Торой"».

Объяснение. Сандалфон находится в рош мира Брия, под экраном Малхут мира Ацилут. И это означают слова: «Он стоит за завесой своего Господина». И он получает там от свечения ХАГАТ-Нецах-Ход Бины, которые светят там. И сфирот Бины исчисляются сотнями, и потому их пятьсот. Поэтому сказано, что он «выше остальных своих собратьев на пятьсот лет». И он поднимает МАН для зивуга Малхут с Зеир Анпином от молитв Исраэля. Потому сказано: «И связывает для Него кетеры из просьб, содержащихся в молитвах Исраэля», и в час зивуга их просьбы принимаются, поэтому сказано: «И в час, когда такой кетер достигает рош святого Царя, Он принимает молитвы Исраэля». И поскольку он стоит под экраном Малхут, огонь в нем считается сильным – из-за судов, содержащихся в экране Малхут.

Поэтому: «Сказал Адарниэль Моше: "Моше, не могу я идти с тобой – из страха, как бы не спалил меня сильный огонь Сандалфона"». И тогда «содрогнулся Моше до такой степени, что поддержал Творец Моше и, посадив пред Собой, учил его Торе». И здесь кроется великая тайна: каждый раз, когда содрогался Моше из-за сильного огня Сандалфона, поддерживал его Творец и учил с ним Тору, пока не научил его Творец всей Торе и заповедям. И в конце раскрытий удостоился Моше света йехида.

303) «"Когда Исраэль согрешили внизу, Творец забрал у Моше тысячу частей этого сияния. Тотчас кинулись высшие ангелы и все сонмы испепелить Моше, – т.е. в час, когда Творец сказал Моше: "Ступай, сойди, ибо развратился народ твой"[326]. Содрогнулся Моше и не мог говорить, пока не умножил просьбы и молитвы пред Творцом"».

304) «"Сказал ему Творец: "Моше, держись за Мой престол". Пока не разгневался Творец на все эти сонмы, на все эти воинства. И тогда взялся Моше за две каменные скрижали и спустил их вниз. И это смысл сказанного: "В город сильных поднялся мудрец и низвел его надежную твердыню"[327]. И от того сияния, что осталось в нем, сверкал лик Моше. И уж если на то, что осталось в нем, не могли смотреть, на лик его, – на то, что ушло от него, тем более"» не смогли бы смотреть.

305) «Рабби Хия сказал: "Десница (досл. правая) Твоя, Творец, величественна силой"[297] – это Тора", превозносящая правую. "И потому: "Десница Твоя, Творец, сокрушит врага"[297]. Ибо ничто в мире не может разбить силу народов-идолопоклонников так, как изучение Исраэлем Торы в этот час. И всё время, пока Исраэль занимаются Торой, укрепляется правая сторона и разбивается сила и мощь народов-идолопоклонников. Поэтому Тора называется силой, как сказано: "Творец даст силу народу Своему"[328]».

306) «"А в час, когда Исраэль не занимаются Торой, укрепляется левая, и укрепляется мощь народов-идолопоклонников, которые питаются от левой, и они властвуют над ними", над Исраэлем, "и устанавливают над ними законы, которые они не

---

[326] Тора, Шмот, 32:7. «И сказал Творец Моше: "Ступай, сойди, ибо развратился народ твой, который ты вывел из земли египетской"».

[327] Писания, Притчи, 21:22. «В город сильных поднялся мудрец и низвел его надежную твердыню».

[328] Писания, Псалмы, 29:11. «Творец даст силу народу Своему, Творец благословит народ Свой миром».

способны выполнить. И за это были изгнаны сыны Исраэля и рассеялись среди народов"».

307) «"Это означает сказанное: "За что погибла страна?"[329] "И сказал Творец: "За то, что оставили они Тору Мою"[330]. Ибо всё время, пока Исраэль занимаются Торой, разбивается сила и мощь всех идолопоклонников. Это означает сказанное: "Десница Твоя, Творец, сокрушит врага"[297]. Сказал рабби Эльазар: "Именно так оно и есть", как мы учили, "что всё время, пока голос Исраэля слышится в домах собрания и домах учения, "голос – голос Яакова"[331], а если нет, то "ру́ки – руки Эсава"[331]».

---

[329] Пророки, Йермияу, 9:11. «Есть ли такой мудрец, который понял бы это и с кем говорил бы Творец, – пусть объяснит он, за что погибла страна, сожжена словно пустыня, по которой никто не проходит».

[330] Пророки, Йермияу, 9:12. «И сказал Творец: "За то, что оставили они Тору Мою, которую Я дал им, и не внимали голосу Моему, и не следовали ему"».

[331] Тора, Берешит, 27:22. «И подошел Яаков к Ицхаку, отцу своему, и он ощупал его и сказал: "Голос – голос Яакова, а руки – руки Эсава"».

Мощью величия Своего разгромишь поднявшихся против Тебя

308) «"Мощью величия Своего разгромишь поднявшихся против Тебя"[332]. Рабби Хизкия провозгласил и сказал: "Почему, Творец, стоишь вдали, скрываешься во времена бедствия?"[333] В час, когда грехи мира приводят к этому, Творец поднимается высоко-высоко, а люди кричат и льют слезы, и некому присмотреть за ними, потому что Творец удалился высоко-высоко. И нет у них возможности для раскаяния. Тогда сказано: "Мощью величия Своего разгромишь поднявшихся против Тебя"[332]».

309) «Рабби Ицхак сказал: "Это изречение – о времени, когда Творец облекается в величие Свое над народами, собравшимися против Него, как сказано: "И властители совещаются вместе – против Творца и против помазанника Его"[334]. И мы учили, что в будущем семьдесят военачальников соберутся в это время с каждой стороны с воинствами всего мира, чтобы вести войну за Йерушалаим, святой город, и держать совет против Творца. И что же они говорят: "Сначала восстанем на Заступника, а затем на Его народ и Его чертог!"»

310) «"Тогда посмеется над ними Творец, как сказано: "Восседающий в небесах усмехается, Творец смеется над ними"[335]. В то время облачится Творец над ними в величие Свое и истребит их из мира, как сказано: "И это будет поражение, которым поразит Творец все народы, воевавшие против Йерушалаима: истлеет (у каждого) плоть его, когда стоит он на ногах своих"[336]».

---

[332] Тора, Шмот, 15:7. «Мощью величия Своего разгромишь поднявшихся против Тебя, нашлешь гнев Свой, и он спалит их, как солому».

[333] Писания, Псалмы, 10:1. «Почему, Творец, стоишь вдали, скрываешься во времена бедствия?»

[334] Писания, Псалмы, 2:2. «Встают цари земли, и властители совещаются вместе, – против Творца и против помазанника Его».

[335] Писания, Псалмы, 2:4. «Сидящий в небесах усмехается, Творец насмехается над ними».

[336] Пророки, Зехария, 14:12. «И это будет поражение, которым поразит Творец все народы, воевавшие против Йерушалаима: истлеет (у каждого) плоть его, когда стоит он на ногах своих, и глаза его истлеют во впадинах их, и язык его истлеет во рту их».

311) «Рабби Аба сказал от имени рабби Йеса Савы: "И так сказал рабби Шимон: "В будущем Творец воскресит всех тех царей, которые притесняли Исраэль и Йерушалаим: Адриана, Лупинуса, Невухаднецара, и Санхерива и всех прочих царей мира, уничтожавших дом Его. Он даст им власть, как вначале, и они соберут к себе остальные народы, и будут воевать против Йерушалаима. И Творец в будущем воздаст им открыто возле Йерушалаима, как сказано: "Это будет поражение, которым поразит Творец все народы, воевавшие против Йерушалаима"[336]. Сказано не "которые будут воевать", а "воевавшие", – в прошедшем времени, что указывает на Невухаднецара и прочих, которые уже воевали. "Тогда сказано: "Мощью величия Своего разгромишь поднявшихся против Тебя"[332]. Это сказано о времени прихода Машиаха, и песнь эта – песнь мира"».

312) «"От дыхания Твоего взгромоздились воды"[337] – то есть, в то время. И потому это относится к тому времени, и ко времени царя Машиаха, и ко времени Гога и Магога. "Встали стеной потоки"[337] – ко времени будущего мира, и это – радость всех миров"».

---

[337] Тора, Шмот, 15:8. «От дыхания Твоего взгромоздились воды, встали стеной потоки, застыли бездны в сердце моря».

Сказал враг: «Погонюсь»

313) «"Сказал враг: "Погонюсь, настигну, разделю добычу"[338]. "Сказал враг" – это великий покровитель Египта. Когда была дана ему власть над Исраэлем, замыслил он уничтожить их под гнетом своей власти. Но Творец помнил прародителей мира", т.е. праотцев, "которые защищали их. И не говори, что только этот" хотел истребить их. "Но все эти покровители, назначенные над всеми народами-идолопоклонниками, когда дается им правление и власть над Исраэлем, – все они хотят уничтожить Исраэль под своим гнетом"».

314) «"И потому народы, находящиеся под властью этих покровителей, все выносят приговоры об уничтожении их", Исраэля. "Однако Творец помнит прародителей мира", праотцев, "и защищает их. Когда увидел это Моше, начал восславлять Творца и сказал: "Кто как Ты среди сильных, Творец!"[339]»

---

[338] Тора, Шмот, 15:9. «Сказал враг: "Погонюсь, настигну, разделю добычу; насытится ими душа моя, обнажу меч мой, истребит их рука моя"».
[339] Тора, Шмот, 15:11. «Кто как Ты среди сильных, Творец! Кто как Ты величествен в святости, восхваляем в трепете, вершит чудеса!»

ГЛАВА БЕШАЛАХ

Кто как Ты среди сильных

315) «Сказал рабби Шимон: "(Есть) одно высшее большое и могучее дерево", – Зеир Анпин, "от которого питаются высшие и низшие. Оно ограничено двенадцатью границами", – диагональными границами, представляющими собой четыре сфиры ХУГ ТУМ, в каждой из которых три линии.[340] "И укрепляется оно в четырех сторонах мира", ХУГ ТУМ, "которые соединяются в месте своем. Семьдесят ветвей", т.е. семьдесят правителей, назначенных над семьюдесятью народами мира, "поднимаются в нем и питаются от него. От основы его корней они питаются вокруг, и это ветви, которые находятся на дереве"».

316) «"Когда настает время власти каждой ветви, все они хотят полностью уничтожить ствол (гуф) дерева, являющийся основой всех ветвей, и он властвует над Исраэлем, и они держатся за него. Когда же настает пора власти над ними ствола дерева, являющегося уделом Исраэля, – он стремится уберечь их и водворить мир среди всех. И за это" приносятся в жертву "семьдесят праздничных быков[341] – чтобы дать мир семидесяти ветвям в дереве"», т.е. семидесяти правителям народов мира.

317) «"И об этом сказано: "Кто как Ты среди сильных, Творец!"[342]. Что значит: "Среди сильных (эли́м אלים)"? Дерево, как сказано: "Ибо устыдитесь кумирных деревьев (эли́м אלים), к которым вы вожделели"[343]. То есть, они поклонялись тому образу, который запечатлялся в нем. "Кто как Ты" – кто совершит деяния, подобные Твоим, и смилостивится над всеми?! "Кто как Ты" во всех окрестностях дерева, хотя и властвует, бережет всех, бережет всех остальных, не желая губить их?", – как хотели они во время своей власти. "Кто, как Ты, величественен в святости?!" – т.е. величественен "в высшей силе, называемой святостью. Поистине "величественен в святости" – т.е.

---

[340] См. Зоар, главу Лех леха, п. 10.
[341] В праздник Суккот в жертву приносятся 70 быков, каждый день в порядке убавления, – с 13 до 7.
[342] Тора, Шмот, 15:11. «Кто как Ты среди сильных, Творец! Кто как Ты величествен в святости, восхваляем в трепете, вершит чудеса!»
[343] Пророки, Йешаяу, 1:29-30. «Ибо устыдитесь теребинтов (кумирных деревьев), к которым вы вожделели, и посрамлены будете за (кумирные) сады, которые вы избрали. Ибо будете вы как теребинт, чьи листья завяли, и как сад, в котором нет воды».

в мохин Бины. "И зовется это силой Творца, усладой Творца, как мы уже выясняли"».

318) «"Кто как Ты среди сильных, Творец!"³⁴² Провозгласил рабби Йоси: "Видел я все дела, содеянные под солнцем, и вот всё суета и сокрушение духа"³⁴⁴. Царь Шломо, который возвысился в своей мудрости над всеми живущими в мире, как же сказал он, что все дела – "суета и сокрушение духа"? Может быть и деяние праведности тоже?"» – «суета и сокрушение духа». «"Но ведь сказано: "И деяние праведности принесет мир"³⁴⁵. Мы же учили: "Все дела, содеянные под солнцем"³⁴⁴, – сказано, но это отличается от деяния праведности, которое над солнцем"».

319) «"И вот всё суета и сокрушение духа"³⁴⁴. Что это значит? Если ты скажешь, что "всё – суета", это указывает, как мы учили, на то, что она в свойстве Хохмы, как сказано: «"Суета сует", – сказал Коэлет»³⁴⁶, и эти суеты – существование высшего и нижнего мира.³⁴⁷ А что ты скажешь о написанном здесь: "И вот всё суета и сокрушение духа"³⁴⁴?»

320) «"Но мы так выяснили, и так оно и есть. Смотри, в час, когда хорошие деяния совершаются в мире и человек занят служением святому Царю, вследствие содеянного им восходит наверх суета. Нет такой суеты, чтобы не было у нее голоса, который, возносясь вверх, становится ходатаем перед Творцом"».

321) «"А из всех дел, которыми человек занят без связи со служением Творцу, получается суета, и он непрестанно странствует по миру. А когда душа покидает его, эта суета заставляет

---

³⁴⁴ Писания, Коэлет, 1:14. «Видел я все дела, содеянные под солнцем, и вот всё суета и сокрушение духа».

³⁴⁵ Пророки, Йешаяу, 32:17. «И деяние праведности принесет мир, а дела истины – покой и безопасность вовеки».

³⁴⁶ Писания, Коэлет, 1:2. «Суета сует, – сказал Коэлет, – суета сует, всё суета».

³⁴⁷ См. Зоар, главу Бо, п. 143. «Однако, суета (эвель הבל) – это очень важное понятие...»

его вращаться по миру, подобно камню в праще. Как сказано: "А души врагов твоих выбросит Он, как из пращи"³⁴⁸».

322) «"Что значит "выбросит"? Суета заставляет его кружить по всему миру. Тогда из всех дел, содеянных им без связи со служением Творцу, получается суета, являющаяся сокрушением духа, и она разбивает этот дух, который поднимается и опускается, и кружится по миру. И это означает сказанное: "Суета и сокрушение духа"³⁴⁴».

323) «"Но то слово, которое является служением Господину своему, поднимается выше солнца, и из него образуется святая суета. И это семя, которое человек сажает в том мире. И как оно называется? Праведностью. Как сказано: "Сейте себе для праведности"³⁴⁹».

324) «"Это направляет человека, когда душа его вышла из него и поднимает его в место славы наверху, и включает его в средоточие жизни. Сказано об этом: "И пойдет пред тобой праведность твоя"³⁵⁰ – чтобы направлять тебя и поднимать тебя в место, зовущееся славой Творца", т.е. в Малхут, "как сказано: "Слава Творца примет тебя"³⁵⁰».

325) «"Все эти души, которые эта святая суета направляет, – та, что зовется славой Творца, – принимаются в нее и соединяются в ней. И тогда это отрада. Но другая" суета, не относящаяся к служению Творцу, "называется сокрушением духа. Счастливы праведники, все деяния которых – выше солнца", т.е. служение Творцу, "и сеют они семя праведности, (призванное) удостоить их будущего мира. И об этом сказано: "И засияет вам, боящиеся имени Моего, солнце праведности"³⁵¹».

---

[348] Пророки, Шмуэль 1, 25:29. «И если поднимется человек преследовать тебя и искать души твоей, да будет душа господина моего увязана в средоточие жизни Творца Всесильного твоего, а души врагов твоих выбросит Он, как из пращи».

[349] Пророки, Ошеа, 10:12. «Сейте себе для праведности, жните – по милости, распашите себе пашню, и время искать Творца, пока не придет Он и не обучит вас правде».

[350] Пророки, Йешаяу, 58:8. «Тогда прорвется, как заря, свет твой, и исцеление твое скоро явится, и пойдет пред тобой праведность твоя, слава Творца примет тебя».

[351] Пророки, Малахи, 3:20. «И засияет вам, боящиеся имени Моего, солнце праведности, и исцеление – в крыльях его, и выйдете, и увеличитесь, как откормленные тельцы в стойлах».

326) «Сказал рабби Шимон: "Смотри, вначале, когда был возведен Храм внизу, он был возведен лишь на суде и гневе, как сказано: "Потому что на гнев Мне и на ярость Мне был этот город с того дня, как построили его"[352], – из-за того, что находился он в том месте, где царил суд. В грядущем будущем Творец возведет его, установив на другой, высшей ступени, зовущейся праведностью". И это – исправленная Малхут, "как сказано: "Праведностью будешь утверждена"[353]. И потому будет существовать", и не разрушится более. "И поистине назовется именем справедливость, как сказано: "Вот имя его, которым назовут его: "Творец – справедливость наша"[354]».

---

[352] Пророки, Йермияу, 32:31. «Потому что на гнев Мне и на ярость Мне был этот город с того дня, как построили его, и до сего дня, чтобы отвергнуть его от лица Моего».

[353] Пророки, Йешаяу, 54:14. «Праведностью будешь утверждена, далека будешь от притеснения – ибо не будешь бояться, и от крушения – ибо оно не приблизится к тебе».

[354] Пророки, Йермияу, 23:6. «Во дни его Йегуда будет спасен и Исраэль будет жить в безопасности. И вот имя его, которым назовут его: "Творец – справедливость наша"».

ГЛАВА БЕШАЛАХ

Ты простер десницу Свою – поглотила их земля

327) «"Ты простер десницу Свою – поглотила их земля"[355]. Но разве правая не действует милостью? "Мы ведь учили, что это означает: "Вознес руку Свою"», и осталась одна левая и вершила суд.[356] «Сказал рабби Ицхак: "Ведь разъяснили о ней товарищи: когда Творец извлек египтян мертвыми из-под воды, Он сказал земле: "Прими их в себя". Но она не хотела, пока не простер Творец правую над ней и не заклял ее, и тогда поглотила их земля. И это значение сказанного: "Поглотила их земля"[355]. Рабби Эльазар сказал: "Ты простер десницу Свою" означает – отделить ее от левой. И тогда вершился суд"», левой.

328) «"Ты вел милостью Своей этот народ, Тобою избавленный, направлял мощью Своей к святому обиталищу Твоему"[357]. Это как сказано: "(Ведь не мечом своим приобрели они страну и не мышца их помогла им), но десница Твоя и мышца Твоя, и свет лика Твоего, ибо Ты благоволил к ним"[358]. "Но десница Твоя"[358] – это величие", т.е. Хесед. "Направлял мощью Своей"[357] – это как сказано: "И мышца Твоя"[358], т.е. Гвура. "К святому обиталищу Твоему"[357] – это как сказано: "И свет лика Твоего, ибо Ты благоволил к ним"[358], – это праведник", Есод. "И все они есть в этом изречении"», все шесть сфирот, так как Хесед и Гвура включают Тиферет, а Есод включает Нецах и Ход.

329) «"Нападет на них страх пред ней и ужас"[359]. "Страх пред ней", – следовало сказать: "Страх", что значит "страх пред ней"? Ведь в Торе нет ни одной буквы или слова, в которых не было бы высших тайн. Так что же это: "Страх пред ней?" Сказал рабби Шимон: "Это значит – страх пред Шхиной"». Как и страх пред Творцом – это Шхина.

---

[355] Тора, Шмот, 15:12. «Ты простер десницу Свою – поглотила их земля».
[356] См. выше, п. 284.
[357] Тора, Шмот, 15:13. «Ты вел милостью Своей этот народ, Тобою избавленный, направлял мощью Своей к святому обиталищу Твоему».
[358] Писания, Псалмы, 44:4. «Ведь не мечом своим приобрели они страну и не мышца их помогла им, но десница Твоя и мышца Твоя, и свет лика Твоего, ибо Ты благоволил к ним».
[359] Тора, Шмот, 15:16. «Нападет на них страх пред ней и ужас, перед великой силой Твоей застынут словно камень, пока (не) пройдет Твой народ, Творец, пока (не) пройдет этот народ, Тобой обретенный».

330) «"Подобно этому: "Ты приведешь их и насадишь на горе удела Своего"³⁶⁰, – следовало сказать: "Ты приведешь их (тевиэм תְּבִאֵם)", что значит: "Ты приведешь их (тевиэмо תְּבִאֵמוֹ)"? Однако дух святости сказал это о последнем поколении, обрезанном Йеошуа, и в них произошло раскрытие знака святости от имени Творца. И они связаны с Ним", с Зеир Анпином, "и они достойны унаследовать землю, как сказано: "И народ твой – все праведники... навеки унаследуют землю"³⁶¹. Ибо каждый, кто обрезан, и в нем раскрывается знак святости, и берегущий его зовется праведником. И потому: "Навеки унаследуют землю"³⁶¹».

331) «"И поэтому "Ты приведешь их (тевиэмо תְּבִאֵמוֹ)" написано с дополнительной "вав ו". Это означает: "Ты приведешь их" – тех, кто связан с "вав ו", "и насадишь их (ве-титаэмо וְתִטָּעֵמוֹ)", как сказано: "Ветвь насаждения Моего, дело рук Моих для прославления"³⁶¹. Это указывает на тех, кто связан с "вав ו", с Зеир Анпином, "и на тех последних", которые будут в дни Йеошуа. И нет в Торе ни одного слова или малой буквы, в которых не были бы скрыты высшие тайны и святые понятия. Счастлив удел тех, кто понимает в них"».

---

³⁶⁰ Тора, Шмот, 15:17. «Ты приведешь их и насадишь их на горе удела Своего, – место для обитания Твоего воздвиг Ты, Творец, Святыню Господина моего основали руки Твои».

³⁶¹ Пророки, Йешаяу, 60:21. «И народ твой – все праведники, ветвь насаждения Моего, дело рук Моих для прославления, навеки унаследуют землю».

Возвести нижний Храм

(Раайа Меэмана)

332) «"Заповедь возвести нижний Храм в подобии высшему Храму. Как сказано: "Место для обитания Твоего воздвиг Ты, Творец"[360]. Ибо нужно возвести Храм внизу и возносить в нем ежедневно молитву – служить Творцу, ведь молитва называется служением"».

333) «"И этот Храм собрания нужно возвести в великой красоте, установить его во всех исправлениях, так как Храм собрания внизу установлен в соответствии Храму собрания наверху"».

334) «"Нижний Храм установлен в подобии высшему Храму, то есть они установлены в полном соответствии друг другу. В этом Храме все его исправления, и все его работы, и все принадлежности и утварь, – все они в подобии высшему. В Скинии, возведенной Моше в пустыне, всё было в подобии высшему"».

335) «"Храм, который возвел царь Шломо, – это Храм покоя.[362] Он подобен высшему во всех исправлениях" своих, "чтобы стать, благодаря высшему исправлению, Храмом покоя и наследия. Так Храм собрания должен быть во всех исправлениях красоты подобен высшему, быть Храмом молитвы, чтобы установить исправления в молитве, как объяснялось"».

336) «"И в этом Храме должны быть окна, как сказано: "А окна были открыты"[363], – по высшему подобию. И об этом сказано: "Заглядывает в окна, мелькает в просветах"[364]. И если ты скажешь, что даже в поле" надо молиться, "ибо там поднимается дух, – это не так, ведь нам нужен Храм, а его нет. Храм внизу должен быть подобен высшему Храму", Малхут, "чтобы

---

[362] См. Писания, Диврей а-ямим 1, 28:2-6.
[363] Писания, Даниэль, 6:11. «И Даниэль, когда узнал, что подписан этот указ, пошел к себе домой. А окна были открыты у него наверху в сторону Йерушалаима, и три раза в день, преклонив колени, молился он и славил Творца, как делал и прежде».
[364] Писания, Песнь песней 2:9. «Подобен возлюбленный мой газели или молодому оленю; вот стоит он за стеной, смотрит в окна, заглядывает в щели».

опустить высшего обитающего", т.е. Шхину, "к нижнему обитающему"», – к людям.

337) «"И кроме того, эта молитва и этот дух должны подняться и выйти из теснины, прямым путем по направлению к Йерушалаиму. И об этом сказано: "Из теснины воззвал я к Творцу"[365], т.е. должно быть узкое место в беде, чтобы направить в него этот дух, дабы он не отклонился ни вправо, ни влево. А в поле так направить голос к нему нельзя. И подобно этому – глас шофара, выталкиваемый наружу напрямую из узкого места, и он разносится и рассекает небосводы, и поднимается ввысь, чтобы пробудить дух, который наверху"». (До сих пор Раайа Меэмана).

338) «"И если ты возразишь, что сказано: "Вышел Ицхак молиться в поле"[366], – значит, можно молиться в поле? Но Ицхак отличается тем, что в нем была одна особенность, которой не было у всего мира", – он был одним из праотцев. "И, кроме того, это изречение приводится не для этого", – чтобы разрешить молиться в поле, "так как в другом поле он, безусловно, не молился бы"».[367] Ведь это было то самое поле, которое купил Авраам.

339) «"Мы учили, – сказал рабби Аба, – благословен удел тех, кто удостаивается возгласить эту песнь[368] в этом мире и удостаивается возгласить ее в мире будущем. Песнь эта строится на двадцати двух запечатленных святых буквах и на десяти речениях. И всё это записано в святом имени, и всё это – совершенство святого имени"».

340) «Сказал рабби Шимон: "В час, когда Исраэль стояли пред морем, вознося песнь, раскрылся над ними Творец и все колесницы Его и воинства, чтобы узнали они Царя своего, явившего для них все эти чудеса и могущество. И каждый из них узнал и созерцал то, чего не знали и не созерцали остальные пророки мира"».

---

[365] Писания, Псалмы, 118:5. «Из теснины воззвал я к Творцу – простором ответил мне Творец».
[366] Тора, Берешит, 24:63.
[367] См. Зоар, главу Бо, п. 155.
[368] См. Тора, Шмот, 15:1. «Тогда воспел Моше и сыны Исраэля эту песнь Творцу».

341) «"Ибо если ты скажешь, что не узнали и не постигли высшей мудрости, из этой песни увидишь, что все созерцали мудрость. Ведь если бы не это, как бы все произнесли одни и те же слова, не расходясь друг с другом? То, что произносил один, произносил и другой, и ни одно слово не было сказано раньше другого; все воспевали в одном ритме, и дух святости находился в устах каждого из них, и все слова звучали так, словно исходили из одних уст. Ну, разумеется, все они созерцали высшую мудрость и ведали нисходящее свыше, и дух святости был на устах каждого из них"».

342) «"И даже те, кто был в утробе матери, произносили песнь, все как один. И все они видели то, чего не видел пророк Йехезкель. И поэтому все они созерцали это так, словно смотрели теми же глазами. Когда же завершили слова, все они сами наполнились усладой, и жаждали смотреть и созерцать, и не хотели трогаться оттуда из-за огромного желания"».

343) «"В тот час сказал Моше Творцу: "Сыны Твои, из-за огромного желания созерцать Тебя, не хотят отдаляться от моря". Что же сделал Творец? Скрыл славу Свою снаружи, в пустыне, и то раскрывался там, то нет. Сказал Моше Исраэлю: "Сколько раз говорил я, чтобы вы трогались оттуда, а вы не желали, пока я не показывал вам сияние славы Творца в пустыне". И они тут же загорались желанием"».

344) «"Но не двигались, пока не поддерживал их Моше, показывая им сияние славы Творца в пустыне. Тогда, благодаря огромной жажде и желанию созерцать, Моше удавалось их сдвинуть, как сказано: "И повел Моше Исраэль от моря Суф, и вышли они в пустыню Шур"[369]. Что значит: "Пустыня Шур"? Это пустыня, в которой они хотели созерцать его, сияние славы святого Царя, и потому она называется пустыней Шур, – т.е. созерцание там"».[370]

---

[369] Тора, Шмот, 15:22. «И повел Моше Исраэль от моря Суф, и вышли они в пустыню Шур. И шли они три дня по пустыне, и не находили воды».
[370] Ивр. лашу́р (לָשׁוּר) значит – смотреть, созерцать.

И не находили воды

345) «"И шли они три дня по пустыне, и не находили воды"[369]. Нет воды, а только Тора. Как сказано: "О, все жаждущие, идите к водам"[371]. Сказал рабби Йеса: "И кто же дал им Тору здесь, – ведь до сих пор им не была дана Тора?"»

346) «Сказал рабби Эльазар: "Они вышли в пустыню, чтобы созерцать, но Творец забрал оттуда сияние величия. И они шли, чтобы созерцать его, но не находили его. И мы изучали, что Творец называется Торой, и поэтому нет воды, а только Тора, и нет Торы, а только Творец"».

347) «Сказал рабби Шимон: "Пока они шли по пустыне, раскрылась над ними другая власть, остальных народов, т.е. та, что господствует в пустыне, и застигла их там. Увидели Исраэль, что это было не то, – не сияние величия их Царя. Это означает сказанное: "И пришли в Мару, и не могли пить воду в Маре"[372]. Почему? "Ибо горька она"[372] – не получала их душа наслаждения, как вначале. Но, мало того, она еще собиралась обвинить их"».

348) «"Что сказано: "И вскричал он к Творцу, и указал ему Творец дерево"[373]. Нет дерева, а только Тора, как сказано: "Древо жизни она для придерживающихся ее"[374]. И нет Торы, а только Творец". Рабби Аба сказал: "Нет дерева, а только Творец, как сказано: "Разве человек – дерево полевое?"[375] Дерево

---

[371] Пророки, Йешаяу, 55:1. «О, все жаждущие, идите к водам, и не имеющие денег, идите, приобретайте и ешьте, и идите, приобретайте без денег и без платы вино и молоко».

[372] Тора, Шмот, 15:23. «И пришли в Мару, и не могли пить воду в Маре, ибо горька она, поэтому назвал это (место) Мара (горькая)».

[373] Тора, Шмот, 15:25. «И вскричал он к Творцу, и указал ему Творец дерево, и бросил он (дерево) в воду, и вода стала пресною. Там установил Он ему закон и правосудие, и там испытал его».

[374] Писания, Притчи, 3:15-18. «Она дороже жемчуга, и ничто из желаемого тобою не сравнится с нею. Долгоденствие в правой руке ее, в левой – богатство и почет. Дороги ее – дороги благоволения, и все стези ее – мир. Древо жизни она для придерживающихся ее, и опирающиеся на нее счастливы».

[375] Тора, Дварим, 20:19. «Когда осаждать будешь город многие дни, чтобы, ведя с ним войну, захватить его, не губи деревьев его, занося над ними топор; ибо от них будешь есть, и их не руби. Разве человек – дерево полевое, чтобы уйти от тебя в осаду?»

полевое, конечно, – это дерево поля святых яблонь". Иначе говоря, поле это – это Малхут, дерево этого поля – это Зеир Анпин, муж ее. "И когда раскрылось величие Царя над ними, тогда: "И он бросил (дерево) в воду, и вода стала пресною"[373]. Что означает: "И вода стала пресною"? Это означает, что обвинитель стал защитником"».

Объяснение. Ему было непонятно: если «указал ему Творец дерево»[373], и вернулось к ним сияние величия Его, то зачем ему надо было бросать его в воду. И, кроме того, ведь вода – это тоже Творец, как мы уже сказали? И это означает сказанное, что обвинитель стал защитником, – поскольку ситра ахра, которая была в воде, обвиняла их, а теперь стала защитником.

349) «Сказал рабби Аба: "Смотри, вначале, когда Исраэль начали соблюдать союз с Творцом, не соблюдали его как должно. И какова причина? Из-за того, что совершили обрезание (мила), но не сделали подворачивание (прия), не раскрылся знак святости. Когда пришли сюда", в Мару, "сказано: "Там установил Он ему закон и правосудие, и там испытал его"[373] – это значит, что "там вошли Исраэль в две части святости", Малхут и Есод, т.е. удостоились их посредством обрезания и подворачивания, "благодаря раскрытию, с помощью которого раскрылся их знак, и они были названы "закон и правосудие". "Закон" – это Малхут, "как сказано: "Раздает пищу в доме своем и урок (досл. закон) служанкам своим"[376], что указывает на Малхут и является намеком на обрезание. "И правосудие", как сказано: "Правосудие для Всесильного Яакова"[377] – т.е. Есод, который указывает на мохин, раскрывающиеся вследствие подворачивания, и называется правосудием. "И там испытал его"[373] посредством этого знака святости", т.е. поскольку это закон, то требуется испытание. "Как сказано: "Ибо закон это для Исраэля"[377]. В книге рабби Йевы Савы это сказано о святом посохе"», – т.е. о нем сказано: «И указал ему Творец дерево»[373].

---

[376] Писания, Притчи, 31:15. «Встает она еще ночью, раздает пищу в доме своем и урок служанкам своим».

[377] Писания, Псалмы, 81:5. «Ибо закон это для Исраэля, правосудие для Всесильного Яакова».

ГЛАВА БЕШАЛАХ

И сказал: «Если будешь слушаться голоса Творца»

350) «"И сказал: "Если будешь слушаться голоса Творца Всесильного твоего"[378]. "И сказал", – что значит: "И сказал", не указано, кто сказал? Но это Творец сказал". Сказал рабби Хизкия: "Из одного места, где не указан говорящий, мы изучаем другое место. И сказано: "А Моше сказал: "Взойди к Творцу"[379]». И там истолковывается, что говорила Малхут, ведь если бы это был Творец, то сказал бы: «Взойди ко Мне». Значит, и здесь говорила Малхут.

351) «Сказал рабби Йоси: "Ясно из сказанного" до этого: "И вскричал он к Творцу, и указал ему Творец дерево"[373], к кому относятся слова: "И сказал", – т.е. тоже к Творцу. "Голоса Творца Всесильного твоего"[378], – следовало сказать: "Моего голоса". Но это означает – голос, которому внимали"» благодаря обрезанию, то есть голосу Малхут, и поэтому не сказано: «Моего голоса».

352) «Сказал рабби Аба: "После того, как раскрылся в них знак святости, они вошли в две части святости, как мы учили"[380], т.е. в Есод и Малхут. Благодаря обрезанию они удостоились Малхут, а благодаря подворачиванию – Есода. "И когда вошли в эти две, вошли также и в две другие части", в Нецах и Ход. "Ибо, когда они поднимутся в две другие" – Нецах и Ход, "соединятся с этими" – Есодом и Малхут. "И не будут лишены благословений", которые Есод передает Малхут. "И поэтому, благодаря им достигли святого Царя"», т.е. Зеир Анпина.

353) «"И из этого места Писания всё становится ясно. Написано: "И сказал: "Если будешь слушаться"[378]. "И сказал" – это святой Царь. И что Он сказал? "Если будешь слушаться голоса Творца Всесильного твоего"[378], как сказано: "Ибо Творец

---

[378] Тора, Шмот, 15:26. «И сказал: "Если будешь слушаться голоса Творца Всесильного твоего, и то, что прямо в Его глазах, делать будешь, и внимать будешь заповедям Его и соблюдать все законы Его, то все болезни, которые Я навел на Египет, не наведу на тебя, ибо Я, Творец, – целитель твой"».

[379] Тора, Шмот, 24:1. «А Моше сказал: "Взойди к Творцу, ты и Аарон, Надав и Авиу, и семьдесят из старейшин Исраэля, и поклонитесь издали"».

[380] См. выше, п. 349.

Всесильный твой, пожирающий огонь Он"³⁸¹ – и это Кнессет Исраэль, Малхут. "И то, что прямо в Его глазах, делать будешь"³⁷⁸ – это праведник, называемый прямым. "И будешь внимать заповедям Его"³⁷⁸ – это Нецах. "И соблюдать все законы Его"³⁷⁸ – это Ход. "Когда вошли они в эти", Малхут и Есод, Нецах и Ход, "то достигли святого Царя", Тиферет, место которого – за Нецахом. И поэтому "вслед за этим что сказано: "Все болезни, которые Я навел на Египет, не наведу на тебя, ибо Я, Творец, – целитель твой"³⁷⁸. "Ибо Я, Творец" – это святой Царь"», Тиферет.

354) «"Отсюда видно, что каждый, кто оберегает этот знак святости", т.е. обрезание, "восходит благодаря этому к святому высшему Царю. Что это значит? Значит, что эти двое", Нецах и Ход, "когда собирается в них семя" для благословения, "и елей священного помазания возлагается на устьице венца", Есода, "соединяются вместе. И высший Царь", Тиферет, – "над ними, и они соединяются в Нем. И поэтому тот, кто входит в эти два", Есод и Малхут, посредством обрезания и подворачивания, "и оберегает их, он связывается с двумя другими", Нецахом и Ходом, "и входит в них, и тогда достигает святого Царя"», Тиферет.

355) «Сказал рабби Ицхак: "Безусловно, тот, кто удостоился праведника", Есода, "удостаивается Нецаха и Хода", потому что Есод включает в себя Нецах и Ход. "И это трое, которыми благословляется Кнессет Исраэль", Малхут. "А тот, кто удостаивается их, удостаивается святого Царя", Тиферет, "и входит во все четыре" сфиры Тиферет – Нецах, Ход, Есод, Малхут.

356) «"И в соответствии этим четырем существует оберегание знака святости от четырех вещей: оберегание Кнессет Исраэль", Малхут, – "это оберегание от нечистоты "нида"³⁸²; оберегание праведника", Есода, – "это оберегание от рабыни; оберегание Нецаха – это оберегание от дочери идолопоклонника; оберегание Хода – это оберегание от блудницы. И поэтому: "Голоса Творца Всесильного твоего"³⁷⁸ – это Кнессет Исраэль"», Малхут, в которую они вошли благодаря обрезанию.

---

³⁸¹ Тора, Дварим, 4:24. «Ибо Творец Всесильный твой, пожирающий огонь Он, Владыка ревностный».

³⁸² Нида – состояние, в котором женщина считается «нечистой», и поэтому запрещены супружеские отношения.

357) «"Благодаря чему удостаиваются Исраэль приема лика Шхины? Благодаря обереганию от нечистоты "нида". И об этом сказано: "И к жене во время отстранения в нечистоте ее не приближайся, чтобы открыть наготу ее"[383]. Что значит: "Открыть наготу ее"? Это (сказано о) Кнессет Исраэль". Иначе говоря, чтобы не уронить достоинства Кнессет Исраэль. "И в это включены и с этим связаны другие вещи, с которыми связана Кнессет Исраэль. И мы это уже выясняли"».

358) «"И то, что прямо в Его глазах, делать будешь"[378] – это праведник", Есод, "как сказано: "Очи Творца – к праведникам"[384], – чтобы уберечься от рабыни. Мы ведь выясняли эти вещи. Сказано: "И рабыню, наследующую госпоже"[385] – т.е. (уберечься) от того, что заставляет праведника прилепиться к рабыне.

"И будешь внимать заповедям Его"[378] – это Нецах. Беречься, чтобы не ввести этот знак в дочь бога чужого, и не изменить Нецаху. И сказано: "И так же Превечный (Нецах) Исраэля не изменит"[386]. И тот, кто бережет это", святой союз, "выполняет заповеди Его. Как сказано: "Ибо не должен ты поклоняться божеству чужому"[387].

"И соблюдать все законы Его"[378] – это Ход, чтобы уберечься от блудницы"».

359) «"И это согласно тому, что мы учили". Сказал рабби Йегуда: "Это как сказано: "Возложи меч твой на бедро свое, воин, – красоту и великолепие твое!"[388] – это каждый, кто торопится и возлагает страх этого острого и мощного меча", Малхут,

---

[383] Тора, Ваикра, 18:19. «И к жене во время отстранения в нечистоте ее не приближайся, чтобы открыть наготу ее».

[384] Писания, Псалмы, 34:16. «Очи Творца – к праведникам, и уши Его – к воплю их».

[385] Писания, Притчи, 30:21-23. «Под тремя трясется земля, четырех она (уже) не может носить: раба, когда он делается царем, и негодяя, когда он досыта ест хлеб, ненавистную (женщину), вышедшую замуж, и рабыню, наследующую госпоже своей».

[386] Пророки, Шмуэль 1, 15:29. «И так же Превечный Исраэля не изменит и не раскается, ибо не человек Он, чтобы раскаяться».

[387] Тора, Шмот, 34:14. «Ибо не должен ты поклоняться божеству чужому, ведь Творец ревностный – имя Его, Владыка ревностный Он».

[388] Писания, Псалмы, 45:4. «Возложи меч твой на бедро свое, воин, – красоту и великолепие твое!»

"пред собой. "На бедро свое"³⁸⁸, – что значит: "На бедро свое"? То есть на этот знак святости, чтобы беречь его, как сказано: "Положи руку твою под бедро мое"³⁸⁹».

360) «Другое объяснение. "Возложи меч твой"³⁸⁸ – т.е. поторопи себя и атакуй свое злое начало, ведь меч твой на бедре – на знаке святости, чтобы беречь его. И если бережет его, то называется воином, и Творец облачает его в одеяния Свои. И что это за одеяния Творца? Это Ход и Нецах, как сказано: "Красотой (ход) и великолепием облекся"³⁹⁰. Так же и здесь: "Красоту и великолепие твое"³⁸⁸ – и тогда соединяется человек со святым Царем как подобает"».

361) «"Отныне и впредь: "Все болезни, которые Я навел на Египет, не наведу на тебя, ибо Я, Творец, – целитель твой"³⁷⁸. Это – святой Царь. И поэтому Он предостерег их именно в том, что дал им и запечатлел в них", т.е. в союзе обрезания, "и не более". И на самом деле, "до этого момента им не была дана Тора. Но когда сказано: "Там установил Он ему закон и правосудие"³⁹¹, – т.е. обрезание и подворачивание, "тут же: "И сказал: "Если будешь слушаться"³⁷⁸», где говорится о четырех видах оберегания святого союза, как мы уже выясняли.³⁹² И становится понятным то, о чем спрашивалось выше.³⁹³

362) «"Смотри, когда хотел Творец предостеречь Исраэль в отношении Торы, какими только способами Он не привлекал их, как только не притягивал их любовью, – подобно человеку, влекущему своего сына в школу. И обрати внимание, не хотел Творец давать им Тору, пока не приблизились к Нему. А благодаря чему приблизились к Нему? Благодаря раскрытию этого святого знака", т.е. союза обрезания, "как мы учили"».

363) «Сказал рабби Йегуда: "Исраэль не приблизились к горе Синай, пока не вошли в удел праведника", т.е. союза

---

³⁸⁹ Тора, Берешит, 24:2. «И сказал Авраам рабу его, старшему в доме своем, управлявшему всем, что у него: "Положи руку твою под бедро мое"».

³⁹⁰ Писания, Псалмы, 104:1. «Благослови, душа моя, Творца! Творец Всесильный, велик Ты необычайно, красотой и великолепием облекся».

³⁹¹ Тора, Шмот, 15:25. «И вскричал он к Творцу, и указал ему Творец дерево, и бросил он (дерево) в воду, и вода стала пресною. Там установил Он ему закон и правосудие, и там испытал его».

³⁹² См. выше, п. 356.

³⁹³ См. выше, п. 345. «И кто же дал им Тору здесь, – ведь до сих пор им не была дана Тора?»

обрезания, "и не удостоились его. Откуда нам это известно. Из сказанного: "В этот день, пришли они в пустыню Синай"[394]. Именно точно "в этот день"», и это Есод, называемый «этот (зэ)». «"И сказано: "И изречет в тот день: "Вот, это (зэ) – Всесильный наш, на которого мы надеялись, и Он спасет нас"[395]».

---

[394] Тора, Шмот, 19:1. «В третьем месяце после исхода сынов Исраэля из земли Египта, в этот день, пришли они в пустыню Синай».

[395] Пророки, Йешаяу, 25:9. «И изречет в тот день: "Вот, это – Всесильный наш, на которого мы надеялись, и Он спасет нас"».

ГЛАВА БЕШАЛАХ

Учение о мане

364) «"И Творец сказал Моше: "Вот Я посылаю вам в изобилии хлеб с небес"³⁹⁶. Рабби Йегуда провозгласил и сказал: "Благословен внимающий несчастному, в день бедствия спасет его Творец"³⁹⁷. Мы объясняли это изречение, – в час, когда человек лежит в лечебнице, он захвачен правителями Царя. Голова его в цепях, ноги – в кандалах, множество воинов сторожат его с одной и другой стороны, чтобы он не убежал, все органы его в недомогании и воюют друг с другом, и лишен он еды"».

365) «"В это время назначают над ним заступника, чтобы оправдать его перед Царем, как сказано: "Если есть над ним ангел-заступник – один из тысячи"³⁹⁸. В этот час благословен удел человека, входящего к нему и обучающего его пути спасения от суда. Как сказано: "Благословен внимающий несчастному"³⁹⁷».

366) «"Каким же образом он может спасти больного? Тем, что обучит его пути жизни, – как вернуться к лику Господина его. Тогда появляется над ним заступник наверху", и он спасен. "Какова награда его? Это, как сказано: "В день бедствия спасет его Творец"³⁹⁷. Другое объяснение сказанного: "Благословен внимающий несчастному"³⁹⁷ – поскольку "очень велика награда помогающего несчастному перед Творцом"».

367) «Сказал рабби Хия: "Поражаюсь я тому, что сказано: "Ибо внемлет Творец нищим"³⁹⁹. Что же Он, внемлет нищим, а другим – нет?!" Сказал рабби Шимон: "Потому что они ближе к Царю, как сказано: "Сердце сокрушенное и удрученное,

---

³⁹⁶ Тора, Шмот, 16:4. «И Творец сказал Моше: "Вот Я посылаю вам в изобилии хлеб с небес, и будет выходить народ, и собирать необходимое на день ежедневно, чтобы Мне испытать его – будет ли он поступать по закону Моему или нет"».

³⁹⁷ Писания, Псалмы, 41:2. «Благословен внимающий несчастному, в день бедствия спасет его Творец».

³⁹⁸ Писания, Иов, 33:23-24. «Если есть над ним ангел-заступник – один из тысячи, чтобы возвестить о человеке прямоту его, сжалится над ним и скажет: "Отпусти его, чтобы не сойти ему в могилу, нашел я искупление ему"».

³⁹⁹ Писания, Псалмы, 69:34. «Ибо внемлет Творец нищим и не презирает узников Своих».

Всесильный, не отвергай!"[400] И нет никого в мире более сокрушенного сердцем, чем нищий". Еще сказал рабби Шимон: "Смотри, все люди предстают перед Творцом телом и душой. А неимущий предстает перед Творцом лишь только душой", ведь тело его сокрушено, "а Творец более близок к душе, чем к телу"».

368) «Жил один бедняк по соседству с рабби Йесой, и не было никого, кто мог бы присмотреть за ним. Сам же он стыдился, и не упрашивал людей. Однажды он заболел, зашел к нему рабби Йеса, услышал голос, произнесший: "Правды, правды"[401], – т.е. тот отдавал себя на суд небес. "Душа покидает меня, хотя и не пришло время. Горе жителям города, что не нашлось среди них того, кто вернул бы Его душу к Нему!" Встал рабби Йеса, влил ему в рот отвар смоковницы и меру целительного вина. На лице его выступил пот, и дух его вернулся к нему"».

369) «После этого пришел и справился о нем. Сказал: "Клянусь тебе, рабби, душа покинула меня и прибыла к престолу Царя, и хотела остаться там, но Творец пожелал отметить твои заслуги, и возгласили о тебе: "Предстоит ему, рабби Йесе, поднять дух его и соединиться с одним собранием (идра)", – т.е. с большим собранием (идра раба), а не с малым собранием (идра зута), "которое товарищи возведут на земле, и установят три трона, стоящие для тебя и твоих товарищей"», – рабби Йоси, сын рабби Яакова, и рабби Хизкия, души которых отошли в этом собрании (идра).[402] «С этого дня стали присматривать за ним жители его города».

370) «Еще. Другой бедняк прошел перед рабби Ицхаком, и была в руке у него монета в половину маа́[403]. Сказал ему рабби Ицхак: "Восполни мне и детям моим недостающее на пропитание". Сказал ему: "Как же я восполню недостающее вам на пропитание, ведь нет у меня ничего, кроме половины маа?"

---

[400] Писания, Псалмы, 51:19. «Жертвы Всесильному – дух сокрушенный; сердце сокрушенное и удрученное, Всесильный, не отвергай!»
[401] Тора, Дварим, 16:20. «Правды, правды ищи, дабы ты жив был и овладел землею, которую Творец Всесильный твой, дает тебе».
[402] См. Зоар, главу Насо, Идра раба, статью «Уход трех товарищей», п. 353. «Прежде, чем товарищи покинули собрание (идра), умерли рабби Йоси, сын рабби Яакова, и рабби Хизкия, и рабби Йеса…»
[403] Маа – малая монета в талмудические времена, называвшаяся еще гера́. Ее стоимость – шестая часть динара или двадцать четвертая часть сэлы.

Сказал ему: "Этим я восполню недостающее, половиной маа, которая есть у меня". Достал ее и дал ему».

371) «Привиделось ему во сне, что проходил он по берегу Великого моря[404], и хотели его бросить в него. Увидел он рабби Шимона, который протянул ему руку. И появился тот самый бедняк, и вытащил его и передал в руки рабби Шимона, и спасся он. И когда проснулся, вот это изречение в устах его: "Благословен внимающий несчастному, в день бедствия спасет его Творец"[397]».

372) «"Смотри, каждый день выпадает роса Атика Кадиша Зеир Анпину, и благословляется всё поле святых яблонь", Малхут. И от этой росы нисходит к тем, кто внизу. И святые ангелы питаются от нее, каждый столько, сколько нужно ему для насыщения. И это смысл сказанного: "Хлеб небесный ел человек"[405]. То есть роса – это хлеб ангелов. "И этой пищей, питались сыны Исраэля в пустыне, т.е. маном"».

373) «Сказал рабби Шимон: "Сколько людей питаются в это время им? И кто они? Это те товарищи, которые занимаются Торой днем и ночью. Может ли возникнуть мысль, что (они едят) в точности ту же пищу?", – которую ели Исраэль в пустыне. "Нет, она лишь точное подобие той пищи, и ценится вдвойне"» по сравнению с тем маном, который сыны Исраэля ели в пустыне.

374) «"Смотри, когда пришли Исраэль и прилепились к святому Царю, благодаря раскрытию святого знака" обрезания, "они удостоились тогда есть хлеб более высокий, чем тот, что был вначале. Вначале, когда Исраэль вышли из Египта, они вышли с хлебом, называемым "маца", и это Малхут, "а теперь удостоились того, что стали есть другой хлеб, более высокий, из высшего места, как сказано: "Вот Я посылаю вам в изобилии хлеб с небес"[396] – именно с небес", и это Зеир Анпин. "И в это время есть у Исраэля хлеб из этого места. Товарищи, которые занимаются Торой, получают питание из другого места, еще более возвышенного. И что это (за питание)? Это как сказано:

---

[404] Так называлось Средиземное море.
[405] Писания, Псалмы, 78:25. «Хлеб небесный ел человек, пищи послал Он им вдоволь».

"Мудрость дает жизнь владеющим ею"[406], и это более возвышенное место"», чем Зеир Анпин.

375) «Сказал рабби Эльазар: "В таком случае, почему душа занимающихся Торой ослаблена более, чем у остальных, живущих в мире – ведь остальные люди кажутся обладателями бо́льших силы и могущества, чем занимающиеся Торой?" Сказал ему: "Ты хорошо спросил"».

376) «"Смотри, всё питание живущих в мире приходит свыше. Та пища, которая приходит от неба и земли, является пищей всего мира, и она питает всё. И это простая и грубая пища. А пища, приходящая из более возвышенного места, она более изысканна и приходит из места, где находится суд", т.е. из Малхут. "Это пища, которую Исраэль ели при исходе своем из Египта", – маца. "Пища, которая была дана Исраэлю в то время, когда они находились в пустыне, – она из более возвышенного места, называемого "небеса", т.е. из Зеир Анпина. "И это еще более изысканная пища, входящая в душу (нефеш) лучше", чем любая другая пища, "и она еще больше отделена от тела и называется хлебом небесным"», т.е. ман.

377) «"Пища, самая возвышенная из всех, – это пища товарищей, тех, кто занимается Торой. Их пища – это пища духа (руах) и души (нешама), а пищей тела они не питаются вовсе, т.е. (они питаются) от места, которое выше и дороже всего, называемого "мудрость (хохма)". Поэтому тело товарищей слабее, чем у остальных живущих в мире, – ведь они вовсе не питаются пищей тела, а только пищей духа (руах) и души (нешама), от высшего далекого места, которое дороже всего"». И это Хохма, которая далека, как сказано: «Думал я: "Стану мудрым", но мудрость далека от меня»[407]. «"И потому эта пища – самая изысканная из всего изысканного. Благословенна их участь. Это смысл сказанного: "Мудрость дает жизнь владеющим ею"[406]. Благословенна участь тела (гуф), которое может питаться пищей души (нефеш)"».

---

[406] Писания, Коэлет, 7:11-12. «Хороша мудрость с наследием, и (она) преимущество для зрящих солнце. Ибо под сенью мудрости – под сенью богатства. Но предпочтительней знание, – мудрость дает жизнь владеющим ею».

[407] Писания, Коэлет, 7:23. «Всё это испытал я в мудрости. Думал я: "Стану мудрым", но мудрость далека от меня».

378) «Сказал ему рабби Эльазар: "Конечно, это так. Но в такое время, как находится эта пища?" Сказал ему: "Ты, безусловно, хорошо спросил. Смотри же, и это является выяснением. Первая пища – это питание всего мира, которое приходит от неба и земли. И это пища тела"».

379) «"Пища более высокая, чем эта, более изысканная, исходит от места, в котором присутствует суд, называемого справедливостью", т.е. Малхут. "И это пища бедных", т.е. маца, называемая хлебом бедности. "Тот, кто дополняет недостающее бедному, дополняет одну букву" к справедливости (цедек צדק), "и (справедливость) становится праведностью (цдака צדקה). И это смысл сказанного: "Человек, делающий добро душе своей, – милостив"[408]. Добродетель указывает на то, что человек пребывает в суде, но восполнил его милостью (хесед), – тогда это милосердие"».

380) «"Пища более высокая, чем эти, это пища высшая и драгоценная, из места, называемого небесами", Зеир Анпина, т.е. ман, которым Исраэль питались в пустыне. "И она – самая изысканная из всех, и это пища больных. И это означает сказанное: "Творец укрепит его на одре болезни, все ложе поменял Ты в недуге его"[409]. Именно "Творец", Зеир Анпин. "И почему? Потому что эти больные ничем не питаются, но только пищей самого Творца"», Зеир Анпина.

381) «"Высшая пища, святая и драгоценная, – это пища любого духа (руах) и души (нешама), и она является пищей высшего далекого места"», Бины, которая снова стала Хохмой. О ней сказано: «Думал я: "Стану мудрым", но мудрость (хохма) далека от меня»[407]. «"Из того места, которое называется усладой Творца"», – т.е. из Бины, вернувшейся в Хохму.

382) «"И дороже всех – та пища, которой питаются товарищи, занимающиеся Торой. И это пища, исходящая от высшей мудрости (хохма)", т.е. самой Хохмы. "Почему она исходит из этого места? Потому что Тора исходит из высшей мудрости. И те, кто занимаются Торой, восходят к основам корней, и потому пища их от этого высшего святого места исходит"».

---

[408] Писания, Притчи, 11:17. «Человек, делающий добро душе своей, – милостив, а губящий плоть свою – жесток».

[409] Писания, Псалмы, 41:4. «Творец укрепит его на одре болезни, все ложе поменял Ты в недуге его».

383) «Подошел рабби Эльазар и поцеловал руки рабби Шимона, отца своего. Сказал: "Благословен мой удел, что присутствовал я при этих словах. Благословен удел праведников, занимающихся Торой днем и ночью, которых удостаивает (Творец) в этом мире и в мире будущем, как сказано: "Ибо Он – жизнь твоя и долгота дней твоих"[410]».

384) «"Вот Я посылаю вам в изобилии хлеб с небес"[396]. Рабби Йоси провозгласил: "Открываешь руку Свою и насыщаешь всякого, вдохновленного желанием"[411]. Что сказано выше: "Глаза всех к Тебе устремлены"[412] – все живущие в мире ждут и возносят глаза свои к Творцу. Поэтому все, обладающие верой, должны каждый день просить свою пищу у Творца и обращать свою молитву к Нему"».

385) «"И в чем причина? Потому что каждый, кто обращает свою молитву к Творцу о пропитании, приводит к тому, что благословляется благодаря ему каждый день то дерево, в котором питание всего. И хотя есть у человека питание, он должен просить о нем у Творца и обращаться в молитве своей о пище каждый день, для того чтобы благодаря ему пребывали благословения наверху каждый день. Как сказано: "Благословен Творец каждый день!"[413]»

386) «"И поэтому человек не должен готовить пищу с одного дня на другой, чтобы не откладывать с одного дня на другой. Как сказано: "И будет выходить народ, и собирать необходимое на день ежедневно"[396]. "На день ежедневно" – именно так, кроме как с вечера субботы на субботу. И тогда Творец полон благословений каждый день. И тогда сказано: "Открываешь руку Свою и насыщаешь всякого, вдохновленного желанием"[411]. Что значит: "Желанием"? То есть тем желанием, которое

---

[410] Тора, Дварим, 30:19-20. «В свидетели призываю на вас ныне небо и землю: жизнь и смерть предложил я тебе, благословение и проклятие. Избери же жизнь, дабы жил ты и потомство твое, чтобы любить Творца Всесильного твоего, слушая глас Его и прилепляясь к Нему. Ибо Он жизнь твоя и долгота дней твоих, в кои пребывать тебе на земле, которую клялся Творец дать отцам твоим, Аврааму, Ицхаку и Яакову».

[411] Писания, Псалмы, 145:16. «Открываешь руку Твою и насыщаешь всякого, вдохновленного желанием».

[412] Писания, Псалмы, 145:15. «Глаза всех к Тебе устремлены, и Ты даешь им пищу их в свое время».

[413] Писания, Псалмы, 68:20. «Благословен Творец каждый день! Наполняет нас Владыка спасения нашего! Сэла!»

получается от Атика Кадиша", т.е. Кетера, "и исходит от него желание, чтобы питание было у всех. И тот, кто просит о питании каждый день, называется верным сыном – сыном, для которого пребывают благословения наверху"».

387) «Рабби Аба провозгласил и сказал: "Желает Творец боящихся Его, уповающих на милость Его"[414]. Насколько же люди должны идти путями святого Царя и путями Торы для того, чтобы благословения пребывали у всех – у высших и у нижних"».

388) «"Мы же учили сказанное: "Исраэль, в котором Я прославлюсь"[415]. Именно "прославлюсь", – что это значит? Это потому, что благодаря Исраэлю внизу, который поднимает МАН, Творец прославляется наверху. И в чем слава Его? Что налагает тфилин", то есть, благодаря МАНу, возносимому Исраэлем, выходят мохин Зеир Анпина, называемые тфилин, "и Он соединяется благодаря им в красках, чтобы прославиться"». Ибо четыре раздела (тфилин) – это три цвета, белый-красный-зеленый, которые соединяются в три линии, чтобы светить во всем совершенстве.

389) «"Мы учили: "Желает Творец боящихся Его"[414]. Следовало сказать: "Благоволит Творец к боящимся Его", что значит: "Желает Творец боящихся Его"[414]? Однако: "Желает Творец боящихся Его" означает, что создал это желание и желал в нем боящихся Его, – тех, кто боится Его. И кто эти боящиеся, для которых Он создал это желание? Говорит особо: "Уповающих на милость Его"[414], – т.е. тех, кто уповают и ждут каждый день того, чтобы просить пропитания у Творца. Это смысл сказанного: "Уповающих на милость Его"».

390) «"Рабби Йеса Сава в любой день не устраивал трапезы своей, пока не обращался к Творцу с молитвой о пропитании. Говорил он: "Не устраивается трапеза, пока она не будет подана из дома Царя. После того, как обращался с молитвой к Творцу, он ждал один час и говорил: "Уже пришло время, когда она подана из дома Царя". Начиная с этого момента, он устраивал трапезу. И таков путь боящихся Творца, боящихся греха"».

---

[414] Писания, Псалмы, 147:11. «Желает Творец боящихся Его, уповающих на милость Его».

[415] Пророки, Йешаяу, 49:3. «И сказал мне: "Ты раб Мой, Исраэль, в котором Я прославлюсь"».

391) «"О тех грешниках, которые идут, путаясь на путях Торы, что сказано: "Горе тем, кто с раннего утра ищут пьяного веселья"[416]. И поэтому: "Желает Творец боящихся Его, уповающих на милость Его"[414]. Именно "на милость Его". И в этом познаются те, кто живет верой ежедневно. И это смысл сказанного: "И будет выходить народ, и собирать необходимое на день ежедневно"[396]. "На день ежедневно", – сказано, а не: "Необходимое на другой день ежедневно"».

392) «"Почему же так (строго)? "Чтобы Мне испытать его – будет ли он поступать по закону Моему, или нет"[396]. Этим", т.е. пропитанием, "проверяются обладающие верой: идут ли они ежедневно прямым путем в Торе?" Рабби Ицхак сказал: "Отсюда: "Праведник ест для насыщения души своей"[417] – после того, как насытилась душа его молитвой и чтением Торы"», он ест.

393) «Рабби Шимон сказал: "Смотри, пока Творец не дал Тору Исраэлю, Он отличал между теми, кто обладает верой, и между грешниками, не обладающими верой и не желающими Торы. И как же Он отличал их? Через ман. Как сказано: "Чтобы Мне испытать его"[396]. И всех тех, кто оказался обладающим верой, отмечает его Творец знаком сфиры Хесед, как сказано: "Уповающих на милость (хесед) Его"[414]. И поэтому: "Чтобы Мне испытать его"[396]. А у всех тех, кто не оказался обладающим верой, Он устранил эту высшую сфиру. И ман провозглашал, говоря: "А чрево грешников не наполнится"[417]. И вместе с тем: "Не было лишнего у собравшего много, а у собравшего мало не было недостатка"[418]».

394) «"Мы учили, что в этот час Исраэль наполнились внизу совершенством в подобии высшему, как мы выяснили сказанное: "И пришли они в Элим, а там двенадцать источников воды и семьдесят финиковых пальм"[419]. То есть укрепилось святое дерево", Зеир Анпин, "в двенадцати пределах, в четырех

---

[416] Пророки, Йешаяу, 5:11. «Горе тем, кто с раннего утра ищут пьяного веселья и задерживаются до ночи – вино разжигает их».

[417] Писания, Притчи, 13:25. «Праведник ест для насыщения души, а чрево грешников не наполнится».

[418] Тора, Шмот, 16:18. «И меряли омером, и не было лишнего у собравшего много, и у собравшего мало не было недостатка; каждый согласно съедаемому собирали они».

[419] Тора, Шмот, 15:27. «И пришли они в Элим, а там двенадцать источников воды и семьдесят финиковых пальм, и расположились там станом при водах».

сторонах мира"», – ХУГ ТУМ. Иначе говоря, в трех линиях в каждой из четырех сторон мира, ХУГ ТУМ, итого – двенадцать пределов. И это смысл слов: «Двенадцать источников воды»[419]. «"И укрепилось оно в семидесяти ветвях"», и это семьдесят правителей, о которых сказано: «Семьдесят финиковых пальм»[419]. «"И всё это – в подобии высшему"».

395) «"В этот час выпадает роса святости, – т.е. изобилие, называемое росой, от скрытого Атика", т.е. Кетера, "и наполняет рош Зеир Анпина, – место, называемое небесами. И от этой росы высшего света святости нисходил и опускался этот ман вниз. А когда опускался, он рассыпался и каждый раз образовывал в разных местах словно покров, который внизу затвердевал. И об этом сказано: "Нечто мелкое, как изморозь на земле"[420]».

396) «"Все те, кто обладает верой, выходят и собирают его и благословляют за него святое имя. И этот ман источал запахи всех благоуханий Эденского сада, ибо из него исходил и опускался вниз. И когда (человек) выкладывал его перед собой, он чувствовал любой вкус, который хотел почувствовать, и благословлял высшего святого Царя"».

397) «"И тогда ман благословлялся в чреве его, и он созерцал и познавал высшее, и взирал на высшую мудрость. И поэтому они называются поколением знания. И они были сынами веры, и им дана была Тора, чтобы изучать ее и узнавать пути ее"».

398) «"А о тех, кто не оказывались сынами веры, что сказано: "Люди бродили и собирали"[421]. Что значит: "Бродили (ша́ту שָׁטוּ)"? – Глупость (штут שטות) собирали для себя, поскольку не были сынами веры. Сказано о них: "И мололи в жерновах или толкли в ступе"[421]. Кто заставлял их так трудиться? Но дело в том, что они не были сынами веры"».

---

[420] Тора, Шмот, 16:14. «И испарилась роса, и вот – на поверхности пустыни нечто мелкое, как изморозь на земле».

[421] Тора, Бемидбар, 11:7-8. «Ман же был похож на семя кориандровое, а вид его, как вид хрусталя. Люди бродили и собирали, и мололи в жерновах или толкли в ступе, и варили в котле, и делали из него лепешки, и был вкус его, как вкус нежного масла».

399) «"Подобны им те, кто не верят в Творца и не хотят обращать внимания на пути Его. Они хотят утруждать себя каждый день заботой о пище, дни и ночи напролет, из страха, что вдруг у них не окажется куска хлеба. Кто их привел к этому? То, что они не сыны веры"».

400) «"И так же здесь: "Люди бродили и собирали"[421]. "Бродили" – в собственной глупости, и хотели трудиться над этим, и это означает: "И мололи в жерновах"[421]. И после всех этих трудов достигали всего-навсего, как сказано: "И был вкус его, как вкус нежного масла", и не более. Кто их привел к этому? То, что они не были сынами веры"».

401) «Сказал рабби Йоси: "Что значит: "Нежное (лешáд לְשַׁד) масло"? Одни говорят, что был замешан (нилóш נִלּוֹשׁ) на масле. А другие говорят, что как дух (шед שֵׁד) меняется, приобретая различные облики, так же и ман меняется, приобретая различные вкусы"», т.е. любой вкус, который желали, они ощущали в нем. «Рабби Йегуда сказал: "Нежное масло" – это питание маслом"».

402) «Рабби Ицхак сказал: "Каждый согласно съедаемому собирали они"[418]. Разве тот, кто ел немного, собирал немного, а тот, кто ел больше, собирал больше, – ведь сказано: "Не было лишнего у собравшего много, а у собравшего мало не было недостатка"[418]? Но дело в том, что собирали они согласно едокам. Это означает сказанное: "Съедаемому" – теми, кто ест его. И поэтому не сказано: "Каждый, сколько съедает"».

403) «"Чему нас это учит?" – что каждый собирал согласно едокам. "Человек содержал раба или рабыню, и говорил, что это принадлежит ему, а его товарищ пришел и сказал, что это его. Предстали они на суд перед Моше. Он их спросил: "Сколько душ в твоем доме, и сколько душ в его доме?" Ответили ему: "Столько и столько". И тотчас сказал им Моше: "Соберите завтра и каждый пусть придет ко мне". Назавтра вышли, собрали и предстали перед Моше. Поставили перед ним один сосуд, и он измерил его. Если этот раб принадлежал этому, то омер раба находился в этом сосуде, ибо было по омеру на каждую душу в его доме. Измерил у другого, и оказалось, что недостает пищи раба в этом сосуде, и было по омеру на каждую душу в его доме. Тогда сказал: "Этот раб принадлежит этому".

Это означает сказанное: "Каждый согласно съедаемому собирали они"[418]. И сказано: "По омеру на голову, по числу душ ваших"[422]».

404) «Сказал рабби Йеса: "Сказано: "Вечером узнаете вы, что это Творец вывел вас из земли египетской. И утром увидите славу Творца"[423]. "Вечером узнаете вы", – каким образом знали они? Но мы учили: каждый день действовали законы Творца. Утром милость (хесед) пробуждалась в мире, а в то время, которое называется вечер, суд нависал над миром. И мы также выяснили, что Ицхак установил послеполуденную молитву (минха)", а Ицхак – это Гвура. "И поэтому: "Вечером узнаете вы"[423], – когда пробудится суд в мире, узнаете вы, что с помощью этого суда вывел вас Творец из Египта. "И утром увидите славу Творца" – ибо в это время милость (хесед) пробуждается в мире, и даст (Он) вам пищу"».

405) «Рабби Хия сказал: "Наоборот. Что сказано выше: "Лучше бы нам умереть от руки Творца в земле египетской, когда мы сидели у горшка с мясом... ведь вывели вы нас в эту пустыню, чтобы уморить все это общество голодом"[424]. Тотчас пробудился вечер", суд. "И в то же время, когда пробудился суд, пробудилось и милосердие в мире. Это смысл сказанного: "Узнаете вы, что это Творец вывел вас из земли египетской"[423] – т.е. узнаете ту милость, которую Он содеял с вами во время суда, и "вывел вас из земли египетской". "И утром увидите славу Творца"[423]. И известна ведь слава Творца" – т.е. Малхут. "И почему до такой степени? "Ибо услышал Он ропот ваш"[423]"».

406) «Сказал рабби Йеса: "Творец не изменил своих обыкновений", т.е. вечером Он будет светить милостью, как сказал рабби Хия. "И только эти грешники в мире меняют это, превращая милость в суд, как мы учили"».

---

[422] Тора, Шмот, 16:16. «Вот что повелел Творец: собирайте его каждый, сколько ему съесть. По омеру на голову, по числу душ ваших, сколько у каждого в шатре, берите».

[423] Тора, Шмот, 16:6-7. «И сказал Моше и Аарон всем сынам Исраэля: "Вечером узнаете вы, что Творец вывел вас из земли египетской. И утром увидите славу Творца, ибо услышал Он ропот ваш на Творца. А мы что, что вы ропщете на нас?"»

[424] Тора, Шмот, 16:3. «И сказали им сыны Исраэля: "Лучше бы нам умереть от руки Творца в земле египетской, когда мы сидели у горшка с мясом, когда мы ели хлеб досыта; ведь вывели вы нас в эту пустыню, чтобы уморить все это общество голодом"».

407) «"Учил рабби Эльазар: от этого мана будут есть праведники в будущем мире. И если ты скажешь, что в том же виде", в каком ели Исраэль в пустыне, "то нет, а еще более", чем они, "ибо (народ) никогда не пребывал в таком совершенстве. Что оно собой представляет? Это как мы выяснили сказанное: "Созерцать благо Творца, посещать храм Его"[425]. И сказано: "Глаз, который не видел иных божеств, но лишь Тебя"[426]».

408) «"Смотрите, ведь Творец дал вам субботу"[427]. Рабби Хизкия провозгласил: "Песнь ступеней. Из глубин я воззвал к Тебе, Творец"[428]. Почему сказано просто: "Песнь ступеней", и не объясняется, кто воспевает ее? Однако, "песнь ступеней" означает, что все, живущие в мире, должны будут воспеть ее. Ибо эта песнь будет воспета в поколения мира"».

409) «"Что значит: "Из глубин я воззвал к Тебе"[428]? Мы учили, что каждый, кто обращается с молитвой к Творцу, должен устремить свою просьбу и молитву из глубины сердца, чтобы сердце его было всецело с Творцом, и направить на это свое сердце и желание. И это означает: "Из глубин я воззвал к Тебе". Но разве Давид сказал так, – ведь сказано: "Всем сердцем своим я искал Тебя"[429]? И этого изречения достаточно", чтобы молиться от всего сердца, "почему же нужно – из глубин?"»

410) «"Но мы учили, что любой человек, обращающий свою просьбу к Творцу, должен направить разум и желание к корню корней, чтобы притянуть благословения из глубины этой ямы, дабы излились благословения из источника всего. И что это? Это место, из которого выходит и из которого образуется та самая река", – т.е. скрытая Хохма, "как сказано: Река вытекает

---

[425] Писания, Псалмы, 27:4. «Об одном просил я Творца, и лишь этого буду искать, чтобы пребывать мне в доме Творца все дни жизни моей, созерцать благо (досл. усладу) Творца и посещать храм Его».

[426] Пророки, Йешаю, 64:3. «И никогда не слышали, не внимали; глаз, который не видел иных божеств, но лишь Тебя, даст Он уповающему на Него».

[427] Тора, Шмот, 16:29. «Смотрите, ведь Творец дал вам субботу, поэтому дает Он вам в день шестой хлеба на два дня; сидите каждый у себя, пусть не выходит никто из места своего в день седьмой».

[428] Писания, Псалмы, 130:1. «Песнь ступеней. Из глубин я воззвал к Тебе, Творец».

[429] Писания, Псалмы, 119:10. «Всем сердцем своим я искал Тебя – не дай мне ошибиться, в заповедях Твоих!»

из Эдена"⁴³⁰, где Эден – это Хохма, а река – это Бина, которая вышла наружу из рош Арих Анпина, являющегося скрытой Хохмой. "И сказано: "Река, потоки которой будут радовать город Всесильного"⁴³¹. И это называется: "Из глубин"⁴²⁸ – глубь всего, глубина той ямы, источники которой исходят и простираются от нее, чтобы благословлять всё. И это – начало для распространения благословений сверху вниз"».

411) «Рабби Хизкия», поясняя слова его, «сказал: "Когда Атик, самый скрытый из всего скрытого, хочет вызвать благословение в мире, он помещает все и включает все в эту высшую глубину", и это скрытая Хохма Арих Анпина, (скрытая) в связи с тем, что Бина вышла из нее наружу. "И отсюда черпает во́ды и исходит река", т.е. Бина, "и ручьи и потоки выходят из нее", т.е. мохин, "и все насыщаются влагой от нее" – т.е. что все мохин ЗОН и БЕА нисходят оттуда. "И тот, кто возносит свою молитву, должен направить свое сердце и желание на привлечение благословений из этой глубины всего, чтобы была принята его молитва, и исполнено желание его"».

412) «Сказал рабби Йегуда: "Каждый день мир благословляется от того высшего дня, ибо все шесть дней благословляются от седьмого дня, и каждый день дает от того благословения, которое получил в этот свой день"».

413) «"И поэтому сказал Моше: "Никто пусть не оставляет от него до утра"⁴³². И какова причина? Потому что не дает и не одалживает этот день другому, но каждый из них властвует в одиночку в свой этот день, ибо один день не властвует в день другого"».

414) «"Поэтому все эти пять дней властвуют в свой день, и есть у них то, что они получили. А в шестой день есть больше. И это происходит, как сказал рабби Эльазар. То, что написано: "День шестой (а-шиши́ הַשִּׁשִּׁי)"⁴³³ с "хэй ה", не написано о других

---

⁴³⁰ Тора, Берешит, 2:10. «Река вытекает из Эдена, чтобы орошать сад, и оттуда разделяется и образует четыре главных реки».

⁴³¹ Писания, Псалмы, 46:5. «Река, потоки которой будут радовать город Всесильного – святыню обиталищ Всевышнего».

⁴³² Тора, Шмот, 16:19. «И сказал им Моше: "Никто пусть не оставляет от него до утра"».

⁴³³ Тора, Берешит, 1:31. «И увидел Всесильный всё созданное Им, и вот – хорошо очень. И был вечер и было утро: день шестой».

днях. Но уже объяснялось: "шестой (а-шиши́ (הַשִּׁשִׁי))" с "хэй ה" указывает на то, что соединилась с ним Царица"», называемая «хэй ה», т.е. Малхут, «"чтобы приготовить стол для Царя. И поэтому есть в нем две части: одна – от его собственного дня, а вторая – от установления радости (встречи) Царя с Царицей"».

415) «"И это ночь радости Царицы с Царем и соединения (зивуга) их. И благословляются все шесть дней, каждый из них отдельно. Поэтому человек должен накрыть в надлежащем порядке свой стол в ночь субботы, ибо пребывают над ним благословения свыше, а благословение не пребывает над пустым столом. Поэтому у учеников мудрецов, знающих эту тайну, соединение (зивуг) их – от кануна субботы до кануна субботы"».

416) «"Смотрите, вот Творец дал вам субботу"[427]. Что такое суббота? Это день, в который отдыхают остальные дни, и он является совокупностью всех этих остальных шести дней, которые благословляются от него. И также Кнессет Исраэль называется субботой, поскольку является супругой субботы. И она – невеста. Как сказано: "И соблюдайте субботу, ибо святыня она для вас"[434] – для вас, а не для остальных народов. Как сказано: "Между Мной и сынами Исраэля"[435]. И это вечный удел наследия для Исраэля. Поэтому сказано: "Если отстранишься в субботу от исполнения дел твоих"[436]. И мы эти вещи выясняли в своем месте"».

417) «"Пусть не выходит никто из места своего в день седьмой"[427]. Мы учили, что "из места" означает – из того места, по которому подобает ходить", т.е. за пределами всего города. "И это смысл того, что сказано: "Благословенна слава Творца с места Его"[437], то есть Малхут. "И это смысл сказанного: "Ибо

---

[434] Тора, Шмот, 31:14. «И соблюдайте субботу, ибо святыня она для вас. Оскверняющий ее будет предан смерти. Ибо душа всякого, кто выполняет в этот день работу, искоренится из среды народа его».

[435] Тора, Шмот, 31:17. «Между Мною и сынами Исраэля знак это вовеки, что шесть дней созидал Творец небо и землю, а в седьмой день прекратил (созидание) и почил».

[436] Пророки, Йешаяу, 58:13. «Если отстранишься в субботу от исполнения дел твоих в святой день Мой, и назовешь субботу отрадой, святыню Творца – почитаемой, и почтишь ее, не занимаясь делами своими, не отыскивая дело себе и не говоря ни слова (об этом)».

[437] Пророки, Йехезкель, 3:12. «И понес меня дух, и услышал я позади себя голос, шум мощный: "Благословенна слава Творца с места Его!"»

место, на котором ты стоишь, – земля святая"[438]. Это известное место, которое называют "место, известное высшей славой"» – Малхут.

418) «"И поэтому, предостережение это человеку, который увенчался святым украшением свыше", днем субботним, – "чтобы из уст его не выходила будничная речь. Ибо, если выходит из него" будничная речь, "он нарушает день субботний". Нарушение субботы "деянием рук – это выполнение работы, деянием ног – это выход за пределы двух тысяч ама[439]. Все это – нарушение субботы"».

419) «"Пусть не выходит никто из места своего"[427] – это возвышенное место святости. Ибо за пределами его – чужие боги. "Благословенна слава Творца"[437] – это слава наверху", т.е. Малхут от хазе и выше, "с места Его"[437] – это слава внизу", Малхут от хазе и ниже, "и это украшение субботы, называемое местом. Поэтому: "Пусть не выходит никто из места своего"[427], так как за пределами его – чужие боги. "Благословен удел того, кто удостоился величия субботы. Счастлив он в этом мире и в мире будущем"».

---

[438] Тора, Шмот, 3:5. «И сказал Он: "Не приближайся сюда, сними обувь с ног твоих, ибо место, на котором ты стоишь, – земля святая"».
[439] Ама – мера длины. То же, что и локоть.

Творец отстаивает честь праведников

420) «"И сказал Творец Моше: "Пройди перед народом..."[440] Рабби Хия провозгласил: "Стоит станом ангел Творца вокруг боящихся Его и спасает их"[441]. Счастливы праведники, ибо Творец желает славы их больше, чем Своей. Смотри, сколько есть живущих в мире, которые хулят и поносят высшее, так же как Санхерив хулил и поносил, сказав: "Кто из всех богов этих стран смог спасти страну свою от руки моей, чтобы Творец смог спасти Йерушалаим от руки моей?!"[442], но Творец простил ему и не взыскал с него. А когда тот поднял руку на Хизкияу, сказано: "И вышел ангел Творца и поразил в стане ашурском..."[443]»

421) «"Яровам, сын Навата, поклонялся идолам, и совершал воскурения им, и приносил жертвы, но Творец не взыскал с него. А когда пришел пророк Идо с пророчеством о нем, и Яровам простер руку свою против него, сказано: "Но засохла рука его, и не мог он вернуть ее (силу) себе"[444]».

422) «"Фараон хулил и поносил, сказав: "Кто такой Творец, чтобы я слушался голоса Его?!"[445] И Творец не покарал его, пока он не отказался отпустить Исраэль, как сказано: "Ты всё еще держишь народ Мой, не отпуская его"[446]. И сказано: "Вот

---

[440] Тора, Шмот, 17:5. «И сказал Творец Моше: "Пройди перед народом и возьми с собой из старейшин Исраэля, и твой посох, которым ты поразил реку, возьми в руку свою и иди"».

[441] Писания, Псалмы, 34:8. «Стоит станом ангел Творца вокруг боящихся Его и спасает их».

[442] Пророки, Мелахим 2, 18:35. «Кто из всех богов этих стран смог спасти страну свою от руки моей, чтобы Творец смог спасти Йерушалаим от руки моей?!»

[443] Пророки, Мелахим 2, 19:35. «И было в ту ночь: и вышел ангел Творца и поразил в стане ашурском сто восемьдесят пять тысяч. И встали поутру, и вот, все они – мертвые тела».

[444] Пророки, Мелахим 1, 13:4. «И было, когда царь услышал слово человека Всесильного, которое тот призывал на жертвенник в Бейт-Эле, то простер Яровам с жертвенника руку свою, сказав: "Схватите его!" И засохла рука его, которую он простер к нему, и не мог он вернуть ее (силу) себе».

[445] Тора, Шмот, 5:2. «И сказал Фараон: "Кто такой Творец, чтобы я слушался голоса Его и отпустил Исраэль?! Не знаю я Творца, и Исраэль тоже не отпущу!"»

[446] Тора, Шмот, 9:17. «Ты всё еще держишь народ Мой, не отпуская его».

рука Творца пребудет на скоте твоем"⁴⁴⁷. И так в каждом месте – Творец взыскивает за унижение чести праведников более, чем за Свою"».

423) «"Тут сказал Моше: "Еще немного, и они побьют меня камнями"⁴⁴⁸. Сказал ему Творец: "Моше, сейчас не время взыскивать за унижение твоей чести. Лучше, пройди перед народом, и посмотрим, кто поднимет руку свою против тебя. Разве ты находишься в их власти, а не в Моей?!"»

424) «"И твой посох, которым ты поразил реку, возьми в руку свою и иди"⁴⁴⁰ – потому что были запечатлены на нем чудесные знамения, и святое высшее имя было записано на нем. Вначале посох превратился в змея". И это – Есод Зеир Анпина в катнуте. "Как мы учили: "Путь змея на скале"⁴⁴⁹. Ведь известно, что змей пробуждает скалу", т.е. Малхут. "В каком месте раскрылся?" – Творец. "Здесь раскрылся, как сказано: "Вот Я стану пред тобою там, на скале"⁴⁵⁰. И кто – "скала"? Как сказано: "(Он) твердыня (досл. скала), совершенно деяние Его"⁴⁵¹, и это Малхут. И там узнал Моше, как стоит змей на скале. И мы уже это объясняли"».

---

⁴⁴⁷ Тора, Шмот, 9:2-3. «Ибо если ты откажешься отпустить и будешь их еще держать, – вот рука Творца пребудет на скоте твоем, который на пастбище: на лошадях, на ослах, на верблюдах, на коровах и на овцах – мор весьма тяжкий».

⁴⁴⁸ Тора, Шмот, 17:4. «И возопил Моше к Творцу, говоря: "Что мне делать с этим народом, еще немного, и они побьют меня камнями!"»

⁴⁴⁹ Писания, Притчи, 30:18-19. «Три вещи сокрыты для меня, а четырех не знаю: путь орла на небе, путь змея на скале, путь корабля среди моря и путь мужчины у отроковицы».

⁴⁵⁰ Тора, Шмот, 17:6. «"Вот Я стану пред тобой там, на скале в Хорэве; и ударь по скале, и потечет из нее вода, и будет пить народ". И сделал так Моше на глазах у старейшин Исраэля».

⁴⁵¹ Тора, Дварим, 32:4. «(Он) твердыня, совершенно деяние Его, ибо все пути Его - праведны; Всесильный верен, и нет несправедливости, праведен и справедлив Он».

Скала и уступ

425) «Сказал рабби Йегуда: "Если бы Писание умолчало и не сказало, было бы лучше. Почему же сказано: "И ударь по скале, и потечет из нее вода"⁴⁵⁰?» Разве может быть такое со святым именем? «Сказал ему: "Именно так оно и есть, ибо не найти среди святых имен Творца такого, которое не явило бы чудес и могущества, и не извлекло всё, что нужно миру, и тем более здесь, – чтобы извлечь воду"».

426) «Сказал ему: "Но если так, то ведь сказано: "Ударил утёс, и потекли воды"⁴⁵². Кто ударил имя Его?" Сказал ему: "Заостренный молот, известный ударами своими", иначе говоря, человек бойкого, острого ума, умеющий опровергать, – "и ты это спрашиваешь?! Ведь смотри, в любом месте утёс (скала) – это могущество (гвура)", т.е. Малхут, когда она в свойстве Гвуры. "И когда хочет Творец", Зеир Анпин, "ударить или наказать, пробуждается эта Гвура (могущество), и эта Гвура ударяет и наказывает. И это означает сказанное: "Истинно, ударил утёс", т.е. это означает, что утёс ударил. "И если бы не пробудилась скала, и не ударила в нужное место, не потекли бы воды"».

427) «Сказал ему: "В таком случае, ведь сказано: "Твердыню, тебя породившую, оставил ты"⁴⁵³. И мы учили, что значит: "Оставил ты", – ослабил ее"». А такого не может быть в отношении имени. «Сказал ему: "Безусловно, что это так. Ведь если бы знали грешники, что скала в будущем пробудится и накажет их, они бы не стали грешить пред ней. Но она слаба в их глазах, потому что они не смотрят на нее, и она тоже не смотрит на пути их", чтобы тут же наказывать их. "И об этом сказано: "Твердыню, тебя породившую, оставил ты"⁴⁵³».

428) «Рабби Аба сказал: "Есть скала, и есть скала. Со стороны высшей скалы выходит другая скала. И что такое – высшая скала? Это всем скалам скала. И что она собой представляет?

---

⁴⁵² Писания, Псалмы, 78:19-20. «И роптали они на Всесильного, говоря: "Разве может Творец приготовить стол в пустыне? Истинно, ударил утёс (скалу), и потекли воды, и полились потоки. Может ли Он и хлеб дать? Приготовит ли мясо для народа Своего?"»

⁴⁵³ Тора, Дварим, 32:18. «Твердыню, тебя породившую, оставил ты, и забыл Творца, тебя сотворившего».

Это та, что породила Исраэль", т.е. Зеир Анпин. "И сказано: "Твердыню, тебя породившую, оставил ты"[453] – т.е. Бину, которая породила Исраэль, "ибо со стороны высшей скалы наверху выходит другая скала, – со стороны Имы", Бины, "выходит Гвура"», Малхут.

429) «"И это происходит, как сказал рабби Эльазар. Рабби Эльазар сказал: "Написано: "Кто возвестит могущество Творца?!"[454] Что такое "могущество Творца"? Это включить высшую Иму (мать) всего", Бину. "И хотя сама она не является судом, с ее стороны присутствует суд. Ибо с ее стороны есть Гвура", т.е. Малхут, подслащенная в Бине, "и поэтому она называется высшей твердыней. "И забыл Творца, тебя сотворившего"[453] – это свет Абы. Что это? Высший Хесед, являющийся светом Абы"».

430) «Еще сказал рабби Аба: "Вода в любом месте", где (о ней) сказано, "это известно", что имеется в виду свет Хесед. "Творец пробуждается в этой твердыне", т.е. суде, "чтобы дать воду", Хесед, "ведь не подобает ей это", – выйти иначе, как из Хеседа. "И это знамение и чудо Творца", – что скала, суд, дала хасадим. "И это прославил Давид, сказав: "Который превращает скалу в озеро"[455]. И смысл того, что превращает", т.е. превращает ее из суда в милосердие, – "что скале это не присуще"», – давать Хесед.

431) «"И поэтому в высшей скале", Бине, "извлек воду из места внизу", из Малхут. "И как называется то, что внизу? Уступ. Как сказано: "И извлечешь ты для них воду из (уступа) скалы"[456]. И чем он извлек воду из этого уступа? Силой высшей скалы"», Бины.

432) «"Твердыня, совершенно деяние Его"[457]. Сказал рабби Шимон: "Что значит: "Твердыня (досл. скала), совершенно

---

[454] Писания, Псалмы, 106:2. «Кто возвестит могущество Творца, провозгласит всю славу Его?!»

[455] Писания, Псалмы, 114:8. «Который превращает скалу в озеро, кремень – в источник вод».

[456] Тора, Бемидбар, 20:7-8. «И говорил Творец с Моше, сказав: "Возьми посох и собери общину, ты и Аарон, брат твой, и говорите скале на глазах у них, и даст она воды свои, и ты извлечешь для них воду из скалы, и напоишь ты общину и их скот"».

[457] Тора, Дварим, 32:4. «Твердыня, совершенно деяние Его, ибо все пути Его - праведны; Всесильный верен, и нет несправедливости, праведен и справедлив Он».

деяние Его"? – т.е. обратилась скала к тому, чтобы произвести деяние совершенного. И кто это? Авраам", т.е. Хесед. Сказано о нем: "Ходи предо Мной и будь непорочен"[458]. И это означает: "Который превращает скалу в озеро"[455] – т.е. действие суда превратилось в действие милосердия. И это значит, что "совершенно деяние Его", т.е. Хесед, "и это Авраам"», являющийся Хеседом.

433) «"В этот момент скала снова стала совершенной. В другой момент, во второй, когда Моше захотел извлечь воду из этой скалы, из-за прегрешений Исраэля, она уже не вернулась к совершенству, как вначале. В это время возмутился Моше и сказал (народу): "Твердыню, породившую тебя, оставил ты"[453]. Иначе говоря, ослабил ее по сравнению с тем, какой она была вначале. И из-за тебя теперь исчезло совершенство, и сделался суд, чего не было в дни, когда породили тебя, т.е. в дни отрочества твоего"».

---

[458] Тора, Берешит, 17:1. «И было Авраму девяносто лет и девять лет, и явил Себя Творец Авраму, и сказал Он ему: "Я Творец Всемогущий. Ходи предо Мною и будь непорочен"».

ГЛАВА БЕШАЛАХ

Так есть Творец среди нас?

434) «Сказал рабби Аба: "То, что сказано: "Так есть Творец среди нас или нет?"[459] – разве Исраэль были глупцами, что не знали этого? Ведь видели Шхину перед собой, и облака славы (пребывали) над ними, окружая их, и они сказали: "Так есть Творец среди нас или нет?" Люди, которые видели драгоценное сияние Царя их на море. Мы же учили, что рабыня на море видела то, что не видел пророк Йехезкель. И (вдруг) они оказываются глупцами, спрашивая: "Так есть Творец среди нас или нет?"»

435) «"Но так сказал рабби Шимон: "Они хотели знать, Атик ли это, который скрыт более всего скрытого", т.е. Кетер, "называемый Неведомым (аин אין), или Зеир Анпин, называемый АВАЯ. И поэтому не говорится: "Есть ли Творец среди нас или нет?", также как: "Будет ли он поступать по закону Моему или нет"[460], а говорится: "Так есть Творец (АВАЯ) среди нас или Нет (аин אין)?"»

436) «"Почему в таком случае они были наказаны? Но (наказаны были) за то, что делали различие", – между Атиком и Зеир Анпином. "И проверяли на опыте, как сказано: "И потому, что испытывали Творца"[459]. Сказали Исраэль: "Если один" среди нас, "спросим так, а если другой, спросим иначе". Поэтому сразу же: "И пришел Амалек"[461]».

---
[459] Тора, Шмот, 17:7. «И нарек он имя тому месту "Маса (Испытание) и Мерива (Раздор)", из-за ссоры сынов Исраэля и потому, что они испытывали Творца, говоря: "Так есть Творец среди нас или нет?"»
[460] Тора, Шмот, 16:4. «И Творец сказал Моше: "Вот Я посылаю вам в изобилии хлеб с небес, и будет выходить народ, и собирать необходимое на день ежедневно, чтобы Мне испытать его – будет ли он поступать по закону Моему или нет"».

И пришел Амалек

437) «"И пришел Амалек, и воевал с Исраэлем в Рефидим"[461]. Провозгласил рабби Йоси: "Счастливы вы, сеющие над всеми водами, направляющие шаг вола и осла"[462]. Есть разные виды светов: сладкие воды святости, и есть горькие воды и бурные воды. "Счастливы Исраэль, что нет у них иного семени, кроме как над этими водами", чтобы усмирить воды ситры ахра. Как сказано: "Расположились там станом над водами"[463] – над теми водами, которые были под ветвями дерева Творца"», т.е. бурные воды, как мы еще выясним.

438) «"И мы учили, что есть дерево у Творца", т.е. Бины, "и это дерево высокое и могучее", Зеир Анпин. "И в нем есть пропитание для всего. И оно ограничено двенадцатью пределами" – три линии в каждом из ХУГ ТУМ, всего двенадцать. "И укрепляется оно в четырех сторонах мира", т.е. ХУГ ТУМ. "Семьдесят ветвей связаны с ним", – семьдесят правителей семидесяти народов. "А Исраэль находятся в стволе (гуф) этого дерева, а семьдесят ветвей находятся вокруг них"», – вокруг Исраэля, включенных в ствол дерева.

439) «"И это как сказано: "И пришли они в Элим, а там двенадцать источников воды и семьдесят финиковых пальм"[463]. И мы уже выясняли и учили в разных местах, что означает: "И расположились там станом над водами"[463]. Однако, в это время Исраэль властвовали над водами, что под ветвями этого дерева, называемыми "бурные воды". И об этом сказано: "Счастливы вы, сеющие над всеми водами"[462]» – т.е., чтобы усмирить всевозможные воды ситры ахра.

440) «"Направляющие шаг вола и осла"[462] – это два кетера левой (стороны), в которые включены народы-идолопоклонники, называемые "вол" и "осел". Как сказано: "(У Лавана жил я)...

---

[461] Тора, Шмот, 17:8. «И пришел Амалек, и воевал с Исраэлем в Рефидим».
[462] Пророки, Йешаяу, 32:20. «Счастливы вы, сеющие над всеми водами, направляющие шаг вола и осла».
[463] Тора, Шмот, 15:27. «И пришли они в Элим, а там двенадцать источников воды и семьдесят финиковых пальм, и расположились там станом над водами».

и стали моими вол и осел"⁴⁶⁴. Потому что Лаван был умудрен в колдовствах и во всех этих нижних кетерах, и ими", волом и ослом, "хотел погубить Яакова. Как сказано: "Арамеец вознамерился погубить отца моего"⁴⁶⁵. И это мы уже изучали.⁴⁶⁶ Но когда Исраэль удостаиваются, направляют их, и не могут властвовать над ними. И это смысл сказанного: "Направляющие шаг вола и осла"⁴⁶², – что те не властвуют над ними"».

441) «Сказал рабби Аба: "Когда они соединяются вместе, то жители мира не могут выстоять против них. Об этом сказано: "Не паши на быке и осле вместе"⁴⁶⁷, именно вместе. И мы учили, что человек не должен давать места негодным связям. Ибо в результате такого действия человека, пробуждается то, что не нужно. И когда они сочетаются вместе, невозможно выстоять против них. С их стороны, от их сути, исходит одна клипа, которая называется псом, и своей дерзостью он превосходит всех. И об этом сказано: "А у всех сынов Исраэля не оскалится пес"⁴⁶⁸. Сказал Творец: "Вы сказали: "Так есть Творец среди нас или нет?!"⁴⁵⁹ Предаю Я вас псу". Сразу же: "И пришел Амалек (и воевал с Исраэлем)"⁴⁶¹».

442) «Рабби Йегуда сказал: "Первый из народов Амалек, но конец его – пока не будет уничтожен"⁴⁶⁹. Разве Амалек – "первый из народов"? Ведь сколько языков, народов и племен в мире было до прихода Амалека?"»

---

⁴⁶⁴ Тора, Берешит, 32:4-6. «И послал Яаков ангелов пред собой к Эсаву, брату своему, на землю Сеира, в поле Эдома. И повелел он им, говоря: "Так скажите моему господину Эсаву: "Так сказал твой раб Яаков: "У Лавана жил я, и я задержался доныне. И стали моими вол и осел, мелкий скот, и раб и рабыня. И я послал сообщить моему господину, чтобы обрести милость в глазах твоих"».

⁴⁶⁵ Тора, Дварим, 26:5. «И возгласишь ты и скажешь пред Творцом Всесильным твоим: "Арамеец вознамерился погубить отца моего; а (затем) он спустился в Египет и проживал там с немногими, и стал там народом великим, могучим и многочисленным"».

⁴⁶⁶ См. Зоар, главу Ваеце, п. 379. «Он подготовился в двух отношениях: вооружился всеми чарами, которые были у него, и запасся оружием, чтобы извести Яакова из мира...»

⁴⁶⁷ Тора, Дварим, 22:10. «Не паши на быке и осле вместе».

⁴⁶⁸ Тора, Шмот, 11:6-7. «И будет великий вопль по всей земле Египта, подобного которому не было и подобного которому не будет более. А у всех сынов Исраэля не оскалится пес ни на человека, ни на скот; чтобы вы знали, что Творец делает различие между Египтом и Исраэлем».

⁴⁶⁹ Тора, Бемидбар, 24:20. «И увидел он Амалека, и произнес притчу свою, и сказал: "Первый из народов Амалек, но конец его – пока не будет уничтожен"».

443) «"Но когда Исраэль выходили из Египта, страх и ужас перед Исраэлем напал на все народы мира. Как сказано: "Услышали народы, содрогнулись"[470]. И не было народа, не устрашившегося перед высшим могуществом Творца, а Амалек не устрашился. Как сказано: "И не побоялся он Всесильного"[471] – не побоялся приблизиться к тебе, поэтому он – "первый из народов"[469]».

444) «"Первым, кто пришел вести войну с Исраэлем, был Амалек. И поэтому: "Но конец его – пока не будет уничтожен"[469]. Как сказано: "Что совершенно сотру Я память об Амалеке"[472]. И сказано: "Сотри память об Амалеке"[473]. И это смысл сказанного: "Но конец его – пока не будет уничтожен"[469] Ведь следовало сказать: "А конец его – пока не сгинет он"? Однако, пока не придет Творец и не уничтожит его. Как сказано: "Что совершенно сотру Я". Сказал рабби Эльазар: "Смотри, хотя и сказано: "Твердыня, совершенно деяние Его"[457], и сделал с ними милость, и извлек для них воду, но всё же от Своего не отступился? Ведь сказано: "И пришел Амалек"[461]».

445) «Провозгласил рабби Аба: "Есть тяжкая беда, которую я видел под солнцем"[474]. У скольких людей – глухое сердце, из-за того, что не занимаются Торой. "Есть тяжкая беда" – разве есть беда, которая тяжкая, и беда, которая не тяжкая? Но, конечно же, "есть тяжкая беда", как мы учили, со стороны левой выходят многочисленные обвинители, проходящие сквозь воздух"».

446) «"И когда хотят выйти, они идут и поглощаются отверстием великой бездны, а затем выходят и соединяются вместе,

---

[470] Тора, Шмот, 15:14-15. «Услышали народы, содрогнулись, трепет объял жителей Плешета. Тогда пришли в смятение главы Эдома, сильных Моава охватила дрожь, сникли все жители Кнаана».

[471] Тора, Дварим, 25:17-18. «Помни, что сделал тебе Амалек в пути, когда уходили вы из Египта. Как застал он тебя в пути и перебил у тебя всех ослабевших, что позади тебя, а ты был изнурен и утомлен, и не побоялся он Всесильного».

[472] Тора, Шмот, 17:14. «И Творец сказал Моше: "Запиши это на память в книгу и внуши Йеошуа, что совершенно сотру Я память об Амалеке из поднебесной"».

[473] Тора, Дварим, 25:19. «И будет, когда даст тебе покой Творец Всесильный твой от всех врагов твоих, что вокруг, на земле, которую Творец Всесильный твой дает тебе в удел, чтобы овладел ты ею, сотри память об Амалеке из поднебесной, не забудь!»

[474] Писания, Коэлет, 5:12. «Есть тяжкая беда, которую я видел под солнцем, – богатство, хранимое на беду его владельцу».

и проходят сквозь воздушные пространства, и бродят по миру, и приближаются к людям, и каждый называется "беда". Как сказано: "Не случится с тобой беды"[475] – потому что начинают наговаривать на сынов человеческих"».

Объяснение. Есть малая бездна, и она содержится в Малхут свойства суда, и есть великая бездна, и она содержится в Малхут свойства милосердия, подслащенной в Бине. И вот обвинители, о которых сказано выше, исходят от Малхут свойства суда, и источник их – в малой бездне. Но они хотят удерживаться в душах, исходящих от Малхут, подслащенной в Бине, и поэтому они поглощаются вначале и всасываются великой бездной.

И поэтому сказано: «И когда хотят выйти», – когда они хотят выйти и вредить, «они идут и поглощаются отверстием великой бездны», – для того, чтобы могли причинять вред душам, исходящим от подслащенной Малхут, «и проходят сквозь воздушные пространства, и бродят по миру», – т.е. привносят «йуд י» в свет душ, и он превращается из света (ор אור) в воздух (авир אויר).[476] И ступень души разделяется, т.е. ее Бина и ТУМ падают с нее, как уже объяснялось.[476]

Поэтому сказано: «И каждый называется "беда". Как сказано: "Не случится с тобой беды"[475] – потому что начинают наговаривать на сынов человеческих"». Ибо со стороны присутствия суда они не могут нанести вред, – только душам, исходящим от Малхут свойства суда. Но из-за того, что всасываются отверстием великой бездны, они несут вред также и душам, принадлежащим подслащенной Малхут. И это – пустые наговоры.

447) «"Тяжкая" беда, "почему она тяжкая? Когда она пребывает над людьми, то делает их скупыми на деньги. Когда приходят к нему сборщики пожертвований, она удерживает руку его, говоря ему: "Не давай ничего своего". Приходят нищие, она удерживает руку его. Он собирается поесть за свои деньги,

---

[475] Писания, Псалмы, 91:10-11. «Не случится с тобой беды, и бедствие не приблизится к шатру твоему, потому что ангелам Своим Он заповедает о тебе – хранить тебя на всех путях твоих».

[476] См. Зоар, главу Берешит, часть 2, п. 153, со слов: «Объяснение. "Да будет" указывает на то, что "йуд י" в конце слов "да будет (йуд-хэй-йуд יהי)" вошла в "йуд-хэй יה" этих слов, и свет "йуд-хэй יה" стал по этой причине свойством "воздух"...»

она удерживает руку его, чтоб приберег деньги на потом. И с того дня, когда она пребывает над человеком, тяжко ему, словно слёг он из-за болезни и не ест, не пьет. И потому это "тяжкая беда"».

448) «"Царь Шломо воскликнул в мудрости, сказав: "Муж, которому даст Всесильный богатство и имущество, и почет, и нет недостатка душе его ни в чем, чего бы ни пожелал, однако не даст ему власти Всесильный вкушать от этого, ибо чужеземец всё поглотит, – суета это и тяжкий недуг"[477]. В этом изречении начало не соответствует концу, а конец – началу. Ведь сказано: "Муж, которому даст Всесильный богатство". Тогда, что значит: "Однако не даст ему власти Всесильный вкушать от этого"? Ведь в таком случае, это не во власти человека, и Всесильный не дал ему ничего?!"».

449) «"Но если бы было сказано: "Но не оставит ему Всесильный, чтобы вкушать от этого", я мог бы такое сказать", – что не дал ему ничего. "Однако сказано: "Не даст ему власти", и это потому, что он поверил этому недугу и был охвачен им", – в таком случае он сам явился причиной этого. "Творец не дал власти ему (недугу)", чтобы человек был создан под его властью, "но сам он желал его и держался за него"».

450) «"На всех путях своих он словно поражен этим недугом – не ест, не пьет, не приближается к деньгам и не расходует их, и бережет их, пока не уходит из мира. И приходит другой, и берет их, и он – их владелец"».

451) «"И возгласил царь Шломо, сказав: "Богатство, хранимое на беду его владельцу"[474]. Кто он – владелец его? Тот другой, который унаследовал его. И почему другой удостоился быть владельцем этого богатства? Это потому, что этот поверил этому недугу и пожелал его, и заразился им. И поэтому другой, не заразившийся этим недугом, удостоился быть владельцем этого богатства. И это означает: "На беду его". То есть из-за недуга, которым он заразился, приобрел его другой"».

---

[477] Писания, Коэлет, 6:2. «Муж, которому даст Всесильный богатство и имущество, и почет, и нет недостатка душе его ни в чем, чего бы ни пожелал, однако не даст ему власти Всесильный вкушать от этого, ибо чужеземец всё поглотит, – суета это и тяжкий недуг».

452) «"Другое объяснение: "Есть тяжкая беда"[474]. Тот, кому принадлежит значительная часть дома отца его, и он начинает наговаривать на отца своего, он заражается этим тяжким недугом, словно человек, который болен тяжелой болезнью, ибо все пути его – наговаривать. И говорит: "Это я хочу, и это я хочу". И из-за этого богатства заразился человек тяжким недугом, и наказан в этом мире и в мире будущем. И это: "Богатство, хранимое на беду его владельцу"[474]».

453) «"Так Исраэль. Творец их "носил на крыльях орлиных"[478] и окружил их облаками величия, Шхина двигалась перед ними, Он дал им свыше ман в пищу, извлек для них пресную воду. А они стали наговаривать на Него. Сразу же: "И пришел Амалек"[451]».

454) «"И пришел Амалек"[451]. Сказал рабби Шимон: "Здесь кроется тайна мудрости. Эта война исходит от решения сурового суда, и война эта ведется наверху и внизу. И в Торе нет ни одного слова, в котором не были бы заключены высшие тайны мудрости, когда соединяются со святым именем. Творец как бы сказал: "Когда Исраэль праведники внизу, Моя сила возрастает над всем, когда же не становятся праведниками, то как бы ослабляют силу наверху, и возрастает сила сурового суда"».

455) «"Смотри, в час, когда Исраэль согрешили внизу, что сказано: "И пришел Амалек, и стал воевать с Исраэлем в Рефидим"[451]. Он пришел обвинить суд за милосердие", – и это его война наверху. "Ибо всё находится наверху и внизу. "В Рефидим" означает – с опущенными руками, потому что они опустили руки в (изучении) Торы Творца, как мы уже объясняли. Дважды Амалек вел войну с Исраэлем, один раз – здесь, а другой, как сказано: "И сошли амалекитяне и кнаанеи"[479]».

456) «Сказал рабби Шимон: "Наверху и внизу" шла война Амалека. "Наверху было обвинение против Творца, как мы учили. Внизу" тоже "было против Творца, они брали людей и отрезали им крайнюю плоть святого знака. И брали их (крайнюю плоть), и бросали вверх, и говорили: "Возьми Себе то, что Ты хотел". И в любом случае – вся война велась против Творца"».

---

[478] Тора, Шмот, 19:4. «Вы видели, что Я сделал Египту, – вас же Я носил на крыльях орлиных и принес вас к Себе».

[479] Тора, Бемидбар, 14:45. «И сошли амалекитяне и кнаанеи, жившие на той горе, и разбили их, и громили их до Хормы».

457) «"И сказал Моше Йеошуа: "Выбери нам мужей, и выходи на войну с Амалеком"[480]. Что же послужило поводом для Моше отстраниться от этой первой войны Творца? Однако, благословен удел Моше, видевшего и знавшего корень происходящего. Сказал Моше: "Я буду готовиться к той войне, что наверху, а ты, Йеошуа, готовься к войне внизу"».

458) «"Это как сказано: "И было, когда поднимет Моше руку свою, то одолевал Исраэль"[481]. – т.е. высший Исраэль", Зеир Анпин. "И поэтому Моше отстранился от войны внизу, для того чтобы быстрее начать высшую войну. И она будет выиграна благодаря ему"».

459) «Сказал рабби Шимон: "Разве эта война с Амалеком кажется тебе легкой? Смотри, с того дня, как был сотворен мир, до того времени, и с того времени до времени прихода Машиаха, и даже в дни Гога и Магога ты не найдешь подобной ей. И не потому, что сражения были упорными и многочисленными, а потому, что со всех сторон она была (войной) Творца"».

460) «"И сказал Моше Йеошуа"[480]. Почему Йеошуа, а не другому? Ведь он в то время был еще отроком, как сказано: "Йеошуа бин Нун, отрок"[482]. Сколько было тогда в Исраэле сильнее его. Но Моше всмотрелся в мудрости и узнал. Что он увидел? Он увидел Сама, который опускался сверху, чтобы помочь Амалеку внизу. Сказал Моше: "Несомненно, тяжелую войну мы увидим здесь"».

461) «"Йеошуа в то время находился на самой высокой ступени. Если ты скажешь, что он находился в то время в Шхине, то это не так, потому что она была связана и соединена с Моше. Получается, что Йеошуа находился в соединении ниже нее", Шхины, "в том месте, которое называется "отрок"», и это Матат.

---

[480] Тора, Шмот, 17:9. «И сказал Моше Йеошуа: "Выбери нам мужей и выходи на войну с Амалеком! Завтра я встану на вершине холма с посохом Всесильного в руке моей"».

[481] Тора, Шмот, 17:11. «И было, когда поднимет Моше руку свою, то одолевал Исраэль, а когда опустит руку свою, то одолевал Амалек».

[482] Тора, Шмот, 33:11. «И говорил Творец Моше лицом к лицу, как говорит человек ближнему своему; и возвращался он в стан, а его служитель, Йеошуа бин Нун, отрок, не отлучался от шатра».

462) «"Это как сказал рабби Йегуда о том, что сказано: "Глаза твои увидят Йерушалаим, жилище мирное, шатер неколебимый"[483]. "Йерушалаим" – т.е. высший Йерушалаим, называемый "шатер неколебимый", это значит, "что тебе не придется больше находиться в изгнании. И это смысл слов: "Йеошуа бин Нун, отрок"[482], – конечно, отрок", ведь он привязан к высшему отроку, Матату. "Не отлучался от шатра"[482], – от того (шатра), который называется "шатер неколебимый", т.е. от Шхины. Это учит тому, что он каждый день питался от Шхины, как и тот, высший отрок, "не отлучался от шатра"[482], и питается от нее всегда. Также и тот отрок, что внизу", Йеошуа, "не отлучался от шатра"[482] и питается от него всегда"».

463) «"Поэтому, когда Моше увидел Сама, что тот нисходит помочь Амалеку, подумал Моше, что этот "отрок", безусловно, восстанет против него, и будет властвовать над ним, чтобы победить его. Сразу же: "И сказал Моше Йеошуа: "Выбери нам мужей, и выходи сражаться с Амалеком"[480] – т.е. тебе предстоит вести эту войну внизу, а мне надо спешно готовиться к высшей войне. "Выбери нам мужей"[480] – т.е. праведников, потомков праведников, чтобы были достойны пойти с тобой"».

464) «Сказал рабби Шимон: "В час, когда выступил отрок Йеошуа, встал высший отрок", Матат, "подготовив себя многочисленными исправлениями, с многочисленным оружием, которое уготовила ему мать", т.е. Шхина, "для этой войны, для того чтобы совершить возмездие за нарушение союза. Как сказано: "Меч, мстящий за нарушение союза"[484]. И это смысл сказанного: "И ослабил Йеошуа Амалека и народ его силой меча"[485]. "Силой меча" конечно, а не силой копий и оружия. Но именно силой этого меча, который называется "меч, мстящий за нарушение союза"[484]».

---

[483] Пророки, Йешаяу, 33:20. «Посмотри на Цион, город собраний наших! Глаза твои увидят Йерушалаим, жилище мирное, шатер неколебимый; колья его не пошатнутся вовек, и ни одна из веревок его не оборвется».

[484] Тора, Ваикра, 26:25. «И наведу на вас меч, мстящий за нарушение союза, и будете собираться в города ваши, но наведу Я на вас язву, и будете преданы в руки врага».

[485] Тора, Шмот, 17:13. «И ослабил Йеошуа Амалека и народ его силой меча».

465) «"А Моше приготовился к высшей войне. Как сказано: "А руки Моше тяжелы"[486] – именно тяжелы, важны, святы, никогда не были осквернены. "Важны" – т.е. достойны того, чтобы вести ими высшую войну. "И взяли они камень, и подложили под него, и он сел на него"[486] – из-за того, что Исраэль находились в беде, и он был с ними в их беде"».

466) «"И Аарон и Хур поддерживали руки его, один – с одной (стороны), а другой – с другой. И были руки его верой"[486]. Что значит: "Поддерживали руки его"[486]? "Верой"[486] – разве из-за того, что "Аарон и Хур поддерживали руки его", "были руки его верой"? Однако все, что Моше сделал, он сделал с мудростью. Аарон и Хур, один – со своей стороны", т.е. правой, "другой – со своей стороны", левой, "а руки Моше – посередине", в средней линии. "Поэтому: "И были руки его верой", – верными, чтобы Аарон пробудился со своей стороны, т.е. правой, а Хур чтобы пробудился со своей стороны, левой. И они держали руки его с той и другой стороны, для того чтобы пребывала помощь свыше"».

467) «"И было, когда поднимет Моше руку свою, то одолевал Исраэль"[487]. "Когда поднимет" – означает, что поднимал правую над левой, и это подразумевал, когда возносил свои руки, и тогда одолевал Исраэль, – высший Исраэль", Зеир Анпин. "А когда опустит руку свою, то одолевал Амалек"[487], – т.е. в час, когда Исраэль внизу забывают о молитве, руки Моше не могут подняться и быть выпрямленными, и "одолевал Амалек"[487]. Отсюда мы учили, что хотя коэн и возносит руки во время жертвоприношения, чтобы исправить себя во всем, должны Исраэль находиться вместе с ним в молитве его"».

468) «"Мы учили, что в этой войне Амалека пребывали высшие и нижние. Поэтому: "И были руки его верой"[487] – т.е. в вере, как подобает. Сказано: "И были (букв. была) руки его верой"[487] – ведь следовало сказать: "И были руки его"? Но поскольку всё зависит от правой руки, поэтому сказано: "Была", и сказано: "Руки его", чтобы научить тому, что правая

---

[486] Тора, Шмот, 17:12. «А руки Моше тяжелы. И взяли они камень и подложили под него, и он сел на него. И Аарон и Хур поддерживали руки его, один – с одной (стороны), а другой – с другой. И были руки его верой до захода солнца».

[487] Тора, Шмот, 17:11. «И было, когда поднимет Моше руку свою, то одолевал Исраэль, а когда опустит руку свою, то одолевал Амалек».

является основой всего. И сказано: "Десница Твоя, Творец, величественна силой, десница Твоя сокрушит врага"[488]».

469) «"И Творец сказал Моше: "Запиши это на память в книгу и внуши Йеошуа, что совершенно сотру Я память об Амалеке из поднебесной"[489]. Смотри, что сказано выше: "И ослабил Йеошуа Амалека и народ его силой меча"[485]. Сказано: "И ослабил" – ведь следовало сказать: "И поразил"? Однако: "И ослабил (ва-яхалóш וַיַּחֲלֹשׁ)" – это как мы учили: "Повелитель (холеш חוֹלֵשׁ) народов"[490]. Йеошуа приводил их к повиновению, а "меч, мстящий за нарушение союза"[484], поражал их, как сказано: "Силой меча"[485], как мы учили"».

470) «"Запиши это (зот) на память"[489]. Именно "зот", – т.е. имя Малхут. "И внуши Йеошуа"[489] – ибо ему предстоит поразить других царей", тридцать одного царя. "Что совершенно сотру (досл. стирая, сотру) Я"[489]. "Стирая" – это наверху, "сотру" – внизу, "память" – т.е. память наверху и внизу"».

471) «Сказал рабби Ицхак: "Сказано: "Что совершенно сотру Я"[489] – означает, что Творец сотрет. И сказано: "Сотри память об Амалеке"[473] – означает, что мы должны стереть ее. Но сказал Творец: "Вы сотрите память об Амалеке внизу, а Я сотру память об Амалеке наверху"».

472) «Сказал рабби Йоси: "С Амалеком пришли другие народы. И все они боялись приближаться к Исраэлю, кроме него. Поэтому Йеошуа покорял их". Рабби Йеса сказал: "И ослабил Йеошуа"[485] – т.е. сокрушил их силу свыше"».

473) «"И построил Моше жертвенник, и нарек ему имя "Творец – мое чудо"[491]. "И построил Моше жертвенник" – соответствующий высшему жертвеннику. "И нарек ему имя" – того жертвенника", высшего. "Творец – мое чудо", – что значит:

---

[488] Тора, Шмот, 15:6. «Десница Твоя, Творец, величественна силой. Десница Твоя, Творец, сокрушит врага».

[489] Тора, Шмот, 17:14. «И Творец сказал Моше: "Запиши это на память в книгу и внуши Йеошуа, что совершенно сотру Я память об Амалеке из поднебесной"».

[490] Пророки, Йешаяу, 14:12. «Как пал ты с неба, утренняя звезда, сын зари, низвержен на землю повелитель народов!»

[491] Тора, Шмот, 17:15. «И построил Моше жертвенник, и нарек ему имя "Творец – мое чудо"».

"Творец – мое чудо"? Это потому, что он вершил возмездие святого знака Исраэля. И в то время он назывался: "Меч, мстящий за нарушение союза"[484]», а Моше назвал его: «Творец – мое чудо»[491].

474) «Рабби Йоси сказал: "И построил Моше жертвенник"[491] – жертвенник, чтобы искупить их", Исраэль. "И нарек ему имя"[491] – кому имя?" Сказал рабби Хия: "Имя этому жертвеннику. "Творец – мое чудо (ниси́ נִסִּי)"[491], это как сказано: "И там испытал его (нисау נִסָּהוּ)"[492], что означает – подъем. "И всё это – одно целое, т.е. поднялись за то, что было сделано подворачивание Исраэлю, и раскрылся в них знак этого союза, знак святости.[493] Отсюда мы учили, что поскольку был обрезан сын человеческий, и раскрылся в нем знак союза, знак святости, этот сын называется жертвенником, чтобы совершать на нем искупления. И как он называется? "Творец – мое чудо"[491]».

475) «"Подобно этому, Яаков построил жертвенник, как сказано: "И поставил там жертвенник, и назвал его: "Творец – Всесильный Исраэля"[494]. Кого назвал? То место, которое называется жертвенником", т.е. Малхут. "И как оно называется? "Творец – Всесильный Исраэля"[494]».

---

[492] Тора, Шмот, 15:25. «И вскричал он к Творцу, и указал ему Творец дерево, и бросил он (дерево) в воду, и вода стала пресною. Там установил Он ему закон и правосудие, и там испытал его».

[493] См. выше, п. 349.

[494] Тора, Берешит, 33:20. «И поставил там жертвенник, и назвал его: "Творец – Всесильный Исраэля"».

ГЛАВА БЕШАЛАХ

И увидели они Всесильного Исраэля

476) «Сказал рабби Йоси: "То, что сказано: "И увидели они Всесильного Исраэля"[495]. Кто может увидеть Творца? Ведь сказано: "Ибо не может человек увидеть Меня и остаться в живых"[496]. Здесь же говорится: "И увидели". Но над ними раскрылась радуга в сверкающих цветах", т.е. Шхина, получающая от трех цветов: белого, красного и зеленого. "И так мы учили: каждый, кто смотрит на радугу, он словно смотрит на Шхину, а на Шхину смотреть нельзя"».

477) «"И потому нельзя человеку смотреть на пальцы коэнов в тот момент, когда они простирают руки. Нельзя смотреть на радугу. Что такое радуга?" Сказал рабби Аба: "Просто на радугу". Спросил его: "Что значит: просто на радугу?" Сказал ему: "И на высшую радугу, и на нижнюю радугу"».

478) «И объясняет свои слова: "На высшую радугу", нельзя смотреть, т.е. "на цвета ее" – белый-красный-зеленый, представляющие собой три линии, которые светят в Шхине. "И каждый, кто смотрит" на ее цвета, "словно смотрит на высшее место. А на него нельзя смотреть, чтобы не навлечь позор на Шхину. Нижняя радуга, – что это? Это знак союза, запечатленного на человеке; и каждый, кто на него смотрит, навлекает позор на высшее"».

479) «Сказал рабби Ицхак: "Но если это так, то сказано ведь: "Положи руку твою под бедро мое"[497], т.е. он привел его к клятве этим знаком?" Сказал ему: "Положись на них, на праотцев мира, ибо они не такие, как все остальные жители мира. И, кроме того, сказано: "Положи руку твою под бедро мое"[497], но не сказано: "Посмотри под бедро мое". Поэтому нельзя смотреть просто на радугу. Как мы и учили"».

---

[495] Тора, Шмот, 24:10. «И увидели они Всесильного Исраэля, и под ногами Его словно изделие из сапфирового камня и как небесная суть по чистоте».

[496] Тора, Шмот, 33:20. «И сказал Он: "Ты не сможешь увидеть лик Мой, ибо не может человек увидеть Меня и остаться в живых"».

[497] Тора, Берешит, 24:2. «И сказал Авраам рабу его, старшему в доме своем, управлявшему всем, что у него: "Положи руку твою под бедро мое"».

480) «"Мы учили: "И увидели они (эт) Всесильного Исраэля"⁴⁹⁵ – т.е. раскрылась над ними радуга в красивых, сверкающих цветах, пылающих в каждой стороне", и это Шхина. Это означает сказанное: "(Эт) Всесильного Исраэля", и не сказано: "И увидели они Всесильного Исраэля" (без предлога эт)». И Шхина называется «Эт». «Сказал рабби Йоси: "Это свет от свечения Шхины. И кто он? Тот, кто зовется отроком", – т.е. Матат, "который служит Шхине в Храме. И потому, именно Эт"», так как это имя Шхины, включающее Матата, служителя ее.

481) «"И под ногами Его словно образ сапфирового камня"⁴⁹⁵. Ибо запечатлен в Нем, под местом Его, один камень – из тех камней, которыми строили в Египте. И мы учили, что одна женщина родила в Египте, и пришли сановники Фараона", чтобы выбросить (ребенка) в реку. "Но она положила его вместо одного из камней этого строения. И появилась кисть руки и держала его, и запечатлелся он у подножия Шхины. И она находилась перед ним, пока не сгорел Храм внизу, как сказано: "И не вспомнил Он о подножии Своем"⁴⁹⁸» – это сапфировый камень, упомянутый выше.

482) «Рабби Хия сказал: "Сапфировый камень – это свет сапфира, ключи от целительного вина", – т.е. экран, подслащенный в Бине, называемый мифтеха (ключ),⁴⁹⁹ который открывает мохин, называемые целительным вином. "Высшие постановления наверху, пламенеющие в семидесяти двух сторонах"», – так как из экрана ключа раскрывается имя «аин-бэт עב (72)». «"И это смысл сказанного: "И сделаю основание твое из сапфиров"⁵⁰⁰. "И как небесная суть"⁴⁹⁵, – что значит: небесная суть?" Сказал рабби Аба: "Как небесная суть", т.е. Зеир Анпин, "запечатлена в семидесяти двух ветвях, цветущих во все стороны"», т.е. имя «аин-бэт עב (72)», которое светит и Хохмой и хасадим, «"также и здесь, облик этой небесной сути как облик самих небес"», т.е. Зеир Анпина. «Рабби Йегуда сказал: "Всё запечатлелось в этом свете облика, запечатленного со стороны Шхины"».

---

⁴⁹⁸ Писания, Эйха, 2:1. «Как омрачил в Своем гневе Творец дочь Циона, бросил с небес на землю красу Исраэля. И не вспомнил Он о подножии Своем в день гнева Своего».

⁴⁹⁹ См. «Предисловие книги Зоар», статью «Манула и мифтеха (замок и ключ)», п. 42.

⁵⁰⁰ Пророки, Йешаяу, 54:11. «Бедная, встревоженная, безутешная! Вот Я положу камни твои в сурьму и сделаю основание твое из сапфиров».

483) «Сказал рабби Хизкия: "В таком случае, их ведь шестьдесят вокруг Шхины, как сказано: "Шестьдесят воинов вокруг него"[501]?" Сказал ему: "Это, безусловно, так. Но эти шестьдесят светили из двенадцати пределов", имеющихся в Зеир Анпине, "и не покидали окружения Шхины никогда. Двенадцать высших установленных пределов выросли по важности в большом и сильном дереве", – т.е. три линии, которые светят в четырех сторонах ХУГ ТУМ, всего – двенадцать. "И все они светят в Царице", Шхине, "когда она соединяется с Царем", Зеир Анпином, "действительно небесной сутью", так как получает всё, что есть на небесах, в Зеир Анпине. "И все эти света и тропинки светят в нем светом Шхины"».

484) «"И мы учили, что свет этих шестидесяти" воинов, "которые вокруг нее", Шхины, "запечатлены в нем, в том отроке", Матате. "И мы называем их шестьюдесятью ударами огня, который облачился в них со стороны Шхины, пылающими судом. Это означает сказанное: "Шестьдесят воинов вокруг него"[501]».

---

[501] Писания, Песнь песней, 3:7. «Вот ложе Шломо! Шестьдесят воинов вокруг него, воинов исраэлевых».

И построил Моше жертвенник

485) «"Мы учили: "И построил Моше жертвенник, и нарек ему имя "Творец – мое чудо"[502]. Именно так: "Творец – мое чудо", ибо у Творца было чудо. "Почему? Потому что Амалек взял всех тех, которые были обрезаны и не сделали подворачивания, и обрезал их, и бросал их (крайнюю плоть) вверх, говоря: "Возьми то, что хотел". И тотчас, что написано: "И сказал: "Вот рука на престоле Творца, что война у Творца против Амалека из поколения в поколение"[503]. В словах: "Из поколения в поколение (ми-дор дор מִדֹּר דֹּר)" недостает "вав ו".[504] Это учит тому, что этих поколений, в которых ведется война с Амалеком, "недостает среди обитающих наверху", так как имя несовершенно и престол несовершенен, и недостает "среди обитающих внизу", так как нет совершенства у нижних.

486) «Сказал рабби Йегуда: "В каждом поколении, во всех поколениях, приходящих в мир, нет поколения, в котором не было бы этого семени зла", (семени) Амалека. "И Творец ведет с ними войну. И о них сказано: "Пусть грешники исчезнут с земли"[505]. "С земли" – т.е. в этом мире и в мире будущем. И в то же время сказано: "Благослови, душа моя, Творца! Алелуйа!"[505]»

---

[502] Тора, Шмот, 17:15. «И построил Моше жертвенник, и нарек ему имя "Творец – мое чудо"».
[503] Тора, Шмот, 17:16. «И сказал: "Вот рука на престоле Творца (свидельством тому), что война у Творца против Амалека из поколения в поколение"».
[504] Слово «поколение» пишется на иврите с «вав ו» – דוֹר (дор).
[505] Писания, Псалмы, 104:35. «Пусть грешники исчезнут с земли, и нечестивых не будет больше! Благослови, душа моя, Творца! Алелуйа (хвалите Творца)!»

Глава Итро

И услышал Итро

1) «"И услышал Итро, жрец Мидьяна, тесть Моше, всё, что сделал Всесильный для Моше и для Исраэля, народа Своего, что Творец вывел Исраэль из Египта"[1]. Рабби Хизкия провозгласил и сказал: "И воздел Аарон руки свои"[2]. "Руки свои (ядáв יָדָיו)" написано без буквы "йуд י" (ידו)", что означает – одну руку. И это потому, что он должен поднять правую над левой. И смысл этого мы уже выясняли"».

2) «"Нашел я в книге царя Шломо, что всякий, кто поднимает руки вверх, но не в просьбе и не в молитве, – это тот человек, который проклят десятью властителями. И это – "десять властителей, что были в городе"[3]. Это те десять, которые отвечают за простирающих свои руки наверх, принимая эту молитву или это благословение, и дают ему силы возвеличивать святое имя, и благословляется внизу. После того как благословляется внизу, благодаря воздеванию рук вверх, благословляется наверху и возвеличивается со всех сторон"».

3) «"И эти десять правителей призваны получать благословения свыше и изливать их вниз, благословляя того, кто благословляет Его. Как сказано: "И Я благословлю их"[4]».

4) «"Поэтому человек должен следить за собой в тот момент, когда поднимает руки вверх, чтобы они были в молитве, или в благословении, или в просьбе. И пусть не воздевает руки свои напрасно, потому что эти десять правителей настороже, и они пробуждаются при этом воздевании рук, и если оно впустую, эти десятеро проклинают его двумястами сорока восемью проклятиями"».

---

[1] Тора, Шмот, 18:1. «И услышал Итро, жрец Мидьяна, тесть Моше, всё, что сделал Всесильный для Моше и для Исраэля, народа Своего, что Творец вывел Исраэль из Египта».

[2] Тора, Ваикра, 9:22. «И воздел Аарон свои руки к народу, и благословил их, и сошел, совершив очистительную жертву и всесожжение, и жертву мирную».

[3] Писания, Коэлет, 7:19. «Мудрость усилит мудрого больше, чем десять властителей, что были в городе».

[4] Тора, Бемидбар, 6:27. «И вознесут имя Мое над сынами Исраэля, и Я благословлю их».

5) «"И тогда дух скверны пребывает на этих руках, ибо такая у него особенность – пребывать на пустом месте. А благословение не пребывает на пустом месте. И потому сказано: "Воздеваю руку мою к Творцу, Владыке Всевышнему"[5], и переводит (на арамейский) "би-цело́ בְּצְלוֹ", т.е. в молитве"[6]».

6) «"В воздевании рук есть высшие тайны. Когда они простираются и выпрямляются вверх, человек возвеличивает Творца во множестве высших тайн, и он способен соединить десять речений, чтобы соединить всё и благословить святое имя как подобает. И он способен объединить внутренние строения (меркавот)" Ацилута "и внешние строения", вне пределов Ацилута, "чтобы святое имя благословилось со всех сторон, и соединилось всё как одно целое, наверху и внизу"».

7) «Провозгласил и сказал: "И не явятся лику Моему с пустыми руками"[7]. Это касается распрямления пальцев – когда человек распрямляет их вверх, нужно, чтобы он не распрямлял их напрасно, а только в молитве, и в просьбах, и в благословениях". И об этом сказано: "И не явятся лику Моему с пустыми руками". Не сказано: "И не явятся пред ликом Моим", а: "Лику Моему", так как говорится о распрямлении пальцев, – что нельзя распрямлять их напрасно, как мы уже сказали"».

8) «"Десять властителей, о которых мы говорили, – внизу это десять речений, в виде букв, записанных наподобие высших. И они поднимаются вначале на это распрямление пальцев. И благодаря этому вся сторона святости соединяется наверху. Тогда абсолютно вся ситра ахра, (все свойства ее) подчиняются и признают святого Царя"».

9) «"Смотри, у стороны святости есть Царь и коэн, служащий в его подчинении, как наверху, так и внизу. Есть Царь наверху – и это святая святых", т.е. Бина, "и это высший Царь. А Ему подчиняется коэн, т.е. первый свет, который служит Ему", т.е.

---

[5] Тора, Берешит, 14:22. «И сказал Аврам царю Сдома: "Воздеваю руку мою к Творцу, Владыке Всевышнему, создавшему небо и землю"».

[6] Это изречение: «Воздеваю руку мою к Творцу», Онкелос переводит на арамейский язык так: «Воздеваю руку мою в молитве к Творцу».

[7] Тора, Шмот, 23:15. «Праздник опресноков соблюдай: семь дней ешь опресноки, как Я повелел тебе, в месяце авив, в котором ты вышел из Египта. И не явятся лику Моему с пустыми руками».

сфира Хесед. "И это коэн, который называется великим, правая сторона"».

10) «"Есть Царь внизу", т.е. Малхут, "подобный высшему Царю, и это Царь надо всем, что внизу", т.е. над мирами БЕА. "И в Его подчинении находится коэн, который служит Ему, и это Михаэль, великий коэн, который справа", т.е. Хесед. "И это свойство полной веры, сторона святости"».

11) «"В ситре ахра (досл. иной стороне), которая не является стороной святости, есть свойство "царь". И мы выяснили, что называется он "царь, старый, да глупый"[8], и это злое начало. "А в его подчинении находится жрец Она (און). И это скрытый смысл сказанного: "И сказал Эфраим: "Хотя и разбогател я, обрел для себя силу (он און)"[9], т.е. жреца ситры ахра, "поскольку эта сила", Он (און), "правит деянием, совершенным Яровамом. И если бы не было этой силы, не мог бы он преуспеть в том деянии"».

12) «"Когда этот царь и этот жрец" ситры ахра "покорены и разбиты, все другие стороны подчиняются и признают Творца. В это время один лишь Творец господствует наверху и внизу. Как сказано: "И возвеличен будет один лишь Творец в тот день"[10]».

13) «"Точно то же самое Творец сделал и на земле, разбив царя старого, да глупого, то есть Фараона. Когда Моше пришел к Фараону и сказал: "Всесильный евреев призвал нас"[11], – Фараон провозгласил, сказав: "Не знаю я Творца"[12]. И пожелал Творец, чтобы возвеличилось имя Его на земле, так же как

---

[8] Писания, Коэлет, 4:13. «Лучше отрок бедный, но умный, чем царь старый, да глупый, не умеющий остерегаться».

[9] Пророки, Ошеа, 12:9. «И сказал Эфраим: "Хотя и разбогател я, обрел для себя силу, – во всем, что я делал, не найдут у меня ничего незаконного, что было бы грехом"».

[10] Пророки, Йешаяу, 2:11. «Гордость очей человеческих унижена будет, и поникнет надменность людей. И возвеличен будет один лишь Творец в тот день».

[11] Тора, Шмот, 5:3. «И сказали они: "Всесильный евреев призвал нас, – позволь нам пойти на три дня пути в пустыню и принести жертвы Творцу Всесильному нашему, чтобы не поразил он нас мором или мечом"».

[12] Тора, Шмот, 5:2. «И сказал Фараон: "Кто такой Творец, чтобы я послушался Его и отпустил Исраэль? Не знаю я Творца, и Исраэль тоже не отпущу!"»

велико оно наверху", и поразил его десятью казнями. "Когда же Он поразил его и народ его, тот сразу признал Творца"».

14) «"А после этого сломился и подчинился тот жрец Она", – Итро, "который служит у него в подчинении, так что пришел он и признал Творца, и сказал: "Благословен Творец, который спас вас от руки египтян и от руки Фараона"[13], "теперь узнал я, что велик Творец"[14]. И это жрец Óна, иная сторона, т.е. левая сторона. И это смысл произнесенного Рахелью, когда она поняла, что умирает, как сказано: "Бен-Óни (сын печали)"[15]. И поэтому Яаков поспешил сказать: "Бен-Ями́н"[15], а не Бен-Óни, – правая сторона, а не левая"».

15) «"Когда царь и тот жрец признаю́т Творца и сломлены перед Ним, превозносится Творец в Своем величии над всеми наверху и внизу. И до тех пор, пока Творец не превознесся в Своем величии, и те не признали Его, не была дана Тора. Пока не пришел Итро и не признал, сказав: "Теперь узнал я, что велик Творец, выше всех божеств"[14], "благословен Творец, который спас вас"[13]. Тогда превознесся Творец в Своем величии наверху и внизу, и затем дал Тору в окончательном совершенстве, когда власть Его надо всем"».

16) «Рабби Эльазар провозгласил и сказал: "Народы признаю́т Тебя, Всесильный! Признаю́т Тебя все народы!"[16] Царь Давид вставал и восхвалял, и благодарил святого Царя. И он занимался Торой в час, когда пробуждался северный ветер, ударяя по струнам арфы, и арфа играла и произносила песнопения. А какие песнопения она произносила?"»

17) «"Смотри, в час, когда Творец пробуждается ко всем этим строениям (меркавот), чтобы дать им пищу, как мы выясняли сказанное: "И встает она еще ночью и раздает пищу в доме

---

[13] Тора, Шмот, 18:10. «И сказал Итро: "Благословен Творец, который спас вас от руки египтян и от руки Фараона, который избавил этот народ от власти Египта"».
[14] Тора, Шмот, 18:11. «"Теперь узнал я, что велик Творец, выше всех божеств, ибо то, что они злоумышляли, обратилось против них самих"».
[15] Тора, Берешит, 35:18. «И было: при исходе души ее, ибо она умирала, нарекла ему имя Бен-Они. А его отец назвал его: Биньямин».
[16] Писания, Псалмы, 67:4. «Народы признают Тебя, Всесильный! Признают Тебя все народы!»

своем, и урок – служанкам своим"[17], все они тогда возглашают, говоря: "Всесильный помилует и благословит нас, явит нам светлый лик Свой! Сэла!"[18] Когда северный ветер пробуждается и спускается в мир, он дует, говоря: "Чтобы знать на земле путь Твой, среди всех народов – спасение Твое"[19]. В час, когда арфа играет, приводимая в движение этим ветром, она провозглашает, говоря: "Признáют Тебя все народы!"[16] Когда вставал Давид, и пробуждался над ним дух святости, он возглашал, говоря: "Земля дала урожай свой; благословит нас Всесильный, Всесильный наш. Благословит нас Всесильный, и убоятся Его все пределы земли"[20], – чтобы притянуть благо Творца сверху вниз. А потом Давид входил в дух святости и выстраивал их вместе"», как сказано: «Благословит нас Всесильный»[20]. «"Он созерцал всё это речение арфы"», то есть: «Признают Тебя все народы!»[16], «"ибо совершенство величия Творца – оно наверху и внизу"», как сказано: «И убоятся Его все пределы земли»[20].

18) «"В час, когда все остальные народы покоряются, и приходят и признают Творца, поскольку они повинуются и признают Его, довершается тогда величие Творца наверху и внизу. Когда Моше пришел к Фараону и сказал ему: "Всесильный евреев призвал нас"[11], – тот возгласил, сказав: "Не знаю я Творца"[12]».

19) «"И пожелал Творец, чтобы возвеличилось имя Его на земле, так же как велико оно наверху. После того как поразил Он его и народ его, тот сразу же признал Творца, как сказано: "Творец праведен, (я же и мой народ виновны)"[21]. И поскольку он был царем, почитаемым во всем мире, когда он признал,

---

[17] Писания, Притчи, 31:15. «И встает она еще ночью и раздает пищу в доме своем, и урок – служанкам своим».
[18] Писания, Псалмы, 67:2. «Всесильный помилует и благословит нас, явит нам светлый лик Свой! Сэла!»
[19] Писания, Псалмы, 67:3. «Чтобы знать на земле путь Твой, среди всех народов – спасение Твое».
[20] Писания, Псалмы 67:7-8. «Земля дала урожай свой; благословит нас Всесильный, Всесильный наш. Благословит нас Всесильный, и убоятся Его все пределы земли».
[21] Тора, Шмот, 9:27. «И послал Фараон, и призвал Моше и Аарона, и сказал им: "Согрешил я на сей раз, Творец праведен, я же и мой народ виновны"».

признали и все остальные цари, как сказано: "Тогда устрашились властители Эдома"²²».

20) «"Пришел Итро, великий и верховный жрец, полномочный наместник всех других божеств, и признал Творца, сказав: "Теперь узнал я, что велик Творец, выше всех божеств"¹⁴. Тогда вознесся Творец и прославился Своим величием наверху и внизу. А потом Он даровал Тору в совершенстве власти Своей надо всем"».

21) «Сказал рабби Шимон рабби Эльазару, сыну своему: "Об этом написано: "Народы признают Тебя, Всесильный! Признают Тебя все народы!"¹⁶ Подошел рабби Эльазар и поцеловал руки отца своего. Заплакал рабби Аба и сказал: "Как отец жалеет сыновей"²³, – кто пожалеет рабби Эльазара и дополнит речи его, если не любовь господина моего. Счастлив наш удел, ибо удостоились мы слышать эти речения пред ним, и в будущем мире мы не устыдимся благодаря им!"»

22) «Сказал рабби Аба: "Но ведь о Итро написано не "жрец Она", а "жрец Мидьяна"¹?" Сказал ему: "Но это всё одно и то же, сначала он назывался жрецом Она, тестем Йосефа,²⁴ а потом он назван тестем Моше, жрецом Мидьяна. И всё это одно и то же", ибо жрец Мидьяна подобен жрецу Она. "Ведь эти двое, Моше и Йосеф, находятся на одной ступени буквы "вав ו"», а с наполнением она «вав-вав ו"ו», «две "вав ו" вместе"». И первая «вав ו» – это Моше, т.е. Тиферет, а вторая «вав ו» – Йосеф, или Есод. «"А то, что сказано: "Жрец Мидьяна"¹ – это скрытый смысл слов "сварливая жена (эшет мидьяним)"²⁵».

23) «"Поднял рабби Аба руки над головой и заплакал, сказал: "Свет Торы возносится сейчас до высоты небосвода высшего престола. После того как господин мой уйдет из мира, кто будет светить светом Торы? Горе миру, который останется

---

²² Тора, Шмот, 15:14-15. «Услышали народы, содрогнулись, трепет объял жителей Плешета. Тогда устрашились властители Эдома, сильных Моава охватила дрожь, сникли все жители Кнаана».

²³ Писания, Псалмы, 103:13. «Как отец жалеет сыновей, так жалеет Творец боящихся Его».

²⁴ Тора, Берешит, 41:50. «И у Йосефа родились два сына до наступления голодного года, которых родила ему Оснат, дочь Поти Феры, жреца Она».

²⁵ Писания, Притчи, 21:9. «Лучше жить на углу кровли, нежели со сварливою женою в общем доме».

сиротой без тебя! Однако слова моего господина будут светить в мире, пока не придет царь Машиах. И тогда сказано: "И наполнится земля знанием Творца"[26]».

24) «"И услышал Итро, жрец Мидьяна, тесть Моше, всё, что сделал Всесильный (Элоким) для Моше и для Исраэля, народа Своего, что Творец (АВАЯ) вывел Исраэль из Египта"[1]. Сказал рабби Хия: "Следует вглядеться в это изречение. Вначале сказано: "Всё, что сделал Всесильный (Элоким) для Моше"[1]. А потом сказано: "Что Творец (АВАЯ) вывел". Но дело в том, что "сделал Всесильный (Элоким)", т.е. Малхут, – "это имя, которое защищало Моше и Исраэль и не отвернулось от них в изгнании. А затем высшее имя вывело их из Египта, ибо высшее имя, которое вывело их из Египта, было "йовель"», то есть Бина.

25) «"Другое объяснение. "Всё, что сделал Всесильный (Элоким) для Моше"[1], – т.е. когда тот был брошен в реку, и когда спас Он его от меча Фараона. "И для Исраэля, народа своего"[1], – как сказано: "И услышал Всесильный (Элоким) их стон"[27]. И сказано: "Но по мере того как изнуряли его, он размножался и разрастался"[28]».

26) «"И услышал Итро, жрец Мидьяна"[1]. Провозгласил рабби Йоси: "Избавление послал Он народу Своему, заповедал навеки завет Свой; свято и страшно имя Его"[29]. Почему во всех стихах этого псалма есть по две буквы алфавита[30], а в этом и последующих стихах – по три? Это для того чтобы восполнить шесть свойств алфавита", и это – три избавления и Тора, Пророки и Писания. Этот стих соответствует трем избавлениям Исраэля", – вавилонскому, греческому, эдомскому. "За исключением первого избавления, египетского", которое уже было. "А второй

---

[26] Пророки, Йешаяу, 11:9. «Не будут делать зла и не будут губить на всей Моей святой горе, и наполнится земля знанием Творца, как полно море водами».

[27] Тора, Шмот, 2:24. «И услышал Всесильный их стон, и вспомнил Всесильный Свой союз с Авраамом, Ицхаком и Яаковом».

[28] Тора, Шмот, 1:12. «Но по мере того как изнуряли его, он размножался и разрастался, и стали они гнушаться сынов Исраэля».

[29] Писания, Псалмы, 111:9. «Избавление послал Он народу Своему, заповедал навеки завет Свой; свято и страшно имя Его».

[30] Предыдущий стих состоит из двух полустиший, начинающихся с букв самех и аин, этот стих состоит из трех полустиший, начинающихся с букв пэй, цади, куф. Следующий – из трех, начинающихся с букв рейш, шин, тав.

стих соответствует Торе, Пророкам и Писаниям. И все зависит от этой мудрости (хохма)"», потому что Тора, Пророки и Писания зависят и происходят от Хохмы, и поэтому следующий стих начинается со слов: «Начало мудрости (Хохмы)»[31].

27) Другое объяснение. «"Избавление послал Он народу Своему"[29], – когда вывел Исраэль из Египта и явил им чудеса и могущество. "Заповедал навеки завет Свой"[29], – т.е. когда пришел Итро, и Творец принял его, и приблизил к работе Своей. От этого приблизились все геры (пришельцы) под крылья Шхины. Начиная с этого момента: "Свято и страшно имя Его"[29], – ибо тогда освятилось имя Творца, так как святое имя освящается, когда разбита и покорена ситра ахра, как это было с Итро"».

28) «"И услышал Итро"[1]. Неужели Итро слышал, а весь мир не слышал, ведь сказано: "Услышали народы, содрогнулись"[22]? Однако все в мире слышали, но не сломились", и поэтому их слышание нельзя назвать слышанием. "А он услышал и сломился, и покорился Творцу, и приблизился к трепету Его"». Поэтому его слышание – это слышание.

29) «Рабби Аба сказал: "Во многих местах мы учили: всё, что Творец делает наверху и внизу, всё это – истина, и действие Его – истина. И нет ничего в мире, что человек должен отвергнуть и отнестись к этому с пренебрежением, ведь всё это – истинные действия, и всё необходимо в мире"».

30) «Ибо однажды рабби Эльазар находился в пути, и с ним вместе шел рабби Хизкия. Увидели они одну змею. Хотел было рабби Хизкия убить ее. Сказал ему рабби Эльазар: "Оставь ее, не убивай". Сказал ему: "Но ведь она несет зло – убивает людей". Сказал ему, рабби Хизкие: "Сказано: "Разве ужалит змея без шипения (досл. шепота)?"[32] Змея не жалит людей, пока не шепнут ей свыше, говоря: "Пойди, убей такого-то"».

31) «"А иногда, так же как делает это, она так же спасает человека от иных вещей. И через нее Творец совершает для людей чудо. И всё зависит от Творца, и всё это – дела рук Его. И мир нуждается в них. А если бы мир не нуждался в них, не

---

[31] Писания, Псалмы, 111:10. «Начало мудрости – страх Творца; разум добрый у всех исполняющих их (заповеди). Слава Его пребудет вовек!»

[32] Писания, Коэлет, 10:11. «Если ужалит змея без шипения, нет преимущества у владеющего языком».

делал бы их Творец. И поэтому не должен человек относиться пренебрежительно к вещам мира, а к вещам и делам Творца – тем более"».

32) «Провозгласил и сказал: "И увидел Всесильный всё созданное Им, и вот – хорошо очень"[33]. "И увидел Всесильный (Элоким)", – это Всесильный (Элоким) жизни", т.е. Бина. "И увидел" – означает, что вглядывался, для того чтобы светить им и присматривать за ними. "Всё созданное Им", – всё в общей совокупности, наверху и внизу. "И вот, хорошо", – это правая сторона. "Очень" – это левая сторона. "Хорошо" – это ангел жизни. "Очень" – ангел смерти. И всё это одно целое для тех, кто созерцает тайны этой мудрости"».

33) «"И увидел Всесильный всё созданное Им"[33]. Во всем действии начала творения написано: "И увидел Всесильный (Элоким)… что он хорош»[34]. А здесь: "И увидел Всесильный (Элоким) всё созданное Им". Всесильный (Элоким) внизу", т.е. Малхут, "управляет нижними. Всесильный (Элоким) наверху", т.е. Бина, "управляет высшими. Всесильный (Элоким) наверху, который управляет высшими, – это Всесильный (Элоким) жизни"», т.е. Бина. И это: «И увидел Всесильный всё созданное Им», «"потому что Он осветил и зажег все высшие и нижние свечи, и оттуда все эти света выходят, чтобы светить"».

Тосефта

34) «В самом скрытом из всех скрытых», т.е. в парцуфе Атик, «была сделана одна запись», т.е. запись (решимо) экрана Малхут свойства суда, используемой в Атике, «которая не видна и не раскрывается. Эта запись записывает» второй парцуф, Арих Анпин, «и не записывает», поскольку он не записан от нее. «Обладающие разумом (твуна) и открытыми глазами», т.е. обладающие мудростью (хохма), «не могут стоять на ней. Она – пропитание всего. Эта запись (решимо)», что в Арих Анпине, «настолько мала, что ее не видно, и она не раскрывается и пребывает там в желании давать всем пропитание», – иными словами, ее существование ощущается только в будущем

---

[33] Тора, Берешит, 1:31. «И увидел Всесильный всё созданное Им, и вот – хорошо очень. И был вечер, и было утро: день шестой».

[34] Тора, Берешит, 1:4. «И увидел Всесильный свет, что он хорош; и отделил Всесильный свет от тьмы».

желании, ведь благодаря ей всё существует, «чтобы получать то, что получает, от Того, в Ком нет ни решимо, ни желания, и Он невидим», – т.е. от Бесконечного, благословен Он. И если бы не эта запись, не могли бы получать от Бесконечного.

Объяснение. Тосефта нам разъясняет здесь порядок создания парцуфов Ацилута: Атик и Арих Анпин, Аба ве-Има, Зеир Анпин. И то, как источник всего, экран Малхут свойства суда, используется в парцуфе Атик и действует в Арих Анпине, чтобы скрыть там Хохму. И то, как часть ее подслащается в Бине, называемой чертогом, а сама она скрывается в ГАР чертога, т.е. в высших Абе ве-Име. А потом (тосефта) выясняет ВАК Зеир Анпина в свойстве «шесть полотнищ»[35], и что вышитое полотнище – это ГАР Зеир Анпина и т.д., как выясняется ниже.

35) «Эта запись хотела укрыть себя и сделала для себя самой один чертог, чтобы укрыться в нем», т.е. она подняла часть себя для подслащения в Бине, и тогда Бина стала чертогом. «Выделила его из себя», – т.е. подняла часть себя в Бину, «и притянула его в большом и сильном распространении», – т.е. в свечении Хохмы, которая светит всем сторонам. «И возвеличила его облачением величия», – т.е. светом хасадим для облачения Хохмы, «и открыла в нем пятьдесят ворот».

36) «В самых внутренних покоях этого чертога», т.е. в его ГАР, называемых высшими Аба ве-Има, «было укрыта и скрыта эта запись. После того как она была скрыта в нем и вошла внутрь него, наполнились они», высшие Аба ве-Има, «светом. От этого света проистекают света и искры», т.е. отраженный свет. «И выходят они из этих ворот чертога, и все они светят».

37) «Чертог тот покрывается», т.е. облачается, «шестью полотнищами», и это Зеир Анпин, в котором есть шесть сфирот ХАГАТ НЕХИ. «Эти шесть полотнищ – это пять», потому что Есод не является отдельной сфирой, а всего лишь совокупностью пяти сфирот ХАГАТ-Нецах-Ход. «В самой внутренней части этих полотнищ находится одно вышитое полотнище», т.е. ГАР этих полотнищ. «Этим полотнищем покрывается» и облачается «этот чертог». То есть оно первое, которое облачает чертог, Бину, а

---

[35] Тора, Шмот, 26:9. «И соедини пять полотнищ отдельно и шесть полотнищ отдельно; и сложи пополам шестое полотнище к передней стороне шатра».

на него – остальные шесть полотнищ. «Из него он наблюдает и видит всё». Иначе говоря, оно – это ГАР, которым присуще видение.

38) «Этот чертог – это раскрытие глаз, ибо не дремлет», т.е. «постоянно следит за тем, чтобы светить вниз изнутри света этой записи», т.е. света хасадим. «Этот разум (твуна), укрытая мудрость (хохма) и желание желаний», Кетер, – т.е. ГАР чертога, называемые высшими Аба ве-Има, – "он спрятан и скрыт, и не раскрывается, он есть и его нет. Благословен он от самого скрытого из всех скрытых, т.е. от Кетера, благословен он всегда и вовеки веков, амен!»

(До сих пор Тосефта)

39) «"Смотри, Итро был тем, кто дал Моше совет об исправлении судов. И так и должно быть. Именно он признал Творца и устроил перед Ним исправление Его судов, чтобы указать на сказанное: "Ибо постановление – Всесильному оно"[36], а не ситре ахра. И суды даны Исраэлю, а не кому-нибудь другому. Как сказано: "Законы и постановления Его – Исраэлю"[37]. И смотри, человек не должен относиться к другому пренебрежительно, и слово простака есть слово. Ведь о Моше сказано: "И послушал Моше голоса тестя своего"[38]».

40) «"И услышал Итро, жрец Мидьяна"[1]. Провозгласил и сказал: "За то славить буду Тебя, Творец, среди народов и имя Твое воспевать буду"[39]. Царь Давид сказал это благодаря духу святости, в час, когда увидел, что слава Творца не возвышается и не возвеличивается в мире, иначе как со стороны других народов. И если ты скажешь, что Творец не возвеличивается в мире, но только благодаря Исраэлю, то это, безусловно, так, ведь Исраэль – это основа свечи, чтобы светить. Однако, когда

---

[36] Тора, Дварим, 1:16-17. «И повелел я судьям вашим в то время, сказав: "Выслушивайте братьев ваших и судите справедливо каждого с братом его и с пришельцем его. Не давайте никому предпочтения: как малого, так и великого выслушивайте; не бойтесь никого, ибо постановление – Всесильному оно. А дело, которое будет слишком трудно для вас, оставьте мне, и я выслушаю его"».

[37] Писания, Псалмы, 147:19. «Он оглашает слово Свое Яакову, законы и постановления Его – Исраэлю».

[38] Тора, Шмот, 18:24. «И послушал Моше голоса тестя своего, и сделал все, как тот сказал».

[39] Писания, Псалмы, 18:50. «За то славить буду Тебя, Творец, среди народов и имя Твое воспевать буду».

другие народы приходят и признают Его, покоренные величием Творца, тогда добавляется основа свечи и укрепляется над всеми Его деяниями в полном единстве, и правит один лишь Творец наверху и внизу"».

41) «"И подобно этому, на весь мир напал страх и ужас перед Творцом", когда они услышали о чудесах исхода из Египта. "А когда пришел Итро, высший жрец всех других богов, слава Творца укрепилась и возобладала над всем"».

42) «"Ибо когда по всему миру разнесся слух о могуществе Творца, все были потрясены и смотрели на Итро, – ведь он мудрец и великий наместник всех божеств в мире. Когда же увидели, что он явился и служит Творцу, говоря: "Теперь узнал я, что велик Творец, выше всех божеств"[40], – все они отошли от своих богослужений и узнали, что нет в них никакой основы. Тогда возвеличилась слава святого имени Творца со всех сторон. И потому глава эта была записана в Торе, и начинается она с Итро"».

43) «"Итро был одним из мудрецов Фараона. Три мудреца было у Фараона: Итро, Иов и Билам. Первый – Итро, ибо не было такого культа или правителя, или служителя, или звезды, правящей над его владением, чтобы он не знал подобающей тому службы и служения его. Билам колдовал с помощью разных чар – как действием, так и речью"».

44) «"Иов испытывал страх, и в этом страхе была его основа", т.е. его главная сила – поскольку от слова, исходящего свыше, будь оно от святости или от ситры ахра, человек не может притянуть вниз дух свыше и приблизить его к себе, иначе как силой страха. И он должен направить сердце и желание свое в

---

[40] Тора, Шмот, 18:10-11. «И сказал Итро: "Благословен Творец, который избавил вас от руки египтян и от руки Фараона, который избавил этот народ от власти Египта. Теперь узнал я, что велик Творец, выше всех божеств, ибо то, что они злоумышляли, обратилось против них самих"».

страхе и сокрушении сердца, и тогда притянуть вниз дух свыше и желание, в котором нуждается"».

45) «"А если он не обратит в страхе свое сердце и желание к этой стороне, желание его не может слиться с ней. Кроме таких тонких форм, и то не всех, поскольку над ними есть правители, для которых нужно желание сердца и страх. Тем более – те возвышенные вещи, для которых более всего нужны страх и ужас, и желание"».

46) «"Итро должен был служить той стороне постоянно, и когда человек нуждался в ней, и когда человек не нуждался в ней, для того чтобы та сторона прилепилась к нему, когда она будет нужна ему. Билам связывался с помощью чар, как мы сказали"».

47) «"Иов из-за сильного страха своего вернулся в Египет, испытывая страх Творца, когда увидел могущество и чудеса, которые Творец явил в Египте. Итро же, при всем этом, не вернулся к Творцу до тех пор, пока Исраэль не вышли из Египта, когда всех связей и форм, которые создавали египтяне, вообще не было, и они вышли, и после того как Творец утопил их в море, он обратился и вернулся к служению Творцу"».

48) «"Билам не обратился и не вернулся, так как грязь ситры ахра пристала к нему. И вместе с тем, далеким взглядом он созерцал изнутри этой грязи и слияния с ситрой ахра. Ведь в ситре ахра есть определенное тонкое свечение, которое светит вокруг. Как сказано: "И сияние вокруг него"[41]. И этим тонким взглядом он созерцал издали, но не все вещи"».

49) «"И когда он созерцал малую вещь изнутри этого свечения, он был словно за стеной, – говорил и не знал, что говорит. И в этом свечении он видел с перекрытым глазом, когда глаз вращается, и человек видит перекрытый свет и не видит. И это внутренний смысл сказанного: "С зияющим глазом"[42]. И мы учили, что "зияющий" означает – перекрытый. И все это – одно целое"».

---

[41] Пророки, Йехезкель, 1:4. «И увидел я: вот ураганный ветер пришел с севера, и большое облако и огонь разгорающийся, и сияние вокруг него, и изнутри него словно сверкание (хашмаль) – изнутри огня».

[42] Тора, Бемидбар, 24:3. «И изрек он притчу свою, и сказал: "(Вот) речь Билама, сына Беора, и речь мужа с зияющим глазом"».

50) «"Не может быть ситра ахра без тонкого и слабого свечения со стороны святости. Подобно большинству снов, в которых в куче соломы есть одно зернышко пшеницы. Кроме всех этих слабых форм, которые более всего нечисты. А в них Билам понимал"».

51) «"Счастлива доля Моше, который находился наверху, во всей высшей святости, и созерцал то, что не дозволено созерцать другому человеку в мире. И подобно тому, как Билам видел слабое и тонкое свечение, как из-за стены, изнутри той ситры ахра, так же и Моше, изнутри высшего свечения, большого и сильного, видел внизу, как из-за стены, только тонкую темноту, которая показывалась ему. И не всё время – как и Билам не созерцал в этом свечении всё время"».

52) «"Счастлива доля Моше, верного пророка. Что о нем сказано: "И явился ему ангел Творца в пламени огня из куста терновника"[43]. Терновник", т.е. клипа, "без сомнения пребывал в той святости и был соединен с ней, ведь всё соединяется друг с другом, чистое и нечистое, и не бывает чистого, иначе как из нечистого"».

53) «"И это внутренний смысл сказанного: "Кто произведет чистое от нечистого?"[44] Клипа и разум (мо́ха) поднимаются одно в другом. И клипа эта не исчезнет и не будет сломлена до того времени, когда мертвые восстанут из праха. Тогда будет сломлена клипа, и свет будет светить в мире без преграды, от разума. Счастливы праведники в этом мире и в мире будущем"».

---

[43] Тора, Шмот, 3:2. «И явился ему ангел Творца в пламени огня из куста терновника. И увидел он, что терновник горит огнем, но не сгорает».
[44] Писания, Иов 14:4. «Кто произведет чистое от нечистого?»

ГЛАВА ИТРО

И двух ее сыновей

54) «"И двух ее сыновей"[45]. Сказал рабби Хия: "Разве это были ее сыновья, а не сыновья Моше? Но поскольку Ципора воспитывала их без мужа, Тора их называет ее сыновьями, а не сыновьями его". Сказал рабби Йоси: "Хотя они и были сыновьями Моше, это верно", т.е. согласно тайне, "конечно же, они были ее сыновьями". Сказал рабби Эльазар: "Моше соединялся с другим возвышенным святым местом, и недостойно называть их здесь его сыновьями. Сейчас, несмотря на то, что они были его сыновьями, из-за достоинства того места, с которым он соединился", т.е. Шхины, "(Писание) называет их здесь ее сыновьями, а потом называет их его сыновьями. И в чем причина. Дело в том, что когда они подошли" к нему, "Моше говорил со Шхиной. После того как он расстался" со Шхиной "и вышел навстречу своему тестю, тогда сказано: "И пришел Итро, тесть Моше, и его сыновья"[46]».

55) «Сказал рабби Шимон: "Эльазар, Эльазар, я вижу в этой главе, что начало соответствует сказанному тобой, но окончание не такое, как ты сказал. Конечно, из-за достоинства Шхины, являющейся высшим соединением, которое соединилось с Моше, сказано: "Ее сыновья". И если ты возразишь, – ведь сказано: "И пришел Итро, тесть Моше, и его сыновья, и его жена к Моше"[46], т.е. называет их его сыновьями, "все это одно правило. И то, что (Писание) говорит: "Его сыновья", то это сыновья Итро, ведь после того как Моше пришел к нему, они стали ему сыновьями"».

56) «"И то же самое было с Яаковом. После того как пришел он к Лавану, и стал жить вместе с ним, стали они ему сыновьями. Так же и здесь, Моше, после того как стал жить вместе с Итро, стали они ему сыновьями. И весь дом свой привел он с собой, чтобы ввести их под крылья Шхины. И Итро сказал Моше: "Я, тесть твой Итро, иду к тебе, и жена твоя, и двое

---

[45] Тора, Шмот, 18:2-3. «И взял Итро, тесть Моше, Ципору, жену Моше после того, как она была отослана, и двух ее сыновей, имя одного из них Гершом, так как сказал он: "Пришельцем стал я на земле чужой"».

[46] Тора, Шмот, 18:5. «И пришел Итро, тесть Моше, и его сыновья, и его жена к Моше в пустыню, где он расположился станом у горы Всесильного».

сыновей ее с нею"⁴⁷. И не сказано: "И двое сыновей твоих". Откуда же мы знаем, что сыновьями они были для Итро? Потому что сказано: "И сыны Кейни, тестя Моше, поднялись из Города Пальм"⁴⁸. А своих сыновей он оставил с Моше"».

---

[47] Тора, Шмот, 18:6. «И передал он Моше: "Я, тесть твой Итро, иду к тебе, и жена твоя, и двое сыновей ее с нею"».
[48] Пророки, Шофтим, 1:16. «И сыны Кейни, тестя Моше, поднялись из Города Пальм с сынами Йегуды в пустыню Иудейскую, которая на юге от Арада, и пошли, и поселились среди народа!»

И пришел Итро, тесть Моше

57) «"И пришел Итро, тесть Моше"⁴⁶. Провозгласил и сказал: "И пойдут многие народы, и скажут: "Давайте взойдем на гору Творца, в дом Всесильного Яакова"⁴⁹. Но в будущем остальные народы должны будут пойти и истоптать ноги, чтобы прийти под крылья Шхины. "Давайте взойдем", – все божества в мире опускаются, а тот, кто прилепился к Творцу, поднимается. Поэтому сказано: "Давайте взойдем"».

58) «"На гору Творца"⁴⁹ – это Авраам. Как сказано: "И говорится (по) сей день: "На горе Творца зрим будет"⁵⁰. Поскольку Авраам назвал его (это место) горой. Как гора считается ничейным местом для всех желающих в мире, так и это святое место", Храм, "предназначено для того, чтобы принять каждого желающего в мире. "В дом"⁴⁹ – это Яаков, который назвал это место домом. Как сказано: "Это не что иное, как дом Всесильного"⁵¹».

59) «"Другое объяснение: "гора" и "дом". Несмотря на то, что всё это одна ступень, одно превосходит другое. "Гора" – для остальных народов, когда приходят они, чтобы войти под крыла Его. "Дом" – для Исраэля, чтобы быть с ними, как жена с мужем в одном доме в радости, и пребывает над ними, как мать над детьми"».

60) «"Смотри, что сказано здесь об Итро: "И пришел Итро, тесть Моше, и его сыновья, и его жена к Моше в пустыню"⁴⁶. Почему после того как сказано: "К Моше", сказано: "В пустыню"? Потому что самое главное, что Итро пришел в пустыню. И что это такое? Это гора Всесильного, т.е. это место для пришельцев (геров), где они обращаются к вере. И поэтому сказано: "К Моше в пустыню". "К Моше" – обратить их к вере и привести их под крылья Шхины. "В пустыню" – приходили,

---

⁴⁹ Пророки, Йешаяу, 2:3. «И пойдут многие народы, и скажут: "Давайте взойдем на гору Творца, в дом Всесильного Яакова, чтобы Он научил нас путям Своим и чтобы пошли мы стезями Его". Ибо из Циона выйдет Тора и из Йерушалаима – слово Творца».

⁵⁰ Тора, Берешит, 22:14. «И нарек Авраам имя месту тому: Творец узрит! И говорится (по) сей день: На горе Творца зрим будет».

⁵¹ Тора, Берешит, 28:17. «И убоялся, и сказал: "Как страшно это место. Это не что иное, как дом Всесильного, и это – врата небес"».

поскольку это гора Всесильного, – чтобы сделать свои души"», т.е. получить оттуда душу пришельца (гера).

61) «"И поэтому это место пребывает в свойстве "гора". Ибо всякий приходящий удостаивается его. И он называется праведным пришельцем. И мы выясняли, что он называется пришельцем, несмотря на то, что он соединился с этим высшим святым местом. Ведь поскольку он оставил народ свой и предков своих, он называется пришельцем. Он называется праведным пришельцем, как тот, кто поместил свое жилище в месте, которого не знал он до сих пор"», т.е. в Шхине, которая называется праведностью.

Это книга

62) «Рабби Ицхак и рабби Йоси сидели однажды и занимались Торой в Тверии. Прошел перед ними рабби Шимон, сказал им: "Чем вы заняты?" Сказали ему: "Тем изречением, которому мы научились у нашего господина". Сказал им: "Каким это?" Сказали ему: "Тем, где сказано: "Это книга порождений Адама: в день сотворения Всесильным Адама, по подобию Всесильного Он создал его"[52]. Мы же учили, что Творец показал Адаму Ришону все те поколения, которые должны будут прийти в мир, и всех тех предводителей и всех тех мудрецов, которые будут в каждом поколении"».

63) «"И мы учили: "Это книга"[52], – есть книга, и есть книга. Есть книга наверху, и есть книга внизу. Книга внизу называется книгой памяти, и это означает: книга той памяти, и это один праведник", т.е. Есод, "и называется он "это (зэ)". А Малхут является его книгой. И чтобы не разделять их, ведь они всегда вместе, в полном единстве, сказано: "Это книга". Две ступени, являющиеся одной, представляющие собой совокупность захара и некевы"», поскольку «это» – захар, т.е. Есод, а «книга» – некева, т.е. Малхут.

64) «"И есть одно правило, что все души (нешамот) и души (рухот), воспаряющие в людях, которые являются совокупностью всех порождений, – они, безусловно, являются порождениями Адама", т.е. порождениями высшего Адама, или Зеир Анпина. Ведь от этого праведника, как мы говорили, эти души воспаряют в одном устремлении. И это живительная влага сада, который орошается рекой, выходящей из Эдена, как сказано: "И река вытекает из Эдена, чтобы орошать сад"[53], – это означает, что Есод наполняет нешамот и рухот сада, т.е. Малхут. "И они те самые порождения Адама, о которых сказано: "(Книга) порождений Адама"[52]».

65) «"После того, как сказано: "Когда Творец сотворил Адама"[52], – это Адам внизу. Ведь два Адама упомянуты в этом изречении: один – это свойство" Адам "наверху, а другой

---

[52] Тора, Берешит, 5:1. «Это книга порождений Адама: в день сотворения Всесильным Адама, по подобию Всесильного Он создал его».

[53] Тора, Берешит, 2:10. «И река вытекает из Эдена, чтобы орошать сад, и оттуда разделяется и образует четыре главных реки».

– свойство" Адам "внизу. Адам, который в высшем свойстве", т.е. Зеир Анпин, "находится в скрытии, ибо скрыло его это изречение в захаре и некеве в одном свойстве, как сказано: "Вот книга", – что является совокупностью захара и некевы вместе, как объяснялось выше.[54] Когда они вместе произвели порождения, (Писание) называет их Адамом, как сказано: "Порождений Адама"[52]».

66) «"После того как это раскрылось от высшего скрытого, который является первым в этом изречении"» т.е. когда раскрылось, что «вот книга» указывают на высшего Адама, и порождения их – это нешамот и рухот людей, как объяснялось выше,[55] «"сотворил Адама внизу, как сказано: "В день сотворения Всесильным Адама, по подобию Всесильного Он создал его"[52]. "По подобию", – означает, что Адам подобен зеркалу, в котором видны формы. И эти формы не становятся в этом зеркале формами существования, а удаляются из него. Так же и тут: "По подобию Всесильного"[52]».

67) «"Другое объяснение. "По подобию Всесильного"[52] означает – форма органов захара и нуквы, о которых сказано: "Сзади и спереди"[56]. "Сзади (ахóр אחור)" – это заповедь "храни", т.е. Нуква. "Спереди (кéдем קדם)" – это заповедь "помни", т.е. Зеир Анпин. "И от них зависят все заповеди Торы, шестьсот тринадцать заповедей Торы, являющиеся совокупностью всего. Адам был сотворен после (ахóр אחור) действия начала творения и перед (кéдем קדם) действием меркава (устроения). И всё зависит друг от друга. "По подобию Всесильного"[52], – т.е. точно по форме" Малхут, "ведь господин мой разъяснял это"».

---

[54] См. выше, п. 63.
[55] См. выше, п. 64.
[56] Писания, Псалмы, 139:5. «Сзади и спереди Ты объемлешь меня и возложил на меня руку Твою».

А ты высмотри по типу волос

68) «"Еще. "Это книга порождений Адама"[52], – т.е. она говорит о формах, о чертах людей (досл. сыновей Адама), чтобы узнать по ним порождения Адама, – форму, присутствующую в свойствах Адама: по волосам, по лбу, по глазам, по лицу, по губам, по линиям руки и по ушам. По этим семи (признакам) узнаются люди (досл. сыновья Адама)"».

69) «"Узнается по волосам. Ибо каждый, у кого смятые волосы", т.е. вьющиеся, "и поднимаются над головой" по направлению "вверх", т.е. не свисают с головы вниз, тот "гневлив. Сердце его помятое, словно тряпка", т.е. сердце его наполнено страхом. "Дела его нехороши. В общем деле следует держаться от него подальше"».

70) «"Если волосы его необыкновенно гладкие и свисают вниз, хорошо вступать с ним в общее дело, есть в нем польза", – иными словами, с ним он заработает и выиграет. "Но когда сам он", т.е. без партнера, – "это не так", у него не будет успеха. "Он надежный хранитель высших тайн, малых тайн он хранить не умеет. Дела его" иногда "хороши", но иногда "и нехороши"».

71) «"А если волосы его свисают вниз и не гладкие – нет страха в сердце его. Он совершает злодеяния. Стремится к добрым делам, и они представляются ему прекрасными, но не делает" их. "А когда доживает до старости, возвращается к трепету перед Творцом, и дела его прекрасны. Все это говорится о мирских делах", когда он совершает злодеяния и не делает добрых дел, "но в небесных делах преуспеет всякий, кто приблизится к нему. Не раскроются ему высшие тайны, однако малые тайны он хранит хорошо. Из малой вещи он делает большую, и словам его внимают. И это свойство буквы "заин ז". В этих буквах – мера Господина моего"».

Пояснение сказанного. Эти волосы – это келим Хохмы в месте ее выхода, и потому это свойство судов. И, в общем, следует различать в них три ступени, исходящие от трех точек – холам, шурук, хирик.

«Ибо каждый, у кого смятые волосы и поднимаются над головой вверх»[57] – если волосы обладающего этой ступенью вьющиеся и поднимаются вверх, это показывает, что он находится на ступени катнута этих волос, в свойстве точки холам, ибо тогда им недостает ГАР, и поэтому они поднимаются над его головой (рош) вверх. Иначе говоря, они передают наполнение только снизу вверх. И поэтому сказано, что он «гневлив», – так как суды в них всегда приводят его к гневу. «Сердце его помятое, словно тряпка», – т.е. сердце его наполнено страхом перед судами. «Дела его нехороши», – поскольку недостаток ГАР приводит его к дурным делам. «В общем деле следует держаться от него подальше», – ибо каждый, кто участвует (в этом деле) вместе с ним, терпит от него ущерб.

«Если волосы его необыкновенно гладкие и свисают вниз»[58], – когда они свисают вниз, это показывает, что есть в них ГАР, передающие наполнение сверху вниз. А когда они необыкновенно гладкие, показывает, что не раскрылся в них никакой суд. И тогда «хорошо вступать с ним в общее дело», – т.е. после того как установятся три линии, получат от него правая линия и средняя линия, являющиеся его партнерами, свое свечение ГАР. И «есть в нем польза», – т.е. свечение ГАР. «Но когда сам он, это не так», – поскольку, когда он один, ему недостает хасадим, как свойству точки шурук, и поэтому он перекрыт, так как Хохма в нем не может светить без хасадим. И это означает сказанное: «Он надежный хранитель высших тайн», – иначе говоря, есть в нем свет Хохмы, называемый высшими тайнами, но «малых тайн он хранить не умеет», – т.е. ему недостает хасадим, называемых малыми тайнами. И поэтому, пока он еще сам по себе, это тьма, так как Хохма не может светить в нем из-за недостатка хасадим. И поэтому: «Дела его хороши и нехороши» – ибо относительно его последующего включения в линии, дела его хороши. Но прежде, чем он соединяется с линиями, дела его нехороши, как уже выяснилось.

«А если волосы его свисают вниз и не гладкие»[59], – т.е. в нем есть ГАР, и он притягивает (наполнение) сверху вниз, «и не гладкие» – так как в них раскрываются суды. И вместе с тем, они свисают, т.е. они притягивают сверху вниз, отсюда

---

[57] См. выше, п. 69.
[58] См. выше, п. 70.
[59] См. выше, п. 71.

видно, что «нет страха в сердце его», – что нет в нем страха перед судами. «Он совершает злодеяния», – ведь если притяжение его сверху вниз, он умножает суды, как сказано: «У входа грех лежит»[60]. «Стремится к добрым делам, и они представляются ему прекрасными, но не делает», – он стремится к добрым делам, но не может совершить их из-за раскрытия судов. «А когда доживает до старости», – т.е. когда он будет исправлен в исправлении линий, «возвращается к трепету перед Творцом, и дела его прекрасны», – поскольку тогда из тех судов, которые раскрываются в момент его притяжения сверху вниз, образуется экран точки хирик. И благодаря нему средняя линия согласовывает две линии, правую и левую, и поддерживает свечение их обеих.[61] «Все это говорится о мирских делах», – т.е. о делах Нуквы, называемой «мир», ибо тогда считается, что он совершает злодеяния, поскольку умножает суды в ней. «Но в небесных делах», – т.е. в делах Зеир Анпина, «преуспеет всякий, кто приблизится к нему», – т.е. средняя линия, которая приблизится к нему и получит от него суды для исправления экрана де-хирик. И тогда «не раскроются ему высшие тайны», – Хохма, т.е. из-за судов в нем, «однако малые тайны», – хасадим, «он хранит хорошо», – поскольку экран де-хирик, вместе с согласованием им линий, следит за тем, чтобы не было больше недостатка в свете хасадим, который называется малыми тайнами. И вместе с тем есть у него еще и Хохма, так как «из малой вещи он делает большую, и словам его внимают», – т.е. из свечения хасадим, называемых малой вещью, он делает свечение Хохмы, которая называется большой. И это из-за того, что хасадим средней линии открыли две линии, правую и левую, удостаивается средняя линия, являющаяся свойством хасадим, свечения двух высших линий, являющихся свойством Хохмы, как сказано: «Трое выходят благодаря одному, один находится в трех», ибо всей той меры свечения, которую нижний вызывает в высшем, удостаивается и нижний.[62] И получается, что «малая вещь», т.е. свет хасадим, становится большим светом, т.е. ГАР. «И это свойство буквы "заин ז"» – и эта ступень является свойством буквы «заин ז»,

---

[60] Тора, Берешит, 4:7. «Ведь если исправишься, прощен будешь, а если не исправишься, у входа грех лежит, и к тебе его влечение, – но ты властвуй над ним!»

[61] См. Зоар, главу Берешит, часть 1, п. 50. «Разногласие, которое было исправлено…»

[62] См. Зоар, главу Берешит, часть 1, п. 363. «Трое выходят благодаря одному, один находится в трех…»

т.е. Малхут в мохин Хохмы, которая называется тогда венцом мужа своего.

72) «"Черный волос с примесью желтого: он успешен во всех своих делах, в вещах мирских", т.е. в Малхут, называемой миром, "и в торговле"», которая является наполнением Малхут, как сказано: «Она подобна купеческим кораблям»[63], «"и в тому подобном. Он уступчив. Этот добивается успеха в одиночку", без партнера, "а тот, кто вступает с ним в общее дело, не добивается успеха на долгие дни, но сразу добивается успеха, и этот успех покидает его. И причина в том, что он включен в букву "заин ז"».

Пояснение сказанного. До сих пор он выяснял те волосы, которые являются келим Хохмы в месте ее выхода, как пояснялось выше. Но затем они исправляются в трех линиях, и тогда главное различие в них – в цвете. А здесь он говорит со ступени средней линии, которая с помощью экрана де-хирик объединяет линии, правую и левую. И известно, что в этом экране есть два действия. Вначале в нем раскрывается экран первого сокращения, т.е. Малхут свойства суда. И тогда цвет волос черный без всякой желтизны. И в этом состоянии он способен получать только хасадим, а не Хохму. И об этом действии он говорит далее, в следующем пункте. А другое действие – подсластить экран в свойстве милосердия, т.е. в Бине. И благодаря этому он становится способным получать также и свет Хохмы.[64] И в этом состоянии его волосы черные с желтизной, и желтизна указывает на подслащение в свойстве милосердия.

И поэтому сказано здесь: «Черный волос с примесью желтого», что указывает на второе действие средней линии, когда экран де-хирик уже подслащен в свойстве милосердия и способен получать Хохму, как было сказано. «Он успешен во всех своих делах», – и когда притягивает хасадим, и когда притягивает свечение Хохмы, он успешен «в вещах мирских», – в потребностях Нуквы, называемой «мир», «и в торговле, и в тому подобном», – что является ее наполнением, как сказано: «Она подобна купеческим кораблям, приносит хлеб свой издалека»[63], – т.е. свечение Хохмы, которое светит издалека. «Он

---

[63] Писания, Притчи, 31:14. «Она подобна купеческим кораблям, приносит хлеб свой издалека».

[64] См. Зоар, главу Лех леха, п. 22. «Экран де-хирик, на который выходит средняя линия, происходит от свойства суда, имеющегося в Малхут...»

уступчив», – хотя средняя линия желает хасадим, а не Хохму, в любом случае, она отказывается от своего и притягивает Хохму для Нуквы. «Этот добивается успеха в одиночку», – т.е. когда он один, он притягивает свет хасадим и добивается успеха. «А тот, кто вступает с ним в общее дело», – т.е. Нуква, которая соединяется со средней линией, чтобы получать от нее Хохму, «не добивается успеха на долгие дни, но сразу добивается успеха, и этот успех покидает его». Ведь Хохма светит в Зеир Анпине только в момент движения линий, а когда они пребывают в покое, Хохма покидает их.[65] «И причина в том, что эта ступень включена в букву "заин ז"».

73) «"Черный волос, без желтого, – иногда он добивается успеха, а иногда не добивается. Он хорош для общего дела и для совместного усилия на короткое время, но не на продолжительное время, потому что (если) на продолжительное время, – он станет предаваться мыслям. И для того чтобы не отделялись от него, он хорош на короткое время. Он добьется успеха в Торе, если будет заниматься ею. И благодаря ему добьются успеха другие. У него нет тайны на продолжительное время. У него скупое сердце. Узрит он врагов своих. Не одолеют его враги. И он скуп (досл. узок) сердцем, как буква "йуд י", которая маленькая и узкая, "и он не включен в букву "заин ז", а только в "йуд י", стоящую отдельно, в свойстве маленьких букв"».

Пояснение сказанного. Здесь Зоар говорит со ступени средней линии в ее первом действии,[66] когда она с экраном свойства суда, не подслащенного Биной, и неспособна получать Хохму, а только хасадим.[66]

Поэтому сказано: «Черный волос, без желтого», – так как он не подслащен свойством милосердия. В этом случае: «Иногда он добивается успеха, а иногда не добивается», – т.е. когда он притягивает хасадим, он добивается успеха, а когда притягивает Хохму – не добивается. «Он хорош для общего дела и для совместного усилия на короткое время», – т.е. хорош только для притяжения хасадим, называемых коротким временем, поскольку в них нет судов. «Но не на продолжительное время», – но не для Хохмы, называемой продолжительным временем,

---

[65] См. Зоар, главу Бешалах, п. 139, со слов: «Объяснение. Уже выяснилось, что линии раскрывают Хохму только путем движения в трех местах, одно за другим: холам, шурук, хирик…»
[66] См. выше, п. 72.

как сказано: «Издалека Творец являлся мне»⁶⁷.⁶⁸ «Потому что (если) на продолжительное время, он станет предаваться мыслям», – так как на продолжительное время, нужно притягивать от Хохмы, называемой мыслью, а он не способен на это из-за того, что этот экран не подслащен Биной.⁶⁹ «И для того чтобы не отделялись от него», – т.е. из боязни, что отделятся от него и не захотят принимать его, «он хорош на короткое время», – Создатель сделал его хорошим в притяжении хасадим. «Он добьется успеха в Торе, если будет заниматься ею», – т.е. свойством ВАК Торы.

«И благодаря ему добьются успеха другие», – т.е. те, кто возьмут этот экран и подсластят его Биной, они добьются успеха также и в ГАР.⁷⁰ Но у него самого, «у него нет тайны на продолжительное время», – т.е. у него нет свойства свечения Хохмы. «И он скуп (досл. узок) сердцем» – тот, кому недостает Хохмы, называется «скупой сердцем», ибо в сердце обитель Хохмы, как сказано: «И в сердце всякого мудрого сердцем вложил Я мудрость»⁷¹, и поэтому при ее недостатке там сокращается сердце. «Узрит он врагов своих», – потому что средняя линия силой этого экрана подчиняет суды левой линии, которые считаются врагами святости.⁷² «Не одолеют его враги», – так как сила его больше всех них, и они вынуждены подчиниться ему.⁷² И, несмотря на то, что «он скуп сердцем», т.е. недостает ему Хохмы, как сказано, всё же он покоряет всех своих врагов. И он «как буква "йуд י"», – т.е. как Малхут в тот час, когда она недостойна Хохмы. «И он не включен в букву "заин "», – поскольку буква «заин ז» указывает на Малхут, когда она получает Хохму, «а только в "йуд י", стоящую отдельно, в свойстве маленьких букв», – поскольку маленькие буквы указывают на недостаток Хохмы.

---

67 Пророки, Йермияу, 31:2. «Издалека Творец являлся мне: "Любовью вечной возлюбил Я тебя, и потому привлек Я тебя милостью!"»

68 См. Зоар, главу Ваера, п. 48, со слов: «Шхина, являющаяся желанием Царя, раскрывается пророкам...»

69 См. Зоар, главу Берешит, часть 1, п. 3, со слов: «В свойстве суда, т.е. в свойстве Малхут мира АК, прежде чем она подсластилась в Бине, в свойстве милосердия, мир не мог существовать...»

70 См. выше, п. 71.

71 Тора, Шмот, 31:6. «И Я, вот Я назначил к нему Оолиава, сына Ахисамаха, из колена Данова, и в сердце всякого мудрого сердцем вложил Я мудрость, и они сделают все, что Я повелел тебе».

72 См. Зоар, главу Лех леха, п. 22. «Экран де-хирик, на который выходит средняя линия, происходит от свойства суда, имеющегося в Малхут...»

74) «"Если волосы выпали, он будет удачлив в своих делах. И он обманщик. Голод в доме его. Внешне кажется, что он боится греха, но внутри это не так. И всё это – прежде чем достиг старости. А если волосы его выпали к старости, он изменяется по сравнению с тем, каким был вначале, как в сторону добра, так и зла"».

75) «"И сказанное относится к волосам, выпавшим между глаз в надлобной части, в месте, где он накладывает тфилин. А если на другом месте головы, это не так, т.е. он не обманщик, а наговорщик, (оговаривающий) шепотом, не повышая голоса. Иногда он боится греха, а иногда – нет. И этот находится в свойстве буквы "заин ז", когда она включена в букву "йуд י""».

76) «"На этом заканчиваются тайны волос для восседающих на престоле суда, знающих пути и тайны Торы, чтобы узнавать скрытое в людях: что они (сотворены) по образу Всесильного (Элоким), и это имя, Элоким, скрытое в них,[73] выясняется разными путями"».

---

[73] См. Зоар, главу Берешит, часть 1, п. 7, со слов: «Но затем точка вышла из свойства "воздух"...»

А ты высмотри по чертам лба

77) «"Распознавание по чертам лба. О букве "нун ן", т.е. Гвуре, "являющейся совершенством буквы "заин ז", т.е. Малхут, поскольку Малхут образуется из левой линии, т.е. Гвуры. "Иногда "нун ן" включается в букву "заин ז", а иногда она одна. Маленький и узкий лоб, не круглый, – это человек, не устойчивый в своем мнении, думающий, что он умный, но не знающий. Он робкий духом и жалит языком своим, как змея"».

78) «"Если морщины у него на лбу большие и не находятся в соединении" друг с другом. "В час, когда он говорит, эти морщины на лбу не находятся в соединении. Другие приметы на лбу, все они в соединении друг с другом. С таким не нужно соединяться, только на короткое время, но не на долгое время. Всё, что он делает и думает, – всё это ради собственной выгоды, и он не беспокоится о пользе других. Он совершенно не умеет хранить тайну. Это он – "ходит с пересудами, открывает тайну"[74]. И слова его ничего не стоят. Этот находится в свойстве буквы "нун ן", которая включена в букву "заин ז". И он не называется "верный духом"[74], чтобы существовать"».

79) «"Если лоб маленький и круглый, это человек умный в том, на что он обращает внимание. Иногда он робок духом. Любовь его в радости. Он милосерден ко всем. Наблюдателен во многих вещах. Если будет старателен в Торе, то станет чрезвычайно мудрым"».

80) «"Если три верхние морщины у него на лбу – большие, (то) в час, когда он говорит, – три морщины около одного глаза, и три около другого. Плачет, когда гневается. Этот лучше, чем кажется. Он оставляет за спиной все вещи мира, будь то в делах или в других вещах, и не заботится о них. Он преуспевает в Торе. Всякий, кто будет иметь с ним дело, выиграет в других вещах мира", которые он не ценит, как объяснялось выше. Иногда желанием своим прилепляется к Творцу, а иногда – нет. В суде он не добивается успеха. Он избегает суда. И это свойство буквы "нун ן", когда она одна и не включается

---

[74] Писания, Притчи, 11:13. «(Кто) ходит с пересудами, открывает тайну, а верный духом таит дело».

в букву "заин ז". И из-за того, что она не включается, он избегает суда и не выдерживает его. И его сторона – это любовь"».

81) «"Если лоб не круглый и большой, это человек, который всякий раз, когда он стоит и когда он идет, нагибает голову. Этот подразделяется на два вида, и это виды безумия. Один вид – явное безумие, и другие люди знают о его безумии, так как оно видно всем. И он глупец"».

82) «"Если на его лбу есть четыре большие морщины, и иногда, когда он говорит, он собирает их на лбу, а иногда кожа лба расправляется, и они не видны, и те морщины, которые видны в этот момент, это другие большие морщины возле глаз. Он смеется просто так", – т.е. без причины. "У него большой рот. Этот человек бесполезен, он принадлежит другой стороне. В нем скрывается безумие, и люди не обращают на него внимания. И он набирается ума в том, чем занимается, и даже в Торе, но не ради нее (лишма), а чтобы гордиться перед людьми. И всё его поведение – в скрытности и в гордыне сердца, он изображает праведника, но это не так. Все слова его – не во имя Творца, а для людей, и он продумывает и внешне ведет себя так, чтобы на него обращали внимание. Этот находится в свойстве буквы "нун נ", которая включена в букву "заин ז"».

83) «"Если лоб круглый и большой, он проницателен. Он помнит всё. Умеет всё, за что бы ни взялся, и даже без мастера, который обучит его. Добивается успеха во всем, где приложит старания. А в деньгах, иногда добивается успеха, а иногда – нет. За малыми вещами он видит большие. Зовется умным. Не заботится о мирских делах, и даже если он знает, что будет стыдиться этого, не заботится и не обращает внимания. Он мягкосердечен"».

84) «"Если две верхние морщины у него на лбу – большие, одна морщина над одним глазом, и одна – над другим, и есть три большие морщины у него на лбу – те, что над глазами, и еще одна – нижняя, которая делится над глазами, (то) он занят внутренними мыслями, и они не сообщаются наружу, потому что в делах своих он не считается с людьми. Он испытывает кратковременный трепет, но не более того. Что касается угождения, внешними делами он угождает людям, и дела эти – то подобны детским поступкам, то мудры. Этот находится в

свойстве буквы "нун ן", когда она одна и не включена в букву "заин ז". И он слаб, так как не включается в первые буквы, а полагается на букву "самех ס", чтобы включиться в нее, а не в первые буквы. До сих пор – мудрость распознавания по чертам лба"».

А ты высмотри по тайне глаз

85) «"Тайна глаз в букве "самех ס". Нужно смотреть на цвет, окружающий глаза снаружи, и как глаз посажен. Если глаз посажен в глазнице, так что он не уходит в глубину лба, это не обманщик, и он далек от обмана, которого нет в нем вовсе"».

86) «"Четыре цвета есть у глаз:
1. Белый, окружающий глаз снаружи, так, как это у всех людей". Иначе говоря, тут нет различия между людьми.
2. "Внутри него окружающий черный цвет. И белый с черным включены вместе", указывая на Хесед и Гвуру, которые включены друг в друга.
3. "Внутри него зеленый", указывающий на Тиферет, "и включенный в черный".
4. "Внутри него зрачок, т.е. черная точка", указывающая на Малхут. "Это человек, который постоянно смеется и испытывает радость. И мысли его направлены на добро. Но мысли его не довершаются, потому что он тотчас же их возносит по собственному желанию. Он занят мирскими вещами. А когда он занимается вещами небесными, он преуспевает. Нужно поощрять его, чтобы он занимался Торой, поскольку он преуспеет в ней"».

87) «"Если брови у него большие и свисающие вниз, и если в радужной оболочке глаз есть горизонтальные красные знаки, эти знаки называются малыми буквами глаза, поскольку это цвета глаза, и если посветить светом, этот свет поднимает буквы, показывая их противникам вместе с другими мелкими знаками. И этот пребывает в букве "самех ס" и включен в букву "хэй ה"».

88) «"Зеленые глаза, окруженные белым, и зеленый цвет смешан с этим белым, – он милосерден и всегда думает лишь о собственной выгоде, и совершенно не считается с ущербом, причиненным другим"».

89) «"Если черный цвет не виден в нем, он страстный, но не с плохой стороны. Но если попадется ему нечто с плохой стороны, он не отступит от этого. Он надежен в том, что известно, и ненадежен в том, что неизвестно. Он хранит тайну в деле, которое является тайной, пока не услышит эту тайну в другом

месте. После того как услышал ее, он раскрывает всё, и нет у него больше никаких тайн, – ведь все дела его не совершенны. Тот, у кого цвета глаз окружены белым с зеленым, пребывает в свойстве буквы "хэй ה" и включается в букву "заин ז" и в букву "самех ס"».

90) «"Если глаза его желтые и зеленые, есть в нем безумие, и из-за безумия в нем, он – "уста, говорящие высокомерно"[75], и в своей гордыне он изображает из себя большого человека, и того, кто нападает на него, он побеждает. Он не достоин тайн Торы, поскольку сердце его не спокойно с тайнами", пока он не раскроет их другим, "чтобы благодаря им изобразить себя большим человеком. Этот пребывает в свойстве буквы "хэй ה" и включается только в букву "заин ז", и отдаляется от буквы "самех ס". И из-за того, что он ведет себя высокомерно, он отдаляется от буквы "самех ס" и не приближается к ней никогда. Этот, когда говорит, многочисленные морщины складываются на лбу у него"».

91) «"Белые глаза, слегка окруженные зеленым, – он гневлив, и он чаще всего милосерден. А когда он переполнен гневом, нет в нем никакой любви, и он становится жестоким. Он не умеет хранить тайну. Этот пребывает в свойстве буквы "хэй ה", включенной в букву "самех ס"».

92) «"Глаза зеленые и белые одновременно, и есть в них примесь черного. Такой умеет хранить тайны и преуспевает в них. И если он начинает преуспевать, он наращивает свой успех дальше. Враги не одолеют его, и они находятся в его полной власти, и они подчиняются ему. Этот пребывает в свойстве буквы "каф כ", включенной в букву "самех ס". И поэтому он правит, если он начинает править. Здесь кончается тайна глаз для тех, кто обладает мудростью"».

---

[75] Писания, Даниэль, 7:8. «Рассматривал я рога, и вот еще небольшой рог появился между ними, и из-за него выпали три прежних рога. В этом роге были глаза, подобные глазам человеческим, и уста, говорящие высокомерно».

А ты высмотри по тайне лица

93) «"Тайна лица для тех, кто обладает внутренней мудростью (хохмой). Черты лица узнаются не по внешним признакам", находящимся на коже лица, как объяснялось в отношении признаков лба, "а по признакам внутренних свойств, так как черты лица изменяются" и появляются "согласно формам признаков лица, которые скрыты в духе, пребывающем внутри. И благодаря этому духу видны снаружи черты лица, которые известны этим мудрецам"», обладающим внутренней мудростью.

94) «"Черты лица узнаются благодаря духу, пребывающему в человеке. Дух пребывает в человеке, и тайна запечатленных букв содержится в нем. И все" двадцать две "буквы скрыты внутри этого духа. И когда придет час" этого человека, "записи этих букв поднимаются к лицу. И согласно подъему этих букв, также и лицо выглядит по виду этих записей соответственно часу" человека, "в образе, который не воплощается", но это преходящие образы. "И только обладающие мудростью видят их, и они воплощаются в них, и не забываются ими"».

95) «"Из того места, которое называется "будущий мир", т.е. Бина, "выходит Тора", т.е. Зеир Анпин, созданный в Бине, "во всех буквах, т.е. в двадцати двух буквах, – общность всего. А река, вытекающая из Эдена", т.е. Зеир Анпин, "берет всё. И когда духи и души воспаряют из нее, все они приобретают форму этих букв. И так выходят все. И поэтому дух человека, принимающий форму этих букв, создает образ на лице"» человека.

96) «Сказал ему рабби Шимон: "В таком случае, образ матери его", этого духа, т.е. Малхут, "не образуется внутри этого духа", так как буквы исходят от отца этого духа, т.е. Зеир Анпина, как мы уже выяснили. Сказали ему: "Так мы слышали от нашего господина, что форма букв исходит от высшей стороны", – от Зеир Анпина, "а форма матери", т.е. Малхут, представляющая собой четыре лика, лев-бык-орел-человек, "образуется в этом духе снизу. И образ букв", исходящих от Зеир Анпина, "скрывается внутри, а образ матери выступает наружу"».

97) «"Образ матери", Малхут, – "это лик человека, лик льва, лик быка, лик орла. И дух создает образ их всех лишь на короткое время, поскольку всё, исходящее со стороны этого духа, выступает наружу и показывается, и" сразу же "скрывается. И все эти образы представляются изображенными в виде букв", исходящих от Зеир Анпина, "несмотря на то, что они скрыты" внутри, как мы уже сказали. "Эти четыре образа показываются на короткое время тем обладающим глазами", т.е. обладающим свойством Хохма, "которые постигли мудрость (хохма), чтобы созерцать их"».

98) «"Первый образ – это когда человек идет путем истины. Знающие тайну своего Господина созерцают его, так как тот дух, что внутри, исправляется в нем, и наружу выступает образ, включающий всё, и этот образ – это образ лика человека. И этот образ наиболее совершенный из всех образов, и это образ, который проходит в определенное время перед глазами мудрых сердцем. Этот, когда смотрят на лик его снаружи, этот лик его стоит перед ним, глазам сердца он нравится"».

99) «"Четыре признака букв есть у них: одна жилка заметна на его лице, углубленная внутрь", т.е. не выступающая наружу, а как бы проступает изнутри, "с правой стороны; а другая жилка, включающая две других, связанных с ней, с левой стороны" лица. "Эти четыре признака – это четыре буквы в слове "эду́т (עדות свидетельство)". И этот признак – это буква "аин ע", та жилка, которая с правой стороны, проступающая изнутри. Буква "далет ד" и те две буквы, которые соединяются с ней, т.е. "вав-тав ות", – это жилка, включающая две другие жилки", расположенные с левой стороны лица. "И это скрытый смысл сказанного: "Свидетельством для Йосефа поставил Он его"[76]. И каждый, кто видел его, любил его в сердце своем. И в любви он достиг совершенства"».

100) «"В роду Давида виды этих цветов меняются на противоположные. И поэтому ошибся Шмуэль, как написано: "Не

---

[76] Писания, Псалмы, 81:6. «Свидетельством для Йосефа поставил Он его, когда вышел тот в землю египетскую. Язык, которого не понимал, услышал я».

смотри на вид его"⁷⁷. Поскольку в Элиаве⁷⁸ была другая сторона, чего не было в Давиде. Признаки Давида скрыты, потому что признаки другой стороны включены в черты его, и признак другой стороны виден в нем сначала, и он в свое время проходит перед глазами, и сердце пугается и трепещет. А потом сказано: "И хорош видом"⁷⁹, "и Творец с ним"⁸⁰. И это свидетельство его"».

101) «"Этот образ лика человека, включен во все образы, и все они включены в него. Этот не робок духом. В минуту гнева он невозмутим, и слова его спокойны, и он сразу же мирится"».

102) «"Род Давида, в котором вначале виден тот образ" ситры ахра, "проходящий в свое время перед глазами, как мы уже сказали, – в гневе он невозмутим и сразу же мирится. Но он затаивает ненависть, как змея, до конца, из-за того, что та сторона сделала ему" это, "так что он окружает со всех сторон", пока не отомстит. "Однако разум внутри этой клипы и сердце выравниваются. И это верно для праведников, но грешники не отходят от того первого образа, нехорошего, и окончательно соединяются с ним"».

103) «"Второй образ – это когда тот человек не настолько уж идет по пути зла, и уходит с этого пути, возвращаясь к Господину своему. Хороший дух начинает пребывать над ним, и он одолевает первоначальную скверну, которая была в нем, и становится заметен снаружи, представляясь взору в этот час в образе побеждающего льва. Это в час, когда виден в нем" этот образ, "сам этот вид привел его к тому, чтобы прошел в его сердце побеждающий лев в этот час"», т.е. его сердце в этот час одолевает сторону зла.

---

⁷⁷ Пророки, Шмуэль 1, 16:7. «Но Творец сказал Шмуэлю: "Не смотри на вид его и на высокий рост его, так как Я отверг его. Ведь (суть) не в том, что видит человек, ибо человек видит глазами, а Творец видит то, что в сердце"».

⁷⁸ Пророки, Шмуэль 1, 16:6. «И было, когда они пришли, увидел он Элиава и сказал: "Верно (этот) пред Творцом помазанник Его"».

⁷⁹ Пророки, Шмуэль 1, 16:12. «И он послал и привел его, а он румян, с глазами прекрасными, и хорош видом. И сказал Творец: "Встань, помажь его, ибо он это!"»

⁸⁰ Пророки, Шмуэль 1, 16:18. «И отозвался один из отроков и сказал: "Вот видел я сына у Ишая из Бейт-Лехема, он сведущ в игре и герой ратный, и воин, и разумен в речах, и статен, и Творец с ним"».

104) «"Этот", – тот, у кого есть лик побеждающего льва, "когда впоследствии смотрят на лик его, это лик, который сердце в этот час не любит, но сердце тут же вновь начинает любить его. Когда на него смотрят, он стыдится, думая, что все знают о нем", т.е. ему кажется, что все знают, что он думает и делает втайне. И из-за стыда "в этот момент к его лицу приливает кровь, а потом оно становится белым или зеленым"».

105) «"Три тонкие жилки есть у него на лице. Одна – справа, и она проходит по его лицу и входит в него. И одна, поднимающаяся к носу наверх. И две – слева, и одна проходит ниже этих двух, и связана с одной и с другой. И это те буквы, которые запечатлены на его лице, и они выступают, а не уходят внутрь. А когда он успокаивается и привыкает к пути истины, они уходят внутрь"».

106) «"И смысл этих букв – это близость. Поскольку он был далек, а сейчас", когда снова приблизился, "эти буквы выступают на его лице и сразу свидетельствуют о нем. И признак этого – это "куф ק" с правой стороны" лица. "А другие буквы, которых большинство, – с левой стороны" лица. "И, несмотря на то, что другие жилки видны у него на лице, они не выступают наружу так, как эти, если только он не идет окольным путем"», (тогда) выступают и они.

107) «"Тот, кто из рода Давида, представляется в виде, противоположном этому. Сначала он представляется в образе человека, а потом предстает в образе льва и отделяется от другой стороны. И во всём он противоположен остальным людям"».

108) «"Третий образ. Если этот человек идет путем, который не исправлен, и пути его отклоняются от пути Торы, этот дух святости уходит от него, и другой дух виден в нем, и другой образ, выступающий наружу в этот момент при созерцании глазами мудрых сердцем – образ быка. В час, когда они видят его", мудрые сердцем, "они проводят в своем сердце этот образ" быка "и смотрят на него"».

109) «"Словно три красных зернышка" дикого шафрана, называемого сафлором[81], "на лице его с правой стороны, и это маленькие красные жилки. И три – с левой стороны" лица.

---

[81] Дикий шафран, красильный шафран.

"Это буквы, выступающие на нем. Одна" из трех, что справа и слева, – "это маленькая круглая жилка, и две маленькие жилки над ней, все они круглые. И тогда глаза его посажены глубоко"» во лбу.

110) «"И смысл этих букв. Одна из трех – это "каф כ", а две другие жилки – это "рейш ר", "тав ת". И также три с левой стороны: одна из них – это "каф כ", а другие – "рейш ר", "тав ת". И признак этот, это как сказано: "Выражение лиц их свидетельствует против них"[82]. И эти буквы выступают на лице, более всех остальных жилок, и если он возвращается" к ответу "из левой" стороны, и приходит "к правой, этот дух подчиняется, и усиливается дух святости, и эти жилки уходят внутрь, а другие выступают наружу"».

111) «"Род Давида – наоборот. Он сначала представляется в образе льва, а затем возвращается к образу быка. Две черные жилки на лице его, одна – справа, а другая – слева. И это – буквы, одна называется "далет ד", а другая называется "аин ע". И он полностью преображается в отличие от остальных людей"».

112) «"Четвертый образ – это образ человека, который постоянно собирается исправиться, (поднимаясь) над тем, что сделал вначале", и более не вредит. "Он представляется мудрым сердцем в образе орла. Тот его дух – это слабый дух. Этот не показывает на лице буквы, выступающие наружу, так как они пропали у него и погрузились внутрь в другое время, в его прежние дни, т.е. ушли от него, и поэтому они не выделяются в нем"».

113) «"И его признаки. Глаза его не светят, искрясь, когда он в радости, и когда он стрижет волосы на голове или бороде, потому что дух его не светит ему буквами, и ушло сверкание его, которое было у него вначале. Он не предстает в созерцании лика, чтобы созерцать" его, так как нет у него выступающих букв, как объяснялось выше. "И к нему относится смысл сказанного: "И прославлял я мертвых, что уже скончались, более живых, что здравствуют поныне"[83]. О роде же Давида

---

[82] Пророки, Йешаяу, 3:9. «Выражение лиц их свидетельствует против них, и как жители Сдома говорят о грехе своем, не отрицая. Горе душе их, ибо сами они воздали себе злом».

[83] Писания, Коэлет, 4:2. «И прославлял я мертвых, что уже скончались, более живых, что здравствуют поныне».

сказано: "Тайна Творца – для боящихся Его, и союз Его, чтобы сообщить им"[84]».

114) «"Благодаря духу человека образуются буквы, как мы учили, и он заставляет их проявиться снаружи" на лице. "И эта мудрость передается мудрым сердцем, чтобы знать и узнавать. Дух (руах) пребывает в соединении свойств "это книга"[85], и все пребывают в этих свойствах, за исключением образа лика, о котором судят иначе, согласно власти духа или обладающего этим духом. Счастливы мудрецы, которым всё передается, чтобы знать. На этом заканчиваются тайны лица"».

---

[84] Писания, Псалмы, 25:14. «Тайна Творца – для боящихся Его, и союз Его, чтобы сообщить им».
[85] Тора, Берешит, 5:1. «Это книга порождений Адама: в день сотворения Всесильным Адама, по подобию Всесильного Он создал его».

А ты высмотри по тайне губ

115) «"Отсюда и далее говорится о тайне губ. О букве "пэй פ", включенной в букву "самех ס". Большие губы – это человек, который злословит и не стесняется, и не боится. Он – зачинщик раздоров и сплетен между одним и другим", т.е. между человеком и его ближним. "И сеющий раздоры между братьями"[86], он не умеет хранить тайну. А когда он занимается Торой, он скрывает тайну. Но он злоязычен и не дает места трепету в сердце своем"».

116) «"И признак этого – буква "пэй פ", включенная в букву "рейш ר" и не включенная в букву "самех ס". Этот кажется праведником, и он не боится греха. Но не нужно прельщаться им, поскольку все слова его – в устах, а не в теле"».

117) «"Губы сухие и сморщенные, и не маленькие. Это человек чрезвычайно гневливый, совершающий злодеяния, не способный ничего терпеть, злословящий открыто перед всеми без стыда. Порой он глумится. Это человек, от которого следует держаться подальше"».

118) «"Если густой волос в бороде его, то это – злоязычие, свидетельствует о нем, что он говорит открыто перед всеми, нет у него стыда. Занимается раздорами. Преуспевает в мирских делах. Видит врагов своих.[87] Он подмигивает глазами. Об этом сказано: "Человек нечестивый дерзок лицом своим"[88]. Этот пребывает в свойстве одной лишь буквы "пэй פ", которая вообще не включена в букву "самех ס". А иногда она соединяется с буквой "рейш ר", и в эту букву "рейш ר" она включается"».

---

[86] Писания, Притчи, 6:19. «Лжесвидетель, произносящий ложь и сеющий раздоры между братьями».

[87] Писания, Псалмы, 118:7. «Творец мне в помощь, и увижу я (гибель) врагов моих».

[88] Писания, Притчи, 21:29. «Человек нечестивый дерзок лицом своим, но благочестивый понимает путь свой».

ГЛАВА ИТРО

А ты высмотри по тайне ушей

119) «"О тайне ушей. Тот, у кого большие уши, он глупец в сердце своем, и безумие в духе его. Тот, у кого маленькие уши, но выполняющие свои функции как следует, при пробуждении становится мудрым сердцем. Хочет заниматься всем. И это свойство буквы "йуд י", которая включается во все остальные буквы"».

120) «"Здесь заканчиваются образы людей. Отсюда и далее – другие тайны букв моего господина", рабби Шимона, "которые не находятся внутри парцуфа. Но это для того, чтобы познать тайны этого изречения"», «Вот книга»[85], «"на высших ступенях, согласно временам и периодам этого мира, и мы их еще не удостоились"».

121) «Сказал рабби Шимон: "Сыновья мои! Счастливы вы в этом мире и в мире будущем. И счастливы глаза мои, удостоившиеся увидеть это, когда вхожу я в мир будущий. Ради души моей провозглашаю я Атику Йомину этот стих: "Ты накрываешь предо мною стол на виду у врагов моих, умащаешь елеем голову мою; наполнена чаша моя!"[89] И Творец взывает к нам: "Отворите ворота, пусть войдет народ праведный, хранящий верность"[90]».

---

[89] Писания, Псалмы, 23:5. «Ты накрываешь предо мною стол на виду у врагов моих, умащаешь елеем голову мою; наполнена чаша моя!»
[90] Пророки, Йешаяу, 26:2. «Отворите ворота, пусть войдет народ праведный, хранящий верность».

ГЛАВА ИТРО

А ты высмотри по тайне линий руки

122) «И они тоже раскрыли и сказали: "Написано: "И руки человеческие под крыльями их"[91]. И это руки, чтобы принять раскаявшихся, возвращающихся к Творцу. Однако руки человека – это высшие образы и тайны, которые Творец вложил в человека, и Он расположил их на пальцах снаружи и внутри, и на той самой ладони (каф כף)"», на ладони руки.

123) «"И Творец, когда сотворил человека, заключил в нем образы высших тайн высшего мира", Бины, "и все образы нижних тайн нижнего мира", Малхут. "И все они запечатлены в человеке, который находится в образе Всесильного, так как называется творением "руки"», т.е. творением руки Творца.

124) «"А свойство руки (каф כף) принадлежит той букве, которая называется "каф כף". Как сказано: "И сотворил Всесильный человека по образу Его"[92]. Это свойство буквы "каф כף". В этой букве есть высшие тайны и высшие образы. От этой "каф כף", т.е. от ладони (каф כף) руки, зависят десять речений справа и слева, пять – от правой" ладони "и пять – от левой" ладони. "И все они одно целое в одном свойстве"», ибо правая и левая объединяются в одно целое"».

125) «"Мы учили сказанное: "И Я тоже ударю ладонью о ладонь"[93]. Это означает, что будут они друг с другом в раздоре, и благословения уйдут из мира, поскольку гордость Исраэля отдана народам-идолопоклонникам". Ибо от единства правой с левой, из левой притягивается к Исраэлю ГАР, и они – гордость их. А когда они в раздоре, народы-идолопоклонники питаются от левой линии, и гордость Исраэля отдана им. "Когда они соединяются вместе, сказано: "Одна ложка (каф כף) в десять золотых (шекелей), наполненная смесью благовоний"[94], – что является указанием на полное соединение". То есть десять, что

---

[91] Пророки, Йехезкель, 1:8. «И руки человеческие под крыльями их с четырех сторон их, и лица и крылья – у (всех) четырех».
[92] Тора, Берешит, 1:27. «И сотворил Всесильный человека по образу Его, по образу Всесильного сотворил его, мужчину и женщину сотворил их».
[93] Пророки, Йехезкель, 21:22. «И Я тоже ударю ладонью о ладонь и утолю ярость Мою. Я, Творец, сказал».
[94] Тора, Бемидбар, 7:14. «Одна ложка в десять золотых (шекелей), наполненная смесью благовоний».

справа и слева, становятся одной ложкой (каф כף). "И когда они в полном соединении, сказано: "И сотворил Всесильный человека по образу Его"[92]. "И сотворил Всесильный", – это уход мысли, относящейся к внутренней сути"». Объяснение. Прежде всего, нужно подсластить Малхут в Бине, являющейся свойством милосердия, т.е. посредством подъема Малхут в Бину, называемую мыслью. И тогда уйдут ГАР мысли, являющиеся ее внутренней сутью,[95] и она остается в ВАК, которые являются половиной ступени. И это действие называется «сотворил» или «и сотворил», что означает уменьшение. И если бы не это уменьшение, человек не был бы способен получать мохин.[96]

«"Человека (эт а-адам)"[92] означает – захара и нукву вместе"», так как «эт» – это нуква, а «адам» – это захар. «"По образу Всесильного"[92], – это свойство "каф (כף ложка)"», или двух ложек, правой и левой, в момент, когда они стали одной ложкой, и тогда от них исходят все высшие мохин.

126) «"Когда был сотворен человек, написано о нем: "Кожей и плотью Ты облек меня"[97]. В таком случае, что представляет собой сам человек? Если ты скажешь, что сам человек – это не более, чем кожа и плоть, и кости, и жилы, то это не так. Ведь человек, без сомнения, – не что иное, как душа. А эти кожа, плоть, кости, жилы, о которых говорит, все они не более, чем облачение, и только. Это келим (сосуды) человека, а не сам человек. А когда человек умирает, он снимает с себя те келим, которые облачал"».

127) «"Кожа, в которую облачается человек, и все эти кости и жилы, – все они находятся в свойстве высшей мудрости, в высшем подобии". И он объясняет. "Кожа в высшем подобии, как мы учили о полотнищах, ибо сказано: "Простер небеса, как завесу (досл. полотнище)"[98]. "Бараньи кожи краснение, и кожи тахашевые"[99] – это облачения свыше, покрывающие облачение,

---

[95] См. «Предисловие книги Зоар», п. 13.
[96] См. Зоар, главу Берешит, часть 1, п. 3, со слов: «В свойстве суда, т.е. в свойстве Малхут мира АК, прежде чем она подсластилась в Бине, в свойстве милосердия, мир не мог существовать...»
[97] Писания, Иов, 10:11. «Кожей и плотью Ты облек меня, костями и жилами покрыл меня».
[98] Писания, Псалмы, 104:2. «Окутан светом, как плащом, простер небеса, как завесу».
[99] Тора, Шмот, 25:5. «Бараньи кожи краснение, и кожи тахашевые, и дерево шитим».

являющееся распространением небес, наружное облачение. Полотнища – это внутреннее облачение, и это пленка, покрывающая плоть"». И поэтому сказано: «Простер небеса, как полотнище»⁹⁸, где полотнища – это внутреннее облачение, а над ними снаружи – небеса.

128) «"Кости и жилы – это колесницы и все те воинства, которые пребывают во внутренних свойствах". Иначе говоря, они являются внутренним свойством и свойством ГАР внешней части ступени, потому что жилы – это нешама облачения, а кости – это хая облачения. "И все они – облачения на внутреннее свойство, т.е. на высшего Адама (человека), являющегося внутренним свойством"» для них.

129) «"Так же и внизу. Человек – это внутреннее свойство внутренней части. Его облачения – в подобии высшему. Кости и жилы – в подобии, как мы сказали, этим колесницам и воинствам", называемым костями и жилами. "Плоть покрывает эти станы и колесницы", называемые костями и жилами, "и находится снаружи" их. "И это смысл того, что" плоть "притягивается" от него "к другой стороне.¹⁰⁰ Кожа, которая всё покрывает, подобна тем небосводам, которые покрывают всё. И все они – облачения, чтобы облачаться в них, самое же внутреннее из всех – это свойство Адам (человек). И всё, что внизу, является подобием того, что наверху. Поэтому говорит Писание: "И сотворил Всесильный человека по образу Его, по образу Всесильного"⁹², – потому что человек внизу целиком создан в подобии высшему"».

130) «"На этом верхнем небосводе, который покрывает всё, запечатлены знаки, чтобы показывать и познавать с помощью этих знаков, установленных в нем, скрытые вещи и тайны. И это знаки звезд и созвездий, которые были запечатлены и установлены на этом небосводе, покрывающем снаружи. Так же и на коже, которая покрывает человека снаружи и подобна покрывающему всё небосводу, есть знаки и линии. И это свойство звезд и созвездий этой кожи, чтобы с их помощью показывать и с их помощью познавать вещи и тайны, скрытые в звездах и созвездиях", т.е. в знаках и линиях на коже, "чтобы мудрые сердцем изучали с их помощью, и созерцали с их помощью, дабы познать созерцание лиц с помощью тайн, о которых мы

---

¹⁰⁰ См. Зоар, главу Ноах, п. 130.

говорили. И об этом сказано: "Наблюдатели небес, созерцающие по звездам"[101]».

131) «"И это, когда это лицо светится и бывает беззлобным". Тогда можно созерцать и познавать, как было сказано. "Когда человека охватывает гнев, дается другой суд, чтобы узнать о нем, и почему невозможно управлять человеком". Это можно "узнать в то время, когда этот суд господствует на небосводе"».

132) «"Однако созерцание лица истинным путем – это в час, когда лицо светится и человек спокоен, и тогда эти знаки видны в истинном виде, и тогда по этому созерцанию он может судить с большей ясностью. И это несмотря на то, что все эти мудрецы могут созерцать в любом"» виде.

133) «"Линии руки и линии пальцев, изнутри. Все они находятся в различных тайнах, чтобы познавать скрытые вещи. И это звезды, которые светят, чтобы созерцать внутри созвездий высших правителей"».

134) «"Пальцы находятся в соответствии с высшими тайнами. Ногти пальцев – они находятся и покрывают их снаружи. И уже объяснялось в этих тайнах, что они (ногти пальцев) являются внутренним свойством внешней стороны.[102] И в них есть тайны для тех колдунов, которые созерцают по ногтям в свете другой вещи, властвующей над ними, и эти колдуны оскверняют это место"».

135) «"Бывает временами, что в ногтях светятся маленькие белые звездочки". Другими словами, на ногтях видны белые точки, "и они похожи на последствия веснушек и углублены" в ногти, "подобно сучку на доске. И они не похожи на другие белые точки, которые не углублены, а находятся на поверхности ногтей. Те, которые не углублены, нет в них никакой основы, однако те, которые углублены и белые, похожие на последствия веснушек, имеют настоящую основу, и это хороший знак для человека, и он преуспеет в это время. Или если ему будет вынесен приговор, он спасется от него"».

---

[101] Пророки, Йешаяу, 47:13. «Утомилась ты от множества советников твоих, пусть же предстанут и спасут тебя наблюдатели небес, созерцающие по звездам, предвещающие по месяцам то, что произойдет с тобой».

[102] См. Зоар, главу Берешит, часть 1, п. 129. «Пальцы человека являются скрытыми свойствами ступеней...»

136) «"Линии руки – в соответствии с высшими тайнами, и на пальцах, изнутри", не со стороны ногтей, а со стороны подушечек. "На руках есть большие линии, и верхние малые и тонкие линии на правой. И на тех пальцах, на которых есть маленькие линии. На маленьком пальце правой руки есть тонкие знаки. Всегда основой этого пальца являются дела другой стороны"».

137) «"На этом пальце есть линии, по которым он сгибается", когда руку сжимают. "На них не следует смотреть, но только если добавляются" другие линии. "Если к той линии, по которой сгибается палец, прибавились две другие линии, не выпадет ему путь, а если что-то делает, не добьется успеха"».

138) «"Но только если эти линии расположены в длину, между одним знаком и другим", т.е. между знаками, по которым сгибается палец, "когда кожу пальца оттягивают назад", и всё же "останутся те знаки, которые известны", и не исчезнут при оттягивании кожи. "Этот добьется успеха в пути. И признак этого – три поперечных линии и четыре продольных. И это свойство буквы "заин ז" из малых букв"». Ибо есть три вида алфавита: больших, средних и малых (букв). И «заин ז», которая тут, относится к алфавиту малых букв.

139) «"Если один продольный знак и дважды по два поперечных знака, он услышит вести о пути в ближайшее время, но в них не будет прока. Если четыре продольных знака и четыре поперечных знака, выпадет ему путь с большими усилиями и в итоге будет ему на пользу. И это "заин ז" из среднего алфавита, который посередине между алфавитом больших (букв) и алфавитом малых"».

140) «"Пять маленьких поперечных знаков внизу и четыре поперечных – наверху, и четыре продольных. Есть у него покой в доме. И он ленивый. Путь установился перед ним, но он не захотел проделать его. А если пойдет по нему, то достигнет успеха на этом пути, но он не проделает его, потому что ленив. И это – буква "заин ז" малая"».

141) «"Средний палец: этот палец предназначен", чтобы показать – "заниматься ли тем делом, которое задумал. Если есть одна продольная линия между поперечных линий, он

задумывает вещи, но мысли убегают от него, и он боится и не претворяет их в действие, и эта мысль не воплощается вовсе"».

142) «"Если есть две продольные линии, которые остаются", даже "когда кожу пальца оттягивают назад", и не исчезают из-за оттягивания кожи, "у такого нет мыслей, т.е. у него есть мысли на данный момент, и они воплощаются, однако не мысль, в которую бы он углубился, а лишь мысль быстротечная и мелкая, но глубокой мысли у него нет"».

143) «"А если три продольных знака, и поперек – два или три, после того как кожа" пальца "оттянута назад, – это человек мудрый и предающийся мыслям, и все те мысли, которые направлены к Творцу, воплощаются им, а прочие мысли – нет"».

144) «"Если есть четыре или пять продольных" знаков "после натяжения кожи пальца, когда они идут поверх поперечных знаков, поверх трех или четырех, или начиная с двух и выше, – это человек, мысли которого направлены ко злу, и он хвалится ими. А (если) борода и брови у него рыжие, он замышляет зло и хвалится им, дни его скоротечны. Он умен, но всегда поддается влиянию дурных свойств. Преуспевает. И по истечении недолгих дней он уходит из мира"».

145) «"Лечение от этого – это возвращение к Творцу. И тогда есть три знака или четыре, расположенных поверх двух: три или четыре продольных знака расположены поверх двух поперечных, – поскольку в зависимости от поведения человека знаки время от времени меняются. И это смысл сказанного: "Выводящий по числу воинства их, всех их по имени называет Он; от Великого могуществом и Мощного силой никто не скроется"[103]».

146) «"Так же как Творец сменяет воинства и времена в звездах небесных, этот день – так, а на другой день – иначе, в соответствии с" высшим "человеком, который внутренняя суть всех деяний Его, именно так они и предстают на этом

---

[103] Пророки, Йешаяу, 40:26. «Поднимите глаза ваши ввысь и посмотрите, Кто сотворил их. Выводящий по числу воинства их, всех их по имени называет Он; от Великого могуществом и Мощного силой никто не скроется».

небосводе, – так же и на коже этого нижнего человека, ибо кожа его, которая покрывает всё, – это небосвод"».

147) «"И всё по подобию человека, который во внутренней сути, и он иногда пребывает в суде, а иногда – в милосердии. В точном подобии этому вид снаружи" на небосводе, "иногда – в таком виде, а иногда – в таком. Подобно этому внизу у этого человека, как мы уже сказали, иногда" появляется на коже "в таком виде, а иногда – в таком. И это свойство буквы "заин ז", которая включается в букву "йуд י"».

148) «"А эти тайны – они о пальцах правой руки, о маленьком пальце и о большом", т.е. среднем, "и признак этого: "Как малого, так и великого выслушивайте"[104]. Эти два пальца – они в соответствии с этими тайнами. И так они – в соответствии с тайнами, которым мы научились у моего господина, – в соответствии с тайнами рава Йеса Савы. Отсюда и далее – другие линии, и все они называются порождениями, и это "порождения Адама"[105], как сказано: "Порождения неба"[106], ведь мы учили, что всё (определяет) это свойство. Подобно этому "порождения Адама" – во всех этих формах лица и во всех тех, о которых мы говорили, и в этих порождениях линий руки, которые проявляются в соответствии с внутренними тайнами, как и подобает"».

149) «"Это книга порождений Адама"[105], – т.е. для линий. Знак этого: ЗАРА ПАСАЦ (זר״ה פס״ץ)"», т.е. буквы фразы: «Это книга (зэ сефер זה ספר)», и к ним добавляется «цади צ». «"Это тайны для мудрых сердцем. "РЕЙШ-ЗАИН-ХЭЙ-САМЕХ-ПЭЙ רזהס״ף" – пять букв в пяти вратах, чтобы познавать мудрость в разумении"».

150) «"Первые врата – это "рейш ר". На руке есть тонкие линии и большие линии, и все они перемешаны друг с другом. Большие линии, расположенные на руке, и их две вдоль и две поперек, и они связаны друг с другом: этот в свойстве

---

[104] Тора, Дварим, 1:17. «Не давайте никому предпочтения: как малого, так и великого выслушивайте; не бойтесь никого, ибо постановление – Всесильному оно. А дело, которое будет слишком трудно для вас, оставьте мне, и я выслушаю его».

[105] Тора, Берешит, 5:1. «Это книга порождений Адама: в день сотворения Всесильным Адама, по подобию Всесильного Он создал его».

[106] Тора, Берешит, 2:4. «Вот порождения неба и земли при сотворении их, в день созидания Творцом Всесильным земли и неба».

буквы "хэй ה" и в свойстве буквы "рейш ר", и отталкивает букву "заин ז" и берет эти две буквы; поперек – берет "хэй ה", а вдоль – "рейш ר". И знак этого "хэй-рейш הר"».

151) «"И есть у него подобно этому", то, что есть на правой руке, есть также "и на левой руке, в этих больших линиях. Однако те маленькие линии, которые получает правая, левая не получает. То есть правая получает одну тонкую продольную линию наверху и одну тонкую линию внизу, находящуюся между теми двумя большими линиями", которые там. "Поперек есть только одна тонкая линия, связанная внизу с теми двумя линиями, которые находятся над ней. А на левой это не так, и тайна его в правой, а не в левой"».

152) «"Это человек, который иногда желает быть дома, иногда – в пути, у которого сердце не успокаивается ни тут, ни там. Когда он дома, он стремится в путь, а когда в пути – стремится домой. Он всегда добивается успеха в пути, а иногда и дома. Такой преуспевает в Торе и в тайнах Торы, если усердствует в них. Он видит (гибель) врагов своих.[107] Польза для многих есть в нем. Он ленив в мирских делах. Если он пробуждается снизу, пробуждаются свыше, чтобы доставить ему благо. Он удостаивается заслуг в делах своих. Он приятен и раздает деньги. Он щедр.[108] Молитву его слышат. Он поднимается и падает в деньгах"», т.е. в своем достоянии.

153) «"Это тот, у которого иногда сокрушается сердце перед Господином его. И тогда появляются три маленьких линии, пересекающие ту тонкую линию, которая добавляется к тем двум, что проходят поперек. И это свойство "хэй ה", соединяющейся с "рейш ר".

И повторяет эти вещи кратко, для памяти. "Это путь. Это дом. Это радость. Это печаль. Это польза. Этот – ленивый. Этот – щедрый. Этот – приятный и раздает деньги. Этот – сердце его сокрушается, и он возвращается к своему Господину"».

154) «"Вторые врата – это "заин ז". На правой" руке, "на той части, которая принимает" и получает, т.е. на ладони, "есть

---

[107] Писания, Псалмы, 118:7. «Творец мне в помощь, и увижу я (гибель) врагов моих».
[108] Писания, Притчи, 22:9. «Щедрый будет благословляем за то, что дает от хлеба своего бедному».

знаки. Когда есть три больших линии поперек и две большие линии вдоль, и одна из тех, что вдоль, соединяет те две, что поперек, а другая – не касается их. У такого есть изъян в роду со стороны отца или со стороны матери"».

155) «"И тогда ниже этих трех поперечных линий есть две тонкие линии, соединяющиеся с ними внизу. Это человек, исправляющий дела свои перед людьми, но сердце его не искренне. И к старости он возвращается к исправлению. Тогда те две продольных линии, которые соединены с теми поперечными, находятся друг с другом. И две других вместе с ними посередине, тонкие, и они расположены вдоль. И три тонкие поперек. И это свойство буквы "заин ז", соединяющейся с "рейш ר"».

156) «"А когда он достигает старости и возвращается, как мы уже сказали, он исправляется в свойстве буквы "рейш ר", и она соединяется с буквой "заин ז". А потом, когда это исправлено, он все время в скрытии, и все дела его в скрытии. Однако существование его – не в подобающем виде, поскольку в том изъяне, который есть у него в роду, он еще не разочаровался"», и это побуждает его к злу.

157) «"А после того как этот изъян принес разочарование, на правой руке появляются линии, четыре и пять, т.е. четыре продольных и пять поперечных, и это свойство буквы "заин ז", соединившейся с буквой "хэй ה". Этот иногда добивается успеха, а иногда – нет. Он добивается успеха в Торе. А в конце дней своих он добивается успеха даже в деньгах"».

158) «"Третьи врата – это буква "хэй ה". На правой руке, когда есть пять поперечных линий и три продольных, и у него в высшей степени заметна средняя линия из этих трех продольных. Это свойство буквы "хэй ה", опирающейся на букву "самех ס"».

159) «"Когда есть эта средняя линия", – из трех этих продольных, "которая входит и включается в эти пять поперечных линий, – это человек мрачный и гневный у себя дома. Но на людях он не такой. Он скуп в доме и гневен, и голоден, а иногда – нет. Вне дома он не такой. Он преуспевает в мирских делах. Когда он занимается Торой, он смотрит немного и повторяет ее.

Он верен, но не все время. И когда он не верен, он показывает, как будто это правда, но не полная правда. Он добивается успеха в суде. Верен он тайнам Торы. Он пребывает в свойстве буквы "хэй ה", соединенной с буквой "самех ס"».

160) «"А если четыре поперечные линии и пять продольных, и две из продольных входят в эти четыре поперечных, – это человек веселый у себя в доме, и внешне он кажется печальным, но это не так, поскольку, когда он разговаривает с людьми, он выказывает радость. И он сосредоточен в своих делах"».

161) «"Три маленькие линии входят в те, что идут вдоль, – у этого есть на теле черная отметина, и три волоска свисают с этой отметины, и эта отметина – как круг, и есть разрыв вверху этой отметины. Эту отметину мудрые сердцем, знающие эти тайны, называют головой орла. Эта отметина иногда видна между лопаток, а иногда на правой руке, а иногда на правой кисти, на пальцах"».

162) «"Если эта отметина, называемая головой орла, направлена прямо, он взойдет к богатству и славе. А если эта голова орла повернута назад, он временами будет удостаиваться сыновей. Но когда состарится, удостоится большого богатства и большого уважения, – больше, чем в юности. И удостоится Торы, если будет заниматься ею"».

163) «"Эта голова орла иногда выглядит черной, а иногда – в цвете, который не более, чем слегка красноватый, и не очень-то окрасился. А иногда видно по волоскам, которые свисают с нее, что временами они прямые. И всё это – один и тот же знак, и определяется по одному закону"».

164) «"А если этот красный цвет окрасился сильнее и устойчив в цвете своем, и окрасился за короткое время, – ведь эти цвета иногда светящие, а иногда темные, – и если этот красный окрасился и светит, то у него на левой руке есть три линии вдоль и три линии поперек, и одна тонкая линия поверх тех, что поперек, и одна тонкая линия поверх тех, которые вдоль. А на правой руке добавилась только одна поперечная линия. Это человек, возлегающий с женщиной в период ее нечистоты и он не возвращается из-за нее к Господину своему"».

165) «"А когда он совершает возвращение, остаются линии на левой руке, а та линия, которая добавилась на правой, пропадает у него. И пропадает тот красный цвет, по которому не очень-то заметно, чтобы он светил. А иногда, хотя и совершил возвращение, не пропадает у него тот красный до (определенного) времени. Этот находится в свойстве буквы "хэй ה", и удалилась буква "самех ס", а вместо нее вошла буква "цади софит (конечная) ץ", и соединилась буква "хэй ה" с буквой "цади софит ץ". Такой нуждается в срочном исправлении души. Видящие его мудрые сердцем обязаны сказать ему: "Иди, исцели себя"».

166) «"А если три продольные линии и одна поперечная, то этот находится в свойстве одной только буквы "хэй ה", а иногда она соединяется с буквой "заин ז". Это человек, стремящийся к мирской выгоде. А если нет, то он гоняется за женщинами, и страсть его – прелюбодеяния. И хотя он стремится к мирской выгоде, это тоже не пропадет у него, и он не стесняется. Глаза его глубоко посажены, и он разговаривает с их помощью"». Иными словами, когда говорит, он подмигивает.

167) «"Если возвращается к Господину своему, линии меняются – три поперечные и одна продольная, а те две тонких остаются, как были. Тогда его желание направлено больше на жену, и прилепляется к ней. Одна чрезвычайно тонкая линия проходит между этими тонкими линиями. Тогда буква "хэй ה" соединяется с буквой "заин ז"».

168) «"А если одна линия продольная и четыре поперечных, и три тонкие линии проходят поверх той одной" продольной, "и одна линия поверх этих четырех" поперечных, "на левой руке три мелкие отметины, появившиеся у него с малых дней, и один волос свисает из той одной", находящейся "в верхней их части. Этот хочет совратить жену ближнего. Он вершит злые дела. Вызывает страх левым глазом, не говоря ни слова, и довершает", т.е. довершает свое дело без лишних разговоров. "И поскольку он вершит злые дела, то не заботится о славе Господина своего и возвращении к Нему. А потом его убивает змея, или рыжий человек"».

169) «"А если четыре продольных и три поперечных, а те, что восходят наверх, пропали у него, этот сокрушает свое сердце

перед Господином своим и возвращается к Творцу. Тогда он находится в свойстве буквы "пэй פ", и она соединяется с буквой "хэй ה". Об этих и о тех, кто подобен ему, сказано: "Мир, мир дальнему и ближнему"[109]».

170) «"Здесь кончаются все тайны порождений Адама, которые являются порождениями, которые появляются в нем время от времени в зависимости от пути человека. Счастлива доля тех, кто сидит перед господином моим", т.е. рабби Шимоном, "и удостоился услышать тайны Торы из уст его. Счастливы они в этом мире и счастливы они в мире будущем". Сказал рабби Шимон: "Счастливы вы, товарищи, от которых не укрылась ни одна тайна. Сколько высших мест уготовано для вас в будущем мире!"»

171) «Провозгласил и сказал: "А ты высмотри из всего народа людей доблестных, боящихся Творца, людей правдивых, ненавидящих корысть"[110]. Но ведь сказано: "А ты высмотри", а не: "Выбери". Однако "высмотри" – это согласно тому, что видно глазами. По чему (видно)? По образу человека, по тем шести качествам, которые мы учим, и всё это – в этом изречении. "А ты высмотри"[110]:

– 1) по волосам, – "из всего народа"[110],

– 2) по лбу, – "людей доблестных"[110],

– 3) по лицу, – "боящихся Творца"[110],

– 4) по глазам, – "людей правдивых"[110],

– 5) по губам, – "ненавидящих корысть"[110],

– 6) по рукам, по их линиям"».

172) «"Ведь это признаки для тех, на которых пребывает дух мудрости, чтобы узнавать по ним людей. И при всем этом Моше

---

[109] Пророки, Йешаяу, 57:19. «"Сотворю речение уст: "Мир, мир дальнему и ближнему", – сказал Творец, – и исцелю его"».

[110] Тора, Шмот, 18:21. «А ты высмотри из всего народа людей доблестных, боящихся Творца, людей правдивых, ненавидящих корысть, и поставишь их над ними тысяченачальниками, стоначальниками, пятидесятиначальниками и десятиначальниками».

не нуждался в этом, ведь что сказано: "И выбрал Моше доблестных людей из всего Исраэля"[111], – потому что дух святости нисходил к нему и сообщал ему, и благодаря ему он видел всё"».

173) «"Откуда нам это известно? Из сказанного: "Когда бывает у них дело, приходит ко мне"[112]. "Приходят ко мне", – не сказано, но: "Приходит ко мне", – это дух святости, который приходил к нему, и благодаря ему он знал, и не нуждался во всем этом, чтобы смотреть и изучать, но в свое время Моше знал"».

174) «"Подобно этому знал и царь Шломо. Знал на престоле своем, над которым пребывал дух святости, и на всякого, приблизившегося к его престолу, нападал страх и ужас. И благодаря ему он вел суд без свидетельства. Ведь на его престоле были образы, и если кто-нибудь приближался с ложью, соответствующий образ начинал издавать стук, и царь Шломо знал, что тот пришел с ложью. Поэтому ужас престола нападал на всех, и все становились праведниками перед ним"».

175) «"Царь Машиах судит по духу. "И исполнит Он его духом боязни Творца, и не по увиденному глазами судить будет"[113]. И эти трое", – Моше, царь Шломо и царь Машиах, "судят мир без свидетельства и предупреждения. Остальные люди судят по свидетельству согласно Торе. Мудрецы, познавшие эти образы, должны предостерегать обитателей мира и давать излечение людям, и лечить их. Счастливы они в этом мире, и счастливы в мире будущем"».

---

[111] Тора, Шмот, 18:25. «И выбрал Моше доблестных людей из всего Исраэля, и поставил их главами над народом: тысяченачальниками, стоначальниками, пятидесятиначальниками и десятиначальниками».

[112] Тора, Шмот, 18:16. «Когда бывает у них дело, приходит ко мне, и я сужу между одним человеком и другим, и объявляю законы Всесильного и наставления Его».

[113] Пророки, Йешаяу, 11:3. «И исполнит Он его духом боязни Творца, и не по увиденному глазами судить будет, и не по услышанному ушами будет решать дела».

ГЛАВА ИТРО

А ты высмотри по тайне тайн

176) «"А ты высмотри из всего народа"¹¹⁰. "Это книга порождений Адама"¹¹⁴, – т.е. это книга из тех книг, которые скрыты и глубоки". Сказал рабби Шимон: "Вознес я руки мои в молитве к Тому, кто создал мир. Ведь, несмотря на то, что в этом изречении древние раскрыли высшие таинства, нужно еще посмотреть и изучить тайны книги Адама Ришона, от которой происходит утаенная книга царя Шломо"».

177) И он объясняет сказанное: «Это книга». «"Это (зэ)" указывает на то, что от нее зависит всё. "Это" – Древо жизни", т.е. Тиферет. "Это" раскрывает, и нет другого, кто раскрыл бы. "Это (зэ)" – это как сказано: "Этот (зэ) месяц для вас — глава месяцев"¹¹⁵, что означает – это (месяц) нисан и никакой другой"». И также «это»¹¹⁴, которое здесь, означает – эта (книга) раскрывает, и никакая другая.

178) «"Это книга"¹¹⁴, – т.е. чтобы смотреть в нее и раскрывать порождения Адама. Это дерево, раскрывающее порождения Адама, которое приносит плоды", т.е. порождает души, "чтобы выпустить их в мир. "Это книга"¹¹⁴ – чтобы познавать скрытую и глубокую мудрость, переданную Адаму Ришону в образах людей. Эта мудрость была передана царю Шломо, и он унаследовал ее и записал в своей книге"».

179) «"Мы учили, что Моше испытывал затруднения в этом, пока не явилась Шхина и не обучила его. И она видела и выясняла всех людей, которые представали" и были знакомы, "по их лицам. И там Моше научился этой мудрости, и она внушила ее ему. И это означает сказанное: "А ты (ве-ата וְאַתָּה) высмотри"¹¹⁰. Это Тот, о котором сказано: "А Ты – тот же, и годы Твои не окончатся"¹¹⁶. "И Ты (ве-ата וְאַתָּה) даешь им всем жизнь"¹¹⁷.

---

[114] Тора, Берешит, 5:1. «Это книга порождений Адама: в день сотворения Всесильным Адама, по подобию Всесильного Он создал его».

[115] Тора, Шмот, 12:2. «Этот месяц для вас — глава месяцев, первый он у вас из месяцев года».

[116] Писания, Псалмы, 102:28. «А Ты – тот же, и годы Твои не окончатся».

[117] Писания, Нехемия, 9:6. «Ты, Творец, един, Ты сотворил небеса, небеса небес и все воинство их, землю и все, что на ней, моря и все, что в них, и Ты даешь им всем жизнь, и воинство небесное преклоняется пред Тобою».

"А Ты, Творец, щит для меня"¹¹⁸». И во всех случаях слова: «А ты (ве-ата וְאַתָּה)» означают Шхину, и так же и здесь: «А ты» означает Шхину.

180) «"А ты", т.е. Шхина, "высмотри" и всматривайся в это, ты, а не другой, чтобы знать и всматриваться в шестьсот тысяч. По шести признакам следует всматриваться в образы людей и познавать мудрость во всех подробностях. И вот они: по волосам, по глазам, по носу, по губам, по лицу и по рукам, т.е. по линиям рук. И об этих шести признаках сказано: "А ты высмотри"¹¹⁰».

181) «"А ты высмотри из всего народа людей доблестных, боящихся Творца, людей правдивых, ненавидящих корысть"¹¹⁰.

"А ты высмотри" означает – по волосам, по морщинам на лбу, по бровям над глазами.

"Из всего народа" – т.е. по глазам, по роговице глаза и по морщинам под глазами.

"Людей доблестных" – тех, у кого есть силы стоять в царском чертоге. Их можно узнать по радости на лице, по лицу, по морщинам на лице и по знаку, который у них на бороде.

"Ненавидящих корысть" – т.е. по рукам и по линиям рук, и по знакам на них.

И все шесть признаков указаны здесь", в изречении, "и они были переданы Моше, чтобы всматриваться и знать скрытую мудрость. И мудрость эту наследуют истинные праведники как подобает. Счастлива доля их"».

182) «"Кожей и плотью Ты облек меня, костями и жилами покрыл меня"¹¹⁹. Подобно этому сделал Творец наверху – ступени над ступенями, одни над другими, скрытые внутри скрытых, и воинства и колесницы, одни над другими. Так сделал Он со всеми этими жилами и сухожилиями", в которых Он сделал ступени над ступенями, "и (со) всеми этими костями,

---

¹¹⁸ Писания, Псалмы, 3:4. «А Ты, Творец, щит для меня, слава моя, и возносишь голову мою».

¹¹⁹ Писания, Иов, 10:11. «Кожей и плотью Ты облек меня, костями и жилами покрыл меня».

поддерживающими высшие ступени. И (с) теми" из ступеней, "что называются плотью, которые являются ступенями и властью конца всякой плоти.[120] И со всеми теми, кто получает наслаждение от дыма мяса, от запахов жертвоприношений, и другими, которые властвуют над плотью. И над всеми – кожа, т.е. кожа, которая покрывает всё"».

183) «"Подобно тому, как Творец создал звезды и созвездия на коже небосвода, чтобы созерцать их, и это знаки небесные, и через них познавать мудрость, Творец сделал людям знаки и морщины на коже лица, которые подобны звездам и созвездиям на небосводе, чтобы познавать и наблюдать в них великую мудрость, и через них управляться с телом"».

184) «"Так же как на коже небосвода меняется вид звезд и созвездий в зависимости от происходящего в мире, так же меняется вид знаков и морщин на коже человека, сообразно с делами его, от времени до времени. И эти вещи переданы только истинным праведникам, чтобы познавать и изучать великую мудрость"».

185) «"Это книга порождений Адама"[114], от времени до времени, согласно делам человека, так рождаются и сменяются знаки его, от времени до времени. Ибо в то время, когда пребывает в нем дух святости, так же создает порождения и проявляет знаки тот дух, что снаружи"».

186) «"А в то время, когда уходит и исчезает у него дух святости, и приходит дух скверны, этот дух скверны бьется внутри него и показывает снаружи известные приметы и знаки, которые видны у него по морщинам кожи снаружи, даже несмотря на то, что волосы и лоб, и нос, и все остальные признаки остаются, как были"».

187) «"ЗАРА ПАСАЦ (זר"ה פס"ץ)". Эта буква"», т.е. «цади софит ץ», «"всегда меняется в этой мудрости"». Иначе говоря, главное здесь – это пять букв «ЗАРА ПАС זרה פס», представляющие собой пять букв фразы: «Это книга (зэ сефер זה ספר)». А

---

[120] См. Зоар, главу Ноах, п. 130. «Всё желание "конца всякой плоти" направлено только на плоть. И по этой причине исправление плоти в любом месте – только для него. И потому называется "концом всякой плоти". И когда он властвует – властвует над телом, являющимся плотью, а не над душой…»

«цади ץ» присоединяется к ним, поскольку постоянно меняется с теми буквами. «"Буква "заин ז" – это то, что пребывает в волосах человека, и признаком тебе будет "заин זין", т.е. оружие, "и оружие Шимшона было в его волосах", в которых была вся его сила. "И это венец Всесильного над ним"».

188) «"Волос, который собираются распознать, и он свисает сверху вниз. Этот (человек) пребывает в букве "заин ז", и соединяется с ним буква "цади צ", которая входит и вытесняет букву "самех ס"».

189) «"Если эти волосы свисают, и они черные, а на лбу с правой стороны есть три линии, а с левой – две, и они не соединяются друг с другом, справа есть три тонких знака, проходящие поверх них, и также дорожки, позволяющие проходить по этим вторым линиям, слева пять линий, и одна из них короче, – он пребывает в букве "заин ז" и букве "цади צ". В таком случае ты найдешь над глазными впадинами густые брови, соединяющиеся друг с другом"».

190) «"Это человек, поддающийся гневу, но не сразу, и пытается остаться в своем спокойном состоянии. Он считает себя умным, но это не так. Он всегда поднимает голову, чтобы вглядеться. Вне дома он зачинщик раздоров, но дома – нет. Он не признает ценность Торы, чтобы уделять ей внимание. Слова людей воспринимаются им, как обуза, и он резко отвечает на них"».

191) «"А если брови отделены друг от друга, касаются и не касаются" друг друга, "на лбу с правой стороны ты обнаружишь две большие линии и одну маленькую, и два слабых знака, расположенных между ними поперек. А с левой – две, одна большая, а другая маленькая, и один слабый знак, который входит в одну из них и не касается другой"».

192) «"Это человек гневливый, временами он наполняется гневом, а временами гнев его утихает. Он зачинщик раздоров у себя дома и несговорчив. Один раз в жизни он резко отвечает людям. Смотрит вниз. Лоб его морщится во время гнева, как у собаки, но он тут же успокаивается и снова становится мягким. Это человек, у которого дух и желание направлены

на занятие торговлей, и взимание "налогов, сборов и дани"[121], иначе говоря, и сдавать все виды налогов царю. "И если старается" в торговле, "восходит к богатству. Ибо буква "цади צ" заменяется буквой "самех ס"».

193) «"Если брови отделены друг от друга, и между ними расположены другие маленькие волоски, этот всегда таит большую ненависть. Он добр в своем доме. И он весел и грустен с людьми. Такой человек находится между "цади צ" и "самех ס". Прячет свои деньги, не хочет раскрываться и чтобы раскрылись его дела. Он скуп, и его волосы одинаковой длины и свисают. Он невысоко ставит себя, чтобы одеваться как подобает. То, что он носит, не подходит ему. У него большой лоб, три линии – справа, и четыре – слева, два знака расположены между ними"».

194) «"Этот, когда говорит, натягивает кожу лба, и эти линии не так заметны. Он ходит, нагнув голову. Правую руку он использует, как левую, а левую – как правую. Он всегда печален. Злословит. Считает себя умным во всех своих делах. Испытывает ненависть ко всем, кто занимается Торой"».

195) «"Если на левом предплечье у него черный знак, и на нем четыре маленьких волоса, и два больших волоса, свисающие из него, рыжие, волосы прямые и свисающие, и они не рыжие и не черные. Лоб у него не большой и не маленький. Этот находится между буквами "самех ס" и "цади צ", включен в букву "заин ז"».

196) «"На лбу у него одна большая линия, проходящая поперек от одной стороны до другой. Две другие линии, но не столь отчетливые, поскольку они не проходят от одной стороны до другой, как та", первая. "Четыре маленьких морщины между бровями в верхней части носа"».

197) «"Это человек веселый, умный, хитрый, щедрый на деньги. Во всем, что он стремится познать, он умен. Временами он гневается, а временами его гнев утихает. Не вечно хранит ненависть. Иногда он добрый, а иногда – не очень, но

---

[121] Писания, Эзра, 4:13. «Да будет известно ныне царю, что если будет построен этот город и возведены крепостные стены, то налогов, сборов и дани платить они не будут, и царской казне нанесен будет ущерб».

пребывает в равновесии", – т.е. не очень добрый и не очень злой. "Если возвращается к своему Господину, Господин держит его за руку, и он восходит к большой славе. Все нуждаются в нем. Буква "самех ס" идет у него всегда больше, чем буква "цади צ". Все, кто дает ему дурной совет, не добиваются успеха, и их совет не воплощается, и они не могут навредить ему. Он кажется обманщиком, но это не так. Буквы "самех ס" и "цади צ" воюют из-за него, поэтому он то поднимается, то опускается. Когда он возвращается к своему Господину, побеждает буква "самех ס", и исполняется желание его во всем. Он милосерден и плачет, когда преисполнен сострадания"».

198) «"У него есть один знак на правом предплечье, а лицо неподвижное, и нет на нем совсем волос. И если волосы кудрявые и не свисают ниже ушей, а курчавятся над ними, он держит свое слово"».

199) «"У него большой лоб, но не очень, на нем пять линий: три проходят от одной стороны" лба "до другой, а две – не проходят. Он зачинщик раздоров, и в особенности у себя дома. Все его дела – в спешке. Кажется добрым, но это не так. Хвалится тем, чего у него нет. Он находится в букве "заин ז" отдельно и поднимается издали в букву "цади צ" отдельно, он доходит и не доходит. Буквы "самех ס" нет в нем вовсе. Он щедр на слова, но не более. Лезет туда, куда ему не следует. Вступающий с ним в совместное дело должен остерегаться его корыстолюбия, но добивается успеха с ним"».

200) «"Волосы свисают и не гладкие, и волос много, пять линий на нем (на лбу), которые касаются и не касаются друг друга. Глаза его желтые и открытые. Он нагибает голову. Кажется добрым и праведным, но это не так. Хвалит себя. Если занимается Торой, он похож на важного человека. Сильный по своей природе. Когда он говорит, он морщит нос и натягивает кожу лба. Все дела его – чтобы показаться перед людьми. Добивается богатства. Обманщик во всех делах своих. Занимается злословием. Умеет во всем уберечься от людей. В нем есть безумие, но прикрывается тем, что исполнителен", чтобы о нем не узнали. "Он сеет ссору" между человеком и близким его "тайком"».

201) «"У него большие уши, находящиеся под волосами. Он пребывает в буквах "цади ץ" и "заин ז". И поэтому дела на глазах у людей. Если между лопатками свисает три волоса без всякого знака, тот, кто имеет с ним совместное дело, не добьется успеха. А он добивается успеха благодаря своему обману. И кажется праведником по отношению к другому, и тот думает, что он поступил с ним по правде"».

202) «"Если волосы его мятые и свисают ниже ушей, если он не женат, одна линия на лбу у него, и три морщины над верхней частью носа между бровей, – это человек веселый. Проницателен во всем. Обманщик. Он уступчив, и уступает тем, кто становится ему близок. Этот находится в букве "самех ס" и букве "заин ז". А когда состарится, буквы поменяются – сначала буква "заин ז", и с ней буква "самех ס". Уступчив только у себя дома. Добивается успеха в богатстве. Не обманщик и избегает этого пути"».

203) «"Над левой бровью есть одна маленькая отметина, от удара человеком в годы его юности. Правый глаз затянут. Пять поперечных морщин над верхней частью носа, между бровей. Волосы на голове немного вьются. Щурит глаза. Он находится только в букве "заин ז". Нет у него разумения. Есть в его сердце безумие. Он расторопен в своих делах"».

204) «"Одна линия на лбу у него и еще четыре маленьких. Нет в нем веры. Человек не должен вступать с ним в общее дело, так как не добьется успеха. Грешен он перед своим Господином во всех делах своих. И одно маленькое родимое пятно есть у него на левом бедре, которое иногда исчезает, а иногда снова появляется. И если есть четыре линии на лбу, всё это у него есть, но нет родимого пятна" на левом бедре. "А если у него есть три большие линии и три маленькие" на лбу, "и они расположены посередине" лба, "у него красивые волосы"». (На этом заканчивается тайна волос).

205) «"Лоб выясняется по волосам, и лоб выясняется по глазам, глаза выясняются по волосам, по четырем свойствам: по зенице ока (бат-айн), по цвету глаз, по белому (цвету) в глазу и по черному (цвету) в глазу. Все распознавание, чтобы различать по всем этим шести признаком", по волосам на лбу и т.д.,[122]

---
[122] См. выше, п. 180.

"(начинается) только лишь с тринадцати лет, когда уже отделился" в человеке "дух святости от духа скверны. Но только за исключением линий, потому что линии, как маленькие, так и большие, постоянно меняются"». И по ним можно понять, происходят они от скверны или от святости. «"И так – во всем"», о чем будет сказано далее.

206) «"Сказано: "И выбрал Моше доблестных людей из всего Исраэля"[123]. Поскольку другие признаки", кроме людей доблестных, "он искал, но не нашел. И также: "Выберите себе людей мудрых... и известных в коленах ваших"[124]. Что значит: "Известных"? Значит – узнаваемых по этим признакам", перечисленным выше. "И он нашел, кроме разумных", которых не нашел"». Отсюда ясно, что «мужи доблестные» и «мудрые» – их достоинства близки друг к другу, ибо здесь говорит Писание: «И выбрал Моше доблестных людей»[123]. А в книге «Дварим» говорит Писание: «И взял я глав ваших колен, людей мудрых и известных»[125],[126].

207) «"Глаз (пребывает) в свойстве букв "рейш ר" и "пэй פ", когда брови – белые, а волосы – рыжие. Если у него белые брови, это человек, которого люди должны остерегаться. Все слова его – обман. Он хитер. Таит ненависть. Этот только в одной букве "рейш ר", а буква "пэй פ" не соединилась с ним. Эта буква", т.е. «пэй פ», «"она все время блуждает над ним, но не вселяется в него. Глаза его глубоко посажены. Он расторопен в делах. И также все, у кого глубоко сидящие глаза, должны остерегаться его во всех делах. Он обманщик, и с обманом преподносит смысл сказанного им"».

208) «"Если у него лоб большой и не круглый, два больших знака проходят поперек лба от одной стороны до другой, и четыре маленьких. Волосы его висят. Это человек холодного ума. И поэтому он хитер. У него маленькие уши, на руках

---

[123] Тора, Шмот, 18:25. «И выбрал Моше доблестных людей из всего Исраэля, и поставил их главами над народом: начальниками тысяч, начальниками сотен, начальниками пятидесяти и начальниками десяти».
[124] Тора, Дварим, 1:13. «Выберите себе людей мудрых, и разумных, и известных в коленах ваших, и я поставлю их во главе вас».
[125] Тора, Дварим, 1:15. «И взял я глав ваших колен, людей мудрых и известных, и поставил я их главами над вами: начальниками тысяч, начальниками сотен, начальниками пятидесяти и начальниками десяти, и смотрителей (назначил я) коленам вашим».
[126] См. Вавилонский Талмуд, трактат Ирувин, лист 100:2.

много волос. Он испещрен точками черных знаков. А если знаки рыжие, иногда он обращается к совершению добра и пребывает в нем недолгое время, а иногда берется за старое. Он человек страстный"».

209) «"Потомки Давида – наоборот. Царь Давид унаследовал приятный рыжий цвет, чтобы чинить суд и вершить подобающие дела. Глаза его – очи милосердия, "идеально сидящие в глазницах"[127], они источают прелесть и милость (хесед), между ними проходит одна зеленая нить. Когда он ведет войну, нить эта преображается и становится красной, как роза. Когда гнев его на войне утихает, нить принимает прежний вид. Великие чудеса были в глазах его: радовались; стремились увидеть их"; в них были "точечки трех цветов; радость пребывала в каждом сердце; грешники, смотревшие в них, трепетали и пугались, и в сердцах их поднимался ужас и страх"».

210) «"Если у него большой красивый круглый лоб, и все буквы проявляются и поднимаются на нем, одни поднимаются, другие опускаются, – те, что опустились, поднимаются, и одни дают место другим. Поэтому его знаки поднимаются наверх вдоль" его лба. "Его брови – само милосердие, они не черные и не рыжие, а что-то среднее между этими двумя цветами. Зеницу ока, которая изнутри показывает все образы мира, окружает красная нить, и радость вокруг-вокруг всего"».

211) «"Сначала, когда эти грешники подходят, чтобы увидеть" глаза, "эти грешники, когда видят их смеющимися, и милосердие, и прелесть, и милость" в них, "но потом" они видят в них "отвагу, и страх, и ужас, и гнев. И глаза его – голуби для них. Почему голуби? Потому что заставляют обмануться грешников. Как сказано: "И не обманывайте друг друга"[128]. И написано: "Очи твои – голуби"[129], которые приближают смотрящих" в них "и отдаляют" их. "Все образы мира содержатся в лице его. Волосы на голове его несли в себе оттенки цветов семи видов золота"».

---

[127] См. Писания, Песнь песней, 5:12. «Очи его, словно голуби у водных потоков, что купаются в молоке, идеально сидящие в глазницах».

[128] Тора, Ваикра, 25:17. «И не обманывайте друг друга, и бойся Всесильного твоего, ибо Я – Творец Всесильный ваш».

[129] Писания, Песнь песней, 1:15. «Ты прекрасна, возлюбленная моя, ты прекрасна, очи твои – голуби».

212) «"Видел я в книге Адама Ришона, что он сказал так: "Образы первого Машиаха (восходят) к луне", к Малхут, т.е. он из потомков Давида, потому что второй Машиах – это Машиах бен Йосеф. "Вид его – зеленоватое золото, в лице. Вид его – золото офирское[130], в бороде. Вид его – золото Шевы[131], в бровях. Вид его – золото парваимское[132], в ресницах. Вид его – чистое золото, в волосах головы его. Вид его – золото высшей пробы[133], на груди его, на пластине над сердцем его. Вид его – золото таршишское[134], на двух руках. Все эти семь видов были запечатлены на всех этих местах волос"».

213) «"На его правом предплечье был запечатлен и проступал один знак, скрытый от людей, и это башня, на которой был запечатлен лев. И маленькая буква "алеф אלף" была записана в нем. И это признак: "Тысяча (элеф אלף) щитов висит на ней, все щиты отважных"[135]. Все время, пока он ведет войну, этот знак выступает и выделяется, и эта "алеф אלף" ударяет по башне, и тогда он становится сильным, чтобы воевать. А когда он вступает в войну, ударяет лев, и тогда он становится сильным, как лев, и побеждает в войнах. И эта башня помогает бежать, и признак этого: "В нее убежит праведник и укрепится"[136]. И укрепится Давид от врагов своих, которые не могут одолеть его. И эти признаки и знаки были частично запечатлены на левом предплечье. Знак другого человека не такой"», как у потомков Давида.

---

[130] См. Писания, Диврей а-ямим 2, 9:10. «И также слуги Хурама и слуги Шломо, которые привезли золото из Офира, доставили сандаловые деревья и драгоценные камни».

[131] См. Писания, Диврей а-ямим 2, 9:9. «И подарила она царю сто двадцать талантов золота, и очень много благовоний, и драгоценные камни; и не бывало еще таких благовоний, какие подарила царица Шева царю Шломо».

[132] Писания, Диврей а-ямим 2, 3:6. «И обложил этот дом дорогими камнями для великолепия; золото же было золотом парваимским».

[133] Пророки, Мелахим 1, 10:18. «И сделал царь большой престол из слоновой кости, и обложил его чистым золотом».

[134] См. Писания, Диврей а-ямим 2, 9:22. «Ибо корабли царя ходили в Таршиш со слугами Хурама; раз в три года приходили корабли Таршиша, привозившие золото и серебро, и слонов, и обезьян, и павлинов».

[135] Писания, Песнь песней, 4:4. «Шея твоя подобна башне Давидовой, которой любуются. Тысяча щитов висит на ней, все щиты отважных».

[136] Писания, Притчи, 18:10. «Могучая башня – имя Творца, в нее убежит праведник и укрепится».

214) «"Если глаза желтые и на выкате – безумие у него в сердце. Лоб у него большой. Волос много, и они свисают" вниз, "далеко от кожи головы. Он умен. Уста его произносят громкие слова. У него старческие губы. Он злословит"».

215) «"На лбу у него три линии. Если у него в глазу две красные прожилки, он только в букве "рейш ר", и светящаяся жилка" находится "рядом с ними. У него была возможность совершить грех, и он спасся от него"».

216) «"А если есть одна красная жилка внутри глаза, расположенная вдоль, и две маленькие прожилки под ней, и одна проходит по его глазам, у такого есть дурное побуждение к женщине, которая запрещена ему, и это побуждение еще живо. В таком случае, на его лбу ты обнаружишь одну продольную линию. Из правой брови" торчит "один волос, и четыре маленьких волоска под ним, и один, проходящий между ними поперек"».

217) «"А если он отойдет от этого греха, ты обнаружишь в его глазах две тонкие прожилки, идущие поперек глаза, и другая не проходит между ними. Также и на лбу. И время, за которое он отстраняется от этого греха, считается до девяти дней. Поскольку, начиная с этого времени, эти знаки исчезнут, и появятся другие"».

218) «"Узкие, немного краснеющие глаза. Этот человек умен. Все речи его – о возвращении. На лбу его ты обнаружишь три знака: один большой, проходящий из одной стороны в другую, и два других, которые не проходят. Брови у него большие. Он непреклонен. Когда он говорит, он морщит нос, если сердится или упрямится. Он пользуется дурной славой. По мнению всех, он злой, все ненавидят его. Иногда добивается успеха, а иногда нет"».

219) «"Три больших волоса на его груди, где сердце. У него старческие губы. Высокомерен до безумия. Злословит"».

220) «"Волосы гладкие, длинные и густые. Овал лица немного продолговатый и немного круглый. Иногда раскаивается во всем, что он сделал, но снова берется за старое. В его глазах ты обнаружишь две прожилки в правом глазу, и одну

– в левом. Уши у него маленькие, исправно выполняющие свою функцию"».

221) «"У потомков Давида – наоборот. У потомков Давида все эти признаки к добру, и чтобы вершить добро. Кроме больших губ. Ибо тот, у кого большие губы, злословит, будь он праведник или грешник. За исключением того, когда он полный праведник, который побеждает своими заслугами и оберегает себя"» от злоязычия.

222) «"Если глаза зеленые, и немного красного проходит между ними. На лбу у него две отметины от одной стороны до другой, и одна маленькая сверху, а другая – снизу. Он (находится) в букве "пэй פ" и букве "рейш ר". У такого – большой и круглый лоб. Он добр со всеми. От всего, что есть у него, дает каждому человеку. Он уступчив. Волосы его гладкие и свисают. С правой стороны у него есть седые волосы с того дня, когда был произведен на свет"».

223) «"Учение. Жители мира, обладающие разумом, с проницательными глазами" – т.е. обладающие мудростью, "обладающие верой" – т.е. Шхиной, "которая была скрыта в вас. Кто из вас поднимался и опускался?" – т.е. получал света, которые светят снизу вверх, называемые подъемом, и света, которые светят сверху вниз, называемые падением. "Тот, в ком есть дух святости Творца, поднимется и узнает, что когда возникло желание у белой головы (рош)" – т.е. Кетера, "создать человека, она передала свет одному свечению" – Бине, "а это свечение передало свет распространению свечения" – Зеир Анпину, который согласует две линии Бины, правую и левую, и светит им. "И это распространение свечения породило души"» людей.

224) «"Точно так же распространение свечения" – Зеир Анпин, "совершило зивуг и передало свет одной мощной скале" – Малхут, "и эта скала произвела одно пламя, горящее и переливающееся множеством цветов" – т.е. состояние зарождения духа (руах), полного судов. "И это пламя поднимается" – т.е. получает состояние впитывания (еника), когда света светят в нем снизу вверх, "и опускается" – т.е. получает ГАР де-руах, когда света светят сверху вниз, но в свойстве судов, из-за отсутствия хасадим, "до тех пор, пока это распространение свечения" – Зеир Анпин, "передает ему свет" – т.е. оно передает

ему свойство средней линии и хасадим, "и тогда снова возвращается на свое место и становится духом (руах) жизни"» – для Адама Ришона.

225) «"И в духе (руах) этом возникли пределы", т.е. двенадцать диагональных границ, которые он получает от Зеир Анпина. "И он берет один цвет от солнца", т.е. от Зеир Анпина, и это зеленый цвет, "спускается вниз и берет один цвет от луны", от Малхут, т.е. цвет, который получает от всех цветов. И он получает от четырех созданий, льва-быка-орла-человека, включенных в нижнее строение (меркава). "Отклоняется вправо и берет цвет воды", т.е. белый, "содержащийся во рту льва", т.е. Хесед. "Отклоняется влево и берет цвет огня", т.е. красный, "содержащийся во рту одного быка, красного как роза", т.е. Гвуру. "Отклоняется вперед и берет цвет руаха", т.е. зеленый, "содержащийся во рту одного большого орла с большими крыльями, и покрытого перьями, – все цвета видны на нем", и это пурпурный цвет, включающий в себя все цвета. И это Тиферет. "Отклоняется назад и берет цвет земли", который получает от всех цветов, "состоящий из четырех сторон мира", ХУГ ТУМ, "получаемый ото рта лика человека, на который смотрят все образы"». И это Малхут.

226) «"Установился тот дух (руах) на той земле и облачился в нее". Ведь земля, т.е. Малхут, это нефеш Адама Ришона, и руах облачился в нефеш. "Тогда эта земля", т.е. нефеш, "заколебалась и опустилась вниз, и собрала землю от четырех сторон мира, и возник один образ и парцуф", т.е. тело (гуф) Адама Ришона. "И этот дух (руах) был скрыт в нем в самой глубине. И этой земле, собранной от четырех сторон", т.е. гуф, "передала наполнение оживляющая сила (нефеш), когда она включена в дух (руах)"».

227) «"И эта оживляющая сила (нефеш) является основой для действий тела (гуф). Согласно тому, какими являются действия этой оживляющей силы (нефеш) в теле (гуф), так выглядит кожа (ор) снаружи. Дух (руах) скрыт внутри, а она", нефеш, "видна снаружи, поднимается и опускается она, и ударяет в лик его, и показывает образы и знаки, ударяет в лоб его и показывает образы и знаки, ударяет в глаза его и показывает

образы и знаки. И это означает сказанное: "Выражение лиц их свидетельствует о них"[137]».

228) «"Свечение, от которого идет измерение", – т.е. экран де-хирик, измеряющий уровень ступени, "одной зеленой нити", т.е. средней линии, имеющей зеленый цвет, которая получает этот экран от Малхут, "пламя пустоты (тóху)", т.е. огонь Малхут свойства суда, который называется пустотой. "И это свечение ударяет по рукам человека в час, когда он спит, и запечатлевает на руках его знаки и линии. И согласно тому, какими являются деяния человека, так они и запечатлеваются. И эти буквы переворачиваются у него снизу вверх, и друзья", праведники "истины, знают их по записям букв этого свечения", т.е. Малхут. "И все силы внутри" человека "делают знаки и линии, и буквы переворачиваются. Тот, кто запечатлевает это, запечатлевает в конце Скинии", т.е. Малхут, называемой Скинией. "Как сказано: "Образовался в чреве земли"[138], – т.е. в чреве Малхут, называемой землей, которая тоже образуется от действия пламени Малхут свойства суда, как и руки человека. "Благословен Он и благословенно имя Его всегда, и во веки веков"».

229) «"Белые глаза и красные части плоти в том месте, откуда выходят глаза", т.е. в глазницах, и когда он вращает глазами, они видны. "Этот находится в буквах "пэй פ" и "рейш ר", соединенных вместе"».

230) «"Лоб его большой, три линии идут вверх по его лбу, и шесть других, маленьких. Он красный и не красный, и находится между двумя цветами. Так же и его волосы. У него большое лицо. У него смятые волосы", т.е. курчавые, "но не очень. Они свисают немного ниже ушей. Он добрый. Обладает верой. Очень гневен в час, когда испытывает гнев"».

231) «"Если краснота, которая под глазом", т.е. в глазницах, как мы уже сказали, "распространяется и на глаз. Лютый гнев его. В час, когда говорит в гневе, закрывает рот, и выходит дым из ноздрей его. И на короткое время затихает гнев его, но не полностью, до следующего дня или на два дня. Этот иногда

---

[137] Пророки, Йешаяу, 3:9. «Выражение лиц их свидетельствует о них, и (о) грехе своем они рассказывают, не отрицая (его), как жители Сдома. Горе душе их, ибо сами они воздали себе злом».

[138] Писания, Псалмы, 139:15. «Не была сокрыта от Тебя сущность моя, когда я создавался в сокрытии, образовался в чреве земли».

добивается успеха, а иногда – нет. Но всегда старается добиться успеха, в малом или в большом"».

232) «"А если краснота в глазнице его небольшая, как нить, и не распространяется во время гнева на глаз, и у него есть все эти знаки", о которых говорилось. "У него слабое сердце. И он пугается всего. Сон его беспокоен. Постоянно занят своими мыслями. И опасается всего. И сопутствует успеху каждого", кто сотрудничает с ним. "Человек развратный. Не сторонится прелюбодеяния"».

233) «"Иногда он раскаивается и страшится. И когда пребывает в страхе, ты обнаружишь в его правом глазу ту красноту, что в глазнице, в конце, по краю глаза, и одну тонкую красную прожилку в левом глазу. А если меняется, то, что в правом глазу, – в левом, а то, что в левом, – в правом, значит, он еще в своем пороке", т.е. еще не раскаялся, "и вновь разбил лед", который отделял его от греха, "чтобы согрешить"».

234) «"Две морщины у него над верхней частью глаза, и три – внизу. А на левой ноге на среднем пальце шесть волосков, а в другое время – пять, но сейчас у него их шесть, потому что между ними есть один маленький волосок. Глаза черные и брови большие, и в них много волос, расположенных друг над другом. И эти глаза черные и зеленые находятся внутри них, и зеленые погружены глубже. У этого человека есть пять линий на лбу: две проходящие от одной стороны до другой, и три – не проходящие"». (Здесь заканчиваются тайны тайн).[139]

---

[139] Недостает окончания. См. Новый Зоар, главу Итро, часть «Тайны Торы», пп. 204-311.

В третьем месяце

235) «"В третьем месяце после исхода сынов Исраэля из земли Египта"[140]. Над этим месяцем властвует Уриэль, великий правитель". Ибо нисан,ияр, сиван[141] соответствуют ХАГАТ, и над Хеседом властвует Михаэль, над Гвурой – Гавриэль, а над Тиферет – Уриэль. "И триста шестьдесят пять десятков тысяч станов с ним, по количеству дней в году", т.е. триста шестьдесят пять дней солнца. "И у всех у них есть триста шестьдесят пять ключей светов, от того света, который выходит из высшего внутреннего сверкания (хашмаль), спрятанного и скрытого. И тайны высших святых букв святого имени зависят от него"».

236) «"И это свойство "человек непорочный", которым назывался Яаков, т.е. Тиферет, что означает "господин дома", "человек Всесильного"». Объяснение. Малхут от хазе и выше называется «непорочный», а Яаков – муж Малхут. Поэтому он называется «человек (досл. муж) непорочный», ведь он ее супруг и ее муж. «"Непорочный", – в смысле совершенства, "поскольку там находится завершение (сиюм) узла тфилин", т.е. Малхут, называемая Лея. "А Яаков – человеком непорочным"[142] был", т.е. мужем ее. "И в его образе находится свойство высшего внутреннего сверкания (хашмаль), скрытое и упрятанное. И он содержит все высшие скрытые света, и от него они исходят. И все станы" упомянутого выше ангела Уриэля "держат эти ключи от того самого света, который исходит из этого сверкания (хашмаль)"».

237) «"И этот свет включен в два света", правой и левой (стороны), "и они в нем – один свет. Первый свет – это белый свет, над которым не властен глаз. И это свет, спрятанный для праведников, как сказано: "Свет посеян для праведника"[143]. Второй свет – свет искрящийся и пылающий, с виду красный",

---

[140] Тора, Шмот, 19:1. «В третьем месяце после исхода сынов Исраэля из земли Египта, в этот день, пришли они в пустыню Синай».

[141] Порядок месяцев, начиная с Рош а-шана: тишрей, хешван, кислев, тевет, шват, адар, нисан, ияр, сиван, таммуз, ав, элуль. В месяце нисан Исраэль вышли из Египта.

[142] Тора, Берешит, 25:27. «И выросли отроки, и стал Эсав человеком, сведущим в охоте, человеком поля; а Яаков – человеком непорочным, живущим в шатрах».

[143] Писания, Псалмы, 97:11. «Свет посеян для праведника, и радость – для прямых сердцем».

называемый светом сверкания (хашмаль). "И два этих света включились в него, как один, и стали одним целым"».

238) «"И этот Уриэль, великий правитель, и все те станы", что с ним, "берут этот свет, и поскольку состоит он из двух, то называется "близнецы". И поэтому правит в нем", в этот месяц, "знак (мазаль), называемый по его свойству, "близнецы", и в нем была дана Тора. И отсюда ступени нисходят вниз, пока не взойдут в имени, чтобы светить всему миру"».

239) «"У всех остальных знаков", которые правят в остальные месяцы, "нет уст и языка. А у знака близнецов есть уста и язык, включенные вместе. И поэтому о Торе сказано: "И изучай ее днем и ночью"[144], днем – соответственно языку", т.е. Зеир Анпину, "ночью – соответственно устам", Малхут. "И всё включается вместе. И во всём восходит свойство близнецов (теоми́м תְּאוֹמִים)"».

240) «"Близнецы (томи́м תֹמִם)" написано, без "алеф א", и об этом свойстве написано: "Близнецы (томи́м תֹמִם)"; "И вот близнецы в чреве ее"[145]. И если ты скажешь, что из-за их обоих", Яакова и Эсава, "сказано: "Близнецы (томи́м תֹמִם)", то это не так, ведь Эсав не восходит в этом свойстве. Но только из-за одного Яакова сказано: "Близнецы (томи́м תֹמִם)"», потому что Яаков – это средняя линия, включающая в себя два света, правый и левый, и из-за двух этих светов он называется «близнецы (томи́м תֹמִם)», и говорит Писание: «И вот близнецы (томим תֹמִם), – т.е. Яаков, – в чреве ее»[145]. «И это восхваление, что он находился в материнском лоне этой праведницы, несет в себе это изречение. И из-за того, что там находился тот самый грешник", Эсав, "ушла оттуда "алеф א"», и написано: «Близнецы (томи́м תֹמִם)», без «алеф א».

241) «"И всё это является одним целым. Яаков берет в свое свойство", т.е. в Тиферет, среднюю линию, "два месяца – нисан и ияр. И он включается в свойство месяца сиван, который является знаком близнецов". Иначе говоря, поскольку он включается в месяц сиван, включающий в себя два месяца, нисан и

---

[144] Пророки, Йеошуа, 1:8. «Да не отходит эта книга Торы от уст твоих, и изучай ее днем и ночью, чтобы в точности исполнять все написанное в ней, тогда успешен будет путь твой, и ты придешь к постижению».

[145] Тора, Берешит, 25:24. «И исполнились ее дни родить, и вот близнецы в чреве ее».

ияр, т.е. правую и левую (линии), и потому называется знаком близнецов, получается, что и Яаков, включенный в него, берет два этих месяца.

"Эсав берет в свое свойство два месяца – таммуз и ав. И он не находится" в средней линии, т.е. в элуле, "и исчезает, потому что элуль не принадлежит ему. И даже в месяце ав только девять дней принадлежат ему, и не более. И потому он исчезает, и нет его. И он не находится в свойстве близнецов", т.е. в средней линии, а отделяется сам по себе и отходит к другой стороне, в ничто и разрушение. Как сказано: "Враг этот – не стало его, развалины вечные!"[146]»

242) «"И поскольку Яаков – "близнецы", Тора была дана сыновьям его в месяц близнецов. И Тора пребывает в свойстве близнецов", и это "письменная Тора и устная Тора", и дана была "в третий месяц, третьему народу", который включен "в три ступени", т.е. в трех праотцев. "Тройная Тора, – т.е. Тора, Пророки, Писания. И всё это одно целое"».

243) «"В третьем месяце"[140]. Мы уже выясняли выше это изречение данной главы. Учит рабби Хия: "В то время, когда Исраэль пришли к горе Синай, Творец собрал семя Исраэля и посмотрел на всех них, и не нашел порока во всем семени Исраэля. Ибо все они – святое семя, все они – сыны истинные"».

244) «"В это время Творец сказал Моше: "Сейчас я хочу дать Тору Исраэлю, веди их любовью праотцев, той любовью, которой Я люблю их, и знамениями, которые Я совершил для них. И ты будешь мне посланцем, и напоминай им об этом". Сказал рабби Йоси, сказал рабби Йегуда: "Так сказал Творец Моше: "Благодаря этому ты будешь Мне верным посланцем, чтобы вести Исраэль за Мной"».

---

[146] Писания, Псалмы, 9:7. «Враг этот – не стало его, развалины вечные! И города (его) разрушил Ты, исчезла память о них».

ГЛАВА ИТРО

А Моше поднялся к Всесильному

245) «"А Моше поднялся к Всесильному, и воззвал к нему Творец с горы"[147]. "А Моше поднялся к Всесильному" означает, что он поднялся в то место, где простираются крылья Шхины, как сказано: "И наклонил Он небеса, и сошел"[148]».

246) «"Мы учили, – сказал рабби Йегуда, – все время, пока законы высшего царя", т.е. законы экрана де-хирик, что в средней линии, т.е. в Зеир Анпине, "становятся прямыми (законами) в их месте", т.е. приводят к согласию между правой и левой линиями, "все миры пребывают в радости, и все деяния осуществляются правильным образом. Как сказано: "Деяние Творца, как грозно оно"[149]. Что значит: "Как грозно оно"?" Сказал рабби Эльазар: "Это совершенство всего, как сказано: "Властитель Великий, Могучий и Грозный"[150]. Что значит: "И Грозный"? Это Яаков", т.е. средняя линия. "И сказано: "А Яаков – человек непорочный"[142], что переводится (на арамейский) как "человек совершенный", совершенный во всем. Так все деяния Творца – они абсолютно совершенны при совершенном выполнении"».

247) «"Мы учили. Говорит рабби Йоси: "Однажды я стоял перед рабби Йегудой, старцем. Спросил я его о сказанном: "И устрашился он и сказал: "Как грозно место это"[151]. Что он увидел, сказав, что оно грозно?" Ответил мне (рабби Йегуда), что он увидел совершенство святой веры", т.е. Малхут, "которая присутствовала в этом месте, подобно высшему. И в каждом месте, где присутствовало Его совершенство, Он называется "Грозный"».

---

[147] Тора, Шмот, 19:3-4. «А Моше поднялся к Всесильному, и воззвал к нему Творец с горы, сказав: "Так скажи дому Яакова и говори сынам Исраэля: "Вы видели, что Я сделал Египту, вас же поднял Я на крыльях орлиных и принес вас к Себе"».

[148] Писания, Псалмы, 18:10. «И наклонил Он небеса, и сошел, и мгла – под ногами Его».

[149] Тора, Шмот, 34:10. «И сказал Он: "Вот, Я заключаю завет: пред всем народом твоим явлю чудеса, какие сотворены не были на всей земле и среди всех народов. И увидит весь народ, в среде которого ты, деяние Творца, как грозно оно, то, что Я совершу с тобою"».

[150] Тора, Дварим, 10:17. «Ибо Творец Всесильный ваш, Он Всесильный над сильными и Господин над господами, Властитель Великий, Могучий и Грозный, который не будет лицеприятствовать и мзды не возьмет».

[151] Тора, Берешит, 28:17. «И устрашился он и сказал: "Как грозно место это. Это не что иное, как дом Творца, и это – врата небес!"»

248) «"Сказал я ему: "В таком случае, почему это переводится (на арамейский) как "грозный", а не как "совершенный"?» Ведь если «грозный» означает совершенство, следовало перевести это, как «совершенный». «"Сказал он мне: "Нет страха, но только лишь в месте, где есть совершенство. И в каждом месте, где есть совершенство, Он называется Грозным. Как сказано: "Бойтесь Творца, святые Его, ибо нет нужды у боящихся Его"[152]. И следует из слов: "Ибо нет нужды", что страх – это совершенство, "ибо в том месте, где нет нужды, есть совершенство"».

249) «"Мы учили. "Кто взошел на небо и снизошел?"[153] Сказал рабби Йоси: "Это Моше, как сказано: "А Моше поднялся к Всесильному"[147]. "Кто собрал ветер пригоршнями своими?"[153] Это Аарон, как сказано: "И полные пригоршни тонкого курения благовонного"[154]. "Кто завязал воды в одежду?"[153] Это Элияу, как сказано: "Что не будет в эти годы ни росы, ни дождя; разве лишь по слову моему"[155] "Кто поставил все пределы земли?"[153] Это Авраам, о котором сказано: "Вот порождения неба и земли при сотворении их"[156]. Читай не "при сотворении их (бе-ибарам בהבראם)", а "при Аврааме (бе-Авраам באברהם)"».

250) «"Он учил это, и он сказал: "Кто взошел на небо?"[153] – это Творец, о котором сказано: "Вознесся Всесильный при звуках трубных"[157]. "Кто собрал ветер (руах) пригоршнями своими?"[153] – это Творец, как сказано: "В чьей руке жизненная сила (нефеш) всего живого и дух (руах)"[158]. "Кто завязал воды в

---

[152] Писания, Псалмы, 34:10. «Бойтесь Творца, святые Его, ибо нет нужды у боящихся Его».

[153] Писания, Притчи, 30:4. «Кто взошел на небо и снизошел, кто собрал ветер пригоршнями своими, кто завязал воды в одежду, кто поставил все пределы земли? Как имя Его и как имя сына Его, знаешь ли?»

[154] Тора, Ваикра, 16:12. «И возьмет полную угольницу горящих угольев с жертвенника пред Творцом и полные пригоршни тонкого курения благовонного, и внесет за завесу».

[155] Пророки, Мелахим 1, 17:1. «И сказал Ахаву Элияу Тишбиянин из жителей Гилада: "Как жив Творец Всесильный Исраэля, пред которым я стоял, что не будет в эти годы ни росы, ни дождя; разве лишь по слову моему».

[156] Тора, Берешит, 2:4. «Вот порождения неба и земли при сотворении их, в день созидания Творцом Всесильным земли и неба».

[157] Писания, Псалмы, 47:6. «Вознесся Всесильный при звуках трубных, Творец – при звуке шофара».

[158] Писания, Иов, 12:10. «В чьей руке жизненная сила всего живого и дух всякой плоти человеческой».

одежду?"¹⁵³ – это Творец, о котором сказано: "Связует Он воду в тучи Свои"¹⁵⁹. "Кто поставил все пределы земли?"¹⁵³ – это Творец, как сказано: "В день созидания Творцом Всесильным земли и неба"¹⁵⁶. Еще сказал (рабби Йоси): "Кто взошел на небо и снизошёл?"¹⁵³ – это четыре связи мира огонь-ветер-вода-земля"».

251) «Сказал рабби Йеса: "Слова рабби Йоси кажутся нереальными", потому что его слова противоречат друг другу. Когда слова его были переданы рабби Шимону, он положил руку на голову рабби Йоси и благословил его, и сказал: "Правильно ты говоришь, так оно и есть". Сказал ему: "Откуда у тебя это?" Сказал: "Так я учил у своего отца, который сказал это от имени рава Амнуна Савы"».

252) «В один из дней сидел рабби Шимон во вратах Ципори. Сказал ему рабби Йеса: "То, что сказал рабби Йоси: "Кто взошел на небо и снизошел?"¹⁵³ – один раз он сказал, что это Моше, а затем сказал, что это Творец, а затем сказал, что это четыре связи огонь-ветер-вода-земля. И я видел, что господин мой благословил его?!"»

253) «Сказал ему: "Конечно, он правильно сказал, – так оно и есть. Всё это одно, и все эти вещи находятся в Творце, и все они взвешиваются на тех же весах". Взволновался рабби Йеса от слов рабби Шимона и сказал: "Несомненно, что это так. И так мы учили у господина нашего в другой раз: "Вот порождения неба и земли при сотворении их"¹⁵⁶. Читай не "при сотворении их (бе-ибарам בהבראם)", а "при Аврааме (бе-Авраам באברהם)", т.е. посредством хеседа Зеир Анпина, "как сказано: "Ибо думал я: свет милостью (хеседом) устроен"¹⁶⁰». И так же остальные имена: Моше, Аарон, Элияу, четыре основы огонь-ветер-вода-земля, – это имена Творца.

254) «"Все правильно, однако что означает конец изречения, как написано: "Как имя Его и как имя сына Его, знаешь ли?"¹⁵³ "Как имя Его?" – он прав. Но "как имя сына Его", – что это?" Сказал ему: "Этой тайне я уже учил рабби Эльазара". Сказал ему: "Пусть мне расскажет господин мой, ибо спрашивал я это во сне у господина моего, и он рассказал мне, но забыл я ее".

---

¹⁵⁹ Писания, Иов, 26:8. «Связует Он воду в тучи Свои, и не разрывается облако под ней».

¹⁶⁰ Писания, Псалмы, 89:3. «Ибо думал я: свет милостью устроен, в небесах – там утвердил Ты верность Свою».

Сказал ему: "Если скажу, ты запомнишь?" Сказал ему: "Конечно, ведь то, что я учил у господина моего днем, это я помню"».

255) «Сказал ему: "Тайна этого, это как сказано: "Сын Мой, первенец Мой, Исраэль"[161]. И сказано: "Исраэль, в котором Я прославлюсь"[162]. И в высшем свойстве", где Исраэль означает Тиферет, "это и называется "сын Его". Сказал: "Пусть не беспокоится господин мой, ведь эту тайну я знаю". Между тем, не вспомнил рабби Йеса", что он сказал ему во сне. "Упал он духом. Пошел домой. Заснул. Во сне ему показали одну книгу сказаний, в которой было написано: "Мудрость (хохма) и великолепие (тиферет) в святилище Его"».

256) «"Пробудился он ото сна, пошел к рабби Шимону, поцеловал руки его, сказал: "Так я видел во сне своем. А в другой раз я видел во сне одну книгу сказаний, которую мне показали, и в ней было написано: "Мудрость (хохма) и великолепие (тиферет) в святилище Его": "Мудрость (хохма)" – наверху, "великолепие (тиферет)" – внизу, "в святилище Его", т.е. в Малхут, "у них. И так я видел однажды во сне, и так обнаружил в устах моих"», – когда это изречение низошло в уста мои. «Сказал ему рабби Шимон: "Пока ты еще ребенок, чтобы являться среди жнецов поля", т.е. владеющих тайной, "тебе же всё показали! И это смысл сказанного: "Как имя Его и как имя сына Его, знаешь ли?"[153] Мудрость (хохма) – имя Его, великолепие (тиферет) – сын Его"». Ведь Хохма и Бина – это Аба ве-Има (отец и мать) Тиферет, как известно.

257) «"А Моше поднялся к Всесильному"[147]. Счастлива доля Моше, удостоившегося такой славы, – что Тора так свидетельствует о нем. Посмотри, что отделяет Моше от остальных людей. Остальные люди, если поднимаются, поднимаются в богатстве, поднимаются в величии, поднимаются на царство. Однако Моше, когда он поднялся, о нем сказано: "А Моше поднялся к Всесильному". Счастлива доля его"».

258) «Сказал рабби Йоси: "Отсюда мы учим: "Пришедшему очиститься – помогают"[163]. Как сказано: «А Моше

---

[161] Тора, Шмот, 4:22. «И передай Фараону, что так сказал Творец: "Сын Мой, первенец Мой, Исраэль"».
[162] Пророки, Йешаяу, 49:3. «И сказал мне: "Ты раб Мой, Исраэль, в котором Я прославлюсь"».
[163] Вавилонский Талмуд, трактат Шаббат, лист 104:2.

поднялся к Всесильному"[147]. Что сказано после этого: "И воззвал к нему Творец"[147], – ибо того, кто желает приблизиться, приближают его"».

Так скажи дому Яакова

259) «"И воззвал к нему Творец с горы, сказав: "Так скажи дому Яакова"¹⁴⁷. Провозгласил рабби Ицхак: "Сказано: "Счастлив избранный Тобой и приближенный к Тебе, обитать будет он во дворах Твоих"¹⁶⁴. Счастлива доля того человека, которого желает Творец и которого приблизил Он, чтобы обитать в святом чертоге. Ведь тот, кого Он желает принять на Свою службу, записан, поскольку записывают его свыше, чтобы знать, что он избран перед высшим святым Царем, чтобы обитать в Его жилище. И всякий, у кого есть эта запись, проходит все высшие врата, и никто не остановит его"».

260) «Рабби Йегуда сказал: "Счастлива доля Моше, так как о нем сказано: "Счастлив избранный Тобой и приближенный к Тебе"¹⁶⁴. И о нем сказано: "А Моше подступил ко мгле"¹⁶⁵. "И подступит Моше один к Творцу, они же не подступят"¹⁶⁶. "Так скажи дому Яакова", – т.е. женщинам (некево́т), "и возгласи сынам Исраэля", – т.е. мужчинам (зхари́м)"»¹⁴⁷.

261) «Рабби Шимон сказал: "Так скажи"¹⁴⁷, – это как сказано: "Так благословляйте"¹⁶⁷. И сказано: "И преданные Тебе благословят Тебя (ивархýха יְבָרְכוּכָה)"¹⁶⁸. Иными словами: "Благословят Ко (иварху ко כָה יְבָרְכוּ)", где Ко (כָה) – это Малхут, называемая Ко. "Так скажи дому Яакова"¹⁴⁷, т.е. в речении, что означает – со стороны суда. "И возгласи сынам Исраэля"¹⁴⁷ – это как сказано: "И возгласил Он вам союз Свой"¹⁶⁹, и как сказано: "Возглашаю

---

¹⁶⁴ Писания, Псалмы, 65:5. «Счастлив избранный Тобой и приближенный к Тебе, обитать будет он во дворах Твоих, насытимся благами дома Твоего, святостью Храма Твоего».

¹⁶⁵ Тора, Шмот, 20:18. «И стоял народ поодаль, а Моше подступил ко мгле, в которой скрывался Всесильный».

¹⁶⁶ Тора, Шмот, 24:1-2. «А Моше сказал Он: "Взойди к Творцу, ты и Аарон, Надав и Авиу, и семьдесят старейшин Исраэля, и поклонитесь издали. И подступит Моше один к Творцу, они же не подступят; а народ не взойдет с ним"».

¹⁶⁷ Тора, Бемидбар, 6:23. «Скажи Аарону и сыновьям его, указав: "Так благословляйте сынов Исраэля, говоря им"».

¹⁶⁸ Писания, Псалмы, 145:10. «Восхвалять будут Тебя, Творец, все создания Твои, и преданные Тебе благословят Тебя».

¹⁶⁹ Тора, Дварим, 4:13. «И возгласил Он вам союз Свой, который повелел вам исполнять, десять речений, и начертал Он их на двух скрижалях каменных».

сегодня Творцу Всесильному твоему"¹⁷⁰, где возглашение – это милосердие (рахамим). "Сынам Исраэля" – т.е. мужчинам (зхарим), которые исходят со стороны милосердия"». Поэтому, когда говорится о возглашении, говорится о них.

262) «Сказал рабби Ицхак: "Если уж мы пришли к этому, что значит: "Возглашаю сегодня Творцу Всесильному твоему"¹⁷⁰, ведь: "Творцу Всесильному нашему", – следовало сказать?" Сказал рабби Шимон: "Разве это единичный случай, ведь сказано: "Ибо Творец Всесильный твой ведет тебя"¹⁷¹, "Которые Творец Всесильный твой дает тебе"¹⁷², "Ибо Творец Всесильный твой – огонь истребляющий"¹⁷³. И все они так"».

263) «"Мы же учили, что всякий живущий на земле Исраэля подобен тому, у кого есть Творец, а всякий живущий за пределами этой земли подобен тому, у кого нет Творца. И почему? Это потому, что святое семя восходит на святую землю, и Шхина пребывает на своем месте, и одно зависит от другого. И поэтому Моше говорил "Всесильный твой" только тем, кому предстояло войти в святую землю и принять лик Шхины. А то, что он не говорил "Всесильный наш", это потому, что Моше не удостоился вступить на эту землю. И поэтому, конечно же, всюду сказано: "Всесильный твой", поскольку им предстояло в будущем войти туда"».

264) «Сказал ему: "Это, безусловно, так. Но здесь сказано: "И приди к коэну, который будет в те дни, и скажи ему: "Возглашаю сегодня Творцу Всесильному твоему"¹⁷⁰. Но ведь они уже находились на земле (Исраэля), почему же он сказал "Всесильному твоему", а не "Всесильному нашему"? Дело в том, что они должны показать и возблагодарить за то, что высшая милость (хесед) удостоила их всего этого, что они пребывают на земле (Исраэля), и вошли в эту землю, и она сделала им всё это благо. И поэтому говорили эти слова коэну, как сказано:

---

[170] Тора, Дварим, 26:3. «И приди к коэну, который будет в те дни, и скажи ему: "Возглашаю сегодня Творцу Всесильному твоему, что пришел я в землю, которую поклялся Творец отцам нашим дать нам"».

[171] Тора, Дварим, 8:7. «Ибо Творец Всесильный твой ведет тебя на землю добрую, землю потоков водных, родников и источников, выходящих в долине и на горе».

[172] Тора, Дварим, 20:16. «Только из городов этих народов, которые Творец Всесильный твой дает тебе в удел, не оставь в живых ни души».

[173] Тора, Дварим, 4:24. «Ибо Творец Всесильный твой – огонь истребляющий Он, Владыка ревностный».

"Возглашаю сегодня Творцу Всесильному твоему"[170], так как это исходит со стороны Хеседа"».

265) «"Так скажи дому Яакова"[147], – т.е. тому месту, которое подобает" их ступени. "И возгласи сынам Исраэля"[147], – т.е. тому месту, которое подобает" их ступени. "Ибо Яаков и Исраэль – это две ступени", так как Яаков – это ступень ВАК, а Исраэль – ступень ГАР. "И они поднимаются на одну ступень", т.е. в Зеир Анпин. "Однако Исраэль называется совершенством всего. И поэтому сказано: "И возгласи сынам Исраэля"[147], – чтобы показать мудрость (хохма) и говорить в духе мудрости о милости (хесед) и истине, которые сделал с ними Творец", так как возглашение указывает на Хохму, "как сказано: "И возгласил Он вам союз Свой"[169]».

266) «"Мы учили, – сказал рабби Йоси. – Как-то раз я находился в пути, и был со мной мой сын, рабби Хия. Пока шли, мы увидели одного человека, собиравшего в поле целебные травы. Мы приблизились к нему, сказал я ему: "Человек, зачем тебе нужны эти пучки трав?" Он не поднял головы и ничего не ответил. Я снова повторил то же самое, и он не ответил ничего. Сказал я рабби Хие, сыну моему: "Или этот человек тугой на ухо, или глуп, или же он мудр". Сел я поблизости от него. Затем он собрал травы, и связал их, и покрыл их листьями смоковницы"».

267) «"Сказал он: "Я вижу, что вы иудеи, а иудеи считают себя умными. Если я не сжалюсь над вами сейчас, вы будете далеки от людей так же, как тот прокаженный, которого отдаляют от всего, поскольку не вижу я, чтобы запах хоть одной травы, которая рядом с вами, вошел бы в ваше тело, и вы будете отдалены" от всякого человека "на три дня. Но съешьте этот дикий чеснок, и вы исцелитесь"».

268) «"Мы съели от того, что было перед нами, и заснули, и с нас долгое время лился пот. Затем мы очнулись. Сказал нам этот человек: "Теперь Всесильный ваш с вами, ибо нашли вы меня, потому что исцеление ваших тел завершено с моей помощью"».

269) «"Пока мы шли, сказал нам: "Всякий человек должен говорить с другим человеком согласно путям его. С женщиной

– согласно путям ее, с мужчиной – согласно путям его. А с мужчиной из мужчин – согласно путям его". Сказал я рабби Хие, сыну моему: "То есть, как сказано: "Так скажи дому Яакова и возгласи сынам Исраэля"[147]».

270) «"Сказал он нам: "Вы видели, что я не поднял головы и не говорил с вами. Это потому, что отец мой был в травах мудрее всех людей его поколения. И я научился у своего отца путям ко всем травам, в которых находится истина, и я весь год провожу среди них"».

271) «"И та трава, что вы видели, которую я покрыл этими листьями смоковницы, – это потому, что в моем доме есть одно место, и оно с северной стороны, и в этом месте торчит один жернов, и из отверстия в центре этого жернова выходит один человек с двумя головами, и острый меч в руке его, и каждый день он несет нам страдания. И я собрал эту траву, и пойдемте со мной, и вы увидите силу этой травы, и то, что Всевышний Творец раскрыл в мире, и нет того, кто бы знал пути Его во всем"».

272) «"Мы последовали за ним, и когда мы еще находились в пути, он склонился к одному отверстию в земле, и положил от этой травы в отверстие. Вылез один змей с большой головой. Достал (этот человек) веревку и связал его, словно какого-то козленка. Мы были напуганы. Сказал он нам: "Ступайте за мной"».

273) «"(Так шли мы), пока не подошли к его дому. Мы увидели это место во тьме. Он взял свечу и зажег огонь около места того жернова. Сказал нам: "Не бойтесь того, что увидите, и ничего не говорите"».

274) «"Тем временем он развязал узлы, освободив того змея, и растолок в ступе от той травы, и положил это на голову змея. Змей заполз в это отверстие в центре жернова, и мы услышали голос настолько (сильный), что сотрясалось все это место. Мы хотели уйти. Взял нас за руки этот человек и сказал: "Не бойтесь, приблизьтесь ко мне"».

275) «"В это время оттуда выполз змей, истекая кровью. Взял этот человек от той травы, и положил ему на голову, как

и вначале. Заполз змей в отверстие жернова на короткое время, увидели мы, что вышел из этого отверстия жернова один человек с двумя головами, и змей обвился вокруг его шеи. Он входил и выходил через это отверстие жернова трижды, и говорил: "Зкита, зкита", – это вид пресмыкающегося, "горе матери его, которая привела его в это место"».

276) «"В это самое время сорвался жернов с места своего, и вышли этот человек со змеем, и упали и умерли оба. А мы были страшно перепуганы. Сказал нам этот человек: "Это сила той травы, которую я собирал перед вами. И поэтому я не говорил с вами и не поднимал головы в час, когда вы приблизились ко мне"».

277) «"Сказал нам: "Если бы люди познавали мудрость от всего, что Творец насадил на земле, и силу всего существующего в мире, они бы знали силу Властелина своего в великой мудрости. Однако Творец скрыл эту мудрость от людей, только для того чтобы они не отклонялись от путей Его и не полагались на эту мудрость, забыв Творца"».

278) «"Когда я пришел и рассказал все эти вещи рабби Шимону, он сказал: "Конечно же, это был мудрец. Нет ни одной травинки, рождающейся на земле, в которой не было бы великой мудрости и великой силы в небесах. Вот посмотри, как с иссопом. Повсюду, где Творец хотел очистить человека, он очищается иссопом. А почему? Потому что пробуждается высшая сила, которая заложена в нем. Ибо та сила, которая заложена в нем, уничтожает дух скверны, и человек очищается. А о тебе говорю я: "Благословен Милосердный, который спас тебя"».

ГЛАВА ИТРО

На крыльях орлиных

279) «"Вы видели, что Я сделал Египту, вас же поднял Я на крыльях орлиных"[174]. Что значит: "Крылья орлиные"?" Сказал рабби Йегуда: "В милосердии. Как сказано: "Как орел пробуждает свое гнездо"[175]». То есть, «орел» указывает на милосердие. «"И это, как сказал рабби Шимон: "Путь орла в небе"[176]. Что значит: "В небе"? В милосердии". Ведь Зеир Анпин называется небом, и обладает милосердием, поскольку ХАГАТ – это милость-суд-милосердие (хесед-дин-рахамим). Как орел, пребывающий в милосердии над сыновьями своими, и суд – для остальных, так Творец пребывает в милосердии для Исраэля, и суд – для народов-идолопоклонников"».

280) «Рабби Эльазар шел из Каппадокии в Луд, и вместе с ним шли рабби Йоси и рабби Хия. Встали они с рассветом, когда занимался день, и пошли. Сказал рабби Хия: "Я вижу изречение, в котором написано: "И лик льва – справа у (каждого из) четырех, и лик быка – слева у (каждого из) четырех, и лик орла у (каждого из) четырех"[177]. Итак, лев – справа, бык – слева, орел – в каком месте он находится?"»

281) «Сказал ему рабби Эльазар: "В том месте, где пребывает Яаков", т.е. в средней линии, там место орла. "И почему? Потому что орел включен во всё, в милосердие и в суд, милосердие – для сыновей своих, суд – для остальных. Так и Творец", т.е. свойство средней линии, "ведет Исраэль милосердием, а остальных – судом. Как сказано: "Вас же поднял Я на крыльях орлиных"[174]. И сказано: "Как орел пробуждает свое гнездо"[175]».

---

[174] Тора, Шмот, 19:4. «Вы видели, что Я сделал Египту, вас же поднял Я на крыльях орлиных и принес вас к Себе».

[175] Тора, Дварим, 32:11. «Как орел пробуждает свое гнездо, над птенцами своими парит, простирает крылья свои, берет его, несет его на своем крыле».

[176] Писания, Притчи, 30:18-19. «Три (вещи) сокрыты для меня, а четырех не знаю. Путь орла в небе, путь змея на скале, путь корабля среди моря и путь мужчины у отроковицы».

[177] Пророки, Йехезкель, 1:10. «И образ их ликов – лик человека, и лик льва – справа у (каждого из) четырех, и лик быка – слева у (каждого из) четырех, и лик орла у (каждого из) четырех».

282) «"Откуда мы знаем, что орел – это милосердие? Из того, что сказано: "Путь орла в небе"[176], именно "в небе", – т.е. в Зеир Анпине, обладающем милосердием. "И поэтому лев – справа, бык – слева, орел – посередине между ними, и он включает их обоих. Лик человека включает всех их, и все включаются в него", потому что он является свойством Малхут, которая получает от всех. "Как сказано: "И над образом этого престола – образ, подобный человеку, на нем сверху"[178]».

---

[178] Пророки, Йехезкель, 1:26. «Над сводом же, который над головами их, словно образ сапфирового камня, в виде престола, и над образом престола – образ, подобный человеку, на нем сверху».

ГЛАВА ИТРО

И было на третий день

283) «"И было на третий день"[179]. Провозгласил рабби Аба: "Сестра у нас младшая, и персей нет у нее. Что сделаем для нашей сестры в день, когда заговорят о ней?"[180] "Сестра у нас младшая" – это Кнессет Исраэль, называемая сестрой Творцу. "И персей нет у нее", – т.е. как мы учили, что в час, когда приблизились Исраэль к горе Синай, у них не было заслуг и добрых дел, которые могли бы защитить их, как сказано: "И персей нет у нее". Ибо они всё исправление и красота женщины, и нет красоты у женщины, если не они. "Что сделаем для нашей сестры?" Что будет с ней, когда Творец раскроется на горе Синай, чтобы сказать слова Торы, и души удалятся от них?"»

284) «Сказал рабби Йоси: "В тот час, когда приблизились Исраэль к горе Синай, вместе с этой ночью и утром, было три дня, когда они не сходились со своими женами. Явились святые ангелы и приняли Исраэль с братской любовью, ведь они – ангелы наверху, а Исраэль – ангелы внизу. Они освящают высшее имя наверху, а Исраэль освящают высшее имя внизу"».

285) «"И увенчались Исраэль в ту ночь семьюдесятью коронами. А высшие ангелы говорили: "Сестра у нас младшая, и персей нет у нее"[180], т.е. нет у них заслуг и добрых дел. "Что сделаем для нашей сестры?"[180], – другими словами, какие честь и почет окажем мы этой нашей сестре в день, когда Творец раскроется на горе Синай, чтобы дать им Тору?"»

286) «"И было на третий день"[179]. Сказано: "Будьте готовы – в течение трех дней не приближайтесь к женщине"[179], т.е. как сказано: "И было на третий день"[179]. Рабби Шимон сказал: "В час, когда Творец желал раскрыться на горе Синай, призвал Творец всю свиту Свою, сказал им: "Сейчас Исраэль – отрок, так как не знают они Моих заповедей, но Я хочу раскрыться им

---

[179] Тора, Шмот, 19:14-16. «И спустился Моше с горы к народу, и освятил народ, и сменили они одежды свои. И сказал он народу: "Будьте готовы – в течение трех дней не приближайтесь к женщине". И было на третий день, с наступлением утра были громы и молнии, и облако тяжелое на горе, и голос шофара очень сильный, и вострепетал весь народ, который был в стане».

[180] Писания, Песнь песней, 8:8. «Сестра у нас младшая, и персей нет у нее. Что сделаем для нашей сестры в день, когда заговорят о ней?»

в милосердии, чтобы они приняли Мои заповеди". Это смысл сказанного: "И было на третий день"[179], на третий день, конечно", – т.е. Тиферет, "так как это милосердие. Откуда мы это знаем, – из сказанного: "И наклонил Он небеса, и сошел"[181]». А небеса – это Тиферет, т.е. милосердие, как уже говорилось.

287) «"И в этом раскрылся Творец Исраэлю, дав им вначале милосердие, а потом Он дал им Тору со стороны могущества (гвуры) на третий день". И они, таким образом, состоят из милосердия (рахамим) и могущества (гвуры), "ибо так подобает им, и поэтому они называются Исраэль"», поскольку имя Исраэль указывает на взаимное включение милосердия и Гвуры.

288) «"С наступлением утра"[179], как сказано: "Утра безоблачного"[182]. Ведь если бы были тучи, было бы темно, и не раскрылся бы Хесед (милость). И когда раскрылся Хесед? Утром, как сказано: "Утром на рассвете"[183]. Ведь когда светит утро, в мире есть Хесед, и уходят суды. А в то время, когда утро не светит, суды еще не ушли, как сказано: "При всеобщем ликовании утренних звезд и возгласах приветствия ангелов Всесильного"[184]. Когда звезды ушли, и светит солнце, в этот час сказано: "Утра безоблачного"[182], и Хесед пробуждается в нижнем мире. В этот час сказано: "С наступлением утра"[179], ибо после ухода звезд наступает утро"».

289) «Сказал рабби Йоси: "С наступлением утра"[179] начал Творец раскрываться на горе Синай. Мы учили: "С наступлением утра"[179], – когда пробудилась заслуга Авраама, о котором сказано: "И поднялся Авраам рано утром"[185]».

---

[181] Пророки, Шмуэль 2, 22:10. «И наклонил Он небеса, и сошел, и мгла под ногами Его».

[182] Пророки, Шмуэль 2, 23:4. «И со светом утра засияет солнце, утра безоблачного, и трава из земли – от света и от дождя».

[183] Тора, Берешит, 44:3. «Утром на рассвете эти люди были отосланы, они и ослы их».

[184] Писания, Иов 38:7. «При всеобщем ликовании утренних звезд и возгласах приветствия ангелов Всесильного».

[185] Тора, Берешит, 21:14. «И поднялся Авраам рано утром, и взял хлеб и мех с водой и дал Агарь, положил ей на плечо, и ребенка, и отослал ее. И пошла она, и заблудилась в пустыне Беер-Шевы».

ГЛАВА ИТРО

Были громы и молнии

290) «"Были громы и молнии"[179]. Сказал рабби Аба: "Громы (коло́т קלת)" написано без "вав ו", означающей множественное число, и это указывает на "два грома, которые снова стали одним, одно выходит из другого, ветер из воды, а вода из ветра, двое, являющиеся одним, и один, являющийся двумя"». И поэтому «громы (коло́т קלת)» написано без «вав ו».

Объяснение. Подобно материальному грому, состоящему из воды и ветра, также и духовный гром состоит из воды, т.е. правой линии, и ветра, т.е. средней линии. И у этих ветра и воды есть два состояния:

В трех линиях Бины, где средняя линия, т.е. ветер, является порождением правой линии, т.е. воды. Иными словами, «ветер из воды».

В трех линиях Зеир Анпина, поскольку потом, когда средняя линия распространилась из Бины, и опустилась в место Зеир Анпина в свойстве «один находится в трех»[186], получается в нем, что средняя линия является корнем и причиной двух линий, правой и левой.[186] И получается, что вода, т.е. правая линия, она словно порождение ветра, средней линии. Иными словами, «вода из ветра».

Таким образом, с одной стороны, можно сказать, что два эти состояния представляют собой одно, ведь в Зеир Анпин приходит лишь то, что есть в Бине. И это значение сказанного: «Два грома, которые снова стали одним», ведь «одно выходит из другого». А с другой стороны, можно сказать, что их два, ведь один гром в Бине, а другой гром – в Зеир Анпине. И это значение сказанного: «Двое, являющиеся одним, и один, являющийся двумя», т.е. можно сказать так, а можно сказать и так. И поэтому «громы (коло́т קלת)[187]» написано без «вав ו», означающей множественное число.

---

[186] См. Зоар, главу Берешит, часть 1, п. 363. «Трое выходят благодаря одному, один находится в трех...»
[187] Это слово имеет три значения: гром, звук или голос.

291) «Сказал рабби Йоси: "Громы (коло́т קלת)" – т.е. один, и это великий и сильный голос, не прекращающийся никогда, – тот, о котором сказано: "Глас великий и непрерывный"[188]». И это свойство руах в высших Абе ве-Име, из воздуха (авир אויר) которых не выходит буква «йуд י», и их ступень руах остается существовать всегда без изменений.[189] И этот руах светит также в больших ЗОН.[190] «"Ведь все остальные голоса прекращаются, как мы учили, что в четыре времени года голос прекращается, и тогда в мире пробуждаются суды. А этот голос, включающий все остальные голоса, не прерывается никогда и не прекращает своего совершенного существования и своей силы. Этот голос является голосом голосов, голосом, включающим все остальные голоса"».

Объяснение. В четыре времени года пробуждается власть левой линии, и тогда сразу же прекращается голос, т.е. ступень хасадим, и суды властвуют в мире. И это (происходит) только с голосом ИШСУТа и Зеир Анпина. Однако над голосом Абы ве-Имы левая линия не властна, чтобы прервать его, и хасадим не прерываются в них никогда. И этот голос включает в себя все голоса, которые ниже него.

292) «Сказал рабби Йегуда: "Голос может быть только со стороны ветра, воды и огня", представляющих собой три линии. "И всё делает голос", т.е. средняя линия, и с помощью него линии "они включаются друг в друга" и становятся одной. "И поэтому написано: "Громы (коло́т קלת)"[179]», без «вав ו», означающей множественное число, «"и молнии"[179]. Сказал рабби Йоси: "То есть, как сказано: "Молнии для дождя творит"[191], т.е. молнии означает – огонь, соединенный с водой, как молнии во время дождя. "Ведь пламя" молнии "во время дождя" указывает, что это "связь милосердия с любовью, которая не прекращается"».

293) «"Мы учили, – говорит рабби Йегуда, – со стороны могущества (гвуры) была дана Тора". Сказал рабби Йоси: "В

---

[188] Тора, Дварим, 5:19. «Эти речи изрек Творец всему собранию вашему на горе из среды огня, облака и мглы – глас великий и непрерывный – и начертал Он их на двух скрижалях каменных, и дал их мне».

[189] См. Зоар, главу Берешит, часть 1, п. 308.

[190] См. «Предисловие книги Зоар», статью «Манула и мифтеха», п. 41, со слов: «И мы уже знаем, что Атик установился во втором сокращении...»

[191] Писания, Псалмы, 135:7. «Поднимает облака от края земли, молнии для дождя творит, ветер выводит из сокровищниц Своих».

таком случае" Тора – "она в левой стороне". Сказал ему: "Она вернулась в правую сторону, как сказано: "От десницы (правой) Его пламя закона для них"[192]. Левая включается в правую. И сказано: "Десница (правая) Твоя, Творец, величественна силой"[193]. Таким образом, мы видим, что левая включается в правую"», как сказано: «От десницы (правой) Его пламя закона для них»[192]. «"А правая – в левую"», как сказано: «Десница (правая) Твоя, Творец, величественна силой»[193]. «"Таким образом, могущество (гвура)", т.е. левая, "включилась в правую"».

294) «"И облако тяжелое на горе"[179], – т.е. густое облако, которое оседает на месте своем" из-за своей тяжести "и не перемещается" с места на место, как остальные облака. "И голос шофара очень сильный"[179], – ибо из-за того, что облако было густым, вышел этот голос", чтобы его разбить, "как сказано: "И было, когда вы услышали голос из тьмы"[194]».

295) «Сказал рабби Йегуда: "Было три вида тьмы, как сказано: "Тьма, облако и мгла"[195]. И этот голос", т.е. голос шофара, "выходил изнутри их всех". Сказал рабби Йоси: "Самым внутренним из всех был тот" голос, "о котором сказано: "Глас великий и непрерывный"[188]».

---

[192] Тора, Дварим, 33:2. «И сказал он: "Творец от Синая пришел и воссиял им от Сеира, явился от горы Паран и пришел из среды десятков тысяч святых. От десницы Его пламя закона для них"».

[193] Тора, Шмот, 15:6. «Десница Твоя, Творец, величественна силой. Десница Твоя, Творец, сокрушит врага».

[194] Тора, Дварим, 5:20. «И было, когда вы услышали голос из тьмы, а гора пылала огнем, то подошли вы ко мне, все главы колен ваших и старейшины ваши».

[195] Тора, Дварим, 4:11. «И вы приблизились, и стали под горой, а гора пылает огнем до сердца небес; тьма, облако и мгла».

И весь народ, видят они голоса

296) «"И весь народ, видят они голоса"[196]. "Видят" – ведь следовало сказать: "слышат"? Но мы учили, что эти голоса были запечатлены во "тьме, облаке и мгле"[195], и видны в них, как видно тело, и видят то, что видят, и слышат то, что слышат, из этих "тьмы, облака и мглы". И вследствие этого видения, которое им открылось, они светили высшим свечением, и знали то, чего не знали другие поколения, следующие за ними"».

297) «"И все они видели лицом к лицу (паним бе-паним), как сказано: "Лицом к лицу Творец говорил с вами"[197]. И кого они видели? Учит рабби Йоси: "От свечения этих голосов, – ведь не было голоса, и не светил он свечением, – ибо созерцают в нем всё тайное и всё скрытое, и все поколения, которые придут вплоть до царя Машиаха. И поэтому сказано: "И весь народ, видят они голоса"[196], – видят буквально воочию"».

298) «Сказал рабби Эльазар: "А весь народ, видят они"[196]. "Видят", – это как мы уже сказали, что они видели вследствие свечения этих голосов, чего не видели другие последние поколения. "Голоса (эт а-колот)"[196], – это как сказано: "Видел я Творца (эт а-шем)"[198], – Творца написано не просто, а с предлогом "эт", и это означает, что он видел Шхину, называемую "эт". Также и здесь: "А весь народ, видят они голоса (эт а-колот)"[196]», – что тоже указывает на ви́дение Шхины.

299) «"Подобно этому: "Небо и землю (эт а-шамаим ве-эт а-арец)"[199]. Ведь предлог "эт" в Торе дан, чтобы созерцать мудрость (хохму). Как, например: "Почитай отца своего и мать свою (эт ави́ха ве-эт име́ха)"[200], "Чти Творца (эт а-шем) от

---

[196] Тора, Шмот 20:15. «И весь народ, видят они голоса и сполохи, и голос шофара, и гору дымящуюся. И увидел народ, и дрогнули они и стали поодаль».

[197] Тора, Дварим, 5:4. «Лицом к лицу Творец говорил с вами на горе из огня».

[198] Пророки, Йешаяу, 6:1. «В год смерти царя Узияу видел я Творца, сидящего на престоле высоком и величественном, основания которого наполняли Храм».

[199] Тора, Берешит, 1:1. «Вначале сотворил Всесильный небо и землю».

[200] Тора, Шмот, 20:12. «Почитай отца своего и мать свою, чтобы продлились дни твои на земле, которую Творец Всесильный твой дает тебе».

достояния твоего"²⁰¹. И все они обязаны включать в себя другое. Также и здесь: "Голоса (эт а-колот)"¹⁹⁶, – включает в себя другой голос, тот, что внизу", т.е. Малхут, "который включает в себя эти голоса и то, что выходит из них. И в нем", в Малхут, "видят и созерцают с помощью высшей мудрости все высшие скрытия и все тайны, сокрытые и недоступные, – то, что не раскрылось ни последним поколениям, идущим после них, ни поколениям, которые будут приходить в мир, вплоть до времени прихода царя Машиаха. Как сказано: "Ибо воочию увидят возвращение Творца в Цион"²⁰². "И сполохи"¹⁹⁶, – вначале называет их молниями, а теперь сполохами. Но все это одно целое, ибо после того, как были исправлены" молнии "в своих исправлениях, чтобы указать на это, они так называются"», – сполохами.

300) «"И голос шофара"¹⁹⁶. Учит рабби Ицхак: "Сказано: "Одно сказал Всесильный – два услышал я в этом"²⁰³. Как сказано: "Я – Творец"²⁰⁴, и также: "Да не будет у тебя"²⁰⁵». «Я» – это свойство Бины. «Да не будет у тебя» – свойство Зеир Анпина. И оба они были слышны одновременно. Также и здесь: голос – это Зеир Анпин, шофар – это Бина, и оба они были слышны одновременно.

301) «Сказал рабби Йегуда: "Следовало сказать: "Голос в шофаре (бе-шофар)", почему говорит: а-шофар (досл. голос-шофар)? Но это тот голос, который называется "шофар", как написано: "И возвещай шофар – трубление в седьмой месяц, в десятый день месяца, в День искупления"²⁰⁶. В этот (день)", – в День искупления, который является Биной, "он

---

[201] Писания, Притчи, 3:9. «Чти Творца от достояния твоего и от начатков урожая твоего».

[202] Пророки, Йешаю, 52:8. «Голос стражей твоих – возвысят они голос, вместе ликовать будут, ибо воочию увидят возвращение Творца в Цион».

[203] Писания, Псалмы, 62:12-13. «Одно сказал Всесильный – два услышал я в этом: что могущество у Всесильного, и у Тебя, Господин мой, милость, ибо Ты воздаешь каждому по делам его».

[204] Тора, Шмот, 20:2. «Я – Творец Всесильный твой, который вывел тебя из земли египетской, из дома рабства».

[205] Тора, Шмот, 20:3. «Да не будет у тебя иных богов пред ликом Моим».

[206] Тора, Ваикра, 25:9. «И возвещай шофар – трубление в седьмой месяц, в десятый день месяца, в День искупления; возвещайте шофар по всей земле вашей».

называется шофаром"». Иначе говоря, если голос выходит из Бины, этот голос называется шофаром.

302) «Сказал рабби Йоси: "Так же как шофар" земной "издаёт голос", состоящий "из огня, ветра и воды, так же и здесь всё включается в это", и здесь тоже включены в голос, выходящий из шофара, – огонь, ветер, вода, т.е. ХАГАТ, представляющие собой три линии. "И от этого голоса происходят другие голоса"».

303) «Сказал рабби Эльазар: "Голос шофара означает голос, исходящий из шофара, где шофар – это одно, а голос, исходящий из него, – это другое", и голос – это Зеир Анпин, а шофар – Бина, "и шофар существует" вне голоса, исходящего из него, "и поэтому сказано: Голос шофара"[196]», а не голос в шофаре.

304) «Рабби Йегуда сказал так: "Голос шофара", – "шофара (а-шофар הַשֹּׁפָר)" написано без "вав ו", и значение его, "как в сказанном: И Дарйавэш счел самым лучшим"[207], "Царь, да будет угоден тебе"[208], "Счел я за благо рассказать"[209]», т.е. имеется в виду великолепие и красота, что указывает на Зеир Анпин, основным свойством которого является Тиферет (букв. великолепие).

305) «Сказал рабби Шимон: "Голос шофара" – так как место, из которого выходит этот голос, называется "шофар"». Потому что голос – это Зеир Анпин, шофар – это Бина, а Зеир Анпин выходит из Бины, как известно. «Еще сказал рабби Шимон: "Смотри, голос шофара – это место голоса, и это как сказано: Но всем, исходящим из уст Творца, живет человек"[210]. Что значит: "Исходящим из уст Творца"? Это голос шофара, который больше всех остальных нижних голосов и сильнее их всех. Как

---

[207] Писания, Даниэль, 6:2. «И Дарйавэш счел самым лучшим поставить над царством сто двадцать сановников, которые были бы надо всем царством».

[208] Писания, Даниэль, 4:24. «Поэтому, царь, да будет угоден тебе совет мой: искупи грехи свои милосердием, а прегрешения – благодеяниями для бедных, и так продлится покой твой».

[209] Писания, Даниэль, 3:32. «Знамения и чудеса, которые сотворил со мною Творец Всевышний, счел я за благо рассказать».

[210] Тора, Дварим, 8:3. «И смирял Он тебя, и испытывал тебя голодом, и кормил тебя маном, которого не знал ты и не знали отцы твои, дабы показать тебе, что не одним лишь хлебом живет человек, но всем, исходящим из уст Творца, живет человек».

сказано: "И голос шофара очень сильный"²¹¹, – ведь обо всех остальных голосах не сказано: "Очень сильный". От этого голоса шофара зависит всё, и это называется "глас великий", как сказано: "Глас великий и непрерывный"²¹². И он называется "голос тонкой тишины"²¹³, и это свет свечения, и оно чистое и тонкое, и очищает всех и светит всем"».

306) «"Сказано: "Тишины"²¹³, что значит – тишина?" Сказал рабби Шимон: "Это когда человек должен молчать от страха и сомкнуть уста. Как сказано: "Решил я: остерегаться буду на пути своем, буду держать на замке уста свои"²¹⁴. Тишина – это молчание, когда человека не слышно снаружи. "И увидел народ, и дрогнули они и стали поодаль"²¹⁵, потому что увидели они то, что увидели", и испугались. "И дрогнули"²¹⁵, – это как сказано: "И дрогнули косяки от голоса взывавшего"²¹⁶».

307) «"Мы учили, что сказано у Йехезкеля, когда он увидел могущество (гвурот) управления Творца. Как сказано: "И увидел я: вот ураганный ветер пришел с севера, и большое облако и огонь разгорающийся, и сияние вокруг него, и изнутри него словно сверкание (хашмаль) – изнутри огня"²¹⁷. "Ураганный ветер", – зачем?" Сказал рабби Йоси: "Чтобы разбить четыре царства". Сказал рабби Йегуда: "Мы учили, что это великий ветер, пробудившийся в управлении высшего могущества (гвуры). "Пришел с севера"²¹⁷. Не сказано: "С севера (ми-цафо́н מִצָּפוֹן)", а сказано: "С севера (мин а-цафон מִן הַצָּפוֹן)"», с определяющей «хэй ה», что указывает на тот ветер, «"который

---

²¹¹ Тора, Шмот, 19:16. «И было на третий день, с наступлением утра были громы и молнии, и облако тяжелое на горе, и голос шофара очень сильный, и вострепетал весь народ, который был в стане».

²¹² Тора, Дварим, 5:19. «Эти речи изрек Творец всему собранию вашему на горе из среды огня, облака и мглы – глас великий и непрерывный – и начертал Он их на двух скрижалях каменных, и дал их мне».

²¹³ Пророки, Мелахим 1, 19:12. «И после землетрясения – огонь. "Не в огне Творец". И после огня – голос тонкой тишины».

²¹⁴ Писания, Псалмы, 39:2. «Решил я: остерегаться буду на пути своем, буду держать на замке уста свои, пока нечестивый предо мной».

²¹⁵ Тора, Шмот, 20:15. «И весь народ, видят они голоса и сполохи, и голос шофара, и гору дымящуюся. И увидел народ, и дрогнули они и стали поодаль».

²¹⁶ Пророки, Йешаю, 6:4. «И дрогнули косяки от голоса взывавшего, и дом наполнился дымом».

²¹⁷ Пророки, Йехезкель, 1:4. «И увидел я: вот ураганный ветер пришел с севера, и большое облако и огонь разгорающийся, и сияние вокруг него, и изнутри него словно сверкание (хашмаль) – изнутри огня».

известен свыше, который укрыт и скрыт наверху"». Это указывает на Малхут свойства суда, которая укрыта и скрыта в ГАР каждой ступени.[218]

308) «"Большое облако и огонь разгорающийся"[217]. "Разгорающийся" означает, что включался в него и не включался в него, – включался в его стороны, чтобы пробудить суд. Трижды в день впитывает этот суровый суд по высоким законам со стороны могущества (гвуры). И это смысл сказанного: "Огонь разгорающийся", – для того чтобы пробуждаться в мире"».

Объяснение. Малхут меры сурового суда называется огнем. И в этом отношении девять первых сфирот свободны от всякого суда. Но затем, когда Малхут поднялась в Бину и подсластилась в мере милосердия, соединился имеющийся в Малхут суд с Биной во всех сфирот. «Разгорающийся огонь» – потому что он разгорелся наверху от Бины. И известно, что в трех линиях Зеир Анпина господствует та Малхут, которая поднялась в Бину, и это смысл сказанного: «Трижды в день», – т.е. это три линии Зеир Анпина, называемого днем, «впитывает этот суровый суд по высоким законам», – т.е. по законам высших сфирот, которые выше Малхут, «со стороны могущества (гвуры)», т.е. в левой линии. И хотя во время гадлута Бина очищается от судов Малхут,[219] всё-таки в силу средней линии она не очищается окончательно,[220] и поэтому говорит: «Означает, что включался в него и не включался в него». С одной стороны «включался в него», – ведь там есть ГАР, а с другой стороны «не включался в него», – поскольку там есть только ВАК де-ГАР.

309) «"И что подслащает его"? – "огонь разгорающийся"[217], находящийся в Бине. Это то, о чем сказано: "И сияние вокруг него"[217], – которое подслащает "огонь разгорающийся"[217], так как это сияние, окружающее его со всех сторон", т.е. Хохма, "подслащает и исправляет его, чтобы не был суд суровым, и люди смогли бы его выдержать"».

---

[218] См. «Предисловие книги Зоар», статью «Манула и мифтеха», п. 41, со слов: «И мы уже знаем, что Атик установился во втором сокращении...»

[219] См. Зоар, главу Берешит, часть 1, п. 366, со слов: «Поскольку все воды, т.е. все эти ступени, включены в этот высший небосвод...»

[220] См. Зоар, главу Лех леха, п. 22, со слов: «Экран де-хирик, на который выходит средняя линия, происходит от свойства суда, имеющегося в Малхут...»

310) «"И изнутри него словно сверкание (хашмаль) – изнутри огня"[217]. Мы учили: "И изнутри него" означает из его внутреннего свойства. "Словно сверкание (хашмаль)"[217], – что такое сверкание (хашмаль)?" Сказал рабби Йегуда: "Говорящие огненные создания"», которые относятся к состоянию ЗОН паним бе-паним, называемые тогда «голос и речь», и поэтому они «говорящие».

311) «"Мы учили, – сказал рабби Йоси, – что сверкание (хашмаль) означает "сердце огня"», т.е. свойство тридцати двух путей Хохмы, и это жизненные силы Бины, находящиеся в свойстве «разгорающийся огонь». «"Как сказано: "Изнутри огня"[217] "словно сверкание (хашмаль)"[217], а не просто "сверкание (хашмаль)"». «Словно (ке-эйн כְּעֵין)» указывает на свет Хохмы, называемый «видение (аин עַיִן)». «"Изнутри огня"[217], – во внутреннем свойстве огня. "Словно сверкание (хашмаль)"[217], – поскольку оно следует за четырьмя ступенями: "ураганный ветер", "большое облако", "разгорающийся огонь", "и сияние вокруг него", "и изнутри него словно сверкание (хашмаль)". "Изнутри огня"[217], т.е. из того, о чем сказано: "И разгорающийся огонь"[217]», – т.е. из Бины, а не изнутри сияния.

Объяснение. Это пять ступеней: «ураганный ветер» – это Малхут, «большое облако» – Зеир Анпин, «разгорающийся огонь» – Бина, «и сияние вокруг него» – Хохма в правой линии, исправляющая Бину, «и изнутри него словно сверкание (хашмаль)» – это свет Хохмы от Бины, возвращающейся к Хохме, которая называется тридцатью двумя путями Хохмы. А сказанное: «И изнутри него», означает – не изнутри сияния, а изнутри разгорающегося огня. Таким образом, «сверкание (хашмаль)» – это четвертая ступень, «и сияние вокруг него» – пятая ступень. И сказано: «Поскольку оно следует за четырьмя ступенями», – т.е. сверкание (хашмаль) раскрывается после этих четырех ступеней, ведь после того, как сияние исправляет разгорающийся огонь, раскрывается сверкание (хашмаль).

312) «"Мы учили: "Рабби Йоси, сын рабби Йегуды, сказал: "Исраэль видели здесь то, чего не видел Йехезкель, сын Бузи. И все они соединились с драгоценной высшей мудростью (хохмой). Пять ступеней голосов видели Исраэль на горе Синай, и согласно этим пяти ступеням была дана Тора. Пятая ступень – голос шофара. Соответственно им, Йехезкель видел пять

ступеней, находящихся снаружи" этих пяти голосов, и это: "ураганный ветер", "большое облако", "разгорающийся огонь", "и сияние вокруг него" "и словно сверкание (хашмаль)"».

313) «Сказал рабби Эльазар: "Об Исраэле сказано: "Лицом к лицу Творец говорил"²²¹. У Йехезкеля сказано: "Словно сверкание (хашмаль)"²¹⁷, "и изнутри него – подобие"²²², – подобно тому, кто видит, (находясь) за многими стенами. Как человек, видящий из-за стены". Сказал рабби Йегуда: "То, что видели Исраэль, не видел другой пророк. И тем более то, что видел Моше, не видел другой пророк. Счастлив удел его, как сказано о нем: "И пробыл он там с Творцом"²²³». И это свойство «светящее зеркало». «"И не посредством другого видения", которое не светит. Как сказано: "И явно (досл. видением), а не загадками"²²⁴». Однако несветящее зеркало – это видение с загадками.

314) «Сказал рабби Йоси: "Однажды было слово Творца к Йехезкелю"²²⁵. Пророчество это было на короткое время"», поэтому сказано: «Однажды было». «Рабби Йегуда говорит: "Для упрочения это приводится, так как Исраэлю нужно "было" знать, что Творец не покинул их, и повсюду, где Исраэль рассеяны в изгнании, Он пребывает с ними"».

315) «"Однажды было"²²⁵, – означает, что он видел и не видел, что он находился при этом и не находился. Поэтому сказано: "И увидел я словно сверкание"²²⁶, а не сказано: "И увидел я сверкание". Однако об Исраэле сказано: "И весь народ, видят они голоса"²¹⁵, – т.е. каждый из них видел, как подобает ему"».

---

²²¹ Тора, Дварим, 5:4. «Лицом к лицу Творец говорил с вами на горе из огня».

²²² Пророки, Йехезкель, 1:5. «И изнутри него – подобие четырех живых существ, и вид их подобен человеку у них».

²²³ Тора, Шмот, 34:28. «И пробыл он там с Творцом сорок дней и сорок ночей, хлеба не ел и воды не пил, и написал на скрижалях слова союза, десять речений».

²²⁴ Тора, Бемидбар, 12:8. «Устами к устам говорю Я ему, и явно, а не загадками, и облик Творца он зрит. Почему же не убоялись вы говорить против раба Моего, против Моше».

²²⁵ Пророки, Йехезкель, 1:3. «Однажды было слово Творца к Йехезкелю, сыну Бузи, священника, в земле Касдим, на реке Квар, и была на нем там рука Творца».

²²⁶ Пророки, Йехезкель, 1:27. «И увидел я словно сверкание (хашмаль) в образе, подобном огню, вокруг него, – от вида чресл его и вверх; и от вида чресл его и вниз я видел подобие огня и сияние вокруг него».

316) «"Мы учили, что каждый из них, они стояли рядами, по пределам, и как полагается им видел каждый из них". Сказал рабби Шимон: "Вожди народа" стояли "отдельно, вожди колен – отдельно, женщины – отдельно. Пять ступеней" стояло "справа, и пять ступеней – слева. И об этом сказано: "Все вы стоите сегодня перед Творцом Всесильным вашим: главы ваши, колена ваши, старейшины ваши и стражники ваши, все мужи Исраэля"[227], – итого пять ступеней справа. А пять ступеней слева. И что это (за ступени)? Это как сказано: "Ваши дети, ваши жены, и твой пришелец, который среди твоего стана, от твоего дровосека до твоего водочерпия"[228] – это пять ступеней слева"».

317) «"Все эти ступени установились по высшему подобию. Соответственно им Исраэль получили вечное наследие – десять заповедей, от которых зависят все заповеди и все заслуги, и всё наследие удела их, и они являются доброй долей Исраэля"».

318) «"Мы учили, что в тот час, когда Творец раскрылся на горе Синай, весь Исраэль видели подобно тому, кто видит свет в светильнике. И от этого света каждый видел то, чего не видел пророк Йехезкель"». «Светильник» – это лампа со стеклянными стенками, внутри которой светит свеча.

319) «"И в чем причина этого? Это потому, что эти высшие голоса раскрылись, как один, о чем мы уже говорили, как сказано: "И весь народ, видят они голоса"[215]. Но у Йехезкеля Шхина раскрылась в своих колесницах, и не более того. И он видел подобно тому, кто видит за множеством стен"».

320) «Сказал рабби Йегуда: "Счастлива доля Моше, о котором сказано: "И сошел Творец на гору Синай, ...и призвал Творец Моше"[229]. Счастливо поколение, о котором сказано: "Сойдет Творец на глазах у всего народа на гору Синай"[230]».

---

[227] Тора, Дварим. 29:9. «Все вы стоите сегодня пред Творцом Всесильным вашим: главы ваши, колена ваши, старейшины ваши и стражники ваши, все мужи Исраэля».

[228] Тора, Дварим, 29:10. «Ваши дети, ваши жены, и твой пришелец, который среди твоего стана, от твоего дровосека до твоего водочерпия».

[229] Тора, Шмот, 19:20. «И сошел Творец на гору Синай, на вершину горы, и призвал Творец Моше на вершину горы, и взошел Моше».

[230] Тора, Шмот, 19:11. «Чтобы быть готовыми к третьему дню, ибо на третий день сойдет Творец на глазах у всего народа на гору Синай».

321) «"Смотри, сказано: "От десницы Его пламя закона для них"[231]. Ибо от правой стороны раскрылось то, что раскрылось. Какая связь между этим и тем?" – что раскрылось Йехезкелю. Сказал рабби Йоси: "Здесь, на Синае, были рош и гуф Царя, как сказано: "И наклонил Он небеса, и сошел"[232]». Ибо перед этим сказано: «Поднялся дым из ноздрей Его и огонь пожирающий из уст Его»[233]. Ясно, что тут есть рош (голова), ведь о ней сказано: ноздри и уста. «"А там, где есть рош, есть и гуф. Но у Йехезкеля сказано: "И была на нем там рука Творца"[225], – т.е. раскрылась рука, а не тело (гуф). И мы учили, что даже рука, – есть высшая рука Творца", т.е. рука Зеир Анпина, "и есть нижняя рука Творца"», т.е. Малхут, называемая рукой. И ему раскрылась нижняя рука.

322) «"Смотри, сказано: "Открылись небеса, и я увидел видения Всесильного"[234]. "Видения (маро́т מַרְאֹת)" написано без "вав ו", чтобы указать, что он говорит о Шхине, потому что "и я увидел видения (маро́т מַרְאֹת) Всесильного" без "вав ו" указывает на то, что это одно видение"», т.е. Шхина. «Сказал рабби Йеса: "Но ведь Шхина – это не всё". Сказал рабби Йоси: "Не подобна голова царская ногам царским", т.е. Шхине, которая облачает Его от хазе и ниже, что называется Его ногами, "несмотря на то, что всё это в теле (гуф) Царя"».

323) «"Смотри, у Йешаяу сказано: "Видел я Творца (эт а-шем)"[235]». И это Шхина, называемая «эт». «"А у Йехезкеля сказано: "И я увидел видения Всесильного"[234]. Тут "эт", – Шхину, "а там "видения", – Шхину, "ибо то, что видел один, видел и другой", – только Шхину. "Счастлива доля Моше, ведь не было совершенного пророка, подобного ему"», который видел в светящем зеркале, т.е. Зеир Анпине.

---

[231] Тора, Дварим, 33:2. «И сказал он: "Творец от Синая пришел и воссиял им от Сеира, явился от горы Паран и пришел из среды десятков тысяч святых. От десницы Его пламя закона для них"».

[232] Пророки, Шмуэль 2, 22:10. «И наклонил Он небеса, и сошел, и мгла под ногами Его».

[233] Пророки, Шмуэль 2, 22:9. «Поднялся дым из ноздрей Его и огонь пожирающий из уст Его; угли разгорались от Него».

[234] Пророки, Йехезкель, 1:1. «И было: в тридцатый год, в пятый день четвертого месяца. И я среди изгнанников при реке Квар, – открылись небеса, и я увидел видения Всесильного».

[235] Пророки, Йешаяу, 6:1. «В год смерти царя Узияу видел я Творца, сидящего на престоле высоком и величественном, основания которого наполняли Храм».

324) «"Видел я Творца (эт а-шем)"²³⁵, – именно "эт", т.е. Шхину. "И я увидел видения Всесильного"²³⁴, – именно "видения", т.е. Шхину. "И на одной ступени были" оба, Йешаяу и Йехезкель, почему же Йешаяу не объяснил все это так?"», – как Йехезкель. «Сказал рабби Йоси: "Один обобщил", т.е. Йешаяу, "а другой объяснил", т.е. Йехезкель. "В чем причина того, что Йехезкель объяснил все так? Однако" то, что объяснил Йехезкель, "всё это было нужно для Исраэля, чтобы они познали любовь, которой возлюбил их Творец, – что Шхина и ее колесницы собираются жить среди них в изгнании"».

325) «Сказал рабби Хия: "Сказано: "В земле Касдим"²³⁶. Но ведь сказано: "Вот земля Касдим, народа, которого (прежде) не было"²³⁷. Почему же Шхина раскрылась там? Если ты скажешь, что для Исраэля, то было бы лучше, чтобы Шхина пребывала среди них и не была бы в изгнании? Но мы учили, что если бы она не была в изгнании, то они бы не знали"», что Шхина среди них.

326) «"И о том, что она раскрылась, что сказано? "На реке Квар"²³⁶, – т.е. на воде, в месте, которое не оскверняется, и в котором не пребывает скверна. И эта река была одной из четырех рек, вытекающих из Эдена. Как сказано: "На реке Квар"²³⁶, – что значит "Квар"? Что уже (квар) было. Из места, над которым пребывает Шхина. И сказано: "И была на нем там рука Творца"²³⁶, – там, а не в другом месте"».

327) «Сказал рабби Хия: "Сказано: "И изнутри него – подобие четырех живых существ"²³⁸. Мы учили высшую тайну, что четыре живых существа есть в самых внутренних покоях святого чертога", т.е. Бины, "и они – первые, древние, исходящие от Атика Кадиша, и они являются совокупностью святого имени"» АВАЯ (הויה). Потому что «йуд י» – это лев, «хэй ה» – бык, «вав ו» – орел, последняя «хэй ה» – человек. И это три линии и принимающая их Малхут. «"А Йехезкель видел лишь подобие

---

²³⁶ Пророки, Йехезкель, 1:3. «Однажды было слово Творца к Йехезкелю, сыну Бузи, священника, в земле Касдим, на реке Квар, и была на нем там рука Творца».

²³⁷ Пророки, Йешаяу, 23:13. «Вот земля Касдим, народа, которого (прежде) не было; Ашшур основал ее для мореходов. Поставили они осадные башни свои, разрушили дворцы его (Цора), превратили его в руины».

²³⁸ Пророки, Йехезкель, 1:5. «И изнутри него – подобие четырех живых существ, и вид их подобен человеку у них».

высших колесниц, ведь он видел их из того места, которое не особенно светит", т.е. в мире Ецира. "Подобно тому, что есть наверху", в Бине, "есть и ниже их", в ЗОН. "И есть также во всех мирах", называемых Брия, Ецира, Асия, "все они включены друг в друга"», и всё, что есть в высшем мире, есть и в нижнем мире. И он видел их в мире Ецира.

328) «"И если ты скажешь, что он видел их выше" мира Ецира, мы учили, что Моше видел из светящего зеркала", т.е. Зеир Анпина, "а все пророки видели только лишь из зеркала, которое не светит, как сказано: "И я увидел видения (маро́т מַרְאֹת) Всесильного"[239]», без «вав ו», т.е. Малхут. «"И сказано: "Если и есть между вами пророк Творца, в видении Я открываюсь ему... Не так с рабом Моим Моше, во всем доме Моем доверенный он"[240]. И сказано: "Устами к устам говорю Я ему"[241]».

329) «Сказал рабби Йоси: "Смотри, все пророки по отношению к нему", к Моше, "как нуква по отношению к захару, как сказано: "Устами к устам говорю Я ему, и явно, (а не загадками)"[241]», – и это, безусловно, светящее зеркало, ведь сказано: «Устами к устам говорю Я ему». «"А об остальных пророках сказано: "В видении Я открываюсь ему"[240], – и это несветящее зеркало. В видении, а не в видениях (маро́т מַרְאֹת)"», без «вав ו». «"Тем более, Йехезкель, о котором даже не сказано "видение (мара́ מַרְאָה)", а написано "видения (маро́т מַרְאֹת)"», без «вав ו», т.е. он видел в мире Ецира. «"И тем более то, что сказано о Моше: "А не загадками"[241], но каждое слово – в полной ясности. Счастливо поколение, в котором пребывал этот пророк"».

330) «Сказал рабби Йоси, сын рабби Йегуды: "Лицом к лицу (паним бе-паним) видели Исраэль сияние славы своего Царя, и не было среди них слепых и хромых, безруких и глухих. Слепых, как сказано: "И весь народ, видят они"[215]. Хромых, как

---

[239] Пророки, Йехезкель, 1:1. «И было: в тридцатый год, в пятый день четвертого месяца. И я среди изгнанников при реке Квар, – открылись небеса, и я увидел видения Всесильного».

[240] Тора, Бемидбар, 12:6-7. «И сказал Он: "Слушайте слова Мои. Если и есть между вами пророк Творца, в видении Я открываюсь ему, во сне говорю с ним. Не так с рабом Моим Моше: во всем доме Моем доверенный он"».

[241] Тора, Бемидбар, 12:8. «Устами к устам говорю Я ему, и явно, а не загадками, и облик Творца он зрит. Почему же не убоялись вы говорить против раба Моего, против Моше?!»

сказано: "И встали они у подножия горы"²⁴². Безруких и глухих, как сказано: "Сделаем и услышим!"²⁴³ А о грядущем будущем сказано: "Тогда поскачет, как олень, хромой, и запоет язык немого"²⁴⁴».

---

[242] Тора, Шмот, 19:17. «И вывел Моше народ навстречу Всесильному из стана, и встали они у подножия горы».

[243] Тора, Шмот, 24:7. «И взял книгу союза, и прочитал вслух народу, и сказали они: "Все, что говорил Творец, сделаем и услышим!"»

[244] Пророки, Йешаяу, 35:6. «Тогда поскачет, как олень, хромой, и запоет язык немого, ибо пробьются воды в пустыне и потоки – в степи».

И произносил Всесильный

331) «"И произносил Всесильный все эти слова"[245]. Рабби Йегуда провозгласил: "Кто возвестит могущество (гвурот) Творца, провозгласит всю славу Его?"[246] Сколькими способами Тора предостерегает человека, чтобы он не грешил пред Господином своим. Сколькими способами она дает ему совет, чтобы он не отклонялся от своего пути ни вправо, ни влево. Сколькими способами она дает ему совет, как вернуться к лику Господина своего, и Он простит его"».

332) «"Мы же учили, что Тора дает человеку шестьсот тринадцать различных советов, как быть совершенным со своим Господином, так как Господин его желает дать благо ему в этом мире и в мире будущем. И в особенности, в мире будущем. Ведь мы учили, что всё, чем Творец восполняет человека, все блага, которых он удостаивается, – в будущем мире он восполняется этим, потому что будущий мир принадлежит Творцу"».

333) «"И так мы учили, что этот мир по сравнению с миром будущим, как прихожая по сравнению с залой. И когда удостаивается этот праведник, он удостаивается своего. Ведь мы учили – сказано: "Удела же не будет ему среди братьев его"[247]. А почему? Потому что: "Творец – удел его"[247]. Счастлива доля того, кто удостаивается унаследовать этот высший удел, удостаивается его в этом мире и в доме этого мира, подобно этому удостаивается он и в будущем мире и в святом высшем доме. Как сказано: "И дам Я им в доме Моем и в стенах Моих память и имя"[248]. Счастлива доля того праведника, жилище которого вместе с Царем в доме Его"».

334) «"Сказал рабби Шимон: "Счастлива доля того праведника, который удостоился этого, как сказано: "Тогда наслаждаться

---

[245] Тора, Шмот, 20:1. «И произносил Всесильный все эти слова, говоря».
[246] Писания, Псалмы, 106:2. «Кто возвестит могущество Творца, провозгласит всю славу Его?»
[247] Тора, Дварим, 18:2. «Удела же не будет ему среди братьев его: Творец – удел его, как говорил Он ему».
[248] Пророки, Йешаю, 56:4-5. «Ибо так сказал Творец бесплодным: "Тем, кто будет хранить субботы Мои, и изберет угодное Мне, и будет держаться союза Моего, – и дам Я им в доме Моем и в стенах Моих память и имя, лучше сыновей и дочерей, имя вечное дам ему, которое не истребится"».

будешь в Творце"²⁴⁹. Не сказано: "С Творцом", а: "В Творце". Что значит: "В Творце"? Это место, от которого происходят высшие и нижние, и они стремятся в это место, как сказано: "Откуда (ме-аин מֵאַיִן) придет помощь мне?"²⁵⁰», т.е. от Кетера, называемого «Неведомый (аин אַיִן)». «"И сказано: "И дошел он до Атика Йомина (досл. древнего старца), и подвели его к Нему"²⁵¹, – т.е. это Кетер, называемый Атик Йомин. "И (всё) желание и наслаждение праведников – созерцать это свечение, ведь всё свечение исходит от Него, и от Него происходят все Кетеры"», т.е. сфирот.

335) «Еще сказал рабби Шимон: "Мы учили это изречение: "Тогда наслаждаться будешь в Творце"²⁴⁹. В конце этого изречения, что сказано: "И Я возведу тебя на высоты земли"²⁴⁹, т.е. в место, называемое высотами земли, находящееся выше этой земли", т.е. выше Малхут, называемой землею, "и это то место, которое называется "высоты земли", и это небеса", т.е. Зеир Анпин. "И это означает сказанное: "На высоты земли"», так как небеса – выше земли.

336) «"В Творце"²⁴⁹. Сказал рабби Аба: "Не сказано: "Тогда обитать будешь", а: "Тогда наслаждаться будешь в Творце"²⁴⁹, – т.е. в небесах", и это Зеир Анпин. "Как сказано: "Вознесись на небеса, Всесильный"²⁵², что означает – Зеир Анпин. "И Я возведу тебя на высоты земли"²⁴⁹, т.е. земли жизни", и это Малхут, называемая землей. "И следует, что сказано: "На высоты"²⁴⁹ – с тем, чтобы включить Цион и Йерушалаим", которые являются внутренним и внешним свойством Есода Малхут. "То есть", что говорит это изречение "от высших небес", Зеир Анпина, "и от высшей земли", Малхут. "И то, что сказал рабби Шимон, это так", как я сказал. "И всё это – одно целое, как сказано: "И

---

²⁴⁹ Пророки, Йешаяу, 58:14. «Тогда наслаждаться будешь в Творце, и Я возведу тебя на высоты земли, и питать буду тебя наследием Яакова, отца твоего, потому что уста Творца изрекли это».

²⁵⁰ Писания, Псалмы, 121:1. «Песнь ступеней. Поднимаю глаза мои к горам – откуда придет помощь мне?»

²⁵¹ Писания, Даниэль, 7:13-14. «Видел я в ночных видениях: вот, вместе с облаками небесными будто человек пришел, и дошел он до древнего старца, и подвели его к нему. И дана была ему власть, и почести, и царство; и все народы, племена и языки служили ему. Власть его – власть вечная, что не будет отнята, и царство его не будет разрушено».

²⁵² Писания, Псалмы, 57:6. «Вознесись на небеса, Всесильный, над всей землей слава Твоя!»

дошел он до Атика Йомина (древнего старца)". И все эти вещи восходят в то же место"».

Объяснение. Рабби Аба объясняет слова рабби Шимона, сказавшего, что «в Творце» означает Кетер. И говорит рабби Аба, что он имеет в виду наполнение Кетера, исходящее из Кетера к Зеир Анпину, и получающий находится в месте Зеир Анпина, поскольку если бы имелось в виду – в месте Кетера, то следовало сказать: «Тогда обитать будешь в Творце», – что он будет пребывать в месте Кетера. Но Писание говорит: «Тогда наслаждаться будешь», – т.е. он будет наслаждаться от наполнения Кетера в месте Зеир Анпина, называемом небесами, а не от места Кетера, где нет постижения. И также «на высоты земли»[249], которые рабби Шимон истолковывает, как небеса, т.е. Зеир Анпин, рабби Аба говорит, что это Малхут, т.е. тоже наполнение Зеир Анпина, получаемое от места Малхут, называемой «земля». И это смысл сказанного: «И то, что сказал рабби Шимон, это так», потому что он только объясняет его слова, как уже выяснилось. И он подтверждает его слова, что рабби Шимон не имеет в виду сам Кетер, ведь он приводит сказанное: «И дошел он до Атика Йомина (древнего старца)», – т.е. что только доходит до Кетера, называемого Атик Йомин, так как дошел означает – достиг. То есть посредством того, что он получает наполнение Кетера от места Зеир Анпина, он приходит к Кетеру.

337) «Сказал рабби Аба рабби Шимону: "Скажи мне, господин мой, все это изречение, с помощью чего он устанавливает его? Ведь сказано: "Тогда наслаждаться будешь в Творце, и Я возведу тебя на высоты земли, и питать буду тебя наследием Яакова, отца твоего"[249]. Сказал ему (рабби Шимон): "Ведь все сказано. Наслаждение и блаженство "в Творце (досл. над Творцом)" написано, и это наверху", в Кетере, как уже объяснялось. "И сказано: "И дошел он до Атика Йомина (древнего старца), и подвели его к нему"[251]. "На высоты земли"[249], – как мы уже сказали"», что это земля жизни, т.е. Малхут.

338) «"И питать буду тебя наследием Яакова, отца твоего"[249]. Как сказано: "И даст тебе Всесильный от росы небесной"[253], и небесная роса – "это наследие Яакова. И в благословении,

---

[253] Тора, Берешит, 27:28. «И даст тебе Всесильный от росы небесной и от туков земли, и обилие хлеба и вина».

которым Ицхак благословил Яакова, он сказал об этих небесах", т.е. Зеир Анпине. "И он благословил его тем, что сынам Яакова предстоит возродиться благодаря этой росе в грядущем будущем. Как сказано: "И даст тебе Всесильный, – тебе, а не другому, – от росы небесной"²⁵³, – благодаря которой мертвым предстоит возродиться к жизни в грядущем будущем, ибо" эта роса "исходит от святого Атика к Зеир Анпину", называемому небесами, "и находится на этих небесах". Всмотрелся рабби Аба" в это изречение "и сказал: "Теперь понятно всё, и получается, что благословение Ицхака – оно выше, чем я думал"».

339) «"Мы учили. "Кто возвестит могущество (гвурот) Творца, провозгласит всю славу Его?"²⁴⁶ "Кто возвестит", – "Кто расскажет", следовало сказать?" Сказал рабби Хия: "Это как сказано: "То можешь обрывать колосья (мелилот מְלִילֹת) рукой своей"²⁵⁴». И они так называются, потому что отделяют зерна от колоса посредством обмолота (мела́ מְלִילָה). И также здесь: «Кто возвестит (емале́ль יְמַלֵּל)» означает – кто обмолотит (емале́ль יְמַלֵּל) и устранит гвурот Творца. «"Могущество (гвурот גְּבוּרֹת) Творца"²⁴⁶» без «вав ו», обозначающей множественное число, «"указывает, что это много гвурот, выходящих из одной Гвуры. И мы учили, что одна высшая Гвура, венец венцов", т.е. Бина, от которой пробуждаются суды, "украшается, и из нее выходит пятьдесят ворот, часть из них – справа, а часть – слева, и каждые называются Гвурой, и каждые увенчиваются светами высших печатей, и все они называются могуществом (гвурот) Творца"».

Высшие печати – это печати судов, которые образовались в Бине вследствие подъема к ней Малхут, из-за чего Бина вошла в катнут. И света высших печатей – это ГАР, которые возвращаются в Бину, из-за того что Малхут опускается из нее.

340) «Сказал рабби Хия: "Могущество (гвурот גְּבוּרֹת) Творца"²⁴⁶ написано без "вав ו", потому что все" Гвурот "включены в нее", – в высшую Гвуру, т.е. Бину. "Провозгласит всю славу Его"²⁴⁶ – это Шхина, сияние славы Творца, как сказано: "И слава Его наполнила землю"²⁵⁵».

---

²⁵⁴ Тора, Дварим, 23:26. «Когда ты придешь на поле ближнего своего перед жатвой, то можешь обрывать колосья рукой своей, но серпа не заноси на урожай ближнего своего».

²⁵⁵ Пророки, Хавакук, 3:3. «Покрыло небо великолепие Его, и слава Его наполнила землю».

341) «Сказал рабби Шимон: "Сказано: "А река вытекает из Эдена, чтобы орошать сад, и оттуда разделяется и образует четыре главных реки. Имя одной Пишон"[256]. Итак, эти реки называются по именам, и эти четыре исходят от той реки, которая вытекает из Эдена. Она называется Юваль (поток), как сказано: "И корни свои пустит у потока (юваль יוּבַל)"[257]. И сказано: "И не перестанет приносить плод"[257]. Почему "не перестанет приносить плод"? Потому что: "И корни свои пустит у потока", т.е. Бины. "И поэтому сказано: "И как источник, воды которого не иссякают"[258], – так как наполнение Бины не прекращается. "Поэтому сказано: "Вытекает из Эдена", – вытекает и не прекращается"».

342) «"Мы учили, – сказал рабби Шимон, – сказано: "И произносил Всесильный все эти слова, говоря"[259]». Говорит: «И произносил», а не: «И сказал», потому что «"И произносил"[259] – это" громко "провозглашать слова.[260] Ведь мы учили, что в час, когда Творец раскрылся и начал говорить, содрогнулись высшие и нижние, и вышли души Исраэля"».

343) «"И мы учили, что это слово парило сверху вниз и запечатлевалось в четырех сторонах мира, и поднималось и опускалось. Когда поднималось, оно наполнялось от гор чистого Афарсемона, и наполнялось той росой, что наверху, и кружилось вокруг Исраэля, и возвращало им их души. И снова кружилось и запечатлевалось на своем месте на каменных скрижалях. И так каждое слово"».

344) «Сказал рабби Шимон: "Каждое слово было наполнено всеми этими вкусами, всеми этими словами запретов, наградой

---

[256] Тора, Берешит, 2:10-11. «И река вытекает из Эдена, чтобы орошать сад, и оттуда разделяется и образует четыре главных реки. Имя одной Пишон, она огибает всю землю Хавилу, где золото».

[257] Пророки, Йермияу, 17:7-8. «Благословен человек, который полагается на Творца, и будет Творец опорой его. И будет он как дерево, посаженное у воды, и корни свои пустит у потока; и не почувствует оно наступающего зноя, и лист его будет зеленеть, и не будет бояться в год засухи, и не перестанет приносить плод».

[258] Пророки, Йешаяу, 58:11. «И Творец будет вести тебя всегда, и насыщать в чистоте душу твою, и кости твои укрепит, и будешь ты, как сад орошенный и как источник, воды которого не иссякают».

[259] Тора, Шмот, 20:1. «И произносил Всесильный все эти слова, говоря».

[260] См. Зоар, главу Насо, Идра раба, п. 124.

и наказанием, тайнами и скрытиями, подобно сокровищнице, которая полна всего"».

345) «"И когда слово выходило, оно выглядело, как одно, но когда оно запечатлевалось на своем месте" на каменных скрижалях, "в этом слове были видны семьдесят ветвей, восходящих внутри него, и пятьдесят Кетеров без одного с одной стороны, и пятьдесят без одного с другой стороны. Подобно тому молоту, когда он ударяет по горе, как сказано: "И как молот расколет оно скалу"[261]. И Исраэль видели это воочию и радовались"».

346) «"И все последующие поколения, все они оказались там, и все они получили Тору на горе Синай. Ведь сказано: "Но с тем, кто здесь с нами стоит сегодня... и с тем, кого нет здесь с нами сегодня"[262]. И все они были – каждый, как подобает ему, и все они видели и принимали эти слова"».

347) «"И произносил Всесильный все эти слова (эт коль а-дварим а-эле אֶת כָּל הַדְּבָרִים הָאֵלֶּה), говоря"[259]. "Всесильный (Элоким)" – это Гвура. Предлог "эт (אֶת)" указывает на включение в правую линию. Как мы учили: "Небо и землю"[263]. "Небо (эт а-шамаим)" – это правая, "и землю (ве-эт а-арец)" – левая. И сказано: "И рука Моя основала землю, и десница Моя простерла небеса"[264]. "И десница (правая)" – это "эт (אֶת)", т.е. Хесед. "Все (коль כָּל)" – говорит о включении всех остальных сфирот. "Слова (а-дварим הַדְּבָרִים)" – указывает на то, что эти слова связываются друг с другом" и включаются друг в друга. "Эти (а-эле הָאֵלֶּה)" – указывает на все смысловые значения, тайны, сокрытия, запреты и наказания"».

348) «"Говоря"[259], – означает "быть наследием для всех", как сказано: "Тору заповедал нам Моше, наследие общине Яакова"[265]. Ибо если ты скажешь", что нужно понимать буквально: сказать всем, и "раскрыть то, что не следует раскрывать

---

[261] Пророки, Йермияу, 23:29. «Ведь таково слово Мое, как огонь, – сказал Творец, – и как молот расколет оно скалу».

[262] Тора, Дварим, 29:13-14. «И не только с вами я заключаю этот союз и этот клятвенный договор, но с тем, кто здесь с нами стоит сегодня пред Творцом Всесильным нашим, и с тем, кого нет здесь с нами сегодня».

[263] Тора, Берешит, 1:1. «Вначале сотворил Всесильный небо и землю».

[264] Пророки, Йешаяу, 48:13. «И рука Моя основала землю, и десница Моя простерла небеса; Я воззову к ним, и предстанут вместе».

[265] Тора, Дварим, 33:4. «Учение заповедал нам Моше, наследие общине Яакова».

всякому человеку, то ведь сказано: "Я – Творец Всесильный твой", что означает: "Как Я скрыт и недоступен, так же будут и слова эти скрыты и недоступны в сердце твоем"».

349) «"Другое объяснение. "И произносил Всесильный"[259] – это одна ступень, "все слова эти, говоря (эт коль а-дварим а-эле леэмор לֵאמֹר הָאֵלֶּה הַדְּבָרִים כָּל אֵת)" – пять других ступеней", т.е. каждое слово является одной ступенью. "И произносил Всесильный" – это Гвура. "Эт" – правая линия", т.е. Хесед. "Все" – и то и другое"», Хесед и Гвура вместе. «Сказал рабби Ицхак: "Все" – включает Авраама, как сказано: "А Творец благословил Авраама во всем"[266]».

350) «"Слова"[259] – для того чтобы включить остальные Кетеры, которые были скрыты. "Эти"[259] – чтобы включить те, которые раскрылись. И написано: "И весь народ, видят они голоса"[267], – это те, что раскрываются"» и включаются в «эти»[259]. «"Говоря"[259], это как сказано: "Добродетельная жена – венец мужу своему"[268], что указывает на Шхину. "И сказано: "Говоря: "Если муж отошлет жену свою"[269]», – поскольку слово «говоря» расположено близко к «жене», оно здесь указывает на Нукву Зеир Анпина, т.е. Шхину.

351) «Сказал рабби Ицхак: "Почему Тора была дана в огне и во тьме, как сказано: "А гора пылает огнем до сердца небес; тьма, облако и мгла"[270]? Потому что всякий, занимающийся Торой, спасается от другого огня, огня преисподней, и от тьмы, которую приносят все остальные народы Исраэлю, поскольку благодаря заслугам Авраама Исраэль были спасены от огня преисподней"».

---

[266] Тора, Берешит, 24:1. «И Авраам состарился, достиг преклонных дней. А Творец благословил Авраама во всем».

[267] Тора, Шмот 20:15. «И весь народ, видят они голоса и сполохи, и голос шофара, и гору дымящуюся. И увидел народ, и дрогнули они и стали поодаль».

[268] Писания, Притчи, 12:4. «Добродетельная жена – венец мужу своему, а позорная – как гниль в костях его».

[269] Пророки, Йермияу, 3:1. «Говоря: "Если муж отошлет жену свою, и она уйдет от него, и выйдет за другого, разве он возвратится к ней снова? Не осквернится ли (этим) совершенно вся земля та?! А ты прелюбодействовала со многими любовниками, и возвращаешься ко Мне?" – сказал Творец"».

[270] Тора, Дварим, 4:11. «И вы приблизились, и стали под горой, а гора пылает огнем до сердца небес; тьма, облако и мгла».

352) «"Ведь мы учили, что Творец сказал Аврааму: "Пока твои сыновья будут заниматься Торой, они будут избавлены от этого", от огня и тьмы, "а если нет, то огонь преисподней будет властвовать над ними, и будут они пребывать в порабощении среди народов". Сказал Ему (Авраам): "Пусть в двух связях не происходят эти вещи", в огне преисподней и в изгнании, "но будет угодно Тебе, чтобы они были избавлены от огня преисподней и пребывали в порабощении среди народов до тех пор, пока не вернутся к Тебе". Сказал ему (Творец): "Безусловно, это так", это смысл сказанного: "Если бы их оплот (цур) не отдал их"[271]. Кто такой "их оплот"? Это Авраам, как сказано: "Смотрите на скалу (цур), из которой высечены вы"[272]. "И Творец не выдал бы их"[271] – это Творец, который согласился благодаря ему"».

353) «Сказал рабби Йегуда: "Со дня выхода Исраэля из Египта до дня получения Торы – пятьдесят дней. Какова причина этого?" Сказал рабби Йегуда: "Потому что это годы юбилея (йовель[273])", т.е. Бины, "как сказано: "И освятите пятидесятый год"[274]», т.е. пятидесятые ворота Бины.

354) «"Мы учили, – сказал рабби Шимон, – что этот юбилей (йовель) вызволил Исраэль из Египта, и если ты скажешь, что действительно юбилей", т.е. сама Бина, – нет. "Но со стороны юбилея был исход, и со стороны юбилея пробудился суд над Египтом. И поэтому это пятьдесят лет юбилея"» – это пятьдесят ворот юбилея, т.е. Бины.

Объяснение. Не сама Бина вывела Исраэль из Египта, а Нуква Зеир Анпина поднялась и облачила Бину, став подобной ей, и вывела Исраэль из Египта. И потому считается, что это со стороны Бины, но не сама Бина.

---

[271] Тора, Дварим, 32:30. «Как мог один преследовать тысячу, а двое обратить в бегство десять тысяч, если бы их оплот не отдал их, и Творец не выдал бы их?!»

[272] Пророки, Йешаяу, 51:1. «Слушайте Меня, следующие за правдой, ищущие Творца! Смотрите на скалу, из которой высечены вы, и в глубину рва, из которого извлечены вы».

[273] Йовель – юбилейный (пятидесятый) год.

[274] Тора, Ваикра, 25:10. «И освятите пятидесятый год, и возгласите свободу на земле всем ее обитателям. Юбилеем будет это для вас, и возвратитесь вы каждый к своему владению, и каждый к своему семейству возвратитесь».

355) «"Мы учили, что соответственно этому в Торе пятьдесят раз говорится и упоминается о египетских деяниях, и всё это восхваления. "Который вывел тебя из земли египетской"[275]. "И вывел тебя Творец оттуда"[276]. "Ибо сильной рукою вывел тебя Творец из Египта"[277]. И в общей сложности это пятьдесят раз и не более, так как все были увенчаны юбилеем", т.е. Биной, "и всё это исходит со стороны юбилея", а в Бине есть пятьдесят ворот. "И поэтому Тора, происходящая от Гвуры, была увенчана правой (линией), как сказано: "От десницы Его пламя закона для них"[278]. И мы учили, что пять голосов было" при даровании Торы, соответственно ХАГАТ-Нецах-Ход Бины. "И все они были видны в них и были включены в них, и увенчались этим"» – Биной.

356) «Сказал рабби Шимон: "В то время, когда Исраэль получали Тору, этот юбилей", т.е. Бина, "украсил своими венцами Творца", т.е. Зеир Анпин, – "подобно царю, который коронуется среди своих войск. Как сказано: "Выйдите и посмотрите, дочери Циона, на царя Шломо в венце, которым украсила его мать"[279]. Кто "его мать"? Это йовель (юбилей)"». Ведь Бина, называемая юбилеем, это мать (има) Зеир Анпина, называемого Шломо. «"И этот юбилей увенчался радостью, любовью и совершенством, как сказано: "Радующуюся мать сыновей"[280]. Кто она, "мать сыновей"[280]?" Сказал рабби Шимон: "Это йовель"».

---

[275] Тора, Шмот, 20:2. «Я – Творец Всесильный твой, который вывел тебя из земли египетской, из дома рабства».

[276] Тора, Дварим, 5:15. «И помни, что рабом был ты в стране египетской, и вывел тебя Творец Всесильный твой оттуда рукою мощною и мышцею простертою; поэтому повелел тебе Творец Всесильный твой отмечать день субботний».

[277] Тора, Шмот, 13:9. «И да будет это тебе знаком на руке твоей и напоминанием над глазами твоими, дабы было учение Творца на устах твоих, ибо сильной рукою вывел тебя Творец из Египта».

[278] Тора, Дварим, 33:2. «И сказал он: "Творец от Синая пришел и воссиял им от Сеира, явился от горы Паран и пришел из среды десятков тысяч святых. От десницы Его пламя закона для них"».

[279] Писания, Песнь песней, 3:11. «Выйдите и посмотрите, дочери Циона, на царя Шломо в венце, которым украсила его мать в день свадьбы его и в день радости сердца его».

[280] Писания, Псалмы, 113:9. «Превращает (бездетную) хозяйку дома в радующуюся мать сыновей. Алелуйа».

357) «Сказал рабби Йегуда: "Сказано: "Возрадуются отец твой и мать твоя, и возликует родительница твоя"[281]. Кто они, "отец твой и мать твоя"[281]?" Сказал рабби Йегуда: "Это как выяснено в Сифра ди-цниюта сказанное: "Наготы отца твоего и наготы матери твоей не открывай"[282]. Горе тому, кто открывает наготу"». И это Хохма и Бина, называемые Аба ве-Има (отец и мать).[283]

358) «"Мы учили, – сказал рабби Ицхак, – в час, когда Творец раскрылся на горе Синай, гора затрепетала, а когда Синай затрепетал, затрепетали и все остальные горы мира. И они поднимались и опускались, пока не простер Творец над ними руку Свою, и они успокоились. И выходит голос и возглашает: "Что с тобой, море, почему ты побежало? Ярден, – (почему) обратился ты вспять? Горы, (что) вы скачете, как овны, холмы – как ягнята?"[284]»

359) «"И они отвечают, говоря: "Пред Господином, создавшим землю, пред Всесильным Яакова"[285]. Сказал рабби Ицхак: "Пред Господином", – это мать (има)", т.е. Бина, о которой сказано: "Радующаяся мать сыновей"[280]. "Создавшим землю", – это нижняя мать (има)", т.е. Малхут. "Пред Всесильным Яакова", – это отец (аба)", т.е. Зеир Анпин, нижний Аба, "о котором сказано: "Сын Мой, первенец Мой, Исраэль"[286], – т.е. Зеир Анпин,

---

[281] Писания, Притчи, 23:25. «Возрадуются отец твой и мать твоя, и возликует родительница твоя».

[282] Тора, Ваикра, 18:7. «Наготы отца твоего и наготы матери твоей не открывай: она мать твоя, не открывай наготы ее».

[283] См. Зоар, главу Трума, Сифра ди-цниюта, п. 32. «Когда "йуд ׳" удаляется от "вав-далет ד׳" из-за прегрешений мира, раскрывается нагота их всех...»

[284] Писания, Псалмы, 114:5-6. «Что с тобой, море, почему ты побежало? Ярден, – (почему) обратился ты вспять? Горы, (что) вы скачете, как овны, холмы – как ягнята?»

[285] Писания, Псалмы, 114:7. «Пред Господином, создавшим землю, пред Всесильным Яакова».

[286] Тора, Шмот, 4:22. «И передай Фараону, что так сказал Творец: "Сын Мой, первенец Мой, Исраэль"».

называемый Исраэль. "И об этом сказано: "В венце, которым украсила его мать"²⁷⁹», – т.е. Бина.

360) «"Что значит: "В венце (ба-атара́ בַּעֲטָרָה)"?», – «которым украсила его»²⁷⁹. «Сказал рабби Ицхак: "Это как сказано: "А Шауль и люди его оцепляют (отри́м עֹטְרִים) Давида"²⁸⁷», – т.е. в значении «окружают». «"Ведь увенчивается" Зеир Анпин и окружен Имой, – "белым, красным и зеленым, всеми цветами", т.е. тремя линиями, "поскольку все они включены в него и окружены внутри него". Сказал рабби Йегуда: "В венце, которым украсила его мать"²⁷⁹. Что значит "венец"? Это как сказано: "Исраэль, в котором Я прославлюсь"²⁸⁸. И сказано: "И дом славы Моей украшу"²⁸⁹», – т.е. ГАР, являющиеся украшением Зеир Анпина, называемого Исраэлем, и называемого Тиферет.

361) «Сказал рабби Ицхак: "Тора была дана в черном огне на белом огне, чтобы включить правую (линию) в левую, и чтобы левая вернулась в правую, как сказано: "От десницы Его пламя закона для них"²⁷⁸».

362) «Сказал рабби Аба: "В час, когда выходил дым Синая, возгорелся огонь и на виду у всех украсился этим дымом", и выглядел "как та гроздь. И он поднимался и опускался. А все запахи и ароматы Эденского сада возносил этот дым в виде белого, и красного, и черного (цветов). И это означает сказанное: "Окуриваемая миррою и фимиамом, и всякими порошками торговца (благовониями)"²⁹⁰».

363) «"Что являл собой этот дым?" Сказал рабби Ицхак: "Это Шхина, которая раскрылась там, как сказано: "Кто она, поднимающаяся из пустыни, словно столбы дыма"²⁹⁰», – что указывает на Шхину. «Сказал рабби Йегуда: "Зачем тебе до такой

---

[287] Пророки, Шмуэль 1, 23:26. «И ходил Шауль по одной стороне горы, а Давид с людьми своими по другой стороне горы. И было, когда спешил Давид уйти от Шауля, а Шауль и люди его берут в кольцо Давида и людей его, чтобы захватить их».

[288] Пророки, Йешаяу, 49:3. «И сказал мне: "Ты раб Мой, Исраэль, в котором Я прославлюсь"».

[289] Пророки, Йешаяу, 60:7. «Все овцы Кедара будут собраны к тебе, овны Невайота послужат тебе; взойдут благоугодной (жертвой) на алтарь Мой, и дом славы Моей украшу».

[290] Писания, Песнь песней, 3:6. «Кто она, поднимающаяся из пустыни, словно столбы дыма, окуриваемая миррою и фимиамом, и всякими порошками торговца (благовониями)?!»

степени (объяснять это), ведь это совершенное изречение, как сказано: "А гора Синай дымилась вся оттого, что сошел на нее Творец в огне; и восходил дым от нее, как дым из печи"[291]. Счастлив народ, который видел это и знает это"».

---

[291] Тора, Шмот 19:18. «А гора Синай дымилась вся оттого, что сошел на нее Творец в огне; и восходил дым от нее, как дым из печи, и сильно содрогалась вся гора».

А скрижали те – деяние Всесильного они

364) «Сказал рабби Хия: "Когда буквы были высечены на каменных скрижалях, они были видны с двух сторон, с этой стороны и с той стороны. Скрижали были из камня сапфира и были высечены, и были покрыты белым огнем, а буквы были из черного огня, и были высечены с двух сторон – с этой стороны и с той стороны"».

365) «Сказал рабби Аба: "Скрижали были, как они есть", т.е. в совершенстве без изменений, "а буквы возносились и были видны в двух видах огня, в белом огне и в черном, чтобы показать правую и левую (стороны) вместе", потому что белое – это правая (сторона), а черная – левая. "Как сказано: "Долгоденствие в правой руке ее, в левой – богатство и почет"[292]. Но ведь сказано: "От десницы Его пламя закона для них"[278]? Однако она была со стороны Гвуры", а это левая (сторона), "и включилась в правую. И поэтому был в ней белый огонь и черный огонь"».

366) «"Мы учили, сказано: "А скрижали те – деяние Всесильного они"[293]. Сказал рабби Йегуда: "А скрижали (ве-а-лухо́т וְהַלֻּחֹת)" написано без "вав ו", т.е. одна (скрижаль). Их было две, а выглядели они, как одна. И на них были высечены десять заповедей – пять, включенные в пять, чтобы всё было правой (стороной). "Деяние Всесильного они"[293], конечно"».

367) «Рабби Ицхак сказал: "Они были из сапфира, и это было два камня, и эти камни были сокрыты. Творец дохнул духом (жизни), и тогда раскрылись и высеклись две скрижали". Рабби Йегуда сказал: "Они были словно из сапфира", но не из сапфира на самом деле. "Это следует из сказанного: "Деяние Всесильного они"». А если бы они были из камня сапфира, то были бы как другие драгоценные камни, а не «деяние Всесильного».

368) «Сказал ему: "В таком случае, драгоценный камень сапфир, который дороже всех остальных камней, не является "деянием Всесильного"[293]?!"» Ведь всё творение является «деянием

---

[292] Писания, Притчи, 3:16. «Долгоденствие в правой руке ее, в левой – богатство и почет».

[293] Тора, Шмот, 32:16. «А скрижали те – деяние Всесильного они, и письмо на них – письмо Всесильного оно, высечено на скрижалях».

Всесильного». «Сказал ему: "Согласно чему мы выясняем сказанное: "Деяние Всесильного они"²⁹³, именно "они"», – т.е. они особое «деяние Всесильного», и они не включаются в действие творения. «Но смотри, сказано: "А скрижали те – деяние Всесильного они"²⁹³, – сказано "скрижали", а не сказано: "А камни те – деяние Всесильного они"». Но Он вдохнул (дух жизни) в камни, и раскрылись и высеклись две скрижали, как мы уже сказали. А сами камни были на самом деле камнем сапфиром.

369) «Сказал рабби Шимон: "Всё это одно целое", – что слова рабби Йоси и слова рабби Йегуды сходятся в одном и том же месте. "Но две эти скрижали были еще до сотворения мира и поднялись в канун субботы. И Творец сделал их, и они были Его деянием"».

370) «"Из чего были сделаны эти скрижали? Мы учили, что из высшей росы, исходящей от Атика Кадиша", т.е. Кетера, "а когда она стекла и низошла в сад святых яблонь", т.е. в Малхут, "Творец взял от них две чаши, и они застыли и стали двумя драгоценными камнями. Он дохнул на них, и они превратились в две скрижали. И об этом сказано: "Деяние Всесильного они, и письмо – письмо Всесильного оно"²⁹³. Как сказано: "Написанные перстом Всесильного"²⁹⁴».

371) «"Мы учили, что "перст Всесильного", этот перст восходит к десяти", потому что десять пальцев – это десять сфирот, и они включены друг в друга, и в каждом пальце есть десять сфирот. "Как сказано: "Это перст Всесильного"²⁹⁵. И каждый палец восходит к десяти, пока не станут целой рукой, как сказано: "И увидел Исраэль силу (досл. руку) великую"²⁹⁶». И также здесь – «перст Всесильного» восходит к десяти.

372) «Сказал рабби Йегуда: "Высечено на скрижалях"²⁹³ – камни были пробиты" письмом насквозь, и письмо "было видно с двух сторон". "Высечено" означает вырезание бороздок", т.е.

---

²⁹⁴ Тора, Дварим, 9:10. «И дал Творец мне две каменные скрижали, написанные перстом Всесильного, а на них все слова, которые говорил вам Творец на горе из огня в день собрания».

²⁹⁵ Тора, Шмот, 8:15. «И сказали волхвы Фараону: "Это перст Всесильного", но укрепилось сердце Фараона, и не послушал их, как и предсказал Творец».

²⁹⁶ Тора, Шмот, 14:31. «И увидел Исраэль силу великую, которую проявил Творец на египтянах, и устрашился народ Творца, и уверовали в Творца и в Моше, служителя его».

насквозь. Сказал рабби Аба: "С одной стороны видна другая сторона, и отсюда читается то, что написано с другой стороны"».

373) «Сказал рабби Эльазар: "Чудом были написаны. Так, что все люди говорили и свидетельствовали, что это без сомнения письмо Творца, ведь никто из живущих в мире не мог познать их такими, как они были"».

374) «"К сведению тех, кто говорит, что они были пробиты" насквозь, – "разве сказано: "Высечено в скрижалях"? Сказано: "Высечено на скрижалях", а не насквозь. "Но мы так учили, что пять голосов справа, и пять – слева. И те, что слева, включаются в те, что справа, и были видны справа те, что слева. А здесь", на скрижалях, "все они правая (сторона), так как включились эти" пять речений, что слева, "в эти", что справа. Поэтому "то, что было на одной стороне, видно на другой стороне, и эти буквы читаются". Таким образом, это чудо, сказанное о скрижалях, – что читается на одной стороне то, что написано на другой, – не говорится о лицевой и обратной сторонах скрижалей, а об их правой и левой сторонах, потому что они не были высечены насквозь. "Мы ведь учили, что левая сторона вернулась к правой, как сказано: "От десницы Его пламя закона для них"[278]. И поэтому "письмо Всесильного оно"[293], конечно"».

375) И он объясняет, «"как это было, – тот, кто был на этой стороне, читал: "Я – Творец Всесильный твой"[297], – и из этих букв видел и читал: "Не убивай"[298]; читал: "Да не будет у тебя"[299], – а видел и читал: "Не прелюбодействуй"[298]; читал: "Не произноси имени Творца Всесильного твоего напрасно"[300], – а видел и читал: "Не укради"[298]. И всё – с той стороны", что справа. И то же самое у всех с другой стороны. И все они включались друг в друга подобным образом. Это означает сказанное: "Письмо Всесильного оно"[293]. "Письмо Всесильного оно", конечно"».

---

[297] Тора, Шмот, 20:2. «Я – Творец Всесильный твой, который вывел тебя из земли египетской, из дома рабства».

[298] Тора, Шмот, 20:13. «Не убивай. Не прелюбодействуй. Не укради. Не отзывайся о ближнем твоем свидетельством ложным».

[299] Тора, Шмот, 20:3. «Да не будет у тебя иных богов пред ликом Моим».

[300] Тора, Шмот, 20:7. «Не произноси имени Творца Всесильного твоего напрасно, ибо не простит Творец того, кто произносит имя Его напрасно».

376) «"И спустился Моше к народу, и сказал им"[301]. Сказал рабби Йоси: "Что это за речение, о котором сказано: "И сказал им", но не сказано, что сказал?" Сказал рабби Ицхак: "Смотри, так устроен мир, что когда приходит радость к человеку, или приходит горе, пока не поймет это, он не может выдержать, ибо у него сразу обрывается сердце. Но когда понимает и знает это, он становится жизнеспособным и может терпеть. И тем более, здесь, когда Моше сказал им то, что будет после, укрепив сердца их этими словами, и вместе с тем, они не смогли этого выдержать, то уж тем более – если бы он ничего им не сказал. И поэтому: "И сказал им" сначала, и укрепил их сердце, а после этого: "И произносил Всесильный"[302]».

377) «"И вместе с тем, они не смогли выдержать. Ведь мы учили: сказал рабби Йегуда, сказал рабби Хия, сказал рабби Йоси: "Когда они услышали слово Творца, душа их отлетела, и поднялись души Исраэля до престола славы Его, чтобы прилепиться там"».

378) «"Сказала Тора Творцу: "Неужели я попусту пребывала две тысячи лет до сотворения мира?" (Разве) напрасно сказано в ней: "И всякий человек из сынов Исраэля и всякий из пришельцев, живущих среди вас"[303], "А сынам Исраэля говори так"[304], "Ибо Мне сыны Исраэля рабы"[305]? Где же они, сыны Исраэля? В тот же час Тора вернула души сынов Исраэля, каждую на свое место. Тора укрепила и взяла их, чтобы вернуть их Исраэлю. Это означает сказанное: "Тора Творца совершенна, возвращает душу"[306], действительно "возвращает душу"» – ведь она вернула души Исраэля, после того как те удалились от них.

---

[301] Тора, Шмот, 19:25. «И спустился Моше к народу, и сказал им».

[302] Тора, Шмот, 20:1. «И произносил Всесильный все эти слова, говоря».

[303] Тора, Ваикра, 17:13. «И всякий человек из сынов Исраэля, и всякий из пришельцев, живущих среди вас, который, охотясь, поймает зверя или птицу, пригодную в пищу, должен выпустить кровь ее и покрыть ее землей».

[304] Тора, Ваикра, 24:15. «А сынам Исраэля говори так: "Всякий, кто будет хулить Всесильного своего, понесет грех свой"».

[305] Тора, Ваикра, 25:55. «Ибо Мне сыны Исраэля рабы. Мои рабы они, которых Я вывел из земли Египта. Я – Творец Всесильный ваш».

[306] Писания, Псалмы, 19:8. «Тора Творца совершенна, возвращает душу, свидетельство Творца верно, умудряет простака».

379) «"Мы учили, сказано: "И воссел Шломо царем на престоле Творца"³⁰⁷. "Шесть ступеней у престола"³⁰⁸», – соответственно шести сфирот ХАГАТ НЕХИ, и поэтому он называется престолом Творца. «Рабби Аба сказал: "Ибо стояла полная луна, как мы учили, что во времена Шломо стояла полная луна"», т.е. Нуква Зеир Анпина, называемая луной, была во всем своем совершенстве.

380) «"Когда она", – луна, т.е. Малхут, "полная? Когда стоит при пятнадцати" царях, "как мы учили: Аврааме, Ицхаке, Яакове, Йегуде, Переце, Хацроне, Раме, Аминадаве, Нахшоне, Шалмоне, Боазе, Оведе, Ишае, Давиде, Шломо. Когда пришел Шломо", пятнадцатый царь, "стояла полная луна", т.е. Малхут. "Это означает сказанное: "И воссел Шломо царем на престоле Творца"³⁰⁷, где престол – это Малхут. И сказано: "Шесть ступеней у престола"³⁰⁸, – соответственно ее ХАГАТ НЕХИ, "всё по подобию высшего"».

381) «"Во времена Цидкияу луна, т.е. Малхут, находилась в ущербе и утратила совершенство, как сказано: "И луна не будет сиять светом своим"³⁰⁹. Ведь мы учили, что в дни Цидкияу луна утратила совершенство и стал мрачен лик Исраэля"».

382) «"Рассуди сам. Рехавам, Авия, Аса, Йеошафат, Йорам, Ахазйяу, Йоаш, Амацйяу, Узияу, Йотам, Ахаз, Йехизкияу, Менаше, Амон, Йошияу, Цидкияу. А когда пришел Цидкияу, луна утратила совершенство и находилась в ущербе, как сказано: "И ослепил он глаза Цидкияу"³¹⁰. И тотчас: "Низринул с неба

---

³⁰⁷ Писания, Диврей а-ямим 1, 29:23. «И воссел Шломо царем на престоле Творца вместо Давида, отца своего, и был удачлив, и слушался его весь Исраэль».

³⁰⁸ Пророки, Мелахим 1, 10:18-19. «И сделал царь большой престол из слоновой кости, и обложил его чистым золотом. Шесть ступеней у престола, верх круглый у престола сзади, и подлокотники по обе стороны сиденья, и два льва стояли у подлокотников».

³⁰⁹ Пророки, Йешаяу, 13:10. «Ибо звезды небесные и созвездия их не засияют светом своим, солнце померкнет при восходе своем, и луна не будет сиять светом своим».

³¹⁰ Пророки, Йермияу, 52:11. «И ослепил он глаза Цидкияу, и заковал его в медные оковы; и увел его царь бавельский в Бавель, и посадил его в тюрьму до дня смерти его».

землю"³¹¹. Земля эта", Малхут, "отошла от неба", т.е. Зеир Анпина, "и отдалилась от него, и покрылась мраком эта земля"».

383) «"Мы учили, что в час, когда Исраэль стояли на горе Синай, начала светить луна. Как сказано: "И наклонил Он небеса, и сошел"³¹². Что значит: "И сошел"? – Что солнце", т.е. Зеир Анпин, называемый небесами, "приблизилось к луне", т.е. к Малхут, "и луна начала светить. Как сказано: "Знамя стана Йегуды – к востоку"³¹³». Йегуда – это строение (меркава) Малхут, «к востоку» – в значении «восход» и «свечение».

384) «"На горе Синай Йегуда был назначен править царством (малхут), как сказано: "Но Йегуда еще держался Всемогущего и верен был Всесвятому"³¹⁴. Что значит: "И верен был Всесвятому"? Когда Творец сказал Исраэлю: "И вы будете Мне царством священнослужителей и святым народом"³¹⁵, верен был Йегуда, чтобы принять царство. И начала луна", т.е. Малхут, "светить"».

---

³¹¹ Писания, Эйха, 2:1. «Как во гневе Своем окутал мраком Творец дочь Сиона! Низринул с неба на землю красу Исраэля! И не вспомнил Он в день гнева Своего о подножье Своем».

³¹² Пророки, Шмуэль 2, 22:10. «И наклонил Он небеса, и сошел, и мгла под ногами Его».

³¹³ Тора, Бемидбар, 2:3. «И стоящие станом спереди, знамя стана Йегуды – к востоку, по ратям их, а предводитель сынов Йегуды – Нахшон, сын Аминадава».

³¹⁴ Пророки, Ошеа, 12:1. «Эфраим окружил Меня ложью, а дом Исраэля – обманом; но Йегуда еще держался Всемогущего и верен был Всесвятому».

³¹⁵ Тора, Шмот, 19:6. «И вы будете Мне царством священнослужителей и святым народом. Вот слова, которые ты скажешь сынам Исраэля».

Я – Творец Всесильный твой

385) «"Я – Творец Всесильный твой, который вывел тебя из земли египетской, из дома рабства"[316]. Первым заговорил рабби Эльазар: "Слушай, сын мой, наставление отца твоего и не оставляй Торы (учения) матери твоей"[317]. "Слушай, сын мой, наставление отца твоего", – это Творец", т.е. Зеир Анпин. "И не оставляй Торы матери твоей", – это Кнессет Исраэль. Кто это Кнессет Исраэль? Это Бина, как сказано: "Понять слова Бины (разума)"[318]».

386) «Рабби Йегуда сказал: "Наставление отца твоего", – это Хохма", называемая Аба (отец). "И не оставляй Торы матери твоей", – это Бина". Рабби Ицхак сказал: "И то и другое"», «Наставление отца твоего» и «Тора матери твоей», «"выясняются в одном понятии, как мы учили. Тора вышла из высшей Хохмы"». А сама Хохма делится на правую (сторону), называемую Аба (отец), и левую, называемую Има (мать). «Рабби Йоси сказал: "Из Бины выходит Тора, как сказано: "Понять слова Бины"[318], "Не оставляй Торы матери твоей"». А Бина называется Има (мать).

387) «Сказал рабби Йегуда: "Тора включила в себя Хохму и Бину, как сказано: "Слушай, сын мой, наставление отца твоего и не оставляй Торы матери твоей"[317]. Рабби Аба сказал: "Она включила в себя все" сфирот, когда она включила в себя эти две", Хохму и Бину, "она включила в себя все их". Потому что Хохма и Бина сами включают в себя все сфирот, "в милости (хесед), в суде (дин) и в милосердии (рахамим)", т.е. ХАГАТ, "во всем совершенстве, которое требуется для этого. Если Царь и Царица соединились" в ней, "все соединяются" в ней. "В том месте, где находятся они", Хохма и Бина, "находятся все"».

---

[316] Тора, Шмот, 20:2. «Я – Творец Всесильный твой, который вывел тебя из земли египетской, из дома рабства».

[317] Писания, Притчи, 1:8. «Слушай, сын мой, наставление отца твоего и не оставляй учения матери твоей».

[318] Писания, Притчи, 1:2. «Чтобы познать мудрость и наставление, понять слова разума».

388) «Рабби Йоси сказал: "Я"³¹⁶ – это Шхина, как написано: "Я сойду с тобой в Египет"³¹⁹. "Я (анохи אָנֹכִי)"³¹⁶, т.е. Шхина, и отделяет ее интонационный знак"», который стоит под словом. «Я (анохи אָנֹכִי)»³¹⁶ написано со знаком «типха»³²⁰, интонационно отделяя его от следующих за ним слов: «Творец Всесильный твой»³¹⁶. «"И это как сказано: "Я, Эсав – твой первенец"³²¹». И истолковали это: «Я» – тот, кто я есть, «Эсав» – он «твой первенец». И поэтому «"Творец, Всесильный твой"³¹⁶ – это Творец, т.е. Зеир Анпин. "Как сказано: "С небес дал Он услышать тебе голос Свой"³²². А небеса – это Зеир Анпин. И написано: "Вы видели, что с небес говорил Я с вами"³²³. Именно "с небес" – это Творец"», т.е. Зеир Анпин.

389) «"Который вывел тебя из земли египетской"³¹⁶. "Который (аше́р אשר)"³¹⁶ – означает место, которое все прославляют (меашри́м מאשרים)", т.е. Бина. "Вывел тебя из земли египетской"³¹⁶ – это юбилей"», т.е. Бина, называемая «ашер (אשר)», вывела нас из Египта. «"Как мы учили, что со стороны юбилея (пятидесятилетия)", т.е. Бины, "вышли Исраэль из Египта. И поэтому пятьдесят раз упомянут в Торе исход из Египта, и также пятьдесят дней до получения Торы, и также пятьдесят лет до освобождения рабов"». И все они соответствуют пятидесяти вратам Бины.

390) «"Из дома рабства"³¹⁶. Как сказано: "Поразил всякого первенца в земле египетской"³²⁴, и мы учили, что это те нижние Кетеры, на которые полагались египтяне. Подобно тому, как есть Храм наверху, есть Храм и внизу: святой Храм – наверху,

---

³¹⁹ Тора, Берешит, 46:4. «Я сойду с тобой в Египет, и Я также выведу тебя, и Йосеф закроет глаза твои».

³²⁰ Один из интонационных знаков, называемых «теамим».

³²¹ Тора, Берешит, 27:19. «И сказал Яаков отцу своему: "Я, Эсав – твой первенец. Я сделал так, как ты говорил мне. Поднимись же, сядь и поешь от добычи моей, чтобы благословила меня душа твоя"».

³²² Тора, Дварим, 4:36. «С небес дал Он услышать тебе голос Свой, чтобы наставлять тебя, а на земле дал узреть тебе огонь Свой великий, и речи Его ты слышал из среды огня».

³²³ Тора, Шмот, 20:19. «И сказал Творец Моше: "Так скажи сынам Исраэля: Вы видели, что с небес говорил Я с вами"».

³²⁴ Тора, Шмот, 12:29. «И было в полночь, и Творец поразил всякого первенца в земле египетской, от первенца Фараона, который сидеть должен на престоле его, до первенца узника, который в темнице, и все первородное из скота».

как сказано: "Мудростью (Хохма) устраивается Храм"[325]; нижний Храм – внизу", в клипот, "не являющийся святым, и он, как сказано: "Из дома рабства"[316]».

391) «"Мы учили, что в час, когда было произнесено: "Я"[316], – все те заповеди Торы, которые связаны с высшим святым Царем", т.е. с Зеир Анпином, "с этой стороны, были включены в это слово: "Я"».

392) «"Как мы учили. Все заповеди Торы связаны с телом (гуф) Царя", т.е. Зеир Анпина, "некоторые с головой (рош) Царя, некоторые с телом, а некоторые – с руками Царя, и некоторые с его ногами. И нет среди них таких, которые выходили бы за пределы тела Царя, наружу. И поэтому преступивший (хотя бы) одну заповедь Торы подобен совершающему преступление против тела Царя. Как сказано: "И выйдут, и увидят трупы людей, совершивших преступление против Меня"[326]. Именно "против Меня". Горе грешникам, преступающим слова Торы и не знающим, что делают"».

393) «Сказал рабби Шимон: "То место, в отношении которого (человек) согрешил, именно это место раскрывает его грех. Если согрешил против Творца, то Творец раскрывает его грех, как сказано: "Обнажат небеса прегрешение его, и земля восстанет против него"[327]. "Обнажат небеса прегрешение его", – это Творец", т.е. Зеир Анпин, называемый небесами. "И земля восстанет против него", – это Кнессет Исраэль"», т.е. Малхут, называемая землей.

394) «"Мы учили, что небеса", Зеир Анпин, "раскрывают прегрешение человека. А в час, когда они раскрывают его прегрешение, земля", Малхут, "вершит суд над этим человеком. В час, когда была дана Тора, мать", Бина, "и сыновья",

---

[325] Писания, Притчи, 24:3. «Мудростью устраивается Храм и разумом утверждается».

[326] Пророки, Йешаяу, 66:24. «И выйдут и увидят трупы людей, совершивших преступление против Меня, ибо червь их не изведется, и огонь их не погаснет, и будут они мерзостью для всякой плоти».

[327] Писания, Иов, 20:27. «Обнажат небеса прегрешение его, и земля восстанет против него».

ЗОН, "пребывали в совершенстве. Как сказано: "Радующаяся мать сыновей"[328]».

395) «"Я – Творец Всесильный твой"[316]. "Я" – это как мы учили: "Дочь была у праотца Авраама"[329], т.е. Шхина. И это – дочь. "Творец Всесильный твой", – как написано: "Сын Мой, первенец Мой, Исраэль"[330], – т.е. Зеир Анпин, называемый Исраэль. "И сказано: "Древо жизни она для держащихся ее"[331], – т.е. Зеир Анпин, называемый Древом жизни. "И это - сын"».

396) «"Который вывел тебя из земли египетской"[316], это как сказано: "Юбилей это, святыней будет для вас"[332], – т.е. Бина. "И сказано: "Радующаяся мать сыновей"[328]. И сказано: "И освятите пятидесятый год, и объявите свободу"[333], – и это Бина, называемая пятидесятым годом и называемая Има (мать). "Таким образом – это мать и дети"». Мать, которая вывела нас из Египта, и дети: «Я» – это дочь, а «Творец Всесильный твой» – это сын. «"Пребывает мать, пребывают дети, все – в радости и в совершенстве. И об этом сказано: "Радующаяся мать сыновей"[328]. Ушла мать, все уходят со своих мест. И сказано: "Не бери матери, (которая) над детьми"[334], – то есть не должен человек внизу совершать грехи, из-за которых забирают мать у детей"».

397) «Сказал рабби Ицхак: "Все они", все вышеназванные ступени, – "это Творец. Всё это – Он. Всё это – одно целое. И эти вещи раскрыты жнецам поля"», – т.е. тем, кто уже удостоился сказанного: «Жать будут в радости»[335]. Другими словами,

---

[328] Писания, Псалмы, 113:9. «Превращает (бездетную) хозяйку дома в радующуюся мать сыновей. Алелуйа».

[329] Вавилонский Талмуд, трактат Бава батра, лист 16:2.

[330] Тора, Шмот, 4:22. «И передай Фараону, что так сказал Творец: "Сын Мой, первенец Мой, Исраэль"».

[331] Писания, Притчи, 3:18. «Пути ее – пути приятные, и все стези ее – мир. Древо жизни она для держащихся ее, и опирающиеся на нее счастливы».

[332] Тора, Ваикра, 25:12. «Ибо юбилей это, святыней будет для вас; с поля ешьте его урожай».

[333] Тора, Ваикра, 25:10. «И освятите пятидесятый год, и объявите свободу на земле всем жителям ее; юбилеем будет это у вас; и возвратитесь каждый во владение свое, и каждый к семейству своему возвратитесь».

[334] Тора, Дварим, 22:6. «Если попадется тебе птичье гнездо на дороге, на каком-либо дереве или на земле, с птенцами или с яйцами, и мать сидит на птенцах или на яйцах, то не бери матери, (которая) над детьми».

[335] Писания, Псалмы, 126:5. «Сеющие в слезах, жать будут в радости».

уже удостоились получить свои ступени от Малхут, называемой полем. «"Счастливы они в этом мире и в мире будущем"».

398) «"Мы учили, – сказал рабби Эльазар, – написано: "Вначале сотворил Всесильный (Элоким) небо и землю"[336], – т.е. небо было раньше земли. И написано: "В день созидания Творцом Всесильным земли и неба"[337], – т.е. земля предшествует небу. "Каким образом мы согласуем эти изречения?", противоречащие друг другу. И отвечает: "Мы ведь учили, что они были сотворены вместе. И это нас учит тому, что Творец наклонил свою правую линию и сотворил небо, и наклонил свою левую линию и сотворил землю. И поэтому сначала написано: "небо и землю"[336], а потом: "земли и неба"[337]».

399) «"Мы учили, сказано: "И будет в тот день, отзовусь Я, – сказал Творец, – отзовусь Я небу, а оно отзовется земле"[338]. "Отзовусь Я небу", – именно небу", т.е. Зеир Анпину, как сказано: "Небо – престол Мой"[339]», – т.е. Бина говорит: «Зеир Анпин – это престол мой». «"А оно отзовется земле"[338], – именно земле", т.е. Малхут, "как сказано: "А земля – подножие ног Моих"[339]. Небо – это высшее небо", т.е. Зеир Анпин, "а земля – это высшая земля", т.е. Малхут. "И мы учили, что когда небо установилось в своих исправлениях, соответственно ему установилась эта земля, и стремление его соответствует ей. Оно находится на одной ступени, называемой "праведник", как сказано: "А праведник – основа мира"[340], и оно прилепилось к этой земле"».

400) «"И от головы Царя", т.е. ГАР Зеир Анпина, "до того места, где пребывает этот праведник", т.е. Есод Зеир Анпина, "исходит" и течет "одна святая река елея помазания и изливает в сильном желании на эту землю", т.е. Малхут. "И земля забирает всё, а затем от этой земли питаются все, высшие и нижние. Подобно захару, когда желает слиться с нуквой, он

---

[336] Тора, Берешит, 1:1. «Вначале сотворил Всесильный небо и землю».
[337] Тора, Берешит, 2:4. «Вот порождения неба и земли при сотворении их, в день созидания Творцом Всесильным земли и неба».
[338] Пророки, Ошеа, 2:23. «И будет в тот день, отзовусь Я, – сказал Творец, – отзовусь Я небу, а оно отзовется земле».
[339] Пророки, Йешаяу, 66:1. «Так сказал Творец: "Небо – престол Мой, а земля – подножие ног Моих. Что это за дом, который вы (можете) построить Мне, и где место покоя Моего?"»
[340] Писания, Притчи, 10:25. «Пронесется буря – и нет нечестивого, а праведник – основа мира».

выделяет семя размножения из рош моаха в тот орган, изливая в нукву, и нуква беременеет от него. И получается, что совершенно все органы тела соединяются с нуквой, и нуква забирает всё. Подобно этому, мы учили, что каждый, кто дополняет первую десятку в доме собрания, берет заработанное ими всеми". Рабби Йоси говорит: "Соответственно им всем"», – потому что первые десять соответствуют десяти сфирот, а дополняющий соответствует Малхут, и Малхут, т.е. нуква, забирает всё, как уже было сказано.

401) «Рабби Ицхак сказал: "Сказано: "И наклонил Он небеса, и сошел"[341]. И сказано в Торе: "Ибо на третий день сойдет Творец на глазах у всего народа на гору (досл. над горой) Синай"[342]. И согласно этому, "И наклонил Он небеса, и сошел"[341]. Куда Он сошел? И если ты скажешь, что Он сошел на Синай", как написано в Торе, "то ведь написано: "над горой Синай", а не "на гору Синай"».

402) «"Однако: "И наклонил Он небеса, и сошел"[341], – куда Он спустился?" Сказал рабби Йоси: "Он сошел по Своим ступеням, от ступени к ступени, от Кетера к Кетеру, пока не соединился с той землей", с Малхут. "И тогда луна", т.е. Малхут, "стала светить и вошла в полнолуние. Это означает сказанное: "Над горой Синай"[342]. Кто стоял над горой Синай, – ведь это Шхина (стояла)"». И Он сошел к Шхине.

403) «Рабби Аба сказал: "Отсюда" следует, что Он сошел к Шхине, из сказанного: "Оттого, что сошел на нее Творец в огне"[343]. И сказано: "Ибо Творец Всесильный твой – огонь истребляющий Он"[344], – т.е. Шхина. Таким образом, Он сошел к Шхине. "Почему же написано: "И Творец обрушил потоки серы и огня на Сдом и на Амору, от Творца, с небес"[345]?"» Ведь сам Зеир Анпин – это огонь, и из него он сошел на Сдом?

---

[341] Пророки, Шмуэль 2, 22:10. «И наклонил Он небеса, и сошел, и мгла под ногами Его».

[342] Тора, Шмот, 19:11. «Чтобы быть готовыми к третьему дню, ибо на третий день сойдет Творец на глазах у всего народа на гору Синай».

[343] Тора, Шмот, 19:18. «А гора Синай дымилась вся оттого, что сошел на нее Творец в огне; и восходил дым от нее, как дым из печи, и сильно содрогалась вся гора».

[344] Тора, Дварим, 4:24. «Ибо Творец Всесильный твой – огонь истребляющий Он, Владыка ревностный».

[345] Тора, Берешит, 19:24. «И Творец обрушил потоки серы и огня на Сдом и на Амору, от Творца, с небес».

«"Дело в том, что "И Творец (АВАЯ) обрушил потоки" – это земля"», т.е. Шхина, потому что «И АВАЯ» указывает на Него и правосудие Его, т.е. Шхину,[346] и от нее исходит огонь на Сдом. «"Но из какого места она берет это, показывает конец этого отрывка: "От Творца, с небес", – именно с небес"», т.е. от Зеир Анпина, ибо всё, что есть у Шхины, она получает от Зеир Анпина. «Сказал рабби Хия: "Отсюда" следует, что Он спустился и соединился со Шхиной: "И произносил Всесильный все"[347]. Всесильный – это Шхина, "все (коль)" – это общность всего", т.е. Зеир Анпин. "Ведь от него", от Зеир Анпина, "зависят все"». Таким образом, это Зеир Анпин сошел и соединился со Шхиной.

---

[346] См. Зоар, главу Бешалах, п. 52. «"И Творец шел перед ними днем". "И Творец" означает – "Творец и суд Его", т.е. Малхут...»

[347] Тора, Шмот, 20:1. «И произносил Всесильный все эти слова, говоря».

Да не будет у тебя

404) «"Да не будет у тебя иных богов пред ликом Моим"[348]. Рабби Ицхак сказал: "Иных богов, кроме Шхины", – чтобы не было у тебя иных богов (элоким) вместо Шхины, называемой Элоким. "Пред ликом Моим" – кроме лика Царя, в котором показывается святой Царь, и он – имя Его, и имя Его – это он", т.е. видимый лик – это имя Его, или Малхут, а имя Его – это видимый лик. "Он, имя Его", т.е. Зеир Анпин, имя Его. Иными словами, они одно целое, "как сказано: "Я – Творец (АВАЯ), это имя Мое"[349]. Он и имя Его едины. Благословенно имя Его всегда и вовеки веков!"»

405) «"Учит рабби Шимон: "Счастливы Исраэль, которых Творец назвал "человек". Как сказано: "А вы – овцы Мои, овцы паствы Моей, вы – человек"[350]. И также сказано: "Человек из вас, который принесет жертву"[351]. Почему Он назвал их "человек"? Это потому что сказано: "А вы, слившиеся с Творцом Всесильным вашим"[352], – вы, а не остальные народы-идолопоклонники. И поэтому: "Вы – человек"[350], – вы называетесь "человек (адам)", но народы-идолопоклонники не называются человеком"[353]».

406) «"Ведь мы учили, – сказал рабби Шимон, – когда человек из Исраэля совершает обрезание, он входит в союз, который Творец заключил с Авраамом, как сказано: "А Творец благословил Авраама во всем"[354]. И сказано: "Милость (хесед) – Аврааму"[355]. И он начинает входить в это место, и после того

---

[348] Тора, Шмот, 20:3. «Да не будет у тебя иных богов пред ликом Моим».
[349] Пророки, Йешаяу, 42:8. «Я – Творец, это имя Мое, и славы Моей другому не отдам, и хвалы Моей – идолам».
[350] Пророки, Йехезкель, 34:31. «И вы – овцы Мои, овцы паствы Моей, вы – человек. Я – Всесильный ваш, – слово Творца!»
[351] Тора, Ваикра, 1:2. «Говори сынам Исраэля и скажи им: "Человек из вас, который принесет жертву Творцу, – из скота, из крупного и из мелкого, приносите жертву вашу"».
[352] Тора, Дварим, 4:4. «А вы, слившиеся с Творцом Всесильным вашим, – живы все вы ныне».
[353] Вавилонский Талмуд, трактат Йевамот, лист 61:1.
[354] Тора, Берешит, 24:1. «И Авраам состарился, достиг преклонных дней. А Творец благословил Авраама во всем».
[355] Пророки, Миха, 7:20. «Ты дашь истину Яакову, милость Аврааму, о которых клялся Ты отцам нашим с давних времен».

как удостоился выполнить заповеди Торы, он входит в него, в этого человека" высшего строения (меркава), "и соединяется с телом Царя, и тогда он называется "человек (адам)"».

407) «"И семя Исраэля, – они называются человеком. Смотри, об Ишмаэле сказано: "И он будет диким человеком"[356]. "Диким человеком", а не "человеком". "Диким человеком" называется потому, что был обрезан, и начало человека было в нем, как сказано: "А Ишмаэлю, сыну его, было тринадцать лет при обрезании крайней плоти его"[357]. И когда был обрезан, он вошел в то начало, которое называется "всё (коль)", т.е. Есод. "И это значение сказанного: "И он будет диким человеком"[356], – а не человеком, "рука его на всём"[356], – "на всём", конечно, но не более, поскольку он не принял заповедей Торы. Начало было в нем, поскольку был обрезан, но он не был восполнен заповедями Торы. Однако семя Исраэля, которые были совершенны во всем, называются по-настоящему человеком, и сказано: "Ибо удел Творца – народ Его, Яаков – наследственное владение Его"[358]».

408) «Сказал рабби Йоси: "Поэтому изображение любого лика можно делать, кроме лика человека". Рабби Ицхак сказал: "Когда был сделан", образ человека, "он выглядел, как начертанный внутри завершенных начертаний"», т.е. в нем было видно особое совершенство. «Сказал рабби Йегуда: "То, что люди говорят, – его связь с духом пребывала в этом образе"», т.е. в созданном образе человека ощущалась связь его с духом, который в нем.

409) «Рабби Йегуда шел из Каппадокии в Луд, чтобы повидать рабби Шимона, который находился там. И рабби Хизкия шел вместе с ним. Сказал рабби Йегуда рабби Хизкие: "То, что мы учили у рабби Шимона: "И он будет диким человеком"[356], все, безусловно, так, и это разъясняет суть дела, но в конце этого изречения сказано: "И пред лицом всех братьев своих обитать будет"[356]. Что значит: "И пред лицом всех братьев своих обитать будет"?»

---

[356] Тора, Берешит, 16:12. «И он будет диким человеком, рука его на всем, а рука всех против него; и пред лицом всех братьев своих обитать будет».

[357] Тора, Берешит, 17:25. «А Ишмаэлю, сыну его, было тринадцать лет при обрезании крайней плоти его».

[358] Тора, Дварим, 32:9. «Ибо удел Творца – народ его, Яаков – наследственное владение Его».

410) «Сказал ему: "Я (об этом) не слышал и не говорю. Ведь мы учили: "И вот учение, которое изложил Моше"[359]. "Которое изложил Моше" – (об этом) ты можешь говорить, а то, что не изложил Моше", т.е. то, что он не слышал от своего Учителя, – "ты не можешь говорить"».

411) «Провозгласил рабби Йегуда и сказал: "Ибо Он жизнь твоя и долгота дней твоих"[360]. Тот, кто удостоился Торы и не расстается с ней, удостаивается двух жизней: одной – в этом мире, а другой – в мире будущем. Как сказано: "Жизнь твоя (досл. жизни твои)"[360], – во множественном числе, т.е. "две. А всякий, кто расстается с ней, он словно расстается с жизнью. А тот, кто расстается с рабби Шимоном, как будто расстается со всем"».

412) «"И если в это изречение, вход в которое он приоткрыл нам, мы не смогли войти, то в сокровенные речения Торы, и подавно. Горе поколению, от которого уйдет рабби Шимон! Ведь когда мы стоим перед рабби Шимоном, источники сердца открыты в любой стороне, и всё раскрывается. А когда расстаемся с ним, мы не знаем ничего, и все источники перекрыты"».

413) «Сказал рабби Хизкия: "Это как сказано: "И взял от духа, который на нем, и возложил на семьдесят мужей, старейшин"[361]. Как та свеча, от которой зажигают много свечей, а она остается целой", т.е. от нее нисколько не убывает из-за того, что от нее зажгли эти свечи. "Также и рабби Шимон сын Йохая, обладатель этих свечей, – он светит всем, но свет не отходит от него, и он остается в совершенстве своем". Пошли они, пока не пришли к нему».

414) «Когда пришли к нему, они застали его сидящим и занимающимся Торой, и провозглашающим: "Молитва бедного,

---

[359] Тора, Дварим, 4:44. «И вот учение, которое изложил Моше пред сынами Исраэля».

[360] Тора, Дварим, 30:20. «Чтобы любить Творца Всесильного твоего, слушая глас Его и прилепляясь к Нему; ибо Он жизнь твоя и долгота дней твоих, чтобы пребывать на земле, которую клялся Творец дать отцам твоим, Аврааму, Ицхаку и Яакову».

[361] Тора, Бемидбар, 11:25. «И сошел Творец в облаке и говорил ему, и взял от духа, который на нем, и возложил на семьдесят мужей, старейшин. И было, когда почил на них дух, то пророчествовали они, не переставая».

когда он ослабевает и изливает жалобу свою перед Творцом"³⁶². Все молитвы Исраэля – это молитва, но молитва бедного – выше их всех. В чем причина? В том, что она поднимается до престола славы Царя и становится венцом на голове Его. И Творец возвеличивается этой молитвой, разумеется". И поэтому "молитва бедного называется молитвой"».

415) «"Когда он ослабевает (йаатоф יַעֲטֹף)"³⁶², – этот "итуф (עֲטוּף)"³⁶³ не означает покрытие, ведь нет у него" покрытия. "Но здесь сказано: "Когда он ослабевает (йаатоф יַעֲטֹף)", и там сказано: "Ослабевших (а-атуфим הָעֲטוּפִים) от голода"³⁶⁴». Также и здесь: «Когда он ослабевает»³⁶² – от голода. «"И изливает жалобу свою перед Творцом"³⁶², – т.е. возопит он пред Господином своим. И Творцу это угодно, ведь мир держится благодаря ему в тот час, когда в мире нет других поддерживающих мир. Горе тому, о ком этот бедный возопит своему Господину, ведь бедный ближе всех к Царю. Как сказано: "И будет, когда возопит он ко Мне, услышу Я голос его, ибо Я милосерден"³⁶⁵».

416) «"А остальных жителей мира Он слышит иногда, а иногда не слышит. И почему? Потому что жилище Творца среди этих разбитых келим, как сказано: "И (Я) с тем, кто сокрушен и смирен духом"³⁶⁶. И сказано: "Близок Творец к сокрушенным сердцем"³⁶⁷. И сказано: "Сердце сокрушенное и удрученное, Всесильный, не отвергай"³⁶⁸».

---

[362] Писания, Псалмы, 102:1. «Молитва бедного, когда он ослабевает и изливает жалобу свою перед Творцом».

[363] Слово «итуф» имеет два значения: покрытие и ослабевание.

[364] Писания, Эйха, 2:19. «Вставай, взывай в ночи в начале каждой стражи; как воду изливай сердце свое пред Творцом, простирай к Нему руки свои (в мольбе) о жизни младенцев своих, ослабевших от голода, на углах всех улиц».

[365] Тора, Шмот, 22:25-26. «Если возьмешь в залог одежду ближнего своего, возврати ее ему, до захода солнца чтобы она была у него. Ибо она покров его, она одеяние тела его, в чем ляжет он спать? И будет, когда возопит он ко Мне, Я услышу голос его, ибо Я милосерден».

[366] Пророки, Йешаяу, 57:15. «Ибо так говорит Возвышенный и Превознесенный, Существующий вечно и Святой – имя Его: (в месте) высоком и священном обитаю Я, и (Я) с тем, кто сокрушен и смирен духом, чтобы оживлять дух смиренных и оживлять сердце сокрушенных».

[367] Писания, Псалмы, 34:19. «Близок Творец к сокрушенным сердцем и смиренных духом спасает».

[368] Писания, Псалмы, 51:19. «Жертвы Всесильному – дух сокрушенный; сердце сокрушенное и удрученное, Всесильный, не отвергай».

417) «"Отсюда мы учили, что ругающий бедного, ругает Шхину, как сказано: "И (Я) с тем, кто сокрушен и смирен духом"³⁶⁶. И сказано: "Ибо Творец рассудит их дело"³⁶⁹, – ведь их Покровитель силен и властвует надо всем, и Он не нуждается в свидетелях, и не нуждается в другом судье, и не принимает закладов, как другие судьи. А какой заклад принимает Он? Души человеческие, как сказано: "И отберет душу у обобравших их"³⁶⁹».

418) «Еще он сказал: "Молитва бедного"³⁶². Любое место, называемое молитвой, это высшая вещь, ведь она поднимается в высшее место. Тфилин (также: молитва) головы – и это тфилин, накладываемые Царем"», т.е. мохин Зеир Анпина, называемые тфилин (молитвой) де-рош.

419) «Повернул рабби Шимон голову и увидел рабби Йегуду и рабби Хизкию, которые пришли к нему. После того, как завершил свои речения Торы, посмотрел на них и сказал им: "Было у вас сокровище, но пропало"», то есть, что они слышали слова Торы, но забыли их. «Сказали они ему: "Нет сомнения, что господин наш открыл высший вход, но мы не можем войти в него"».

420) «Сказал он: "Что же это?" Сказали ему: "И он будет диким человеком"³⁵⁶. И мы хотим понять конец изречения, как сказано: "И пред лицом всех братьев своих обитать будет"³⁵⁶. Что значит: "Пред лицом всех братьев своих"? Ведь значение всего изречения знаем мы, но этого не знаем, так как конец изречения выглядит не так, как его начало"».

421) «Сказал он им: "Говорю я вам, что всё это одно целое и восходит к одной ступени. Много проявлений лика есть у Творца. Есть лик светящий, лик, который не светит, лик нижний, лик дальний, лик ближний, лик внутри, лик снаружи, лик правой (стороны), лик левой"».

422) «"Смотри, счастливы Исраэль перед Творцом, ведь они включены в высший лик Царя, в тот лик, в который включены Он и имя Его, а Он и имя Его едины.³⁷⁰ А остальные народы включены в дальний лик, в нижний лик, и поэтому они дале-

---

³⁶⁹ Писания, Притчи, 22:23. «Ибо Творец рассудит их дело и отберет душу у обобравших их».
³⁷⁰ См. выше, п. 404.

ки от тела (гуф) Царя. Ведь мы видим, что все эти египтяне – родичи Ишмаэля, и много братьев и родичей было у него, и все они были в нижнем лике, в этом дальнем лике"».

423) «"И благодаря Аврааму, когда был обрезан Ишмаэль, он удостоился того, что там жилище его и надел его – в месте, властвующем над всеми этими дальними и нижними ликами, над всеми этими ликами остальных народов. Это смысл сказанного: "Рука его на всём"[356]», – где «всё» означает Есод.[371] «"И поэтому: "Пред лицом всех братьев своих обитать будет "[356]. Другими словами, поставит свое жилище и свой надел выше всех. "Рука его на всём"[356], – он господствующий над всеми остальными ликами внизу. И поэтому: "Пред лицом всех братьев своих", конечно, поскольку они не удостоились так, как он"».

424) «Подошли рабби Йегуда и рабби Хизкия и поцеловали руки его. Сказал рабби Йегуда: "Это, как говорят люди, что вино крепчает от дрожжей, а колодезный ключ возвышается над соединением земли и мусора", которые его покрывают, ведь благодаря своему стремлению пробить землю, он бьет с большей силой. "Также и Ишмаэль укрепился во власти надо всем мусором своих братьев, т.е. дальними и нижними ликами, упомянутыми выше. Горе миру, когда мой господин покинет его! Горе поколению, которое будет в то время. Счастливо поколение, знакомое с моим господином, счастливо поколение, в котором он пребывает"».

425) «Сказал рабби Хизкия: "Мы учили, что пришелец (гер), обратившийся к истине, называется праведным пришельцем, но не более, а здесь мой господин сказал: "Его рука на всём"[356]?» – что он удостоился Есода, называемого «всё (коль)». «Сказал рабби Шимон: "Всё это связано в едином месте. Мы ведь учили о пришельце, а с Ишмаэлем – иначе, ведь он не пришелец, так как он был сыном Авраама, сыном святого. И сказано об Ишмаэле: "Вот Я благословил его"[372]. Здесь сказано: "Вот Я благословил", и сказано там: "А Творец благословил Авраама во всем"[354], поэтому и здесь благословение во всем. "И поэтому сказано: "Его рука на всём"[356]».

---

[371] См. выше, п. 407.
[372] Тора, Берешит, 17:20. «А что касается Ишмаэля, услышал Я тебя. Вот Я благословил его и сделаю его плодовитым и весьма многочисленным. Двенадцать князей породит он, и Я дам ему стать народом великим».

426) «"И поэтому сказано: "Пред лицом всех братьев своих обитать будет"[356], потому что если бы все остальные его родичи обратились к истине, они назывались бы праведным пришельцем, но не более, а он больше и выше всех их. И тем более тех, кто не был обрезан, пребывающих в этих дальних и нижних ликах, – жилище его выше всех их ликов и выше ликов народов-идолопоклонников. Это значение сказанного: "Пред лицом всех братьев своих обитать будет"[356]. Сказал рабби Йегуда: "Для этого Творец провозгласил и сказал: "Да не будет у тебя иных богов пред ликом Моим"[348]».

Не делай себе

427) «"Не делай себе изваяния и всякого изображения"[373]. Уже выяснилось. И сказал рабби Йоси: "Разрешается делать изображение любого лика, кроме лика человека, потому что лик человека господствует надо всем"[374]».

428) «Другое объяснение. "Не делай себе изваяния и всякого изображения"[373]. Первым заговорил рабби Ицхак: "Не давай устам твоим вводить в грех плоть твою"[375]. Как сильно должен человек остерегаться в словах Торы, как сильно должен он остерегаться, чтобы не ошибиться в них и не произнести слово в Торе, которого он не знает и которого не получил от своего Учителя! Ведь о том, кто произносит слова Торы, которые он не знает и не получил от своего Учителя, написано: "Не делай себе изваяния и всякого изображения"[373]. И должен будет Творец взыскать с него в будущем мире, когда душа его хочет войти на свое место, и ее выталкивают наружу, и исчезнет она из того места, которое связано с узлом жизни остальных душ"».

429) «Рабби Йегуда говорит: "Отсюда следует, как мы учили: "Для чего гневаться Всесильному из-за голоса твоего!"[375] "Голос твой" – это душа человека". Сказал рабби Хия: "Об этом сказано: "Ибо Творец Всесильный твой – Владыка ревностный"[376]. И в чем причина? В том, что ревностен Он к имени Своему во всем: как в случае изображения лика, ревностен Он к имени Своему, – из-за того, что изменяет (человек) имени Его; так и из-за Торы"», когда говорит, чего не знает и не получил от Учителя своего.

430) «"Мы учили: вся Тора – это святое имя, ведь в Торе нет слова, которое не включалось бы в святое имя. И поэтому следует остерегаться, чтобы не ошибиться в святом имени

---

[373] Тора, Шмот, 20:4. «Не делай себе изваяния и всякого изображения того, что на небе наверху, и того, что на земле внизу, и того, что в воде ниже земли».

[374] См. выше, п. 408.

[375] Писания, Коэлет, 5:5. «Не давай устам твоим вводить в грех плоть твою, и не говори пред посланцем, что ошибка это. Для чего гневаться Всесильному из-за голоса твоего и губить дело рук твоих!»

[376] Тора, Дварим, 4:24. «Ибо Творец Всесильный твой – огонь истребляющий Он, Владыка ревностный».

Его и не изменить ему. А того, кто изменяет высшему Царю, не пускают в царский дворец, и он исчезнет из будущего мира"».

431) «Сказал рабби Аба: "Написано здесь: "Не делай себе изваяния и всякого изображения"[373]. И написано: "Вытеши (досл. изваяй) себе две каменные скрижали"[377]. Другими словами, "Не делай себе изваяния"[373], – означает: "Не делай себе другой Торы, которой ты не познал и которую не говорил тебе Учитель твой". А в чем причина? "Ибо Я – Творец Всесильный твой, Владыка ревностный"[378], – т.е. Я тот, кто взыщет с тебя в будущем мире в тот момент, когда твоя душа пожелает войти предо Мной. Как сильно должны будут изменить ей, введя ее в ад!"»

432) «"Мы учили, – сказал рабби Ицхак, – "Не делай себе изваяния"[373], т.е. человек не должен изменять имени Творца. Ведь первая связь, которой Исраэль соединились с Творцом, возникла, когда они совершили обрезание. И таков первый закон для всех – войти в союз Авраама, являющийся связью со Шхиной. И человек не должен изменять этому союзу, ибо тот, кто изменяет этому союзу, изменяет Творцу. А в чем заключается измена? Чтобы не вводить этот союз под другую власть, как сказано: "И сочетался с дочерью бога чужого"[379]».

433) «Рабби Йегуда сказал: "Отсюда: "Творцу изменили они, ибо чужих детей породили"[380], – ведь тот, кто изменяет этому союзу, изменяет Творцу, потому что союз этот связан с Творцом. И сказано: "Не делай себе изваяния и всякого изображения того, что на небе наверху, и того, что на земле внизу"[373]».

---

[377] Тора, Шмот, 34:1. «И Творец сказал Моше: "Вытеши себе две каменные скрижали – такие же, как первые, и напишу Я на этих скрижалях то, что было написано на первых скрижалях, которые ты разбил"».

[378] Тора, Шмот, 20:5. «Не поклоняйся им и не служи им, ибо Я – Творец Всесильный твой, Владыка ревностный, карающий за вину отцов детей до третьего и до четвертого поколения, тех, кто ненавидит Меня».

[379] Пророки, Малахи, 2:11. «Изменил Йегуда, и гнусность творилась в Исраэле и в Йерушалаиме, ибо осквернил Йегуда святость Творца, которую любил, и сочетался с дочерью бога чужого».

[380] Пророки, Ошеа, 5:7. «Творцу изменили они, ибо чужих детей породили; теперь пожрет их месяц (ав) с уделом их».

ГЛАВА ИТРО

Не поклоняйся им

434) «"Не поклоняйся им и не служи им"³⁷⁸. Рабби Эльазар находился в пути и был с ним рабби Хия. Сказал рабби Хия: "Написано: "И увидишь в плену женщину, красивую видом, и возжелаешь ее, и возьмешь ее себе в жены"³⁸¹. В чем смысл этого", – позволения в Торе, "ведь написано: "Не роднись с ними"³⁸²?" Сказал ему: "Не роднись", пока она находится в их власти"». Но здесь, когда она попала в плен и вошла под власть Исраэля, Тора это позволяет.

435) «"Смотри, нет у тебя среди языческих народов женщины годной, как подобает. Мы учили, почему за этим отрывком следует отрывок о "сыне беспутном и непокорном"³⁸³. Ведь тот, кто берет себе в жены эту женщину, безусловно, унаследует от нее "сына беспутного и непокорного". И в чем причина? В том, что тяжело вывести из нее эту скверну. И тем более та, которая была прежде замужем за язычником, ибо один суд соединился с другим, и осквернилась она, и тяжело вывести из нее эту скверну. И поэтому сказал Моше о мидьянских женщинах: "И всякую женщину, познавшую мужчину от возлежания мужского, убейте"³⁸⁴».

436) «"Счастлива доля человека, который получает такое наследство", знака святого союза, "и хранит его, потому что через это святое наследство человек соединяется с Творцом. Тем более, если он удостаивается заповедей Торы, когда Царь простирает Свою десницу к нему, и он прилепляется к святому телу", к Зеир Анпину. "И поэтому сказано об Исраэле: "А вы, слившиеся с Творцом Всесильным вашим"³⁸⁵. И сказано: "Сыны

---

³⁸¹ Тора, Дварим, 21:11. «И увидишь в плену женщину, красивую видом, и возжелаешь ее, и возьмешь ее себе в жены».

³⁸² Тора, Дварим, 7:3. «И не роднись с ними: дочери твоей не давай его сыну, и его дочери не бери для сына твоего».

³⁸³ Тора, Дварим, 21:18. «Если будет у мужа сын беспутный и непокорный, не слушающий голоса отца своего и голоса матери своей, и они наставляли его, а он не слушает их».

³⁸⁴ Тора, Бемидбар, 31:15-17. «И сказал им Моше: "Вы оставили в живых всех женщин?! Ведь они, по совету Билама, соблазняли сынов Исраэля изменять Творцу ради Пеора, и возник мор в обществе Творца. А теперь убейте всех малых детей мужского пола, и всякую женщину, познавшую мужчину от возлежания мужского, убейте"».

³⁸⁵ Тора, Дварим, 4:4. «А вы, слившиеся с Творцом Всесильным вашим, – живы все вы ныне».

вы Творцу Всесильному вашему"[386]. "Сыны вы" действительно. Как сказано: "Сын Мой, первенец Мой, Исраэль"[387]. И сказано: "Исраэль, в котором Я прославлюсь"[388]».

---

[386] Тора, Дварим, 14:1. «Сыны вы Творцу Всесильному вашему. Не делайте на себе надрезов и не делайте плеши меж ваших глаз по умершему».

[387] Тора, Шмот, 4:22. «И передай Фараону, что так сказал Творец: "Сын Мой, первенец Мой, Исраэль"».

[388] Пророки, Йешаяу, 49:3. «И сказал мне: "Ты раб Мой, Исраэль, в котором Я прославлюсь"».

Не произноси

437) «"Не произноси имени Творца Всесильного твоего напрасно"[389]. Заговорил рабби Шимон: "И сказал ей Элиша: "Что мне сделать для тебя? Скажи мне, что есть у тебя в доме?"[390] Элиша сказал ей: "Есть ли у тебя что-нибудь, на чем может пребывать благословение Творца?" Ведь мы учили, что человеку нельзя благословлять на пустой стол. А почему? Потому что высшее благословение не может пребывать над пустым местом"».

438) «"И поэтому должен человек накрыть на стол, (положив на него) один хлеб или более, чтобы благословлять на него. А если не может" накрыть много, "он должен оставить часть еды, которую ел", чтобы у него было, "на что благословлять. Чтобы не получилось, что он благословляет на пустой стол"».

439) «"Когда она сказала: "Нет у рабы твоей в доме ничего, кроме кувшинчика масла"[390], сказал он: "Без сомнения, благословение совершенно благодаря этому", как написано: "Доброе имя – от доброго елея"[391], – ведь святое имя выходит из елея, чтобы благословиться и зажечь святые свечи. И что это за елей? Рабби Ицхак сказал: "Это как сказано: "Подобно доброму елею на голове"[392]", т.е. высшему изобилию. «Рабби Эльазар говорит: "Это горы чистого Афарсемона"», т.е. изобилие высшей Бины.[393]

440) «Сказал рабби Шимон: "Доброе имя"[391] означает – "как хорошо высшее имя святых высших светил, когда все они светят "от доброго елея"[391], как я уже пояснял. И нельзя человеку

---

[389] Тора, Шмот, 20:7. «Не произноси имени Творца Всесильного твоего напрасно, ибо не простит Творец тому, кто произносит имя Его напрасно».

[390] Пророки, Мелахим 2, 4:2. «И сказал ей Элиша: "Что мне сделать для тебя? Скажи мне, что есть у тебя в доме?" И сказала она: "Нет у рабы твоей в доме ничего, кроме кувшинчика масла"».

[391] Писания, Коэлет, 7:1. «Лучше (доброе) имя, чем добрый елей, а день смерти (лучше) дня рождения». А дословно написано: «Доброе имя – от доброго елея, день смерти – от дня рождения».

[392] Писания, Псалмы, 133:2. «Подобно (это) доброму елею на голове, стекающему на бороду, бороду Аарона, стекающему на край одежды его».

[393] См. Зоар, главу Трума, статью «Афарсемон и Апирион», пп. 20-25.

поминать имя Творца впустую, ведь тому, кто поминает имя Творца впустую, лучше не быть сотворенным"».

441) «Рабби Эльазар сказал: "Святое имя следует поминать только после слова. Ибо святое имя поминается в Торе лишь после двух слов. Как написано: "Вначале сотворил Всесильный (Элоким)"[394]».

442) «Сказал рабби Шимон: "Святое имя поминается только в связи с целым миром", т.е. имя АВАЯ, как сказано: "В день созидания Творцом (АВАЯ) Всесильным (Элоким) земли и неба"[395]. Отсюда ясно, что не следует поминать святое имя впустую. И сказано: "Не произноси имени Творца Всесильного твоего напрасно"[389]».

443) «"И мы учили, – сказал рабби Йоси, – что такое благословение. Это святое имя, поскольку от него есть благословение во всем мире. И не бывает благословения на пустом месте, и оно не пребывает над ним. Это означает сказанное: "Не произноси имени Творца Всесильного твоего напрасно"[389]».

---

[394] Тора, Берешит, 1:1. «Вначале сотворил Всесильный небо и землю».
[395] Тора, Берешит, 2:4. «Вот порождения неба и земли при сотворении их, в день созидания Творцом Всесильным земли и неба».

Помни день субботний, чтобы освящать его

444) «"Помни день субботний, чтобы освящать его"[396]. Сказал рабби Ицхак: "Написано: "И благословил Всесильный день седьмой"[397]. И написано о мане: "Шесть дней собирайте его, а в день седьмой – суббота, не будет в этот день (его)"[398]. Если в седьмой день нет пищи, какое же благословение присутствует в этот день?"»

445) «"Но мы учили, что все благословения наверху и внизу зависят от седьмого дня. И мы учили, почему на седьмой день не было мана: потому что от этого дня получают благословение все шесть высших дней", т.е. ХАГАТ НЕХИ, "и каждый дает пищу вниз, каждый в свой день, от того благословения, которым они благословляются в седьмой день"».

446) «"И поэтому тот, кто находится на ступени веры, должен накрыть стол и устроить трапезу в субботнюю ночь, чтобы его стол был благословен все эти шесть дней. Ведь в это время приходит благословение для благословения всех шести дней недели. И благословение не пребывает, когда стол пустой, поэтому в субботнюю ночь следует накрыть на стол, – хлебом и едой"», чтобы притянуть благословения на шесть дней.

447) «Рабби Ицхак сказал: "И даже в субботний день так же"», – следует устроить трапезу и притянуть благословение на шесть дней. «Рабби Йегуда сказал: "Нужно наслаждаться в этот день, и есть три трапезы в субботу, для того чтобы было насыщение и наслаждение в мире в этот день"».

448) «Рабби Аба сказал: "(Смысл трех трапез в том), чтобы притянуть благословения к этим высшим дням", ХАГАТ НЕХИ, "которые благословляются от этого дня", т.е. Шхины, седьмого свойства. И в этот день рош Зеир Анпина", т.е. ГАР его, "полон росой", т.е. благом, "спускающейся от святого Атика, скрытого

---

[396] Тора, Шмот, 20:8. «Помни день субботний, чтобы освящать его».
[397] Тора, Берешит, 2:3. «И благословил Всесильный день седьмой и освятил его, ибо в этот день отдыхал от всей работы своей, которую создал Всесильный, чтобы сделать».
[398] Тора, Шмот, 16:26. «Шесть дней собирайте его, а в седьмой день – суббота, не будет в этот день (его)».

для всех, и он дает наполнение полю святых яблонь", т.е. Шхине, "трижды с момента наступления субботы, чтобы все благословились, как один"».

Пояснение сказанного. Семь дней – это семь сфирот ХАГАТ НЕХИМ, ведь Зеир Анпин включает шесть дней, а Малхут – это седьмой день. И поэтому на седьмой день раскрывается совершенство Малхут и ее строение паним бе-паним с Зеир Анпином. И они поднимаются и облачают высшие Абу ве-Иму, и получают наполнение от пэ Арих Анпина, называемого скрытым Атиком. Однако в будни дни у Малхут нет совершенства до наступления окончательного исправления, и Зеир Анпин не находится в совершенном зивуге с Малхут, а когда он не находится в этом зивуге с Малхут, ему недостает ГАР. И поэтому считается, что в субботний день, когда Малхут достигла совершенства и вошла в зивуг с Зеир Анпином, Зеир Анпин получает ГАР благодаря Малхут, и шесть дней Зеир Анпина с ее помощью благословляются свойством ГАР.

И это означает сказанное: «Чтобы притянуть благословения к этим высшим дням», – ХАГАТ НЕХИ Зеир Анпина, потому что в субботу он получает ГАР от нее благодаря зивугу с ней. Тем не менее, у Малхут нет ничего, кроме того, что она получает от Зеир Анпина. И это означает сказанное: «И в этот день рош Зеир Анпина полон росой, спускающейся от святого Атика, скрытого для всех, и он дает наполнение полю святых яблонь», – потому что все наполнение Малхут приходит к ней от Зеир Анпина. И, несмотря на то, что шесть дней Зеир Анпина благословляются свойством ГАР от нее, это происходит только благодаря зивугу с ней, как мы уже сказали.

449) «"Поэтому человек должен наслаждаться эти три раза, ведь от этого зависит вера, что наверху, – в святом Атике, и в Зеир Анпине, и в поле святых яблонь", потому что Зеир Анпин получает от Атика и передает Малхут, как уже говорилось. "И человек должен наслаждаться ими и радоваться им. А тот, кто отнимает от них трапезу, показывает изъян наверху, и велико наказание этого человека"».

450) «"Поэтому он должен трижды накрывать свой стол с момента начала субботы, и стол не должен быть пустым, и над ним будет пребывать благословение всех остальных дней этой

субботы. И этим он показывает (веру), и от этого зависит вера, которая наверху"».

451) «Сказал рабби Шимон: "Кто завершил три трапезы в субботу, голос выходит и провозглашает о нем: "Тогда наслаждаться будешь Творцом, и Я возведу тебя на высоты земли, и питать буду тебя наследием Яакова, отца твоего"[399]. "Тогда наслаждаться будешь Творцом"[399], – это первая трапеза, соответствующая Атику, святому всех святых. "И Я возведу тебя на высоты земли"[399], – это вторая трапеза, соответствующая полю святых яблонь", Малхут. "И питать буду тебя наследием Якова, отца твоего"[399], – это совершенство, когда он достигает совершенства в Зеир Анпине"», в течение третьей трапезы.

452) «"И соответственно им человек должен довершить свои трапезы и должен наслаждаться на всех трапезах, и радоваться на каждой из них, поскольку это полная вера. И поэтому суббота важнее всех остальных времен и праздников, так как в ней есть всё, и такого нет во все остальные времена и праздники". Сказал рабби Хия: "И поэтому, поскольку есть в ней всё, она упомянута трижды, как сказано: "И завершил Всесильный в седьмой день"[400], "и отдыхал в седьмой день"[400], "и благословил Всесильный день седьмой"[401]».

453) «Рабби Аба, когда он сидел на субботней трапезе, радовался каждой из них и говорил: "Это святая трапеза Атика Кадиша, скрытого для всех". На другой трапезе он говорил: "Это трапеза Творца", – т.е. Зеир Анпина. И так на каждой трапезе. Когда завершал трапезы, он говорил: "Завершились трапезы веры"».

454) «Рабби Шимон, когда приходил к трапезе, говорил так: "Накрывайте трапезу высшей веры. Накрывайте трапезу Царя". И он сидел и радовался. Когда он завершал третью трапезу, возглашали о нем: "Тогда наслаждаться будешь Творцом, и Я

---

[399] Пророки, Йешаяу, 58:14. «Тогда наслаждаться будешь Творцом, и Я возведу тебя на высоты земли, и питать буду тебя наследием Яакова, отца твоего, потому что уста Творца изрекли это».

[400] Тора, Берешит, 2:2. «И завершил Всесильный в седьмой день свою работу, которую делал, и отдыхал в седьмой день от всей работы своей, которую сделал».

[401] Тора, Берешит, 2:3. «И благословил Всесильный день седьмой и освятил его, ибо в этот день отдыхал от всей работы своей, которую создал Всесильный, чтобы сделать».

возведу тебя на высоты земли, и питать буду тебя наследием Яакова, отца твоего"³⁹⁹».

455) «Спросил рабби Эльазар отца: "Как устраиваются эти трапезы?" Сказал ему: "Субботняя ночь. Написано: "И Я возведу тебя на высоты земли"³⁹⁹. В эту ночь благословляется Царица и всё яблоневое поле", т.е. Малхут, "и благословляется стол человека, и добавляется душа" человеку. "И эта ночь – веселье Царицы, и человек должен радоваться этому веселью и вкушать трапезу Царицы"», Малхут.

456) «"О субботнем дне, о второй трапезе, сказано: "Тогда наслаждаться будешь Творцом (досл. над Творцом)"³⁹⁹. Именно "над Творцом", выше Зеир Анпина. "Ведь в это время раскрывается святой Атик, и все миры пребывают в радости. И совершенство, и радость Атика производим мы. А это его трапеза, безусловно"».

457) «"О третьей субботней трапезе сказано: "И питать буду тебя наследием Яакова, отца твоего"³⁹⁹. Это трапеза Зеир Анпина, пребывающего в совершенстве. И все шесть дней благословляются от этого совершенства. И человек должен пребывать в радости на его трапезе, и завершить эти трапезы, являющиеся трапезами совершенной веры святого семени Исраэля, высшей веры, поскольку она принадлежит им, а не народам-идолопоклонникам. И поэтому сказано: "Между Мною и сынами Исраэля"⁴⁰²».

458) «"Смотри, на этих трапезах видно по Исраэлю, что они царские сыны, что они из царского чертога, что они обладают верой. А тот, кто портит одну трапезу из них, показывает изъян наверху, и показывает себя, что он не из сыновей высшего Царя, что он не из сыновей царского чертога, что он не из святого семени Исраэля. И на него возлагают тяжесть трех вещей: суда преисподней, войны Гога и Магога, и мук Машиаха"⁴⁰³».

---

⁴⁰² Тора, Шмот, 31:17. «Между Мною и сынами Исраэля знак это вовеки, что шесть дней созидал Творец небо и землю, а в седьмой день прекратил (созидание) и почил».

⁴⁰³ См. Вавилонский Талмуд, трактат Шаббат, лист 118:1. «Каждый, кто устраивает три субботние трапезы, спасен от трех кар: от мук Машиаха, от суда преисподней и от войны Гога и Магога».

459) «"Сам посуди, во все остальные времена и праздники человек должен радоваться и радовать бедняка. А если он сам радуется и не дает бедняку, велико наказание его, – ведь сам радуется и не дает радости другому. О нем сказано: "И брошу вам в лицо нечистоты, нечистоты праздников ваших"[404]. А если он радуется в субботу, то даже несмотря на то, что он не дает другому, ему не дается наказание, как в остальные времена и праздники, о которых сказано: "Нечистоты праздников ваших"[404]. "Нечистоты праздников ваших", – говорит, но не "суббот ваших". И сказано: "Начала месяцев и празднества ваши ненавистны стали душе Моей"[405], но про субботу не сказано"».

460) «"И поэтому сказано: "Между Мною и сынами Исраэля"[402]. И поскольку вся вера находится в субботе, дают человеку другую душу, высшую душу, душу, в которой заключено всё совершенство, подобно будущему миру. И поэтому называется субботой. Что такое суббота? Это имя Творца", т.е. Малхут, "имя, которое совершенно со всех сторон"» в субботний день.

461) «Сказал рабби Йоси: "Это несомненно так. Горе человеку, не довершающему радость святого Царя! А что за радость у Него? Это три эти трапезы веры – трапезы, в которые включены Авраам, Ицхак и Яаков. И все они – радость за радостью, вера", т.е. Малхут, "совершенная со всех сторон"».

462) «"Мы учили, что в этот день увенчиваются праотцы", т.е. ХАГАТ, которые становятся ГАР, "а все сыновья", т.е. НЕХИ, "питаются от них. И это не так во все остальные праздники и времена". Иначе говоря, во все остальные праздники и времена праотцы увенчиваются мохин де-ИШСУТ, однако в субботу праотцы увенчиваются мохин высших Абы ве-Имы. "В этот день отдыхают грешники в аду. В этот день умолкают все суды, не пробуждаясь в мире. В этот день Тора", т.е. Зеир Анпин, "украшается совершенными венцами", от высших Абы ве-Имы. "В этот день радость и наслаждение слышны в двухстах пятидесяти мирах"».

---

[404] Пророки, Малахи, 2:3. «Вот проклинаю у вас семя и брошу вам в лицо нечистоты, нечистоты праздников ваших, и они будут влечь вас к себе».

[405] Пророки, Йешаяу, 1:14. «Начала месяцев и празднества ваши ненавистны стали душе Моей, обузою стали для Меня, устал Я терпеть их».

463) «"Смотри, во все остальные шесть дней субботы, когда наступает час послеполуденной молитвы (минхи), властвует суровый суд, и все суды пробуждаются. Но в субботний день, когда наступает время послеполуденной молитвы, пребывает желание желаний, и святой Атик раскрывает свое желание, и все суды умолкают, и во всем пребывает желание и радость"».

464) «"И в этом желании ушел из мира Моше, святой верный пророк, чтобы знать, что он не ушел в суде, и в этот час ушла душа его в желании святого Атика, и в нем он сокрыт. Поэтому сказано: "И никто не знал места погребения его"[406]. Так же как святой Атик, самый скрытый из всех скрытых, и не знают его ни высшие, ни нижние, так же и здесь – душа эта, сокрытая в этом желании" святого Атика, "которое раскрылось в час субботней послеполуденной молитвы, сказано о ней: "И никто не знал места погребения его"[406]. И он самый скрытый из всего скрытого в мире, и суд не властен над ним. Счастлива доля Моше"».

465) «"И мы учили, что в этот день", субботний, "Тора увенчивается им, она увенчивается всеми теми заповедями, всеми теми запретами и наказаниями, которые находятся в семидесяти ветвях света, светящего во всех сторонах", потому что семь сфирот – это ХАГАТ НЕХИМ, и каждая из них состоит из десяти, всего семьдесят. "Кто видел ветви, исходящие из каждой ветви?" – из этих семидесяти ветвей. "Пять пребывают внутри древа", – т.е. пять сфирот ХАГАТ-Нецах-Ход в Зеир Анпине, называемом древом, который получает их от Бины. "Все лики включены в них. Кто видел те врата, которые раскрываются в каждой стороне?" из них, – т.е. каждая (сфира) состоит из десяти, и всего это пятьдесят ворот. "Все они сияют и светят тем светом, который выходит и не прекращается"».

466) «"Раздается голос призыва: "Пробудитесь высшие святые, пробудись, святой народ, избранный наверху и внизу, пробудите радость пред Господином вашим, пробудитесь в совершенной радости, подготовьте себя в трех радостях трех праотцев", т.е. трех трапезах, "подготовьте себя к вере, – радости всех радостей. Счастлива доля Исраэля, которые святы в этом мире и в мире будущем. Это ваше наследие", более, "чем

---

[406] Тора, Дварим, 34:6. «И был похоронен в долине, в стране Моав, напротив Бейт-Пеора, и никто не знал места погребения его до сего дня».

всех народов-идолопоклонников. И об этом сказано: "Между Мною и сынами Исраэля"⁴⁰².

467) «Сказал рабби Йегуда: "Это несомненно так, и поэтому сказано: "Помни день субботний, чтобы освящать его"³⁹⁶. И сказано: "Святы будьте, ибо свят Я, Творец"⁴⁰⁷. И сказано: "И назовешь субботу отрадой, святыню Творца – почитаемой"⁴⁰⁸».

468) «"Мы учили, что в этот день", субботний, "все души праведников вкушают блаженство святого Атика, самого скрытого из всех скрытых, т.е. Кетера. И один дух от наслаждения святого Атика расходится по всем мирам, и поднимается и опускается, и расходится ко всем святым сынам, ко всем хранящим Тору. И они наслаждаются совершенным покоем, и у всех у них забывается весь гнев, все суды и всякая тяжелая работа. Как сказано: "В тот день, когда Творец даст тебе покой от мук твоих и от гнева твоего, и от тяжкого труда"⁴⁰⁹».

469) «"Поэтому суббота сравнивается с Торой. И всякий соблюдающий субботу словно бы исполнил всю Тору. И сказано: "Счастлив человек, делающий это, и сын человеческий, держащийся этого, соблюдающий субботу, не оскверняя ее, и оберегающий руку свою, чтобы не сделать никакого зла"⁴¹⁰. Выходит, что тот, кто соблюдает субботу, подобен исполняющему всю Тору"».

470) «Рабби Юдай спросил у рабби Шимона в один из дней, когда встретил его в пути, сказав ему: "Рабби, ведь написано в этой главе то, что сказал Йешаяу: "Так сказал Творец бесплодным: "Тем, кто будет хранить субботы Мои, и изберет угодное Мне, и будет держаться завета Моего, – и дам Я им в доме Моем

---

⁴⁰⁷ Тора, Ваикра, 19:1-2. «И говорил Творец Моше так: "Говори всей общине сынов Исраэля и скажи им – святы будьте, ибо свят Я, Творец Всесильный ваш"».

⁴⁰⁸ Пророки, Йешаяу, 58:13. «Если удержишь в субботу ногу свою, удержишься от исполнения дел твоих в святой день Мой, и назовешь субботу отрадой, святыню Творца – почитаемой, и почтишь ее, не занимаясь делами своими, не отыскивая дело себе и не говоря ни слова (об этом)».

⁴⁰⁹ Пророки, Йешаяу, 14:3. «И будет, в тот день, когда Творец даст тебе покой от мук твоих и от гнева твоего, и от тяжкого труда, которым ты был порабощен».

⁴¹⁰ Пророки, Йешаяу, 56:2. «Счастлив человек, делающий это, и сын человеческий, держащийся этого, соблюдающий субботу, не оскверняя ее, и оберегающий руку свою, чтобы не сделать никакого зла».

и в стенах Моих память и имя, лучше сыновей и дочерей"[411]. Что он говорит?"»

471) «Сказал ему рабби Шимон, каппадокиец (поскольку называли по имени его города): "Привяжи осла своего к ограде и спускайся, потому что речения Торы требуют чистоты" разума. Или вернись назад и иди за мной, и настрой сердце свое". Сказал ему: "Ради господина моего проделал я этот путь, и за господином моим буду созерцать Шхину"».

472) «Сказал ему: "Это понятие товарищи выяснили, но не истолковали его. "Так сказал Творец бесплодным"[411]. Кто такие "бесплодные"? Это те товарищи, которые занимаются Торой и выкладываются все шесть дней субботы, занимаясь Торой, а в субботнюю ночь торопятся в своем зивуге, ибо знают они высшую тайну в тот момент, когда Царица соединяется с Царем"».

473) «"И эти товарищи, знающие эту тайну, направляют свое сердце на веру своего Господина, и благословляются плодом чрева своего в ту ночь. И это означает сказанное: "Тем, кто будет хранить"[411], как сказано: "А его отец хранил изреченное"[412]».

474) «"И называются они, безусловно, бесплодными, потому что ждут до самой субботы, чтобы обнаружить желание их Господина, как сказано: "И изберет угодное Мне"[411]. Что значит: "Угодное Мне"[411]? Это зивуг Царицы. "И будет держаться союза Моего"[411], – все это одно", – т.е. тоже зивуг. "Союза Моего"[411], – просто (без уточнения)", – и это Есод высшего, соединяющийся с Царицей. "Счастлив удел того, кто освящается этой святостью и знает эту тайну"».

475) «"Смотри, сказано: "Шесть дней работай и делай всю работу свою. А день седьмой – суббота Творцу Всесильному

---

[411] Пророки, Йешаяу, 56:4-5. «Ибо так сказал Творец бесплодным: "Тем, кто будет хранить субботы Мои, и изберет угодное Мне, и будет держаться союза Моего, – и дам Я им в доме Моем и в стенах Моих память и имя, лучше сыновей и дочерей, имя вечное дам ему, которое не истребится"».

[412] Тора, Берешит, 37:11. «И завидовали ему его братья, а его отец хранил изреченное».

твоему"⁴¹³. "Всю работу свою", – указывает на то, "что в течение этих шести дней есть человеческие деяния. И из-за этого товарищи совершают зивуг лишь когда нет деяний человеческих, а только деяния Творца, – т.е. в субботу", когда человеку запрещено выполнение работы. "И что такое деяния Его? Это зивуг с Царицей", т.е. с Малхут, "чтобы вывести в мир святые души"».

476) «"И поэтому в эту ночь товарищи освящаются святостью своего Господина, и направляют сердце свое, и выходят хорошие сыновья, святые сыновья, не отклоняющиеся вправо или влево, сыновья Царя и Царицы. И о них сказано: "Сыны вы Творцу Всесильному вашему"⁴¹⁴. "Творцу Всесильному вашему", конечно, потому что они называются сыновьями Его, сыновьями Царя и Царицы"».

477) «"Ведь мнение товарищей, знающих эту тайну: прилепляются они к этому, и потому называются сыновьями Творца. И это те, благодаря которым существует мир. И когда мир встает перед судом, Творец смотрит на этих сыновей Своих и жалеет мир. И об этом сказано: "Вся ты – семя истины"⁴¹⁵. "Семя истины", конечно. Что такое истина? Это совершенное святое кольцо"». Объяснение. Они находятся в средней линии, и не выходят за границы их средней – ни вправо, ни влево, словно окруженные кольцом. «"Как сказано: "Ты дашь истину Яакову"⁴¹⁶. А Яаков – это средняя линия. "И все это – одно целое, и поэтому – "семя истины", конечно"».

478) «Сказал ему рабби Юдай: "Благословен Милосердный, что послал меня сюда. Благословен Милосердный, что услышал я это из уст твоих". Заплакал рабби Юдай. Спросил его рабби Шимон: "Почему ты плачешь?" Сказал ему: "Плачу я, так как говорю: горе живущим в мире, путь которых подобен

---

[413] Тора, Шмот, 20:9-10. «Шесть дней работай и делай всю работу свою. А день седьмой – суббота Творцу Всесильному твоему, не совершай никакой работы ни ты, ни сын твой, ни дочь твоя, ни раб твой, ни рабыня твоя, ни скот твой, ни пришелец твой, который во вратах твоих».

[414] Тора, Дварим, 14:1. «Сыны вы Творцу Всесильному вашему. Не делайте на себе надрезов и не делайте плеши меж ваших глаз по умершему».

[415] Пророки, Йермияу, 2:21. «Я насадил тебя благородной лозою, вся ты – семя истины; как же превратилась ты у Меня в одичавшую чужую лозу?!»

[416] Пророки, Миха, 7:20. «Ты дашь истину Яакову, милость Аврааму, о которых клялся Ты отцам нашим с давних времен».

животным, и не знают они и не видят, что лучше бы им не быть сотворенными. Горе миру, когда господин мой уйдет из него, ибо кто сможет раскрыть тайны, и кто будет знать их, и кто будет видеть пути Торы?"»

479) «Сказал им рабби Шимон: «"Что вы?! Ведь мир существует только для товарищей, занимающихся Торой и знающих тайны Торы. Конечно, товарищи поистине вынесли приговор невеждам, губящим путь свой и не умеющим отличать правое от левого, ибо они как животные, и следует совершать над ними суд даже в День искупления. И о сыновьях их сказано: "Потому что они дети блуда"[417]».

480) «Сказал ему: "Рабби, это изречение нужно истолковать согласно путям его. Сказано: "И дам Я им в доме Моем и в стенах Моих память и имя, лучше сыновей и дочерей, имя вечное дам ему"[411]. Следовало сказать: "Дам им", – бесплодным, "что значит: "Дам ему"[411]?"»

481) «Сказал ему: "Смотри, "И дам Я им в доме Моем"[411]. Что значит: "Дом Мой"? Это как сказано: "Во всем доме Моем доверенный он"[418]. И это Шхина, называемая домом. "И в стенах Моих"[411], – это как сказано: "На стенах твоих, Йерушалаим, Я поставил стражей"[419]. И это внешняя часть Шхины. "Память и имя"[411], – то есть те, что извлекут святые души из этого места, т.е. из Шхины, и "память" эта означает надел совершенства. "Лучше"[411], – т.е. полное "сыновей и дочерей"[411]. "Имя вечное дам ему"[411] – т.е. наделу совершенства", называемому памятью, "которое не истребится"[411] в поколениях. Другое объяснение: "Дам ему"[411], – т.е. тому, кто знает тайну этого", – тайну бесплодных, которые будут хранить Мои субботы, "и будет направлять то, что нужно направить"».

---

[417] Пророки, Ошеа, 2:6. «И детей ее не помилую, потому что они дети блуда».

[418] Тора, Бемидбар, 12: 6-7. «И сказал Он: "Слушайте слова Мои. Если и есть между вами пророк Творца, в видении Я открываюсь ему, во сне говорю с ним. Не так с рабом Моим Моше: во всем доме Моем доверенный он"».

[419] Пророки, Йешаяу, 62:6. «На стенах твоих, Йерушалаим, Я поставил стражей, весь день и всю ночь, всегда, не будут молчать они; напоминающие о Творце – не (давайте) себе покоя!»

482) «Еще сказал рабби Шимон: "Написано: "Не зажигайте огня во всех местах проживания вашего в день субботний"[420]. Какова причина этого? Это потому, что суд не виден в этот день", а зажигающий огонь вызывает пробуждение суда. И если ты скажешь, что ведь это восходит к высшему", – т.е. огонь жертвенника, который горит и в субботу, "в местах проживания ваших"[420], – написано, а не в высшем. А этот огонь, поднимающийся к высшему, поднимается, чтобы пересилить другой суд, – ведь мы учили, что есть огонь, пожирающий другой огонь, и огонь жертвенника пожирает другой огонь"», т.е. пересиливает другой суд, чтобы у него не было власти в будние дни.

483) «"И поэтому святой Атик раскрывается в этот день больше, чем во все остальные дни. И в то время, когда раскрывается Атик, суд вообще не виден. И все высшие и нижние пребывают в совершенной радости, и этот суд не властвует"».

484) «"Мы учили, сказано: "Ибо шесть дней созидал Творец небо и землю"[421]. Конечно, "шесть дней" – т.е. это ХАГАТ НЕХИ, из которых возникли небо и земля, т.е. ЗОН. "И поэтому не сказано: "В шесть". И эти шесть высших святых дней называются днями, в которые включается святое имя", т.е. Малхут, называемая землей, "а они включаются в него. Счастлив удел Исраэля, в отличие от всех народов-идолопоклонников. О них написано: "А вы, слившиеся с Творцом Всесильным вашим, – живы все вы ныне"[422]».

---

[420] Тора, Шмот, 35:3. «Не зажигайте огня во всех местах проживания вашего в день субботний».

[421] Тора, Шмот, 20:11. «Ибо шесть дней созидал Творец небо и землю, море и все, что в них, и почил Он в седьмой день. Потому благословил Творец день субботний и освятил его».

[422] Тора, Дварим, 4:4. «А вы, слившиеся с Творцом Всесильным вашим, – живы все вы ныне».

Почитай отца своего

485) «"Почитай отца своего и мать свою"[423]. Заговорил первым рабби Хия: "И река вытекает из Эдена, чтобы орошать сад"[424]. Река – это истечение родника, который изливается постоянно, не прекращаясь. И от реки этого родника орошается весь Эденский сад. И эта река того святого родника называется "отцом". По какой причине? Потому, что она вытекает, чтобы питать сад"».

Пояснение сказанного. Известно, что ЗОН в отношении того, как они созданы, не способны получать высший свет, потому что властвует в них Малхут первого сокращения. И для того чтобы они были способны получить свет, Бина подняла к себе эту Малхут, и благодаря этому подъему она стала способна получать свет.[425] И по причине этого исправления изменилось их имя, Хохмы и Бины, что в Бине, на Аба ве-Има (отец и мать), а ЗОН называются их детьми, ведь они исправляют и заботятся об исправлении ЗОН, как отец и мать о своих детях.

И вот первый подъем Малхут в место Бины был в рош Арих Анпина, и вследствие этого подъема вышла Бина из рош Арих Анпина, и поэтому Арих Анпин называется началом (решит).[426] И это смысл сказанного: «И река вытекает из Эдена»[424], потому что Эден – это Хохма Арих Анпина, а «река» – это Бина, которая вышла из свойства рош и стала свойством гуф Арих Анпина, без рош. И было это, «чтобы орошать сад»[424], – давать Малхут свет. Потому что если бы не этот подъем, Малхут никогда не смогла бы получать свет.

И это означает сказанное: «Река – это истечение родника, который изливается постоянно, не прекращаясь», потому что

---

[423] Тора, Шмот, 20:12. «Почитай отца своего и мать свою, чтобы продлились дни твои на земле, которую Творец Всесильный твой дает тебе».

[424] Тора, Берешит, 2:10. «И река вытекает из Эдена, чтобы орошать сад, и оттуда разделяется и образует четыре главных реки».

[425] См. Зоар, главу Берешит, часть 1, п. 3, со слов: «В свойстве суда, т.е. в свойстве Малхут мира АК, прежде чем она подсластилась в Бине, в свойстве милосердия, мир не мог существовать...»

[426] См. Зоар, главу Берешит, часть 1, п. 2, со слов: «Слово "вначале (берешит)" указывает на парцуф Арих Анпин мира Ацилут, называемый началом (решит) по той причине, что он является первым парцуфом, от которого передаются все мохин, имеющиеся в мирах ...»

Хохма Арих Анпина называется Эден, и это – родник. А Бина, которая выходит из него, называется истечением и называется рекой. «И эта река того святого родника называется "отцом"», – т.е. эта Бина называется отцом, поскольку она приняла в себя Малхут и уменьшилась из-за нее до свойства гуф, чтобы исправить ее. И поэтому Хохма и Бина в ней называются Аба ве-Има (отец и мать), как уже объяснялось выше. И это смысл сказанного: «По какой причине? Потому, что она вытекает, чтобы питать сад», – т.е. по причине того, что она заботится об исправлении сада, Малхут, поэтому она называется отцом, как мы уже сказали.

486) «Сказал рабби Аба: "Эден на самом деле называется отцом, поскольку этот Эден исходит из места, называемого Неведомым", т.е. от Кетера Арих Анпина, в котором нет никакого постижения. И начало раскрытия для исправления Малхут в Бине происходит в рош Арих Анпина, называемом Эден. И по этой причине Арих Анпин называется началом (решит), как мы уже сказали в предыдущем объяснении, "и поэтому называется отцом. Ведь мы уже установили, что место, из которого начинает проистекать всё, называется "Ты" и называется "отец". Как сказано: "Ведь Ты – отец наш"[427]».

487) «Рабби Эльазар сказал: "Почитай отца своего"[423], – это Творец", т.е. Зеир Анпин. "И мать свою"[423], – это Кнессет Исраэль", т.е. Малхут. "Отца своего (эт ави́ха)", именно "эт", этот предлог "эт" указывает на включение высшей Шхины"», Нуквы, находящейся от хазе и выше Зеир Анпина. «Рабби Йегуда сказал: "Почитай отца своего"[423], – просто (без уточнения). "И мать свою"[423], – просто (без уточнения). Ибо всё принимается в расчет". Иначе говоря, они указывают как на Хохму и Бину, так и на Зеир Анпин и Нукву. "Поскольку "эт" указывает на включение всего, что наверху и внизу"», – как Абы ве-Имы, так и ЗОН.

488) «Рабби Йоси сказал: "Хорошо сказал рабби Аба, что место, из которого всё начинает проистекать, называется Ты. Ведь мы учили: Тот, который скрыт, и нет в нем начала" для передачи мохин, "называется Он", что указывает на скрытие.

---

[427] Пророки, Йешаяу, 63:16. «Ведь Ты – отец наш, ибо Авраам не знает нас, и Исраэль не узнает нас, Ты, Творец, – отец наш, Избавитель наш – от века имя Твое».

Место, от которого исходит начало" для передачи мохин, "мы называем Ты, и оно называется "отец"».

489) «Рабби Хизкия сказал: "Конечно, всё это – одно. "Почитай отца своего"[423], – это Творец", т.е. Зеир Анпин. "И мать свою"[423], – это Кнессет Исраэль", т.е. Малхут. "Мы же учили, – сказал рабби Шимон, – написано: "Сыны вы Творцу Всесильному вашему"[428], – это место, которое называется "сыны", т.е. ЗОН. И поэтому сказано без уточнения: "Почитай отца своего и мать свою"[423], чтобы включить всё"», т.е. Абу ве-Иму наверху и внизу. «Сказал рабби Ицхак: "Чтобы включить в него Учителя, который ведет его к жизни будущего мира". Сказал рабби Йегуда: "Учитель его включен в Творца"».

490) «"Мы учили, что в эти пять речений правой стороны включено всё. В этих пяти речениях высечены пять других, которые в левой стороне. Нет сомнения, что это пять внутри пяти. И каким образом? "Я – Творец Всесильный твой"[429], – соответствует: "Не убивай"[430]. И мы учили, что оба они включены в одно целое. Ведь убивший принижает подобие и образ своего Господина, как сказано: "Ибо по образу Всесильного создал Он человека"[431]. И сказано: "И над образом престола – образ, подобный человеку"[432]».

491) «Сказал рабби Хия: "Написано: "Кто прольет кровь человека, человеком (досл. в человеке) кровь его пролита будет"[431]. Тот, кто проливает кровь, он словно уменьшает подобие и образ наверху. Иначе говоря, он уменьшил не этот образ", нижнего, "а другой образ. Это смысл сказанного: "Кто прольет кровь человека, в человеке кровь его пролита будет"[431], – в высшем человеке проявляется тот самый изъян от крови, которую он пролил. А почему? "Ибо по образу Всесильного создал

---

[428] Тора, Дварим, 14:1. «Сыны вы Творцу Всесильному вашему. Не делайте на себе надрезов и не делайте плеши меж ваших глаз по умершему».

[429] Тора, Шмот, 20:2. «Я – Творец Всесильный твой, который вывел тебя из земли египетской, из дома рабства».

[430] Тора, Шмот, 20:13. «Не убивай. Не прелюбодействуй. Не укради. Не отзывайся о ближнем твоем свидетельством ложным».

[431] Тора, Берешит, 9:6. «Кто прольет кровь человеческую, человеком кровь его пролита будет, ибо по образу Всесильного создал Он человека».

[432] Пророки, Йехезкель, 1:26. «Над сводом же, который над головами их, словно образ сапфирового камня, в виде престола, и над образом престола – образ, подобный человеку, на нем сверху».

Он человека"[431]. И поэтому они зависят друг от друга"». «Я – Творец Всесильный твой»[429] зависит от «не убивай»[430].

492) «"Да не будет у тебя иных богов"[433] – соответствует: "Не прелюбодействуй"[430]. Этот", прелюбодействующий, "изменяет имени Творца, которое запечатлено в человеке. И от этого зависит очень много грехов и запретов, и наказаний. И тот, кто изменяет в этом, изменяет Царю, как сказано: "Творцу изменили они, ибо чужих детей породили"[434]. И сказано: "Не поклоняйся им и не служи им"[435]. И одно зависит от другого"». «Да не будет у тебя»[433] зависит от «не прелюбодействуй»[430].

493) «"Не произноси имени Творца Всесильного твоего (не клянись им) напрасно"[436] – соответствует: "Не укради"[430]. И написано: "Разделяющий (добычу) с вором ненавидит свою душу; он будет слышать клятву, но не скажет"[437]. Конечно, одно зависит от другого. Ведь из-за этого вора приходится давать ложную клятву, – делающий одно, делает и другое"».

494) «"Помни день субботний"[438] – соответствует: "Не отзывайся о ближнем своем свидетельством ложным"[430]. Ведь сказал рабби Йоси, что суббота называется свидетельством, и человек должен свидетельствовать о том, что написано: "Ибо шесть дней созидал Творец небо и землю..."[439]. А суббота – это совокупность всего. И сказал рабби Йоси: "То, что сказано: "Ты даешь истину Яакову"[440], – это как сказано: "И будут хранить

---

[433] Тора, Шмот, 20:3. «Да не будет у тебя иных богов пред ликом Моим».

[434] Пророки, Ошеа, 5:7. «Творцу изменили они, ибо чужих детей породили; теперь пожрет их месяц (ав) с уделом их».

[435] Тора, Шмот, 20:5. «Не поклоняйся им и не служи им, ибо Я – Творец Всесильный твой, Владыка ревностный, карающий за вину отцов детей до третьего и до четвертого поколения, тех, кто ненавидит Меня».

[436] Тора, Шмот, 20:7. «Не произноси имени Творца Всесильного твоего напрасно, ибо не простит Творец тому, кто произносит имя Его напрасно».

[437] Писания, Притчи, 29:24. «Разделяющий (добычу) с вором ненавидит свою душу; он будет слышать клятву, но не скажет».

[438] Тора, Шмот, 20:8. «Помни день субботний, чтобы освящать его».

[439] Тора, Шмот, 20:11. «Ибо шесть дней созидал Творец небо и землю, море и все, что в них, и почил Он в седьмой день. Потому благословил Творец день субботний и освятил его».

[440] Пророки, Миха, 7:20. «Ты дашь истину Яакову, милость Аврааму, о которых клялся Ты отцам нашим с давних времен».

субботу сыны Исраэля"[441], т.е. тот, кто дает ложное свидетельство, изменяет субботе, которая является свидетельством истинным. А тот, кто изменяет субботе, изменяет всей Торе. И поэтому одно зависит от другого"», – «помни»[438] зависит от «не отзывайся»[430].

495) «"Почитай отца своего"[423] – соответствует: "Не возжелай жены ближнего своего"[442]. И сказал рабби Ицхак: "Почитай отца своего"[423], – именно отца своего. Ведь у того, кто возжелал (чужую) жену и породил сына, сын этот чтит другого, не являющегося его отцом. А сказано: "Почитай отца своего"[423]. "Не желай ни дома ближнего твоего, ни его поля"[443]. И написано здесь (в "Почитай отца своего"[423]): "На земле, которую Творец Всесильный твой дает тебе"[423], что означает – то, что дает Он, будет твоим, и не возжелай другого. Несомненно, одно зависит от другого"», – «почитай отца своего»[423] зависит от «не возжелай»[442].

496) «"И в эти пять первых речений", которые справа, "включены пять других" речений. "И поэтому: "От десницы Его пламя закона для них"[444], – т.е. всё стало правой стороной. И поэтому Тора была дана посредством пяти голосов". Сказал рабби Йегуда: "Все они", все десять речений, "были пятью внутри пяти, и им соответствуют пять книг Торы"».

497) «Учит рабби Эльазар: "В этих десяти речениях были высечены все заповеди Торы, запреты и наказания, чистота и скверна, ветви и корни, деревья и саженцы, небо и земля, моря и бездны. Ибо Тора – это имя Творца, так же как имя Творца было высечено в десяти речениях, так же и Тора была высечена в десяти речениях. Эти десять речений являются именем Творца, и вся Тора – это одно имя, поистине святое имя Творца"».

---

[441] Тора, Шмот, 31:16. «И будут хранить субботу сыны Исраэля, чтобы сделать субботу для их поколений союзом вечным».

[442] Тора, Шмот, 20:14. «Не возжелай дома ближнего своего; не возжелай жены ближнего своего, ни раба его, ни рабыни его, ни быка его, ни осла его, ничего, что у ближнего твоего».

[443] Тора, Дварим, 5:18. «И не возжелай жены ближнего твоего; и не желай ни дома ближнего твоего, ни его поля, ни его раба, ни его рабыни, ни его быка, ни его осла, и ничего, что у ближнего твоего».

[444] Тора, Дварим, 33:2. «И сказал он: "Творец от Синая пришел и воссиял им от Сеира, явился от горы Паран и пришел из среды десятков тысяч святых. От десницы Его пламя закона для них"».

498) «"Счастлив удел того, кто удостоился ее, – ведь тот, кто удостоился Торы, удостоился святого имени Творца. Он поистине удостоился Творца, так как Он и имя Его едины. Благословенно имя Его всегда, во веки веков. Амен"».

ГЛАВА ИТРО

Не делайте при Мне

499) «"Не делайте при Мне божеств серебряных, и божеств золотых"⁴⁴⁵. Сказал рабби Йоси: "И в чем причина? Это из-за того, что написано: "Мне – серебро, и Мне – золото"⁴⁴⁶. И, несмотря на то, что "Мне – серебро, и Мне – золото"⁴⁴⁶, "не делайте при Мне (итѝ אִתִּי)"⁴⁴⁵, т.е. Меня (отѝ אוֹתִי)"».

500) «Сказал рабби Ицхак: "Написано: "Нет подобного Тебе, Творец! Велик Ты, и имя Твое велико могуществом (гвура)"⁴⁴⁷. "Велик Ты"⁴⁴⁷ – т.е. "Мне – серебро"⁴⁴⁶, т.е. Хесед, правая линия. "И имя Твое велико могуществом (гвура)"⁴⁴⁷ – т.е. "Мне – золото"⁴⁴⁶, т.е. Гвура, левая линия. "Два эти цвета видны и прославляемы, только когда они запечатлены в одном месте. В каком месте они запечатлены? В Исраэле", т.е. в средней линии, Тиферет, которая согласует и поддерживает эти две линии. Здесь эти цвета видны, чтобы прославляться. Как сказано: "Исраэль, в котором Я прославлюсь"⁴⁴⁸».

501) «Рабби Йегуда провозгласил: "Радостью возрадуюсь я в Творце, ликовать будет душа моя во Всесильном моем, ибо Он одел меня в одежды спасения, одеянием праведности облек меня"⁴⁴⁹. Счастлив удел Исраэля более народов-идолопоклонников, ведь радость и наслаждение их в Творце, как сказано: "Радостью возрадуюсь я в Творце"⁴⁴⁹. После того, как сказано: "В Творце"⁴⁴⁹, почему сказано: "Во Всесильном моем"⁴⁴⁹? Однако, так сказали Исраэль: "Если Он в милосердии приходит к нам, – "радостью возрадуюсь я в Творце (АВАЯ)"⁴⁴⁹, и это милосердие; "если в суде, – "ликовать будет душа моя во Всесильном (Элоким) моем"⁴⁴⁹», и это суд.

---

⁴⁴⁵ Тора, Шмот, 20:20. «Не делайте при Мне божеств серебряных, и божеств золотых не делайте для себя».

⁴⁴⁶ Пророки, Хагай, 2:8. «"Мне – серебро, и Мне – золото", – слово Творца воинств».

⁴⁴⁷ Пророки, Йермияу, 10:6-7. «Нет подобного Тебе, Творец! Велик Ты, и имя Твое велико могуществом. Кто не убоится Тебя, Царь народов, как и подобает Тебе, ибо среди всех мудрецов народов и во всем их царстве нет подобных Тебе».

⁴⁴⁸ Пророки, Йешаяу, 49:3. «И сказал мне: "Ты раб Мой, Исраэль, в котором Я прославлюсь"».

⁴⁴⁹ Пророки, Йешаяу, 61:10. «Радостью возрадуюсь в Творце, ликовать будет душа моя во Всесильном моем, ибо Он одел меня в одежды спасения, одеянием праведности облек меня, как жених облачится в великолепие и как невеста украсится драгоценностями своими».

502) «"В чем причина?" того, что Исраэль радуются как милости, так и суду. "Это потому, что они запечатлены в Нем", в Творце, "как сказано: "Ибо Он одел меня в одежды спасения"[449]. Что такое "одежды спасения"? Это цвета" Хеседа и Гвуры, "запечатленные, чтобы созерцать Его", – т.е. притягивать Хохму. "Как сказано: "Обратятся они, но нет спасающего"[450]. Но ведь обращение – это созерцание. Желающий созерцать Меня пусть созерцает Мои цвета", т.е. Хесед и Гвуру. "И почему? Потому что сказано: "Одеянием праведности облек меня"[449], – т.е. Малхут, называемой праведностью, "в которой запечатлены эти цвета", так как Хохма притягивается только из Малхут. "Как жених облачится в великолепие"[449], – это один цвет", Хесед. "И как невеста украсится драгоценностями своими"[449], – другой цвет", Гвура. "И когда эти цвета соединяются" в средней линии, "в тот же час они видны, и все желают увидеть и созерцать Его"».

503) «Рабби Йоси сказал: "Радостью возрадуюсь я в Творце, ликовать будет душа моя во Всесильном моем"[449]. Две радости здесь. "В Творце"[449] – это в милосердии. "Ликовать будет душа моя во Всесильном моем"[449], – это в суде". Сказал рабби Йегуда: "Во всем" радуются они, как в милосердии, так и в суде, "радость за радостью. А радость Циона – Творец будет радовать Исраэль радостью большей, чем все. Как сказано: "И избавленные Творцом возвратятся, и придут в Цион с ликованием, и радость вечная над головой их, радость и веселье найдут они"[451]. "И избавленные Творцом возвратятся"[451], – это одна. "И придут в Цион с ликованием"[451], – вторая. "И радость вечная над головой их"[451], – третья. "Радость и веселье найдут они"[451], – четвертая. Это против четырех раз, когда Исраэль рассеивался среди других народов. И тогда написано: "И скажете в тот день: благодарите Творца, призывайте имя Его"[452]».

---

[450] Пророки, Шмуэль 2, 22:42. «Обратятся они, но нет спасающего; (воззвали) к Творцу, но не ответил Он им».

[451] Пророки, Йешаяу, 51:11. «И избавленные Творцом возвратятся, и придут в Цион с ликованием, и радость вечная над головой их, радость и веселье найдут они, печаль и стон исчезнут».

[452] Пророки, Йешаяу, 12:4. «И скажете в тот день: благодарите Творца, призывайте имя Его, возвестите в народах о деяниях Его, напоминайте, что возвышено имя Его».

ГЛАВА ИТРО

Я – Творец Всесильный твой

504) «"И произносил Всесильный все эти слова, говоря"[453]. "Все слова", – эта совокупность является совокупностью всего: совокупностью того, что наверху и внизу"», – всё включается в эти десять речений.

505) «"Я – Творец Всесильный твой"[454]. "Я" – это высший мир", Нуква, расположенная от хазе и выше Зеир Анпина, "святое имя "йуд-хэй-вав "יהו"", т.е. три линии Хесед-Гвура-Тиферет, которые Нуква получает от Зеир Анпина. "Я", – т.е. Малхут, "которая раскрылась, а затем скрылась. Раскрылась в святом свойстве престола", т.е. Бины, когда Малхут стала его четвёртой опорой, "потому что луна", т.е. Малхут, "пребывает тогда в совершенстве" с Зеир Анпином, "как одно целое", – т.е. у них один уровень, и оба они пользуются одним Кетером. И она скрылась, "в час, когда господствует солнце", т.е. Зеир Анпин, "и луна светит от него, и нет у нее никакого достоинства" со своей стороны, "кроме достоинства света, которым он", Зеир Анпин, "светит на нее. И выходит, что ее собственное свойство скрыто. И это состояние возникает после того, как уменьшилась луна"».

506) «"Я", т.е. Малхут, когда она "завершает совершенство нижнего престола", т.е. после того, как она уменьшилась и опустилась из (места) выше хазе в (место) ниже хазе, и установилась там в свойстве нижнего престола, "и ушли от нее святые создания", находящиеся от хазе и выше, "и она установилась в своих исправлениях. И когда она прекрасна видом, и муж ее", Зеир Анпин, "входит к ней, тогда она называется "Я"».

507) «"Я" – это" свойство, включающее в себя "всё вместе", включающее вместе двадцать две буквы и тридцать два пути Хохмы, "в совокупности всех букв", которых двадцать две, "и в путях Торы", которых тридцать два, выходящих из высшего свойства", Хохмы. "От этого "Я" зависят высшие и нижние тайны. "Я" – это свойство: давать хорошее вознаграждение праведникам, ожидающим его и соблюдающим заповеди Торы.

---
[453] Тора, Шмот, 20:1. «И произносил Всесильный все эти слова, говоря».
[454] Тора, Шмот, 20:2. «Я – Творец Всесильный твой, который вывел тебя из земли египетской, из дома рабства».

В этом", в Я, "они уверены, как подобает будущему миру. И признак этого: "Я Фараон"[455]», – т.е. он сказал так, чтобы дать Йосефу уверенность, что его слова исполнятся.

508) «"Я – Творец Всесильный твой"[454]. "Да не будет у тебя иных богов"[456]. "Я"[454] и "Да не будет у тебя"[456] – это "помни" и "храни"», где «Я» – это свойство «помни», а «Да не будет у тебя» – свойство «храни». «"Я" скрыто и спрятано на всех этих ступенях высшего мира", т.е. "йуд-хэй-вав" יהו, как мы уже говорили, "в единой совокупности. И после того, как было сказано: "Я"[454], всё соединилось вместе в одно целое"». Иначе говоря, «Я» – это сущность соединения всех ступеней вместе.

509) «"Я" – это два престола". Высший престол, – Бина, т.е. то, в чем Малхут служит ей четвертой опорой. И нижний престол – сама Малхут после того, как уменьшилась. "Алеф-нун-йуд אני", слова "Я (анохи אָנֹכִי)" указывает на "один престол", нижний. "Хаф כ" слова "Я (анохи אָנֹכִי)" указывает на "другой престол, высший"».

510) «"Я (анохи אָנֹכִי)" указывает, что очищен Храм", т.е. Малхут, "и чужой не приближается к нему. И светит один только Храм, так как в этот час устранилось из мира злое начало, и один только Творец вознесся во славе Своей. И тогда сказано: "Я – Творец Всесильный твой"[456], – это свойство Совершенного в святом имени. "Алеф א" слова "Я (анохи אָנֹכִי)" – она для того, "чтобы объединить святое имя на его ступенях, чтобы оно стало единым. Ибо его свойство – это "вав ו" имени АВАЯ (הויה). "Нун נ" слова "Я (анохи אָנֹכִי)" – она для того, "чтобы трепетать перед Творцом и знать, что есть суд и есть судья, и есть добрая награда праведникам и наказание грешникам. Ведь его свойство – это нижняя "хэй ה"» имени АВАЯ (הויה).

511) «"Хаф כ" слова "Я (анохи אָנֹכִי)" – чтобы освящать святое имя каждый день и освящаться на ступенях святости, и возносить Ему молитву в любое время, и поднимать Кетер высшего, т.е. свойство высшего престола", Бину, "над высшими созданиями, как подобает", т.е. ХУГ ТУМ от хазе Зеир Анпина и выше, и это четыре опоры престола, где Малхут – это четвертое

---

[455] Тора, Берешит, 41:44. «И сказал Фараон Йосефу: "Я Фараон, но без тебя никто не поднимет ни руки, ни ноги своей во всей стране египетской"».
[456] Тора, Шмот, 20:3. «Да не будет у тебя иных богов пред ликом Моим».

создание и четвертая опора. "И свойство его ("хаф כ") – это первая "хэй ה" имени АВАЯ (הויה), т.е. Бина. Ибо в отношении того, что Малхут – четвертая опора высшего престола, т.е. Бины, она считается свойством Бины и первой «хэй ה» имени АВАЯ (הויה).

512) «"Йуд י" слова "Я (анохи אָנֹכִי)", – она для того, чтобы заниматься Торой денно и нощно, и сделать обрезание на восьмой день, и освятить первенца, и накладывать тфилин и цицит, и (установить) мезузу, и вручить душу Творцу и слиться с Ним. Это двенадцать высших заповедей, на которые указывает "Я (анохи אָנֹכִי)", включающие в себя двести тридцать шесть других заповедей, заключенных в свойстве "Я (анохи אָנֹכִי)", и вместе это двести сорок восемь исполнительных заповедей, "являющихся совокупностью указания "помни"». Ибо «помни» включает двести сорок восемь исполнительных заповедей, а «храни» включает триста шестьдесят пять запретительных заповедей. «"И эта буква ("йуд י") не меняет своего места на другое"», как буквы «алеф א», «нун נ», «хаф כ» слова «Я (анохи אָנֹכִי)», которые меняются на «хэй ה», «вав ו», «хэй ה» де-АВАЯ (הויה). «"Потому что эта "йуд י" является высшим свойством всей Торы"», так как это нижняя Хохма, соединяющаяся с «йуд י» де-АВАЯ, высшей Хохмой. И поэтому это не является сменой места. «"И в этих двенадцати" заповедях "есть двенадцать мер милосердия, которые зависят от них, и одна, которая властвует"» над всеми, и она является сутью Малхут, называемой «Я (анохи אָנֹכִי)», «"и их тринадцать"», соответственно тринадцати мерам милосердия.

513) «"Да не будет у тебя"[456] – это указание "храни", включающее в себя триста шестьдесят пять" запретительных "заповедей Торы, как мы уже сказали. "Ламед ל" речения "Да не будет у тебя (ло ихйе леха לא יהיה לך)" – это указание не почитать и не возвеличивать иных богов. "Ламед ל" – это башня, которая парит и поднимается в воздухе"», т.е. Хохма, раскрывающаяся вследствие выхода «йуд י» из свойства «воздух (авир אויר)», и остается свет (ор אור),[457] и благодаря этому Бина вновь становится Хохмой. «"Чтобы не уклонилось сердце его строить башню для иных богов, как это происходит со строителем башни", т.е. в поколении раздора. "Ламед ל" – чтобы не смотрел

---

[457] См. Зоар, главу Берешит, часть 1, п. 33. «Когда от Арих Анпина есть первая точка, "йуд י", его "свет (ор אור)" раскрывается над ней...»

на образ идолопоклонства, чтобы не помышлял о нем, чтобы не преклонялся и не подчинялся иным богам"».

514) «"Алеф א" речения "Да не будет у тебя (ло ихйе леха לֹא יִהְיֶה לְךָ)"⁴⁵⁶ – она для того, чтобы не подменял единства своего Господина на иных богов. "Алеф א" – чтобы не думал, что есть иной бог, кроме Него. "Алеф א" – чтобы не шел за вызывающим дух мертвых и предсказателем по облику человека, и не по какому-либо другому облику. "Алеф א" – чтобы не вопрошать мертвых и не заниматься колдовством. "Алеф א" – чтобы не клялся именами иных богов. Здесь кончаются двенадцать других заповедей, т.е. заповедей, включенных в указание "храни". И от этих двенадцати зависят другие триста пятьдесят три заповеди указания "храни", включенные в эти двенадцать, и вместе их триста шестьдесят пять. И это заключает в себе "Я (анохи אָנֹכִי)"⁴⁵⁴» и «Да не будет у тебя»⁴⁵⁶.

515) «Сказал рабби Шимон: "Еще мы учили, что "Я (анохи אָנֹכִי)"⁴⁵⁴ – это совокупность того, что наверху и внизу. Совокупность высших и нижних. Совокупность святых созданий, включенных в него. Всё включено в свойство "Я (анохи אָנֹכִי)"⁴⁵⁴. "Да не будет у тебя"⁴⁵⁶ – это внизу, двенадцать нижних созданий"», которые в Малхут.

516) «"Не делай себе изваяния (пе́сель פסל) и всякого изображения"⁴⁵⁸, – т.е. отходы (псо́лет פסולת) из этого высшего места, из этого святого места", т.е. от левой стороны святости. "Изваяние (пе́сель פסל) – это отходы (псо́лет פסולת) святости, и это то, что называется "иные боги". Как сказано: "И увидел я: вот ураганный ветер пришел с севера, и большое облако и огонь разгорающийся"⁴⁵⁹. Север – это левая сторона святости. "И всякого изображения" – это, как написано: "И огонь разгорающийся". И сказано: "Ибо Я – Творец Всесильный твой, Владыка ревностный"⁴⁶⁰. "Ибо Я – Творец Всесильный твой"⁴⁶⁰, – чтобы пробудить сердце к высшему и не опускаться вниз, и

---

[458] Тора, Шмот, 20:4. «Не делай себе изваяния и всякого изображения того, что на небе наверху, и того, что на земле внизу, и того, что в воде ниже земли».

[459] Пророки, Йехезкель, 1:4. «И увидел я: вот ураганный ветер пришел с севера, и большое облако и огонь разгорающийся, и сияние вокруг него, и изнутри него словно сверкание (хашмаль) – изнутри огня».

[460] Тора, Шмот, 20:5. «Не поклоняйся им и не служи им, ибо Я – Творец Всесильный твой, Владыка ревностный, карающий за вину отцов детей до третьего и до четвертого поколения, тех, кто ненавидит Меня».

не приближаться к вратам дома ситры ахра. "Владыка ревностный"[460] – так как в этом месте находится ревность"».

517) «"И это смысл сказанного: "Под тремя трясется земля"[461]. И это "не делай себе"[458] – один, "изваяния"[458] – два, "и всякого изображения"[458] – три. И "трясется земля" из-за этого"».

518) «"Карающий за вину отцов детей до третьего и до четвертого поколения"[460]». И непонятно ему – почему же, в таком случае, сказано: «А сыны не будут преданы смерти из-за отцов»[462]? «"Потому что это одно дерево", т.е. одна душа, "которое было пересажено один раз, и два раза, и три раза, и четыре". Другими словами, она проходила кругообороты и вошла в четыре тела. "Вспоминают о первых грехах" в четвертом кругообороте жизни, "потому что отец и сын, и третий, и четвертый", – четыре этих кругооборота, "это один", – они являются одной душой, "когда он не исправился и не заботился о своем исправлении". И поэтому наказывается за первые кругообороты. "И также наоборот, дерево, которое исправилось, как подобает" за время кругооборотов, "и утверждает свое существование", тогда о нем написано: "И творящий милость на тысячи поколений любящим Меня и соблюдающим заповеди Мои"[463]».

---

[461] Писания, Притчи, 30:21-23. «Под тремя трясется земля, четырех она (уже) не может носить: раба, когда он делается царем, и негодяя, когда он досыта ест хлеб, ненавистную (женщину), вышедшую замуж, и рабыню, наследующую госпоже своей».

[462] Тора, Дварим, 24:16. «Не будут преданы смерти отцы из-за сынов, а сыны не будут преданы смерти из-за отцов. Каждый за свой грех смерти предан будет».

[463] Тора, Шмот, 20:6. «И творящий милость на тысячи поколений любящим Меня и соблюдающим заповеди Мои».

Не произноси имени Творца напрасно

519) «"Не произноси"[464]. Эту тайну уже поясняли товарищи. Творец, создавая мир, заложил в бездны один камень", т.е. осколок камня, "на котором высечено святое имя, и погрузил его в бездну. И когда воды желают подняться, чтобы затопить мир, они видят святое имя, высеченное на этом камне, и снова опускаются, возвращаясь назад. И имя это до сего дня находится внутри бездны"».

520) «"И когда люди дают клятву на верность, воистину соблюдая ее, этот камень поднимается и принимает клятву, продолжая пребывать над бездной, и мир существует, и истинная клятва поддерживает существование мира"».

521) «"А когда люди произносят клятву понапрасну, этот камень поднимается, чтобы принять ту клятву, и видя, что это ложь, камень, который поднимался, возвращается назад, и воды расходятся, и буквы того камня отлетают в бездну и рассеиваются. И воды хотят подняться и покрыть мир, вернув его в первозданное состояние"», когда были воды.

522) «"Пока Творец не вызывает одного правителя, Еазриэля, отвечающего за семьдесят ключей в свойстве святого имени, и он входит к камню и высекает на нем буквы, как прежде, и тогда мир существует, и воды возвращаются на свое место. И об этом написано: "Не произноси имени Творца Всесильного твоего напрасно"[464]».

(Раайа Меэмана)

523) «"Двенадцатая заповедь – это клясться именем Его истинно. И тот, кто произносит клятву, включает себя в те семь высших ступеней, в которые включено имя Творца", т.е. Малхут. "И это шесть ступеней", ХАГАТ НЕХИ, "в которые человек, приносящий истинную клятву, как положено в суде, включает

---

[464] Тора, Шмот, 20:7. «Не произноси имени Творца Всесильного твоего напрасно, ибо не простит Творец тому, кто произносит имя Его напрасно».

себя, а сам он – седьмой", соответственно Малхут, "чтобы поддерживать святое имя", Малхут, "на месте его. И поэтому написано: "И именем Его клянись"⁴⁶⁵. А дающий клятву напрасно и ложно, приводит к тому, что это место", Малхут, "не может существовать на своем месте"».

524) «"Клятва соблюдать заповедь своего Властелина – это истинная клятва. Когда злое начало овладевает человеком и искушает его преступить заповедь своего Властелина, это та клятва, через которую его Властелин возвышается. И человек должен клясться в этом своим Властелином, и это хвала Ему, и Творец восхваляется благодаря этому. Подобно Боазу, сказавшему: "Как жив Творец! Полежи до утра"⁴⁶⁶, – ибо злое начало овладевало им, и он поклялся в этом"».

525) «"Обет находится наверху, и это жизнь Царя", т.е. мохин Малхут, которые находятся в Бине, "и это двести сорок восемь органов и двенадцать связок", представляющих собой четыре сфиры ХУГ ТУМ, каждая из которых состоит из трех линий. И они равны по числовому значению слову "обет (нэ́дер נֶדֶר)", ведь двести сорок восемь и двенадцать – это двести пятьдесят четыре (рейш-нун-далет רנד)⁴⁶⁷. И поэтому он строже, чем клятва. Эта жизнь Царя дает жизнь всем двумстам сорока восьми (РАМАХ) органам. И эта жизнь спускается сверху", из Бесконечного, "вниз – к тому источнику жизни", т.е. к Бине. "И из этого источника спускается вниз", к Малхут, "для всех этих органов"», двухсот сорока восьми (РАМАХ) органов.

526) «"Клятва – она для воплощения нижней ступени, являющейся святым именем", т.е. Малхут. "И это называется, что сам Царь, т.е. высший дух в его теле, является, чтобы вселиться в него и пребывать в нем, как дух, пребывающий в теле". Иными словами, мохин уже облачились в кли Малхут, называемое гуф, который скрыт наверху, в Бине, и раскрывается только в Малхут. И поэтому дающий истинную клятву поддерживает это место, а когда поддерживается это место, оно поддерживает весь мир. Обет распространяется на всё, на заповедь и на

---

⁴⁶⁵ Тора, Дварим, 6:13. «Творца Всесильного твоего бойся и Ему служи, и именем Его клянись».
⁴⁶⁶ Писания, Рут, 3:13. «Переночуй эту ночь, а утром, если выкупит он тебя, то хорошо, пусть выкупит, а если он не захочет выкупить тебя, то я тебя выкуплю, (как) жив Творец! Полежи до утра».
⁴⁶⁷ Числовые значения букв: «рейш» – 200, «нун» – 50, «далет» – 4.

свободное действие, в отличие от клятвы", которая не распространяется на заповедь. "И так разъяснили товарищи"».

(До сих пор Раайа Меэмана).

ГЛАВА ИТРО

Помни день субботний, чтобы освящать его

527) «"Помни день субботний, чтобы освящать его"[468], – это тайна святого союза", т.е. Есода. "И поскольку в этом союзе заключены все источники органов тела, и он – средоточие всего, подобно этому суббота – средоточие Торы, и все тайны Торы зависят от нее, и соблюдение субботы подобно соблюдению всей Торы. Тот, кто хранит субботу, словно хранит всю Тору"».

(Раайа Меэмана)

528) «"Двадцать четвертая заповедь – помнить день субботний, как сказано: "Помни день субботний, чтобы освящать его"[468]. Суббота, как мы учим во всех местах, – это день памяти покоя мира. И это средоточие Торы, и тот, кто хранит субботу, словно хранит всю Тору. А помнить субботу – это освящать ее разными видами святости: помнящий Царя должен благословлять Его, помнящий субботу должен освящать ее"».

529) «"Помни" относится к захару", т.е. к Зеир Анпину, "храни" – к нукве", Малхут. "День субботний" – это тайна всей веры, нисходящей от рош высшего", Кетера, "до конца всех ступеней. Суббота – это всё"».

530) «"Это три ступени, и все они называются субботой. Суббота высшего", – Бины, "суббота дня", – Зеир Анпина, "суббота ночи", – Малхут. И все они – одно целое, и всё это называется субботой. И каждая, когда властвует, берет остальных и приглашает их участвовать вместе с ней в ее управлении. И когда одна является в мир, все они приходят и собираются вместе с ней"».

531) «"Когда приходит суббота ночи, она приглашает с собой субботу дня, и приглашает ее в свой чертог, и скрывается с ней. Когда она приходит, к ней притягивается также и суббота высшего, и все они прячутся в чертоге субботы ночи. И поэтому ночная трапеза важна как дневная"».

---

[468] Тора, Шмот, 20:8. «Помни день субботний, чтобы освящать его».

532) «"Когда приходит суббота дня", Зеир Анпина, "она приглашает с собой эти две другие: высшую ступень и нижнюю ступень, ту, что светит, и ту, которая светила от него", т.е. Бину и Малхут. "И все они, как одно, называются субботой, и господствуют в субботний день. И эти три ступени – это средоточие и тайна всей Торы: письменной Торы, Пророков и Писаний. Тот, кто хранит субботу, хранит всю Тору"».

Две жемчужины

533) «"Это две жемчужины и экран между ними, который стоит между той и другой. У верхней жемчужины нет цвета, нет у нее раскрытого вида"».

534) «"Эта жемчужина", верхняя, "когда начинает раскрываться, светят семь высеченных букв, которые выступают наружу и сверкают, производя разделения и разделяя чертоги, и светит каждая из них. И эти семь букв – это два имени, высеченных на этой жемчужине. И в субботний день они сверкают и светят, и открывают входы, и выходят и правят. И это – ЭКЕ (алеф-хэй-йуд-хэй אהיה) "йуд-хэй-вав יהו". Эти буквы сверкают, и в своем сверкании они входят друг в друга и светят друг в друге"».

Пояснение сказанного. Малхут называется жемчужиной (маргалит מרגלית), поскольку она связана с НЕХИ Зеир Анпина, которые называются «ноги (раглáим רגליים)». А из-за подъема Малхут в Бину, Бина тоже называется именем «жемчужина (маргалит מרגלית)». И она – верхняя жемчужина. Из-за подъема Малхут в Бину, Бина уменьшилась до свойства ВАК без рош, т.е. хасадим без Хохмы. Но это (уменьшение) может происходить в ЗАТ, ХАГАТ НЕХИ Бины, которые нуждаются в Хохме, и когда (ее) у них нет, они ущербны, однако ГАР Бины, которые всегда пребывают в свете хасадим и никогда не получают Хохму, нисколько не уменьшаются из-за подъема Малхут.[469]

И поэтому сказано: «У верхней жемчужины нет цвета, нет у нее раскрытого вида». Верхняя жемчужина – это Бина, и нет у нее цвета, т.е. это ГАР Бины, которая всегда в свете хасадим, а в свете хасадим нет у них цвета, так как у них нет никакой связи с судами. И «нет у нее раскрытого вида», т.е. там нет Хохмы, называемой «вид», но не из-за изъяна, ведь в ГАР Бины нет изъяна, как мы уже сказали. И это означает «раскрытого (досл. в раскрытии)», потому что там никогда не бывает раскрытия Хохмы.

---

[469] См. «Предисловие книги Зоар», статью «Роза», Обозрение Сулам, п. 3, со слов: «"Воздух" означает свет руах, в котором есть только свет хасадим и недостает Хохмы. Поэтому Бина, которая вышла из рош Арих Анпина, считается свойством "воздух"...»

Однако у ЗАТ Бины, ХАГАТ НЕХИМ, есть цвет и есть вид.[469] И это означает сказанное: «Когда начинает раскрываться», – т.е. ЗАТ жемчужины, от которой происходят все раскрытия, и в начале они в состоянии ВАК без рош из-за подъема в них Малхут. Поэтому сказано, что «светят семь высеченных букв», соответствующие ЗАТ, ХАГАТ НЕХИМ, «которые выступают наружу», – т.е. в свойстве хасадим, «и сверкают» – в отраженном свете. «Производя разделения и разделяя чертоги», – т.е. из-за подъема Малхут эта ступень разделилась надвое, когда Хесед и Гвура, и треть Тиферет до хазе остались на ступени Бины, и также Малхут соединилась с ними из-за этого подъема, а НЕХИ упали со ступени Бины и опустились на ступень ниже нее, т.е. в Зеир Анпин.

И сказано: «И эти семь букв – это два имени, высеченных на этой жемчужине», т.е. ЭКЕ (алеф-хэй-йуд-хэй אהיה) «йуд-хэй-вав יהו», где ХАГАТ до хазе, они все еще на ступени Бины и называются именем ЭКЕ (алеф-хэй-йуд-хэй אהיה), как Бина, однако НЕХИ, упавшие со ступени Бины в Зеир Анпин, называются не ЭКЕ, а «йуд-хэй-вав יהו», как Зеир Анпин. Так, что «алеф א» де-ЭКЕ (אהיה) – это Хесед, «хэй ה» де-ЭКЕ (אהיה) – это Гвура, «йуд י» де-ЭКЕ (אהיה) – это Тиферет до хазе, «хэй ה» де-ЭКЕ (אהיה) – это Малхут, поднявшаяся в место хазе. И они остались на ступени Бины, называемой ЭКЕ (אהיה). А «йуд-хэй-вав יהו» – это НЕХИ, упавшие со ступени Бины: «йуд י» – это Есод, «хэй ה» – это Ход, «вав ו» – это Нецах.

А во время гадлута Малхут опускается из места Бины на свое место, и тогда половины ступеней снова соединяются.[470] И тогда соединяются две половины ступеней, ЭКЕ (אהיה) «йуд-хэй-вав יהו». Поэтому сказано: «И в субботний день», когда наступает время гадлута, «они сверкают и светят, и открывают входы, и выходят и правят. И это – ЭКЕ (алеф-хэй-йуд-хэй אהיה) "йуд-хэй-вав יהו". Эти буквы сверкают, и в своем сверкании они входят друг в друга и светят друг в друге», – потому что две половины ступеней ЭКЕ (алеф-хэй-йуд-хэй אהיה) «йуд-хэй-вав יהו» соединяются в одну и светят друг в друге.

А то, что Малхут поднялась в место хазе, где находится верхняя треть Тиферет, ведь она должна была подняться в место

---

[470] См. Зоар, главу Берешит, часть 1, п. 366, со слов: «Поскольку все воды, т.е. все эти ступени, включены в этот высший небосвод...»

Бины, дело здесь в том, что ХАГАТ считаются в ЗАТ как КАХАБ в рош, и получается, что Тиферет – это Бина, и поэтому она поднялась в Тиферет.[471]

535) «"Когда они входят друг в друга, они светят друг от друга двумя цветами. Один цвет – белый", т.е. правая сторона, "а другой – красный"», т.е. левая. Иначе говоря, они не становятся по-настоящему одной ступенью, а становятся правой и левой сторонами. ЭКЕ (אהיה) становится правой стороной, а «йуд-хэй-вав יהו» – левой, и они производят друг с другом зивуг. «"И из этих двух цветов возникли два других имени, пока буквы не восходят к семи именам"», т.е. каждая буква из семи букв ЭКЕ (אהיה)-«йуд-хэй-вав יהו» становится одним именем.

536) И он объясняет, как эти буквы становятся семью именами, и говорит, что «"алеф א" де-ЭКЕ (אהיה) выходит и сверкает, и входит в букву "вав ו" де-"йуд-хэй-вав יהו", и они светят двумя цветами", – белым и красным, как мы уже сказали, "и это два имени – одно называется АВАЯ (הויה), а другое называется Эль (אל), которые светят вместе. "Хэй ה" де-ЭКЕ (אהיה) выходит и сверкает, и входит в букву "хэй ה" де-"йуд-хэй-вав יהו", и обе они светят двумя цветами", белым и красным. "И это два имени, одно называется АВАЯ (הויה) с огласовкой Элоким"», где «йуд י» с огласовкой «хатаф-сэгол»[472], «хэй ה» с огласовкой «холам»[473], и «вав ו» с огласовкой «хирик»[474], «"а другое называется Элоким, и они светят вместе. "Йуд י" де-ЭКЕ (אהיה) входит в "йуд י" де-"йуд-хэй-вав יהו", и они сверкают вместе, и входят друг в друга, и обе светят, вырезанные и высеченные как одна. И они выпрямляют голову", т.е. постигают ГАР, "и светят и сверкают, ветви поднимаются с одной и с другой стороны", т.е. с правой и с левой, "и это одиннадцать ветвей"» с каждой стороны, и вместе это двадцать две ветви, т.е. двадцать две буквы.

Пояснение сказанного. В субботний день, после того как «йуд-хэй-вав יהו», т.е. сфирот НЕХИ, снова соединились с ХАГАТ, т.е. ЭКЕ (אהיה), они соединились и выстроились в виде

---

[471] См. «Предисловие книги Зоар», статью «Роза», Обозрение Сулам, п. 1, со слов: «И то, что мы называем только в Тиферет ее частные свойства, а не в ГАР ...»

[472] Огласовка, обозначающая краткое «э».

[473] Огласовка, обозначающая звук «о».

[474] Огласовка, обозначающая звук «и».

трех линий, Хесед и Нецах – в правой линии, Гвура и Ход – в левой линии, Тиферет и Есод – в средней линии. И поэтому сказано: «"Алеф א" выходит и сверкает, и входит в букву "вав ו"», потому что «алеф א» де-ЭКЕ (אהיה) – это Хесед, как мы уже сказали, и она соединилась с буквой «вав ו» де-«йуд-хэй-вав יהו», Нецахом, и завершилась правая линия. И это означает сказанное: «И это два имени – одно называется АВАЯ (הויה)», т.е. Хесед, «а другое называется Эль (אל)», т.е. Нецах, «которые светят вместе», – в правой линии. А затем установилась левая линия, являющаяся соединением Гвуры и Ход. И это означает сказанное: «"Хэй ה" выходит и сверкает, и входит в букву "хэй ה"», – т.е. «хэй ה» де-ЭКЕ (אהיה), и это Гвура, как мы уже сказали, входит и соединяется с буквой «хэй ה» де-«йуд-хэй-вав יהו», сфирой Ход, и они стали левой линией. «И это два имени, одно называется АВАЯ (הויה) с огласовкой Элоким», т.е. имя Гвуры, «а другое называется Элоким», т.е. имя Ход. А затем установилась средняя линия, т.е. соединение Тиферет и Есода. И об этом сказано: «"Йуд י" входит в "йуд י", и они сверкают вместе, и входят друг в друга, и обе светят», – т.е. «йуд י» де-ЭКЕ (אהיה), и это Тиферет до хазе, как уже выяснилось, соединилась с «йуд י» де-«йуд-хэй-вав יהו», т.е. Есодом, и они стали средней линией. И этим завершилось возвращение и соединение половины ступени, НЕХИ с ХАГАТ, и тогда возвращаются ГАР Бины, как и прежде. И это означает сказанное: «И они выпрямляют голову», – т.е. постигают ГАР. И от свечения средней линии, т.е. двух «йуд י», Тиферет и Есода, выходят двадцать две буквы, являющиеся совокупностью всей Торы. И поэтому сказано: «Ветви поднимаются с одной и с другой стороны, и это одиннадцать ветвей» с каждой стороны, т.е. двадцать две буквы.

537) «"И эти две светящие буквы"», «йуд י» де-ЭКЕ (אהיה) и «йуд י» де-«йуд-хэй-вав יהו», «"которые заключают друг друга в объятия, – это АВАЯ АВАЯ (הויה הויה), МАЦПАЦ МАЦПАЦ (מצפצ מצפצ), в свойстве тринадцати мер милосердия. И эти две буквы, когда они входят друг в друга и заключают друг друга в объятия, выпрямляют голову", т.е. постигают ГАР, "и светят и сверкают над всем в этих одиннадцати ветвях, которые выходят с каждой стороны"», – т.е. с правой стороны одиннадцать и с левой стороны одиннадцать, и это двадцать две буквы Торы, так что вся Тора и Хохма раскрывается с помощью двадцати двух букв.

Объяснение. Есть два имени АВАЯ, предшествующие тринадцати мерам милосердия, то есть: «Сильный, Милосердный и Милостивый, Долготерпеливый и великий милостью и истиной»[475], АВАЯ (הויה) при перестановке «алеф א»–«тав ת», «бет ב»–«шин ש» – это МАЦПАЦ (מצפץ). И тринадцать мер милосердия раскрываются в дикне (бороде) Арих Анпина, а два края волос головы (пейсы), предшествующие дикне, – это два имени МАЦПАЦ (מצפץ). И что представляют собой эти два имени, мы уже выясняли раньше.[476] И суть сказанного там состоит в том, что пустые келим, оставшиеся в рош Арих Анпина после выхода светов ГАР де-ГАР, не могли оставаться в рош Арих Анпина из-за своего авиюта и вышли из рош Арих Анпина и стали свисать снаружи на коже рош Арих Анпина. И они-то и называются сеарот (волосы) Арих Анпина.

А после того как они вышли, они разделились на две половины ступени: Кетер и Хохма остались на (ступени) рош Арих Анпина, а Бина и ТУМ вышли со ступени рош и стали свойством «сеарот дикна (волосы бороды)». А во время гадлута опускается Малхут, что в окончании сеарот рош (волос головы), в окончание сеарот дикна (волос бороды), и тогда сеарот дикна поднимаются обратно к сеарот рош, и они становятся одной ступенью. И вот окончание сеарот рош, которое очистилось от всякого суда благодаря опусканию оттуда Малхут, называется именем МАЦПАЦ (מצפץ). И это правый МАЦПАЦ, что в окончании сеарот рош, называемом «пеа (пейса)». И вот это правое окончание, которое очистилось, стало рош для сеарот дикна, а это – левый МАЦПАЦ (מצפץ).

И это две буквы «йуд י», «йуд י» де-ЭКЕ (אהיה) и «йуд י» де-«йуд-хэй-вав יהו», которые соединяются в два имени МАЦПАЦ МАЦПАЦ (מצפץ מצפץ). Ведь «йуд י» де-ЭКЕ (אהיה) – это верхняя треть Тиферет, до хазе, как выяснилось в предыдущем пункте, и во время катнута поднялась туда Малхут, в место хазе, в виде «йуд י», которая вошла в свет (ор אור), и он

---

[475] Тора, Шмот, 34:6-7. «И прошел Творец пред лицом его, и возгласил: "Творец – Творец Сильный, Милосердный и Милостивый, Долготерпеливый и великий милостью и истиной, Он хранит милость для тысяч, снимает вину и преступление и прегрешение, но без кары не оставляет; Он поминает вину отцов сыновьям и сынам сыновей до третьего и четвертого поколения"».

[476] См. Зоар, главу Берешит, часть 1, п. 112, в комментарии Сулам, а также в обозрении Сулам.

стал свойством «воздух (авир אויר)», свойством руах, в котором отсутствует ГАР. А теперь, в день субботний, когда Малхут опустилась из места хазе и Тиферет очистилась от всякого суда, называется теперь Тиферет именем МАЦПАЦ (מצפץ). И это правый МАЦПАЦ. Таким образом, «йуд י» де-ЭКЕ (אהיה) – это МАЦПАЦ. И когда эта «йуд י» светит в «йуд י» де-«йуд-хэй-вав יהו» и становится ей рош, «йуд י» де-«йуд-хэй-вав יהו» тоже называется именем МАЦПАЦ, только это левый МАЦПАЦ.

538) «"Хэй ה" де-ЭКЕ (אהיה), которая осталась" в месте хазе, "поднимается в одном имени, чтобы соединиться с ними, и это Адни (אדני)". И далее он выясняет, что она опустилась оттуда в нижнюю жемчужину, "и все эти имена выступают наружу и сверкают, и выходят, и правят в этот день", в субботу. "Когда они правят, выходит верхняя жемчужина", т.е. ГАР Бины, "выпуклая и сверкающая, и из-за ее сверкания в ней не видно цвета"», потому что она светит только (светом) хасадим, а у света хасадим нет цвета, как уже говорилось.

539) «"Когда выходит", эта жемчужина, "она совершает зивуг и передает наполнение этим именам"», ЭКЕ (אהיה) «йуд-хэй-вав יהו», являющимся ее ЗАТ, ведь несмотря на то, что у нее нет цвета, поскольку она не получает Хохму, всё изобилие Хохмы в ее ЗАТ получаемо через нее. И тогда «"одно имя из них, Адни (אדני)", т.е. Малхут в хазе Зеир Анпина, "являющееся седьмым, увенчивается и входит в нижнюю жемчужину", т.е. Малхут. "И другое имя устанавливается на его месте, и это "йуд-хэй יה"», т.е. Хохма Бина. Ибо после того, как Малхут опустилась из места хазе, раскрывается ГАР, т.е. «йуд-хэй יה», как мы уже сказали. «"И устанавливается в нем"», в имени «йуд-хэй יה», «"верхняя жемчужина и увенчивается тем сверканием, которое сверкает в этом имени"».

540) «"После того как" верхняя жемчужина "совершила зивуг и передала наполнение этим именам"», ЭКЕ (אהיה) «йуд-хэй-вав יהו», «"из них выходят семьдесят ветвей в каждую сторону", т.е. Зеир Анпин, "и они соединяются все вместе, становясь колесницей и троном для верхней жемчужины. И Царь"», т.е. Хохма, "правит в Своих коронах на троне в этот день, и все радуются. Когда все радуются, Царь сидит на троне, а трон возносится в семидесяти ветвях"». Ведь семьдесят ветвей – это Зеир Анпин, ХАГАТ и Малхут которого стали опорами трона.

541) «"И эти две буквы"», – т.е. две буквы «йуд י» в двух именах, ЭКЕ (אהיה) «йуд-хэй-вав יהו», «"которые поднимаются и опускаются, светят и увенчивают двадцать две буквы, являющиеся средоточием Торы, совершают зивуг с двумя первыми буквами"» из двадцати двух букв, установленных в (обратном алфавитном) порядке «тав-шин-рейш-куф תשרק» «цади-пэй-аин-самех צפעס» и т.д.,[477] т.е. с «тав ת» и «шин ש», «"и поднимаются" в своем свечении "в одно из шести колен и в одно из шести других колен. И это двенадцать колен высшего Исраэля"», т.е. Исраэля Сабы, являющиеся четырьмя ступенями ХУГ ТУМ, каждая из которых состоит из трех линий ХАГАТ, всего двенадцать.

542) «"И еще. Эти две буквы"», – т.е. две буквы «йуд י» в двух именах ЭКЕ (אהיה) «йуд-хэй-вав יהו», «"поднимаются и опускаются, и совершают зивуг с двумя буквами в конце двадцати двух букв"», расположенных в (обратном алфавитном) порядке «тав-шин-рейш-куф תשרק», т.е. с «бет ב» «алеф א», «"и поднимаются" в своем свечении, "одна – на пять ступеней, и другая – на пять ступеней", соответствующих десяти речениям. "И эти десять речений включают двадцать две буквы. Ведь двенадцать колен вышли в двух буквах"», «тав ת», «шин ש», «"с десятью речениями двух букв в конце"», т.е. «бет ב» «алеф א». «"И это двадцать две буквы, являющиеся средоточием Торы"», т.е. Зеир Анпина, называемого Торой, который образуется из этих двадцати двух букв. И смотри далее,[478] там, где это подробно выясняется в субботнем восславлении: «Творец (Эль), Господин (Адон)»[479]. «"И это свойство наследует верхнюю жемчужину в том троне семидесяти двух (аин-бет עב), и светят двадцать две буквы"».

543) «"Нижняя жемчужина. В час, когда верхняя жемчужина восседает на троне семидесяти двух (аин-бет עב), и двадцать две буквы светят, нижняя жемчужина, пребывающая во тьме, наблюдает это свечение" двадцати двух букв, "благодаря силе тех букв, которые запечатлены в ней, называющихся Адни (אדני). И тогда усиливается свечение этого света, и он

---

[477] См. «Предисловие книги Зоар», статью «Буквы рава Амнуна Савы», п. 22.
[478] См. Зоар, главу Трума, пп. 103-108.
[479] Отрывок из утренней молитвы «Шахарит», произносимой в субботу или праздничный день: «Творец, Господин над всеми деяниями. Благословенный и благословляемый устами каждой души...»

принимает все эти двадцать две высшие буквы, и нижняя жемчужина втягивает их в себя и светит сверкающим свечением на семьдесят две стороны"», т.е. свечением Хохмы, которая раскрывается в трех линиях.

544) «"Когда эта жемчужина", нижняя, "сверкает и втягивает эти буквы в себя, тогда верхняя жемчужина устремляется вместе с ними, и сливаются жемчужина с жемчужиной", – нижняя жемчужина, Малхут, сливается с верхней жемчужиной, Биной, т.е. облачает ее, "и всё становится одним целым. И это тайна одного восхваления. И мы его уже выяснили"», что это восхваление «Творец (Эль), Господин (Адон)»[479], произносимое в субботний день, как выясняется далее в Зоаре.[478]

545) Двадцать две «"буквы, когда они сверкают в одной стороне и в другой стороне", в правой стороне и в левой стороне, "это преграда, имеющаяся между ними, между жемчужиной", верхней, "и жемчужиной", нижней, "и тогда образуется сорокадвухбуквенное имя (мем-бет מב). И во всем этом – свойство семидесятидвухбуквенного имени (аин-бет עב) высшего строения (меркава). И всё, и то и другое", сорокадвухбуквенное имя и семидесятидвухбуквенное имя, "называется субботой. И в этом особенность субботы"».

Объяснение. Двадцать две буквы, которые светят в верхнем мазале́[480], – это его свойство Даат, т.е. средняя линия. А свечение средней линии происходит посередине, т.е. не отклоняется ни вправо, ни влево. Однако в верхнем мазале буквы сверкают в правой и левой сторонах, а не посередине. И причина в том, что средняя линия не раскрывает там свечение Хохмы вместе с хасадим, потому что верхняя жемчужина – это ГАР Бины, в которых «йуд י» никогда не выходит из воздуха (авир אויר). И поэтому нет единства в средней линии, т.е. в Даат, и она тоже разделена на правую и левую стороны. И это свойство сорокадвухбуквенного имени. Тогда как в ЗАТ Бины и в Зеир Анпине средняя линия светит посередине, так как свет хасадим и свет Хохмы светят в ней вместе, не отклоняясь вправо или влево. И это свойство семидесятидвухбуквенного имени. И в этом вся разница между верхней жемчужиной, являющейся свойством

---

[480] Мазаль – букв. «созвездие» или «удача». Слово «мазаль» происходит от слова «нозель (капает)», и мазаль является источником нисходящего по каплям света.

сорокадвухбуквенного имени, и нижней жемчужиной, которая получает наполнение от семидесятидвухбуквенного имени.

И это означает сказанное: «Буквы, когда они сверкают в одной стороне и в другой стороне», а не посередине, как свойственно средней линии, «это преграда, имеющаяся между ними», – это экран, который между ними, «между жемчужиной и жемчужиной», – потому что в верхней жемчужине остается экран, т.е. «йуд י», который входит в свет (אור), и тот становится свойством воздух (אויר), и поэтому средняя линия не светит там свечением Хохмы, и правая и левая стороны не объединены в ней. Тогда как нижняя жемчужина получает от средней линии, которая светит (свечением) Хохмы и хасадим вместе, и не отклоняется ни в правую, ни в левую стороны, и там нет экрана, потому что «йуд י» вышел из воздуха (авира אויר), и тот снова стал светом (ор אור), и это свечение семидесятидвухбуквенного имени. И поэтому сказано: «И тогда образуется сорокадвухбуквенное имя (мем-бет מב)», – т.е. свечение верхней жемчужины превращается в сорокадвухбуквенное имя. И не следует заблуждаться, что в верхней жемчужине вообще нет свечения Хохмы, поэтому говорит: «И во всем этом – свойство семидесятидвухбуквенного имени (аин-бет ע״ב) высшего строения (меркава)», – т.е. свечение «аин-бет ע״ב (72)» светит даже в верхней жемчужине, просто оно не открывается там, так как там господствует сорокадвухбуквенное имя. «И всё, и то и другое, называется субботой», – потому что в субботу светят оба имени, сорокадвухбуквенное и семидесятидвухбуквенное, так как в субботу поднимаются ЗОН, в которых светит семидесятидвухбуквенное (имя), облачаясь на высшие Абу ве-Иму, т.е. ГАР Бины, в которых светит сорокадвухбуквенное имя, и получается, что в субботу светят два имени. «И в этом особенность субботы», ибо в остальные праздники светит только семидесятидвухбуквенное (имя), а в субботу светит также и сорокадвухбуквенное имя.

(До сих пор Раайа Меэмана)

546) «"Помни"[481] – это свойство захара", т.е. Зеир Анпина, "который получает все органы", т.е. все мохин, "высшего мира", Бины. "День субботний (эт йом а-шаба́т)"[481], – чтобы включить ночь субботы, так как это ночь", т.е. Малхут, называемая ночью, "и поэтому "эт"», – потому что Малхут называется

---

[481] Тора, Шмот, 20:8. «Помни день субботний, чтобы освящать его».

«эт». «"Чтобы освящать его"⁴⁸¹, – ибо нужна святость от святого народа, и увенчаться ими, как подобает"».

547) «"Помни"⁴⁸¹ – это место, у которого нет забвения, и забвения нет в нем, потому что нет забвения в месте высшего союза", т.е. Есода, "и тем более наверху", в Зеир Анпине. "А внизу", в Малхут, "есть забвение. Это место, которое должно поминаться, как сказано: "Будет поминаться грех отцов его"⁴⁸². И там есть правители, которые поминают заслуги человека и его грехи"».

548) «"И нет забвения перед святым престолом, т.е. того, что перед святым престолом", Биной. "И кто это перед престолом? Это "помни"⁴⁸¹», т.е. Зеир Анпин, потому что Зеир Анпин стоит перед Биной и получает (наполнение) от нее. И о нем сказано: «И нет забвения пред престолом Твоей славы»⁴⁸³. «"И тем более выше" Зеир Анпина "нет забвения, так как всё это является свойством захар, и там высечено святое имя "йуд-хэй-вав יהו"". А внизу", в Малхут, "нужно освящаться. И благодаря чему освящается? Благодаря "помни"⁴⁸¹, т.е. Зеир Анпину, "от которого она получает всю святость и все благословения. И это происходит, когда ночь субботы", т.е. Малхут, "становится венцом над святым народом как подобает, – в молитвах и просьбах, и все возрастающей радости"».

549) «"И если ты скажешь, что "помни", т.е. Зеир Анпин, "не должно освящаться" от Исраэля, "поскольку от него исходят все благословения и освящения мира, то это не так. Ибо одно", Зеир Анпин, "должно освящаться в день субботы, а другое", Малхут, "должно освящаться в ночь субботы. И все освящения получают затем Исраэль, и освящаются святостью Творца"».

---

⁴⁸² Писания, Псалмы, 109:14. «Будет помниться грех отцов его пред Творцом и грех матери его да не изгладится».
⁴⁸³ Из молитвы «Мусаф» в Рош а-шана.

ГЛАВА ИТРО

Почитай отца своего и мать свою

550) «"Почитай отца своего и мать свою"[484], – оказывать им всякое почтение, радовать их добрыми делами. Как сказано: "Возликует отец праведника"[485]. И это почитание отца и матери"».

(Раайа Меэмана)

551) «"Почитай отца своего и мать свою"[484], – почитай Творца, который называется отцом твоим, и Малхут, которая называется матерью твоей, "чистым одеянием, т.е. заповеданными краями" – достойным талитом[486], поскольку талит с цицит называется принадлежностью заповеди. "Чти Творца от достояния твоего"[487], – это Тора и заповеди. И это значение сказанного: "Долгоденствие в правой руке ее, в левой – богатство и почет"[488], так как человек не считается бедным, если он не беден в Торе и в заповедях. И известно, после того, как установили мудрецы Мишны: "Нет бедного, кроме как в Торе и заповедях", что богатство человека – это Тора и заповеди"».

552) «"И поэтому: "Чти Творца от достояния своего"[487], – а не занимайся Торой, чтобы возвеличиться в ней. Как пояснили товарищи: "И не делай из них короны, чтобы возвеличиться благодаря им"[489]. И не говори: "Буду читать (Тору), чтобы звали меня: рабби"[490], а (скажи): "Возвеличивайте Творца со мной"[491], "Чти Творца от достояния своего"[487], – как сын, который обязан почитать отца своего и мать свою"».

---

[484] Тора, Шмот, 20:12. «Почитай отца своего и мать свою, чтобы продлились дни твои на земле, которую Творец Всесильный твой дает тебе».
[485] Писания, Притчи, 23:24. «Возликует отец праведника, и родитель мудрого возрадуется ему».
[486] Талит – молитвенное покрывало с кистями (цицит) по четырем краям.
[487] Писания, Притчи, 3:9. «Чти Творца от достояния твоего и от начатков урожая твоего».
[488] Писания, Притчи, 3:16. «Долгоденствие в правой руке ее, в левой – богатство и почет».
[489] Мишна, трактат Авот, глава 4, мишна (закон) 5.
[490] Вавилонский талмуд, трактат Недарим, лист 62:2.
[491] Писания, Псалмы, 34:4. «Возвеличивайте Творца со мной, и превознесем имя Его вместе!»

553) «"Ведь он совмещает исходящее от двух капель, от которых происходит тело (гуф) человека. От капли отца образуется белый цвет в глазах, и кости, и органы. А от капли матери образуется черный цвет в глазу, и волосы, и кожа, и плоть. И взращивают его с помощью Торы и добрых деяний"».

554) «"Ибо человек обязан научить своего сына Торе, как написано: "И повторяй их сыновьям своим"[492]. А если он не обучает его Торе и заповедям, он как будто делает ему изваяние (идола). И поэтому написано: "Не делай себе изваяния"[493]. И станет тот "сыном беспутным и непокорным"[494], позорящим отца своего и мать свою, и отнимающим у него много благословений. Ведь поскольку он невежда, он подозревается во всем, и даже в кровопролитии и кровосмешении, и идолопоклонстве. Ведь если человек невежда, и он приходит туда, где его не знают, а он не умеет благословлять, в нем подозревают идолопоклонника"».

(До сих пор Раайа Меэмана)

555) «"Почитай отца своего"[484], – это как сказано: "Чти Творца от достояния своего"[487]. "От достояния своего", – т.е. от денег своих. "От достояния своего", – от прелести своей, т.е. радостью мелодии. Ведь это радость сердца, подобно мелодии во всем мире", радующей сердце. Честные деяния сына радуют сердце отца его и матери. "От достояния своего"[487], – т.е. от денег своих на всё, что нужно"».

556) «"Как человек чтит Творца, так же нужно почитать отца своего и мать, ибо единое участие с Творцом есть у них над ним", потому что три участника есть в человеке: Творец, и отец его и мать, – потому что отец и мать дают ему тело, а Творец – душу. "И как нужно бояться Творца, так же нужно бояться отца своего и мать свою, и вместе с тем оказывать им всякое почтение"».

---

[492] Тора, Дварим, 6:7. «И повторяй их сыновьям своим, и произноси их, сидя в доме своем, и идя дорогою, и ложась, и вставая».

[493] Тора, Шмот, 20:4. «Не делай себе изваяния и всякого изображения того, что на небе наверху, и того, что на земле внизу, и того, что в воде ниже земли».

[494] Тора, Дварим, 21:18. «Если будет у мужа сын беспутный и непокорный, не слушающий голоса отца своего и голоса матери своей, и они наставляли его, а он не слушает их».

557) «"Чтобы продлились дни твои"⁴⁸⁴, – поскольку есть высшие дни", т.е. сфирот ХАГАТ НЕХИМ, "от которых зависит жизнь человека в этом мире. И эти дни человека в высшем мире все стоят перед Творцом, и по ним известна жизнь человека"».

558) «"На земле (также: над землей), которую Творец Всесильный твой дает тебе"⁴⁸⁴. Это обещание наслаждаться светящим зеркалом. И это смысл слов "над землей"⁴⁸⁴ – это зеркало, светящее этими высшими днями", ХАГАТ НЕХИМ Зеир Анпина, "которые светят из источника всего"», – т.е. Бины.

559) «"В чем разница между двумя заповедями Торы, в которых сказано: "Чтобы продлились дни твои"⁴⁸⁴, – в этой и в "отсылании (матери) от гнезда"? Дело в том, что обе эти заповеди зависят от высшего, Абы ве-Имы, – и это заповеди "помни" и "храни" как одно целое", т.е. Зеир Анпин и Малхут. "Поэтому сказано: "Чтобы продлились дни твои"⁴⁸⁴. А в "отсылании от гнезда", где сказано: "Отпусти мать, а детей возьми себе"⁴⁹⁵, мать – это высший мир", т.е. Бина, называемая матерью, "т.е. не дано позволения смотреть на нее, и нужно отослать ее, чтобы не задавать вопросов и не смотреть на нее"».

560) «"А детей возьми себе"⁴⁹⁵, – и это Зеир Анпин и Малхут. "Как сказано: "Ибо спроси о временах прежних, какие были до тебя, …и от края неба и до края неба"⁴⁹⁶, – т.е. в Зеир Анпине, называемом небом, есть вопрос и созерцание. Однако выше края неба", Зеир Анпина, – "отсылай от мыслей своих, чтобы (не) спрашивать"».

561) «"И об этом сказано: "Чтобы было (досл. чтобы Он сделал) хорошо тебе и продлились дни твои"⁴⁹⁵. Не сказано: "Чтобы Я сделал хорошо тебе", а: "Чтобы Он сделал хорошо тебе"⁴⁹⁵, – т.е. то место, которое дает благо всем, и это скрытый и тайный мир", или Бина. "И продлились (досл. и продлил ты) дни твои", – твоими собственными силами, "как сказано: "(А детей)

---

⁴⁹⁵ Тора, Дварим, 22:6-7. ««Если попадется тебе птичье гнездо на дороге, на каком-либо дереве или на земле, с птенцами или с яйцами, и мать сидит на птенцах или на яйцах, то не бери матери, (которая) над детьми. Отпусти мать, а детей возьми себе, чтобы было хорошо тебе и продлились дни твои».

⁴⁹⁶ Тора, Дварим, 4:32. «Ибо спроси о временах прежних, какие были до тебя, со дня, когда сотворил Всесильный человека на земле, и от края неба и до края неба: бывало ли подобное сему великому делу или слыхано ли подобное?»

возьми себе"⁴⁹⁵, ибо это во власти человека"», – прилепиться к детям, т.е. к Зеир Анпину и Малхут, в которых продление дней.

562) «"И если ему выпала возможность выполнить" заповедь, "и выполняет ее с намерением, он – праведник. И даже если выполняет без намерения, он – праведник, потому что совершает заповедь своего Господина", поскольку для (выполнения) заповедей не требуется намерение. "Но тот, кто направляет свое желание во имя нее (заповеди), и выполняет ее с намерением в желании прийти к созерцанию величия Господина своего, несравним с тем, кто не умеет понять причину, ведь от желания зависит выполнение действия во имя нее (лишма́). И благодаря нижнему действию, которое он выполняет во имя нее (лишма), возносится высшее действие", т.е. Малхут, называемая действием, "и исправляется, как подобает"».

563) «"Подобно этому, благодаря действию тела исправляется в этом желании действие души. Ведь Творцу желанно сердце и желание этого человека. И вместе с тем, если нет там желания сердца, являющегося основой всего, Давид молился об этом и говорил: "И дело рук наших утверди над нами, и дело рук наших утверди"⁴⁹⁷. Ведь не каждый человек умеет направить желание и сердце на то, чтобы исправить все и выполнить действие заповеди, и поэтому он произносил эту молитву: "И дело рук наших утверди над нами"⁴⁹⁷».

564) «"Что значит: "И утверди над нами"⁴⁹⁷? "Утверди"⁴⁹⁷ означает – и произведи Свое исправление наверху, как подобает. "Над нами"⁴⁹⁷, – несмотря на то, что мы не умеем направить желание, а только действие, "дело рук наших утверди"⁴⁹⁷. Для кого? Для той ступени, которую необходимо исправить", т.е. для Малхут. "Утверди" – чтобы оно было в едином соединении с праотцами", т.е. с ХАГАТ Зеир Анпина, "чтобы оно было исправлено в них благодаря выполнению этой заповеди как подобает"».

---

[497] Писания, Псалмы, 90:17. «И да будет милость Владыки Всесильного нашего на нас, и дело рук наших утверди над нами, и дело рук наших утверди».

ГЛАВА ИТРО

Не убей, не прелюбодействуй и т.д.

565) «"Не убей, не прелюбодействуй, не укради"[498]. В каждой из этих заповедей под словом "не (ло לא)" стоит разделяющий интонационный знак (таам)", типха[499]. "А если бы не было разделяющего знака, никогда не было бы исправления, и нам нельзя было бы убивать душу в мире, даже если человек преступил Тору. Но тем, что есть разделяющий знак, (Писание) указывает, что оно запретило, но допускает исключения"».

566) «"Не прелюбодействуй"[498]. Если бы не было разделяющего знака, было бы запрещено даже рожать или наслаждаться с женой радостью заповеди. А тем, что есть разделяющий знак, (Писание) указывает, что оно запретило, но допускает исключения. "Не укради"[498], – если бы не было разделяющего знака, было бы запрещено даже красть знание Торы у учителя, или знание мудреца, чтобы изучать его, или судье, который судит согласно положению, что нужно прокрасться в помыслы обманщика, и вкрасться в мысли обоих", тяжущихся сторон, "чтобы принять судебное решение. А тем, что есть разделяющий знак, (Писание) указывает, что оно запретило, но допускает исключения"».

567) «"Не дай о ближнем твоем свидетельства ложного"[498]. Здесь нет разделяющего знака, потому что это абсолютно запрещено. И во все речения Торы заложил Творец высшие тайны, и обучил людей, как исправиться с ее помощью и идти согласно ей, как сказано: "Я – Творец Всесильный твой, обучающий тебя, как приносить пользу, наставляющий тебя на путь, по которому тебе идти"[500]».

568) «"Но и в запрете: "Не возжелай"[501], вовсе нет разделяющего знака. И если ты скажешь, что запрещено даже желание

---

[498] Тора, Шмот, 20:13. «Не убей; не прелюбодействуй; не укради. Не дай о ближнем твоем свидетельства ложного».

[499] Один из интонационных знаков, называемых «теамим (тона)».

[500] Пророки, Йешаяу, 48:17. «Так говорит Творец, Избавитель твой, Святой Исраэля: Я – Творец Всесильный твой, обучающий тебя, как приносить пользу, наставляющий тебя на путь, по которому тебе идти».

[501] Тора, Шмот, 20:14. «Не возжелай дома ближнего своего; не возжелай жены ближнего своего, ни раба его, ни рабыни его, ни быка его, ни осла его, ничего, что у ближнего твоего».

к Торе, раз нет разделяющего знака, то посуди сам, – во всех них (этих случаях) Тора делает обобщение, а здесь делает уточнение, как сказано: "Ни дома ближнего своего, ни его поля, ни его раба, ни его рабыни, ни его быка, ни его осла, и ничего, что у ближнего твоего"[502], т.е. именно "всех земных вещей. Но Тора желанна всегда – наслаждения, сокровища жизни, продление дней в этом мире и в мире будущем"».

569) «"Эти десять речений Торы являются общим законом всех заповедей Торы, законом высшим и нижним, законом десяти речений начала творения. И они были высечены на каменных скрижалях, и все сокровища, которые были в них, были на виду у всех, чтобы познавать и изучать шестьсот заповедей Торы, заключенные в них. Всё это предстало взору, всё в разумении (твуна), в созерцании сердца всего Исраэля, и всё озаряло их взор светом"».

570) «"В этот час все тайны Торы, и все высшие и нижние тайны не были сокрыты от них. Ибо они воочию видели сияние славы своего Господина – ведь такого дня не было со дня сотворения мира, чтобы раскрылся Творец во славе Своей на горе Синай!"»

571) «"И если ты скажешь: мы ведь учили, что рабыня видела на море то, чего не видел пророк Йехезкель, и" можно сказать, что "был день как тот, когда стояли Исраэль на горе Синай, то это не так. Потому что в тот день, когда стояли Исраэль на горе Синай, и все их тела были доведены до чистоты, подобной чистоте высших ангелов, когда те облачаются в чистые одеяния, чтобы выполнить поручение Господина своего"».

572) «"И в этом чистом одеянии они входят в огонь и не боятся, подобно тому ангелу Маноаха, когда явился ему и вошел в пламя, и поднялся на небо, как сказано: "Поднялся ангел Творца в пламени жертвенника"[503]. И когда была устранена у них эта нечистота, остались Исраэль с телами чистыми, без всякой

---

[502] Тора, Дварим, 5:18. «И не возжелай жены ближнего твоего; и не желай ни дома ближнего твоего, ни его поля, ни его раба, ни его рабыни, ни его быка, ни его осла, и ничего, что у ближнего твоего».
[503] Пророки, Шофтим, 13:20. «И было, когда поднялся пламень с жертвенника к небу, поднялся ангел Творца в пламени жертвенника. А Маноах и жена его видят, и пали они лицом на землю».

скверны, и душа внутри тела была как сияние небосвода, чтобы принять свет"».

573) «"Такими были Исраэль, когда они видели и созерцали славу своего Господина, чего не было на море, ведь в то время не была устранена у них нечистота. А здесь, на Синае, когда прекратилась нечистота их тела, даже младенцы во чреве матери видели и созерцали славу своего Господина. И все они, каждый из них, получил как подобает ему"».

574) «"И этот день был радостью перед Творцом, более чем день, когда был создан мир, – ведь в день, когда был создан мир, мир не был установлен, пока Исраэль не получили Тору, как сказано: "Если бы не Мой союз днем и ночью, законов неба и земли не установил бы Я"[504]».

575) «"Когда Исраэль получили Тору на горе Синай, мир наполнился благоуханием, и установились небо и земля. И Творец стал известен наверху и внизу, и возвысился во славе Своей надо всем. И об этом дне сказано: "Воцарился Творец, величием облачился! Облачился Творец, силою препоясался"[505]. И нет иной силы, кроме Торы, как сказано: "Творец даст силу народу Своему, Творец благословит народ Свой миром"[506]».

---

[504] Пророки, Йермияу, 33:25. «Так сказал Творец: Если бы не Мой союз днем и ночью, законов неба и земли не установил бы Я».
[505] Писания, Псалмы, 93:1. «Воцарился Творец, величием облачился! Облачился Творец, силою препоясался. Установилась земля незыблемо».
[506] Писания, Псалмы, 29:11. «Творец даст силу народу Своему, Творец благословит народ Свой миром».

Под редакцией М. Лайтмана, основателя и руководителя Международной академии каббалы

Руководители проекта: Г. Каплан, П. Ярославский

Перевод: Г. Каплан, М. Палатник, О. Ицексон

Редактор: А. Ицексон

Технический директор: М. Бруштейн

Дизайн и вёрстка: Г. Заави

Корректор: И. Лупашко

Выражаем огромную благодарность группе энтузиастов из разных стран мира, выступивших с инициативой сбора средств для реализации этого проекта.

Видеопортал Zoar.tv

Видеопортал Зоар.ТВ располагает уникальным контентом в виде бесплатных видео и аудио материалов, клипов, ТВ онлайн, фильмов, музыки.

http://www.zoar.tv/

Курсы обучения

Миллионы учеников во всем мире изучают науку каббала.

Выберите удобный для вас способ обучения на сайте:

http://www.kabacademy.com/

Книжный магазин

РОССИЯ, СТРАНЫ СНГ И БАЛТИИ

http://kbooks.ru

АМЕРИКА, АВСТРАЛИЯ, АЗИЯ

http://www.kabbalahbooks.info

ЕВРОПА, АФРИКА, БЛИЖНИЙ ВОСТОК

http://66books.co.il/ru/

www.ingramcontent.com/pod-product-compliance
Lightning Source LLC
LaVergne TN
LVHW081534070526
838199LV00006B/360